高等学校创新性数智化应用型经济管理规划教材（金融科技系列）

总主编 / 李雪　主审 / 徐国君

商业银行经营与管理

肖英红 ◎ 主编

秦桂兰　张晓霞 ◎ 副主编

图书在版编目(CIP)数据

商业银行经营与管理 / 肖英红主编. -- 上海：立信会计出版社，2024.2
ISBN 978-7-5429-7532-4

Ⅰ.①商… Ⅱ.①肖… Ⅲ.①商业银行—经营管理 Ⅳ.①F830.33

中国国家版本馆 CIP 数据核字(2024)第 046675 号

策划编辑　　方士华
责任编辑　　孙　勇
美术编辑　　吴博闻

商业银行经营与管理
SHANGYE YINHANG JINGYING YU GUANLI

出版发行	立信会计出版社
地　　址	上海市中山西路 2230 号　　邮政编码　200235
电　　话	(021)64411389　　传　真　(021)64411325
网　　址	www.lixinaph.com　　电子邮箱　lixinaph2019@126.com
网上书店	http://lixin.jd.com　　http://lxkjcbs.tmall.com
经　　销	各地新华书店
印　　刷	上海华业装潢印刷有限公司
开　　本	787 毫米×1092 毫米　　1/16
印　　张	18
字　　数	462 千字
版　　次	2024 年 2 月第 1 版
印　　次	2024 年 2 月第 1 次
书　　号	ISBN 978-7-5429-7532-4/F
定　　价	52.00 元

如有印订差错，请与本社联系调换

总 序

教材是高校实现人才培养目标的重要载体,教材及教材建设对高校发展具有举足轻重的作用。与培养模式相对应的教材是培养合格人才的基本保证,是实现培养目标的重要工具。由于历史原因,在财经类教材的出版方面,相关出版社出版研究型本科或者高职高专、中等职业等层次的教材较多,而应用型本科教材较少。虽然近年来一些应用型本科教材也陆续出版,但总体而言,这些教材还是缺乏权威性、普适性、实用性、创新性。造成这种状况的原因主要在于:出版社对财经类应用型本科教材的出版还不够重视,没有进行有效组织;财经类应用型本科院校多为新建院校,教材建设相对滞后,主观上也较愿意使用研究型本科教材;在教材使用中存在比较严重的混用现象,教材目标读者群不明确,如不少教材声称既适用于研究型本科院校又适用于应用型本科院校,或者既适用于本科院校又适用于高职高专院校。

由于目前财经类应用型本科教材种类和数量匮乏或质量欠佳,财经类应用型本科院校不得不沿用传统研究型教材。这些教材本身的质量很好、级别很高,但是并不适用于应用型本科院校的教学,教师和学生普遍反映不好用。即使在全国范围看,也还没有相对成套、成熟的、适合财经类应用型本科院校的教材。现有财经类教材存在的主要问题包括:①教材的定位和要求较高;②教材的内容偏多、难度大;③教材着重于理论解释,相关案例、实训等内容较少,缺乏普适性、实用性。

与此同时,信息技术的快速发展使学生的学习习惯和阅读习惯发生了改变,不断朝个性化、自主学习式的方向发展,传统的单一纸质版教材已经无法适应这种变化。翻转课堂、慕课、微课等网络课程的兴起,混合式教学的不断推进,也对立体化教材建设提出了新的要求。教材作为一种课堂上的教学工具,一种传播媒介,理应顺势而为,随课堂形式、学生学习方式的改变而改变,朝着数字化、立体化、可视化的方向发展。因此,编写一套适应学生水平、便于学生接受的立体化财经类应用型本科教材迫在眉睫。

我们组织具有多年应用型人才培养经验的优秀教师和实务界专家编写了这套高等学校创新性数智化应用型经济管理规划教材。本系列教材有《会计基本技能》《出纳实务》《基础会计》《中级财务会计》《成本会计》《管理会计》《会计信息系统》《财务管理》《审计学》《高级财务会计》《商业分析》《税法》《经济法》《金融学》《Excel在会计和财务管理中的应用》等品种。为了保证教材的质量,我们为本系列教材聘请了知名高校的专家教授进行专门指导和审核。每本教材至少有一名本学科的知名专家或学科带头人提出审核指导意见、至少有一名高等院校教学一线的高级职称教师参与组织编写、至少有一名行业协会、实务界专家或教学研究机构人员提出编写建议。

本系列教材的特色如下。

1. 应用性

应用型本科的教材建设应坚持培养应用型本科人才的定位,充分吸收和借鉴传统的普通本科教材与高职高专类教材建设的优点和经验,以就业为导向,做到理论上高于高职高专类教材、动手能力的培养上高于传统的本科院校教材。本系列教材体现了应用型本科的定位,体现了素质教育和"以学生发展为本"的教育理念,遵循了高等教育教学基本规律,重视知识、能力和素质的协调发展,根据应用型人才培养模式对学生的创新精神、实践能力和适应能力的要求,在内容选材、教学方法、学习方法、实验和实训配套等方面突出了应用性特征。

2. 针对性

本系列教材的编写符合会计学、财务管理和审计学等专业的培养目标、培养需求、业务规格和教学大纲的基本要求,与各专业的课程结构和课程设置相对应,与课程平台和课程模块相对应。本系列教材在结构纵横的布局、内容重点的选取、示例习题的设计等方面符合教改目标和教学大纲的要求,把教师的备课、试讲、授课、辅导答疑等教学环节有机地结合起来。

3. 立体化

本系列教材为立体化教材,实现了由传统纸质教材向"纸质教材+数字资源"的转变,通过技术手段将晦涩难懂的理论知识转变为直观的具体知识,以立体化、数字化的方式呈现,包括图文、动画、音频、视频等多种形式,生动、有趣且易懂,不仅可以激发学生的学习兴趣,还有利于教学效果的提升。

4. 趣味性

本系列教材注重趣味性,使用了大量的例题和案例,每章都加入了"思政育人""相关思考""延伸阅读"等内容,使读者能够加深理解,便于掌握相关内容。在案例、例题等的设计选用上重点突出趣味性,易于引发读者的共鸣。

5. 先进性

本系列教材反映了应用型会计人才教育教学改革的内容,能够反映学科领域的新发展。教材的整体规划、内容构建等均体现了先进性。教材还强调了系列配套,包括教材、学习参考书、教学课件等。立体化教材在内容修订上更具有明显优势,线上资源可以随时根据政策法规、理论知识或工作实务等的变化进行调整,更有利于保持教材内容的先进性。

6. 基础性

本系列教材打破传统教材自身知识框架的封闭性,尝试多方面知识的融会贯通,注重知识层次的递进,体现每一门科目的基本内容,同时在具体内容上突出实际运用知识能力,做到"教师易教,学生乐学,技能实用"。

7. 易于自学性

自学能力是大学生的一项基本能力。学生只有具备了自主学习的能力,才能最终建立起终身学习的保障体系,这也是应用型本科人才培养的客观要求。应用技术型高校的生源素质与普通高校相比存在一定的差距,除一部分是高考发挥失误的学生外,还有一部分学生在学习习惯、基础知识等方面存在一定的欠缺,这就要求教材能够调动这部分学生的学习积极性,在理论方面尽量通俗易懂,在实践方面尽量采用案例式教学。为了有利于学生课后自主学习,本系列教材配套了学习指导书和教学课件。

因此,本系列教材的定位准确,特色明显,适用于应用型本科院校教学,便于学生的自学和教师的教学。

本系列教材凝聚了众多教授和专家多年来的经验和心血。当然，由于我们的经验和人力有限，教材中难免存在不足，我们期待着各位同行、专家和读者的批评指正。我们将根据经济发展和会计环境的变迁不断修订教材，以便及时反映学科的最新发展和人才培养的最新变化。

本系列教材自2014年出版后，得到市场的认可，深受广大高校师生的欢迎。为了更好地回馈读者，我们从2017年起启动本系列教材第二版的修订工作，2019年启动第三版的修订工作，2021年启动第四版的修订工作。教材的各种修订版已陆续出版。我们会一如既往地做好教材修订和相关服务工作，希望广大读者对本系列教材继续给予支持。

李　雪
2024年1月

前　言

　　《商业银行经营与管理》是"十四五"高等学校创新性数智化应用型经济管理规划教材（金融科技系列）之一，具有应用性、针对性、趣味性、先进性、基础性和易于自学性的特点。本教材在充分吸收和借鉴传统普通本科教材与高职高专类教材的优点的基础上，以就业为导向，在理论上高于高职高专类教材，在实务操作能力的培养上高于传统的普通本科教材。本教材是财经类相关专业的核心课程配套教材，借鉴了当代商业银行经营管理理论、方法和技术，在吸收借鉴国内外学术界的相关研究成果的基础上系统阐述了商业银行基本经营管理理论（第一章），重点分析了商业银行各类业务的经营及管理状况（第二至第六章），全面介绍了商业银行的风险管理、市场营销管理、人力资源管理以及绩效管理（第七至第十章）等内容。

　　本教材具有以下特点：

　　（1）定位明确，紧扣创新性数智化应用型人才培养目标，内容丰富，突出应用性；坚持与时俱进，紧跟金融领域及金融学科的发展趋势、政策变化，同时更加突出教材的实用性、及时性、丰富性、易懂性，力求与金融实务及金融学科发展现状紧密结合。

　　（2）章节框架设置清晰明了，引用的相关理论、参考的数据、采用的案例、拓展的延伸阅读等参考资料都具备时效性；表述简洁、通俗易懂，更适合应用型高校教学使用。

　　本教材共十章，每一章都有"内容提要""重点难点""学习目标""知识框架""思政育人""本章小结"及"本章重要概念"模块，同时在关键知识点处增加了"延伸阅读""相关思考"等内容，以培养学生分析和解决问题的能力、探索能力。

　　（3）融入思政元素，本教材内容紧扣党的二十大精神，引导学生关注学科前沿动态及国家政策。

　　（4）本教材在各章加入了相应的二维码，方便读者扫码获取电子拓展资料，拓宽知识面，电子拓展资料包括案例、规章制度、教学视频等。本教材可以作为普通高等教育金融类相关课程的专业教材，也可作为行业通识类图书供相关专业人员参考。

　　本教材由肖英红任主编，秦桂兰、张晓霞任副主编，其他编写人员为谭晨、于翔、姜林。具体分工如下：第一章商业银行经营与管理导论由秦桂兰编写；第二章商业银行资本金及管理、第五章商业银行证券投资业务及管理、第十章商业银行绩效管理由张晓霞编写；第三章商业银行负债业务及管理由姜林编写；第四章商业银行贷款业务及管理由于翔编写；第六章商业银行表外业务及管理、第七章商业银行风险管理、第九章商业银行人力资源管理由肖英红编写;第八章商业银行市场营销管理由谭晨编写。在本教材编写过程中,编者参考了大量的相关教材、专著等文献资料,在此向有关作者表示感谢。同时,谨向对教材编写工作给予了大力支持的李雪教授、徐国君教授致以最诚挚的谢意。若您在阅读中发现疏漏或不妥之处,敬请批评指正,联系邮箱:yinghong.xiao@qdc.edu.cn。

编　者

2024 年 5 月

目 录

第一章　商业银行经营与管理导论 ·· 1
　　第一节　商业银行概述 ··· 2
　　第二节　商业银行的经营目标、特点与原则 ································· 13
　　第三节　商业银行管理与发展 ··· 16
　　本章小结 ··· 24
　　本章重要概念 ·· 24

第二章　商业银行资本金及管理 ·· 25
　　第一节　商业银行资本金的构成及功能 ····································· 26
　　第二节　商业银行资本充足性及《巴塞尔协议》 ··························· 32
　　第三节　提高商业银行资本充足率的策略 ··································· 46
　　本章小结 ··· 51
　　本章重要概念 ·· 51

第三章　商业银行负债业务及管理 ·· 52
　　第一节　商业银行负债业务概述 ·· 53
　　第二节　商业银行存款业务及管理 ··· 58
　　第三节　商业银行借入资金及管理 ··· 73
　　本章小结 ··· 79
　　本章重要概念 ·· 79

第四章　商业银行贷款业务及管理 ·· 80
　　第一节　商业银行贷款业务概述 ·· 81
　　第二节　商业银行贷款业务管理 ·· 89
　　第三节　商业银行贷款业务及创新发展 ···································· 107
　　本章小结 ··· 116
　　本章重要概念 ·· 116

第五章　商业银行证券投资业务及管理 ·· 117
　　第一节　商业银行证券投资业务概述 ······································ 118
　　第二节　商业银行证券投资业务的管理 ···································· 124
　　本章小结 ··· 140
　　本章重要概念 ·· 140

第六章　商业银行表外业务及管理 ··· 141
第一节　商业银行表外业务概述 ··· 142
第二节　商业银行理财业务 ··· 154
第三节　商业银行表外业务管理 ··· 162
本章小结 ··· 168
本章重要概念 ··· 168

第七章　商业银行风险管理 ··· 169
第一节　商业银行风险管理概述 ··· 171
第二节　商业银行战略风险管理 ··· 180
第三节　商业银行信用风险管理 ··· 185
第四节　商业银行市场风险管理 ··· 190
第五节　商业银行操作风险管理 ··· 200
第六节　商业银行流动性风险管理 ······································ 205
第七节　商业银行合规风险管理 ··· 212
本章小结 ··· 217
本章重要概念 ··· 217

第八章　商业银行市场营销管理 ··· 219
第一节　商业银行市场营销概述 ··· 220
第二节　商业银行市场营销策略 ··· 228
本章小结 ··· 238
本章重要概念 ··· 238

第九章　商业银行人力资源管理 ··· 239
第一节　商业银行人力资源管理概述 ··································· 240
第二节　商业银行人力资源规划 ··· 245
第三节　商业银行员工招聘与培训 ······································ 248
第四节　商业银行员工绩效考评与薪酬管理 ························· 252
本章小结 ··· 257
本章重要概念 ··· 257

第十章　商业银行绩效管理 ··· 258
第一节　商业银行绩效管理概述 ··· 259
第二节　商业银行绩效评价相关财务指标 ···························· 261
第三节　商业银行绩效评价体系 ··· 267
本章小结 ··· 277
本章重要概念 ··· 277

主要参考文献 ·· 278

第一章 商业银行经营与管理导论

- 内容提要
- 重点难点
- 学习目标
- 知识框架
- 思政育人
- 第一节 商业银行概述
- 第二节 商业银行的经营目标、特点与原则
- 第三节 商业银行管理与发展
- 本章小结
- 本章重要概念

内容提要

本章主要讲解了商业银行的起源与发展、性质与职能、组织机构、设立与监管、构成体系;商业银行的经营目标、经营特点、经营原则;商业银行管理理论、发展趋势以及商业银行的数字化转型。

重点难点

本章重点为商业银行的性质与职能、设立与监管;商业银行经营的三大原则。本章难点为商业银行的资产管理理论、负债管理理论。

学习目标

通过本章的学习,学生应了解商业银行的起源与发展,熟悉商业银行的组织机构,掌握商业银行的性质与职能、设立与监管;了解商业银行的经营目标、经营特点,掌握商业银行经营的三大原则及其关系;了解商业银行为什么要数字化转型、当前我国商业银行转型的路径及现状。

知识框架

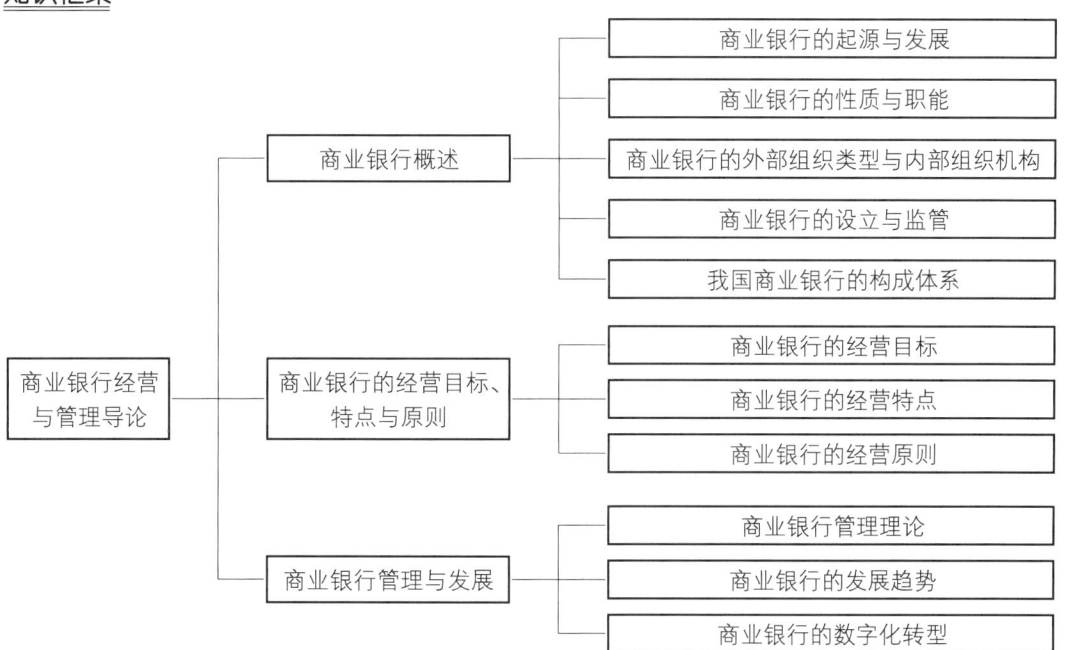

思政育人　　　银行业数字化转型持续深入

党的二十大报告指出,要加快建设"网络强国、数字中国""加快发展数字经济,促进数字经济和实体经济深度融合"。在数字经济的大潮下,数字化转型成为各行各业的"必选项"。作为服务实体经济发展、促进数字经济和实体经济深度融合的重要力量,银行业的数字化转型,不仅是银行业自身适应数字经济时代发展的必由之路,而且是服务实体经济高质量发展、促进各行各业加速驶入数字化快车道的关键所在。

为此,银行业不断加大数字化转型的探索力度,在进一步搭建和完善自身数字化经营架构、夯实数字化基础的同时,加强创新引领,重塑展业模式,以科技赋能银行日常经营的各个环节。业内专家认为,2023年银行业数字化转型将迎来新一轮高速发展期,银行业应紧随数字经济大潮,推进数字化生态建设,开放赋能各行各业数字化转型,助力经济社会共享银行业数字化经营成果。

对于银行而言,数字化转型首先是一个内部的系统性工程。结合自身经营特色与定位,各家银行纷纷提出了不同的数字化转型理念。在确立了数字化战略后,如何搭建起相应的数字化架构,是银行进行数字化转型工作的重中之重。借助日新月异的科技手段,银行的各项业务能力得以大大提升。在数字化转型与经营方面多年的探索,也让银行积累了丰富的经验与成果。各家银行充分发挥金融汇聚资源的功能,在服务国家建设、赋能实体经济、防范化解风险和助力美好生活等方面作出新的更大贡献。

业内专家预计,随着宏观经济整体转好和政策支持力度加大,我国银行业将进一步加快和深化数字化转型。各家银行应当加大数字化投入,结合自身资源禀赋,加深金融科技与银行的进一步融合,着力提升科技能力和赋能水平。

资料来源:佚名.数字化转型持续深入 银行业牢牢把握数字经济时代发展密钥[EB/OL].(2023-02-21)[2023-03-20].https://finance.eastmoney.com/a/202302212641946972.html.

第一节　商业银行概述

一、商业银行的起源与发展

(一)商业银行的起源

早期的商业银行起源于意大利的铸币兑换业。"银行"(bank)一词起源于意大利语"banca",指的是早期货币兑换商用于办理业务所使用的长凳子。在12世纪,意大利是欧洲各国商业贸易的中心,著名的"水城"威尼斯云集了来自地中海沿岸各国及其他地区的交易商。后来,随着欧洲各国和各地区的商业往来不断扩大,不同国家和地区所使用的货币在名称、重量和成色等方面存在较大的差异,货币兑换业务和货币兑换商便应运而生。

随着商品交换规模的扩大,往来于各地的商人为了避免长途携带和保存货币的风险,便把货币交给兑换商保存,或者委托他们办理汇兑和支付业务。由于货币兑换商手中储存了大量货币现金,这就为放款业务奠定了基础。货币兑换商通过放款收取利息。为了获得更多的资金用来发放贷款,货币兑换商开始向货币所有者支付利息,而不是索要保管费,存贷利差成为其主要利润来源。至此,货币兑换商逐渐开始从事信用活动,商业银行由此开始萌芽。1171年成立的威尼斯银行是世界上最早的商业银行。

(二)商业银行的发展

早期的商业银行主要经营高利贷放款业务,规模小、风险大、经营成本高,不能满足工商企业发展的需要,因而还不是现代意义上的商业银行。现代商业银行起始于资本主义社会。

在资本主义社会,商品经济高度发展,要求有使用多种支付方式、能够灵活融通资金的机构,而早期银行的高利贷性质使资本家无利可图。因此,随着资本主义的发展,现代商业银行开始形成与发展。现代商业银行主要通过以下两条途径形成。

1. 由旧的高利贷性质的银行转变而来

这种转变是早期商业银行形成的主要途径。例如,17世纪中叶之前的银行从事的放款业务为高利贷性质。随着资本主义生产关系的产生与发展,这些从事高利贷业务的银行都面临着贷款需求锐减的困境,走到了关闭的边缘。为了适应新的生产方式、降低贷款利率,转变为资本主义性质的商业银行成为早期高利贷性质的银行的主要选择。

2. 按照资本主义生产方式的要求组建股份制商业银行

最早建立的资本主义的股份制商业银行是1694年成立的英格兰银行。英格兰银行的成立,标志着现代商业银行制度的建立。

(三)我国商业银行的起源与发展

我国在唐朝就已经出现了办理金融业务的独立机构,但其经营范围比较单一。明朝中叶出现的钱庄和清朝兴旺发达的票号,实际上都具有银行的性质。这类采取封建式组织管理形式的金融机构,均为独资或合资经营,资金力量薄弱,业务范围小,与股份制商业银行在业务经营和管理方式等方面有很大的区别。

我国的商业银行出现较晚,直到1845年才出现第一家由英国人开设的现代商业银行——英国丽如银行。我国第一家民族资本银行是1897年在上海设立的中国通商银行。1905年,清政府成立的官商合办的户部银行(1908年改为大清银行,1912年改为中国银行)是中国最早的国家银行。1911年辛亥革命后,中国银行业有了进一步的发展。但是由于欠发达的资本主义商品经济和帝国主义的侵略,中国银行业的发展并非一帆风顺。在国民党统治后期,官僚资本垄断了金融体系,"四行两局一库"控制了中国的金融命脉。

1949年之后,我国银行业在党的领导下历经变革,形成了今天的完善体系,本书后续内容将详细介绍。

延伸阅读 1-1

私人银行的"鼻祖"——票号

票号是我国古代金融发展史上重要的机构,它甚至被称为私人银行的"鼻祖"。从清朝道光年间开始,票号主要集中分布于山西平遥、祁县、太谷等地区,票号最发达的时候有些分号甚至开到了日本、朝鲜等国。在这些票号机构中,最著名的是日昇昌票号。

日昇昌票号创设于道光三年(1823年),位于山西省平遥县,是我国第一家专营存放款业务、汇兑业务的私人金融机构。它由山西省平遥县西达蒲村富商李大全出资,由李大全与掌柜雷履泰共同创办,总号设于平遥县城内繁华街市的西大街。日昇昌票号实现了"金能生金",最初以利息差、汇兑手续费等作为其重要的收入来源。这点与现代商业银行颇为相似。日昇昌票号歇业于1948年,在我国金融界活跃了一个多世纪。

日昇昌票号不仅开创了中国汇兑业的先河,而且带动了平遥其他票号的形成与发展,进而形成了中国金融史上阵容强大的祁县、太谷、平遥三大票帮,被中国金融界称为"山西票号"。日昇昌票号曾一度繁荣昌盛,以"汇通天下"闻名于世,分号曾经达到35处之多,遍布中国各个大中城市,其业务甚至扩展到海外。

任何事物的发展皆有盛有衰。日昇昌票号在经过百余年后,终于还是走向了衰亡,其在发展后期由于无法适应社会发展的需要,逐步退出了历史舞台。然而,票号文化在诸多方面都值得我们去借鉴,尤其是在当今共筑和谐社会的市场经济时代,日昇昌票号之兴衰能够带给我们新的启迪。

资料来源:秦桂兰.金融学[M].2版.上海:立信会计出版社,2021.

二、商业银行的性质与职能

(一) 商业银行的性质

商业银行是以追求利润最大化为经营目标,以货币信用业务和综合金融服务为经营对象的综合性多功能的金融企业。《中华人民共和国商业银行法》将商业银行定义为"吸收公众存款、发放贷款、办理结算等业务的企业法人"。商业银行的性质可以从以下三个层次来理解。

1. 商业银行是企业

商业银行作为企业,具有企业的一般特征。例如,商业银行以追求利润最大化为经营目标和发展动力,必须照章纳税,自主经营、自担风险、自负盈亏、自我约束。

2. 商业银行是特殊的金融企业

商业银行不是一般的工商企业,而是特殊的金融企业。商业银行的经营对象不是普通商品,而是货币资金;商业银行业务活动的范围不是生产流通领域,而是货币信用领域;商业银行不是直接从事商品生产和流通的企业,而是为从事商品生产和流通的企业提供金融服务的企业。另外,商业银行的经营具有高负债率、高风险的特点,商业银行一旦经营不善将会出现严重后果,甚至对经济、社会的稳定性产生影响。因此,各国对商业银行的监管相当严格,在市场准入、业务经营等方面都要求非常严格。

3. 商业银行是特殊的金融机构

商业银行作为特殊的金融机构,其在经营性质和经营目标上不同于中央银行、政策性金融机构。商业银行以营利为目的,在经营过程中注重安全性、流动性、盈利性。而中央银行是非营利性机构,在很多国家甚至是国家机关。政策性金融机构也体现出典型的非营利性。另外,商业银行与各类专业银行和非存款类金融机构也不同。商业银行的业务范围广泛、功能齐全、综合性强,尤其是商业银行能够经营活期存款业务,可以借助支票及转账结算制度创造存款货币,也就是说其具有信用创造的功能,而其他非存款类金融机构无法进行货币创造。

(二) 商业银行的职能

商业银行作为金融企业,具有以下职能。

1. 信用中介职能

信用中介职能是商业银行最基本、最能反映其经营活动特征的职能。这一职能的实质是银行通过负债业务,把社会上的各种闲散货币集中到银行,再通过资产业务,把它投向各经济部门。商业银行是作为货币资本的贷出者与借入者的中介来实现资本的融通,并获取利益收入,形成银行利润。商业银行的信用中介职能反映在以下三个方面:

(1) 变闲置资本为功能资本。在不改变社会资本总量的条件下,商业银行通过改变资本的使用量,扩大生产规模,促使资本增值。

(2) 变小额货币资本为大额货币资本。商业银行把分散在千家万户的小额剩余资金集中起来,变为可投入生产的货币资本,从而使社会再生产以更快的速度发展。

(3) 变短期货币资本为长期货币资本。商业银行可以把短期资金中的稳定余额作为长期资金使用,从而把短期货币资本转化为长期货币资本,对经济结构进行良性调节,促进国民经济的持续、稳定和平衡发展。

2. 支付中介职能

商业银行除了具备信用中介职能,还发挥着支付中介职能。它通过存款在账户上的转移,代理客户支付,在存款的基础上,为客户兑付现款等,成为工商企业、团体和个人的货币保管者、出纳者和支付代理人。以商业银行为中心,经济过程中庞大而复杂的支付链条和债权债务关系得以形成,资金处理效率因为有了商业银行而得以大大提高。

3. 信用创造职能

在信用中介和支付中介职能的基础上,商业银行产生了信用创造职能。商业银行吸收各种存款,并利用其所吸收的各种存款发放贷款。在支票流通和转账结算的基础上,贷款又派生为存款,在这种存款不提取现金或不完全提现的基础上,商业银行的资金来源就增加了,最后在整个银行体系中形成数倍于原始存款的派生存款。长期以来,商业银行是各种金融机构中吸收活期存款、开设支票存款账户的最主要的机构,在此基础上商业银行逐渐开展转账和支票流通业务。商业银行可以通过自己的信贷活动创造和收缩活期存款;如果没有足够的贷款需求,存款贷不出去,就谈不上创造活期存款;相反,如果借款方归还贷款,商业银行就会相应地收缩派生存款。对商业银行来说,吸收存款在其经营中占有十分重要的地位。

4. 金融服务职能

随着经济的发展,工商企业的业务经营环境日益复杂化,商业银行间的业务竞争也日益激烈。商业银行由于联系面广、信息灵通,加之金融科技的广泛应用,逐步具备了为客户提供信息服务的条件,咨询服务、为企业提供决策支持等服务应运而生。工商企业生产和流通专业化的发展,又要求工商企业把许多原来属于自身的货币业务转交给银行代为办理,如发放工资、代理支付其他费用等。个人消费也由原来的单纯钱物交易,发展为基于转账结算的交易。现代化的社会生活,从多方面给商业银行提出了提供金融服务的要求。在激烈的业务竞争背景下,各商业银行也不断开拓服务领域,通过金融服务业务的发展,进一步促进资产负债业务的扩大,并把资产负债业务与金融服务结合起来,开拓新的业务领域。在现代社会生活中,金融服务已成为商业银行的重要职能。

5. 调节经济职能

调节经济是指商业银行通过其信用中介活动,在社会各部门之间调剂,同时在央行货币政策和其他国家宏观政策的指引下,配合央行实现经济结构、消费投资比例、产业结构等方面的调整。

商业银行因其广泛的职能,对整个社会经济活动的影响十分显著,并在整个金融体系乃至国民经济中位占据特殊而重要的地位。随着市场经济的发展和全球经济一体化的推进,商业银行的多元化发展趋势进一步凸显。

延伸阅读 1-2

独立法人直销银行真的是一门好生意吗

随着经济金融的发展、互联网金融新模式的出现,金融领域出现了新型的银行机构,即直销银行。直销银行是传统商业银行为应对互联网金融发展而进行业务模式创新的结果,其设立背景是国内互联网金融的兴起。直销银行不设线下网点,其业务模式是银行搭建"纯互联网平台",在此平台上整合自身存贷汇业务、投

二维码 1-1:
视频——商业银行的性质与职能

资理财产品业务等银行业务。直销银行有助于引导银行机构践行普惠金融理念,服务于更多长尾金融客户。

绝大多数直销银行最初只是作为传统银行的一个部门或事业部存在,不是一家独立的银行。直销银行没有营业网点,不发放实体银行卡,客户主要通过电脑、电子邮件、手机、电话等远程渠道获取银行产品和服务。因为没有网点经营费用和管理费用,直销银行可以为客户提供更有竞争力的存贷款价格及更低的手续费率。2014年,国内首家直销银行民生银行直销银行正式上线。随后,各大银行都纷纷上线了直销银行。

2017年,中信银行和百度共同发起成立的百信银行正式营业,它是国内首家独立法人模式的直销银行。独立法人直销银行出现,是因为直销银行发展受阻。虽然很多银行都有直销银行,但不持牌的直销银行多是银行的二级机构。直销银行多以母行下属部门的形式存在,导致其无法实现独立核算,其因成本与收入不能与传统业务分割而受到传统业务考核压力的影响,这成为制约直销银行发展的重要因素。而独立法人直销银行则是独立的法人主体,在财务、人力和风险管理等各方面都拥有较高的自主性。

然而,近6年来,仅邮储银行全资子公司——邮惠万家银行作为一家独立法人银行成功开业。市场是否真的需要独立法人直销银行?有业内专家认为,银行设立独立法人直销银行并没有必要。原本有望成为国内第二家独立法人直销银行的招商拓扑银行在获批筹建后却迟迟未开业,招商银行于2022年7月直接宣告筹建终止。在投入了大量的时间、资金和精力后,招商银行为何选择终止筹备拓扑银行?独立法人直销银行的模式是否存在着风险?这些都值得大家去思考。

资料来源:银柿财经.独立法人直销银行真的是一门好生意吗?[EB/OL].(2022-07-25)[2023-02-10]. https://baijiahao.baidu.com/s?id=1739329186391959999&wfr=spider&for=pc. (有改动)

二维码1-2:
关于百信银行

三、商业银行的外部组织类型与内部组织机构

商业银行本质上是企业,但其是特殊的金融企业。虽然各国都有商业银行,但是在业务经营中,商业银行的外部组织类型与内部组织机构都会因为各国或各地区的法律法规的不同,而呈现出不同的特点。

(一)商业银行的外部组织类型

1. 总分行制

总分行制又称分支行制,是指银行在总行之外,在国内外各地普遍设立分支机构,形成以总行为中心的、庞大的银行网络的组织形式。实行这一制度的商业银行除总行以外,还有若干分支机构,分支机构的各项业务统一遵照总行的指示办理。

总分行制是包括我国在内的大多数国家普遍采取的一种商业银行组织形式。按照总行管理方式的不同,总分行制可以分为总行制和总行管理处制。总行制是指总行除了管理各分支银行,本身也对外营业,办理业务的组织形式;而总行管理处制是指总行作为管理处,只负责管理分支银行,本身不对外办理银行业务的组织形式。

总分行制作为一种最普遍的商业银行组织类型,其优缺点及其具体表现如表1-1所示。

表1-1 总分行制的优缺点及其具体表现

优缺点	具体表现
优点	(1)分支银行遍布各地,有利于迅速发展各种银行业务 (2)银行规模可按业务发展的需要扩张,银行经营易取得较好的规模经济效益 (3)分支机构多,业务范围较大,易于组织资金,实力强,相互之间可以调剂资金,分担风险 (4)可实施高度专业化的分工,以提高工作效率 (5)在一定程度上克服地方干预,促进银行业的竞争 (6)由于银行数量少,便于国家管理和控制

(续表)

优缺点	具体表现
缺　点	（1）容易形成金融垄断，使小银行处于不平等的竞争地位 （2）管理层次多，较难管理，要求总行对分支机构具备较强的控制能力 （3）经营状况依赖总行，对地方经济缺少关心，且大规模调动资金不利于地方经济发展

2. 单一银行制

单一银行制又称单元银行制，是指商业银行只设一个独立的机构从事业务经营活动，不设分支机构的一种组织形式。长期以来，美国的商业银行在组织形式上一直采用单一银行制，各州通过立法，不允许银行跨州经营和设立分支机构。单一银行制导致美国境内的商业银行数量众多，这虽然维护了银行业自由竞争的环境，但该制度也限制了银行规模的扩大、业务的发展和创新。直到1994年，美国国会通过《州际银行法》，才允许商业银行跨州设立分支机构，打破了单一银行制的法律限制，从而在事实上结束了对银行经营的地域限制。

相对于总分行制而言，单一银行制的优缺点及其具体表现如表1-2所示。

表1-2　　　　　　　单一银行制的优缺点及其具体表现

优缺点	具体表现
优　点	（1）由于禁止或限制设立分支机构，商业银行业务规模的扩大受到制约，可防止银行业过度集中和垄断 （2）只限于在某个地区营业，有利于地区经济的发展，同样也利于地方政府协调 （3）管理层次少，具有独立和自主性，业务经营具有较大的灵活性
缺　点	（1）银行规模小，经营成本大，难以获得规模经济 （2）组织和运用资金的能力有限，业务相对集中，风险较大 （3）没有设立于各地的分支机构，与经济的外向发展及商品交换范围不断扩大存在矛盾 （4）在电子化时代，业务发展和金融创新受到限制

3. 集团银行制

集团银行制又称持股公司制，是指由少数大公司或大银行设立控股公司，再由控股公司控制或收购若干家商业银行的组织形式。例如，美国的花旗集团采用的就是集团银行制。其中，控股公司包括非银行性控股公司和银行性控股公司两种类型。非银行性控股公司是指在持有一家银行股份的同时，还可以持有多家非银行企业的股份的公司。银行性控股公司是指直接控制一个控股公司，并持有若干小银行的股份的公司。

银行性控股公司业务范围广，能够扩大资产负债规模，有利于增强竞争实力，提高抵御风险的能力。近年来，我国银行性控股公司迅速发展，成为银行业规避混业经营限制的过渡形式，如中银集团、中信集团、光大集团等。

4. 连锁银行制

连锁银行制是指由某个人或某个集团拥有若干银行的股权，以取得对这些银行控制权的一种组织形式。这些银行在法律上是独立的，但其业务和经营权由某个人或某个集团控制，形成连锁银行。这种组织形式不需要持股公司，它的出现是为了弥补单一银行制的不足，规避对设立分支行的限制。

延伸阅读1-3

金融控股公司——中信控股公司

金融控股公司是指在同一控制权下，所属的受监管实体至少明显地在从事两种以上的银行、证券和保险业务，同时每类业务的资本要求不同的公司。金融控股公司是金融业实现综合经营的一种组织形式，也是一种实现资本投资最优化、资本利润最大化的资本运作形式。金融控股公司的特点是母公司是主要经营某种金融业务的银行、信托、证券或保险公司，这些母公司通过子公司或独立参与另一种或多种金融业务。这类公司可分为三类：一是国有商业银行通过独资或合资而成立的金融控股公司；二是以信托投资公司为主体，从事信托、证券、银行和实业的金融控股公司；三是以保险公司为主体，从事保险、证券和信托业务的金融控股公司。

中信集团成立于1979年，是我国有名的金融控股公司，其经营内容涵盖了金融业和非金融业。2002年经国务院批准，中信集团设立了中信控股公司对集团的金融业务进行改造。中信控股公司是我国第一家规范的金融控股公司。通过改造，中信控股公司成为纯粹型控股公司，不再经营具体金融业务，而只是一个纯粹的投资控股和管理机构，控股了中信实业银行、中信证券、中信嘉华银行、信诚保险等重要的金融子公司，涉及银行、证券、保险各方面。

资料来源：秦桂兰.金融学[M].2版.上海：立信会计出版社，2021.

相关思考1-1

银行控股公司是否会形成垄断

目前，我国依然实行银行、证券、保险等金融业分业经营。为规避限制，成立银行控股公司已成为我国银行业的常见现象。那么，银行控股公司是否会形成集中和垄断？是否会降低银行经营效率？

（二）商业银行的内部组织机构

作为一种以股份制形式运营的金融企业，商业银行基于其特殊的经营对象，其内部的组织机构及相互关系，与普通的股份有限公司既有相同之处，也有明显的不同。以股份制商业银行为例，其内部组织机构主要包括决策机构、执行机构、监督机构、管理机构。

1. 决策机构

商业银行的决策机构主要包括股东大会、董事会及董事会下设的各种委员会。决策机构主要负责制定整个银行的经营目标和经营决策；选择聘用银行高级管理人员；监督检查银行的业务经营活动。

2. 执行机构

商业银行的执行机构主要包括行长（总经理）以及行长领导下的各委员会、职能部门、分支机构。行长介于决策机构和执行机构之间，具有业务和经营上的决策权，又是银行业务和经营的具体管理者。各委员会一般包括战略管理委员会、审计委员会、风险管理委员会、人事和薪酬委员会等。按照事业部制，职能部门通常包括个人金融部、资金管理部、证券交易部、投资银行部等。分支机构是商业银行业务经营的基层单位，商业银行按照不同地区、不同时期的业务需要，设定各分支机构的目标。

3. 监督机构

商业银行的监督机构主要包括监事组成的监事会以及稽核部门。其职责是对银行的一切决策、制度、经营活动等进行监督和检查，并就发现的问题直接向有关部门提出限期整改的意见。

4. 管理机构

商业银行的管理机构涉及全面管理、财务管理、人事管理、经营管理、市场营销管理等方面。

商业银行的各内部组织机构分工负责,相互协作,以实现银行的既定目标。尽管在不同国家由于银行体制、经营环境不同,商业银行内部组织机构不完全一致,但总体上比较相似。

四、商业银行的设立与监管

商业银行的设立有非常严格的条件和门槛,国家对其监管也相当严格。

(一) 商业银行的设立

商业银行是经营货币这种特殊商品的企业法人,其经营活动对经济发展、社会生活有着十分重大的影响,因此,不同于设立一般公司,国家对设立商业银行的规定要严格得多。

在我国,相关主体设立商业银行必须符合《中华人民共和国商业银行法》(以下简称《商业银行法》)和《中华人民共和国公司法》(以下简称《公司法》)的规定,同时必须取得商业银行业务经营所需的业务牌照。金融业在我国采取的是特许经营模式,没有取得相应牌照,不得开展相应的金融业务。商业银行国内外分支机构的设立都需要经过银行业监督管理机构批准。

根据2015年修正后的《商业银行法》的有关规定,目前在我国设立商业银行,应当具备下列条件:

(1) 有符合《商业银行法》和《公司法》规定的章程。

(2) 有符合《商业银行法》规定的注册资本最低限额。我国《商业银行法》规定,设立全国性商业银行的注册资本最低限额为10亿元人民币,设立城市商业银行的注册资本最低限额为1亿元人民币,设立农村商业银行的注册资本最低限额为5 000万元人民币,注册资本应为实缴资本。但在2020年提出的《商业银行法(修改建议稿)》中,未来商业银行的最低注册资本将会提高。全国性商业银行、城市商业银行、农村商业银行的注册资本最低限额拟分别提高至100亿元人民币、10亿元人民币、1亿元人民币。

(3) 有具备任职专业知识和业务工作经验的董事、高级管理人员。

(4) 有健全的组织机构和管理制度。

(5) 有符合要求的营业场所、安全防范措施和与业务有关的其他设施。

设立商业银行还应当符合其他审慎性条件。根据修订中的《商业银行法》,未来商业银行的设立,将会面临更加严格的条件。

(二) 商业银行的监管

1. 对银行业实施监管的原因

一国之所以要对银行业实施监管,是因为银行业具有自身独特的经营特点。具体原因包括:一是为了保护储户的利益;二是银行是信用货币的创造者;三是银行经营环境的新变化。当今世界各国的银行业正在向综合化、全能化的方向发展,银行业、证券业和保险业混业经营使商业银行的概念不断延伸,同时,世界经济、金融一体化又使银行国际化进程加快。这些都对政府实施银行业监管提出了新的要求。2023年3月,美国多家著名银行连续爆雷并宣布倒闭,证明了政府加强对银行业的监管既十分重要又非常必要。银行危机的发生及蔓延也会波及其他国家(地区)，这也要求各国(地区)在银行业监管领域进一步加强合作。

2. 对银行业实施监管的主要内容

从各国政府对银行业的监管实践来看，对商业银行的监管主要包括以下具体内容。

1) 市场准入监管

对银行业进行市场准入监管是各国政府对银行业监管的重要环节之一。市场准入监管是指通过对银行机构进入金融市场经营金融业务、金融产品，提供金融服务依法进行审查和批准，将那些可能对存款人利益或银行业健康运行造成危害的金融机构拒之门外，来保证银行业的安全稳健运行。其目的是防止银行业的过度集中，限制社会资金过度流入银行业。

2) 运作过程监管

在商业银行经批准开业后，监管当局还要对商业银行的运作过程进行有效监管，以更好地实现监管目标。我国对商业银行运作过程的监管主要包括资本监管、监督检查和风险评级三个方面。

(1) 资本监管。资本监管是银行监管的核心，是提升银行体系稳定性、维护银行业公平竞争、保护存款人利益的重要手段。

根据《巴塞尔协议》的规定，商业银行的资本分为一级资本(核心资本)和二级资本(补充资本)。一级资本包括股本和公开储备，二级资本包括未公开储备、重估储备普通准备金、长期次级债务和债务性质的资本工具。商业银行持有的资本必须满足监管当局规定的资本充足率要求。一般要求资本充足率不得低于8%，核心资本充足率不得低于6%。

资本监管还包括对商业银行资本充足率信息披露的要求，披露信息一般包括风险管理目标和政策、并表范围、资本规模和资本充足率水平。

(2) 监督检查。监督检查是指监管机构通过现场检查和非现场监管等监督检查手段，实现对风险的即时预警，运用一定的技术方法(如各种模型、比例分析等)进行分析研究，从而了解银行业金融机构经营的总体状况、风险状况、合规状况等。

现场检查的重点内容包括业务经营的合法合规性、风险状况和资本充足性、资产质量、流动性、盈利能力、管理水平和内部控制、市场风险敏感度。

非现场监管的主要内容包括资本充足率监管、资产质量监管、流动性监管、盈利能力监管、市场风险监管等。

(3) 风险评级。风险评级是监管机构根据商业银行的资本充足性、资产安全、管理、盈利、流动性和市场风险敏感性等方面状况，对商业银行的风险表现形态和内在风险控制能力进行科学审慎的评估与判断，并形成综合评级的过程，是银行监管框架的重要组成部分。

除上述三方面，国家还会对银行业与证券业、保险业混业经营与分业经营的问题进行监管，检查是否存在违反法律法规的现象。此外，对商业银行清偿力的监管包括负债和资产两个方面。在负债方面，主要考虑存款负债的异常变动、利率变动对负债的影响、银行筹集和调配资金的能力等；在资产方面，主要应检查资产的流动性状况等。

3) 市场退出监管

市场退出监管是指金融监管当局对金融机构退出金融业、破产倒闭或合(兼)并、变更等实施监管，也包括对违规金融机构终止经营的监管。

3. 对银行业实施监管的主体

在我国,对银行业实施监管的主体随着经济、金融领域的发展、监管要求的变化以及监管机构改革而历经多次调整。2018年3月以前,主要是由中国银行业监督管理委员会(简称银监会)负责监管,中国人民银行负责整体统筹管理和指导。2018年3月以后,原银监会与原保监会(即原中国保险监督管理委员会)合并,成立了中国银行保险监督管理委员会(简称银保监会),负责监管银行业和保险业。2023年3月,《党和国家机构改革方案》发布,在原银保监会的基础上,组建国家金融监督管理总局,统一负责除证券业等领域的监管,不再保留原银保监会,银行业的监管机构再次发生变化。2023年5月18日,国家金融监督管理总局正式揭牌。

延伸阅读1-4

资本管理新规对商业银行有何影响?

2023年2月18日,原银保监会、中国人民银行就《商业银行资本管理办法(征求意见稿)》(以下简称《征求意见稿》)公开征求意见。该《征求意见稿》立足我国银行业实际情况,结合国际监管改革最新成果,对2012年版《商业银行资本管理办法(试行)》进行了系统性修订。

本次修订具有重要性。据中国银行研究院分析,商业银行担负支持实体经济恢复的重要使命,需要继续加大信贷投放力度,支持重点行业和领域的发展,资产规模上升一定程度上带来了信用风险加权资产的增加。虽然我国银行业较好平衡了业绩增长和风险防控,但是随着国际监管准则调整,叠加国内经营环境发生深刻变化,监管部门须敏捷响应,修订资本管理办法,在提升风险计量敏感性和计量结果可比性的同时,降低计量模型的复杂程度,并构建差异化的资本管理框架,才能引导银行业更好服务实体经济发展。

本次修订具有先进性:既立足中国国内银行业经营现状,又结合国际监管改革最新成果。

首先,与此前《商业银行杠杆率管理办法(修订)》主要围绕资本充足率这一指标进行监管相比,《征求意见稿》围绕的重点指标拓展为资本充足率和杠杆率。

其次,《征求意见稿》依据表内外资产余额和境外债权债务余额,即规模及风险特征等情况,将不同商业银行划分为三档,实施不同的资本监管方案。

再次,《征求意见稿》灵活调整风险加权资产计量规则。在风险权重方面,据中国银行研究院介绍,调低风险计量比例的项目主要包括对地方政府一般债券的风险暴露、对投资级公司的风险暴露、对中小企业的风险暴露、对合格交易者的信用卡个人循环风险暴露、对符合审慎要求的居住用房地产的风险暴露(贷款价值比低于80%)等。提高风险计量比例的项目主要包括对境内外金融机构的风险暴露和对次级债权的风险暴露。

最后,《征求意见稿》首次明确投资资产管理产品的资本计量标准。参照国际标准,《征求意见稿》提出三种计量方法,分别是穿透法、授权基础法和1250%权重法,并详细规定了各方法应满足的条件。

目前,《征求意见稿》尚处于征求意见阶段,但业内普遍认为,其对银行业务产生的影响已可预期。

资料来源:中国银行保险报.资本新规对商业银行有何影响?[EB/OL].(2023-02-21)[2023-03-25]. http://www.cbimc.cn/content/2023-02/21/content_477434.html.

---

① 全书提及的中国银行业监督管理委员会(银监会)成立于2003年,中国银行保险业监督管理委员会(银保监会)成立于2018年并于2023年5月改革并改名为国家金融监督管理总局。故全书所涉的于2023年5月前颁布的文件或提及的与银监会和银保监会相关的内容,保留原机构名的表述,未改为国家金融监督管理总局。

五、我国商业银行的构成体系

我国的商业银行体系主要由国有控股商业银行、全国性股份制商业银行、城市商业银行(简称城商行)、农村商业银行(简称农商行)、村镇银行等构成(图1-1)。从规模上看,前两类属于大中型商业银行,后三类属于地方性金融机构。目前我国对商业银行的监管也主要按此分类进行,但在实际经营中,一方面,城市商业银行跨区域经营、农村金融机构进城市经营的情况较为普遍,商业银行的区域经营属性有所弱化;另一方面,部分城市商业银行的规模体量已经超过或接近部分全国性股份制商业银行。

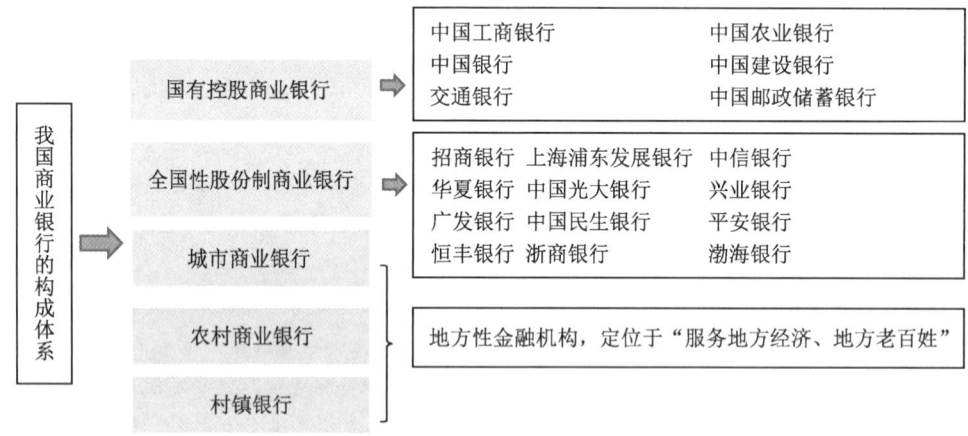

图1-1 我国商业银行的构成体系

(一) 国有控股商业银行

国有控股商业银行是我国商业银行体系中的重要组成部分,其本质是股份制形式的银行。国有控股商业银行是由国家直接控股的商业银行,通常由财政部、中央汇金公司代表国家入股投资。国有控股商业银行的突出特点是银行股本中有国家投资,且国家形成控股地位,是典型的国有金融企业,被称为我国银行体系的"国家队"。

目前国有控股商业银行主要有中国工商银行、中国农业银行、中国银行、中国建设银行、交通银行和中国邮政储蓄银行。其中,前四家商业银行自2003年起进行股份制改革,从原来的国有独资银行转变为股份制形式,完善了公司治理结构;前五家商业银行均进入世界500强。中国工商银行、中国农业银行、中国建设银行、交通银行资产规模大、从业人数多,在全球多国或地区均设有分支机构;作为上市商业银行,其市值一般都处于我国A股市场前二十位。中国邮政储蓄银行是成立最晚的一家大型国有商业银行。

(二) 全国性股份制商业银行

全国性股份制商业银行是我国商业银行体系中一支富有活力的生力军,也被称为我国银行体系的"第二梯队",是我国银行业以及国民经济发展不可缺少的重要组成部分。全国性股份制商业银行目前主要指以下12家银行:招商银行、上海浦东发展银行、中信银行、华夏银行、中国光大银行、兴业银行、广发银行、中国民生银行、平安银行、恒丰银行、浙商银行、渤海银行。

每一家商业银行都有各自突出的优势和特色,具有独特的吸引力,银行之间的竞争非常

二维码1-3:中国工商银行、中国银行前十大股东

激烈。在银行经营效益、银行管理等很多方面,部分全国性股份制商业银行已逐步超过历史悠久、规模庞大的国有控股商业银行。

(三) 城市商业银行

在我国银行体系中,还有规模较大、数量较多的地方性商业银行,其中城市商业银行是重要组成部分。城商行的前身是20世纪80年代设立的城市信用社,当时其业务定位是为地方中小企业和老百姓提供金融支持和金融服务,为地方经济发展搭桥铺路。

20世纪80年代初到20世纪90年代,全国各地的城市信用社发展到了5 000多家。然而,随着中国金融事业的发展,城市信用社在发展过程中逐渐暴露出许多风险管理方面的问题。很多城市信用社逐步转变为城商行,为地方经济及地方居民提供更全面的金融服务,同时掀起了银行改名高潮。后来,城商行扩张的步伐不断加快,许多城商行寻求上市以谋求更大的发展。2007年,宁波银行、南京银行与北京银行相继登陆资本市场,开启了上市之路,成为国内A股市场首批上市的三家城商行,被称为城商行"三强"。其中,北京银行的市值一度超过华夏银行、深圳发展银行等全国性股份制商业银行。随后更多的城商行谋求上市,但是上市之路并不顺利,上市后部分城商行的表现也远不如预期。

(四) 农村商业银行

农村商业银行的前身是农村信用合作社。它是由各地农民、农村工商户、企业法人和其他经济组织共同入股组成的股份制形式的地方性金融机构。农商行是我国县域地区重要的法人银行机构,是银行业支持"三农"(即农业、农村和农民)和小微企业的主力军。农商行的定位明确,即以服务"三农"为宗旨,促进地方经济尤其是农村经济以及农村事业的发展。

农商行坚持正确的改革发展方向,对于构建多层次、广覆盖、有差异的金融机构体系,更好地满足实体经济结构性、多元化金融服务需求,具有十分重要的意义。农商行准确把握自身在银行体系中的差异化定位,确立与所在地域经济总量和产业特点相适应的发展方向、战略定位和经营重点,严格审慎地开展综合化和跨区域经营,把握"机构不出县(区)、业务不跨县(区)"的原则;专注服务本地,下沉服务重心;以"支农支小"金融服务为主业,提高金融服务精准匹配能力,重点满足"三农"和小微企业个性化、差异化、定制化需求。但在实践中,部分农商行业务方向存在偏差,业务重心偏离信贷主业,其应该确保信贷资产在总资产中保持适当比例,投向"三农"和小微企业的贷款在贷款总量中占主要份额。

(五) 村镇银行

村镇银行是指依据有关法律、法规,由境内外金融机构、境内非金融机构企业法人、境内自然人出资,在农村地区设立的,主要为当地农民、农业和农村经济发展提供金融服务的银行业金融机构。村镇银行的建立,有效地填补了农村地区金融服务的空白,增加了农村地区的金融支持力度,但是仍然存在很多现实问题制约其发展。

第二节 商业银行的经营目标、特点与原则

一、商业银行的经营目标

商业银行作为一个特殊的金融企业,具有一般企业的基本特征,即追求利润最大化。实现合理的盈利水平,不仅是商业银行自身发展的内在动力,也是其在竞争中立于不败之地的

基础。但股份制商业银行仍以追求股东利益最大化为目标。

二、商业银行的经营特点

商业银行作为金融企业,具有以下经营特点。

1. 高风险、高负债

金融机构特别是银行机构,属于资金密集型行业,其交易的主要是货币资金,具有极高的风险,很容易受到市场环境变动的干扰,而且涉及国民经济各个部门。商业银行经营决策稍有不慎或决策失误,不仅会使自身经营出现困难,还会引发"多米诺骨牌效应",对实体经济及社会稳定产生不利影响。

另外,商业银行还体现出突出的"高负债"特点。商业银行充当信用中介,通过吸收存款等方式集聚大量资金,满足社会需求。商业银行自有资本的比重很小,其80%以上的资金均来自外部。

2. 特许经营

金融业是特许经营行业,相关机构必须持牌经营;没有牌照,则不允许开展相应的金融业务,这是金融行业的执业要求。金融牌照是指相关机构经国家金融监管部门批准,从事特定的金融业务的许可证,主要由中国人民银行等金融监管机构颁发。因此,银行业务须经许可才可开展。此外,保险、证券、基金、信托、期货、第三方支付、资产管理等机构也必须持牌经营。未经金融监管部门许可,任何非金融机构和个人不得从事金融类业务。

3. 合规性

金融业必须做到依法合规经营。银行业、证券业、保险业这三大传统金融行业,都有明确的守法合规要求。如果不按照法律法规经营,可能会引发很大的风险。

三、商业银行的经营原则

(一) 商业银行经营的一般原则

尽管各国商业银行在制度上存在一定的差异,但是在业务经营上,各国商业银行一般都遵循三大原则,即安全性、流动性、盈利性。

1. 安全性原则

安全性原则是指商业银行在经营活动中,尽量减少各种风险,保证资金的安全,从而保持稳健经营。安全性是商业银行能正常运营的必要保障,也是商业银行经营中应遵循的首要原则。商业银行之所以必须坚持安全性原则,是因为商业银行的经营与一般工商企业的经营不同,属于高负债经营。商业银行的自有资金比重较低,主要依靠吸收客户存款或对外借款进行贷款和投资。在商业银行的资金运用过程中存在着诸多风险,比如,如果贷款或投资后本金和利息不能按时足额收回,银行清偿力必然会削弱乃至丧失,危及银行本身的安全,严重的情况可能会导致商业银行倒闭,甚至会破坏整个国民经济的正常运转。因此,安全性是商业银行生存和发展的基本要求。

商业银行在经营过程中面临的金融风险主要包括信用风险、市场风险、操作风险、流动性风险、资本风险、政策风险、声誉风险等。

商业银行为保证其安全经营,应将各金融风险发生的可能性降到最低限度。这就要求商业银行必须合理安排资产规模和结构,注重资产质量;提高自有资本在全部负债中的比重;实现资产负债的有效匹配;提高防范风险的能力;遵纪守法,合法经营。

2. 流动性原则

流动性是指商业银行能够随时应对客户的提取存款需求、满足必要的贷款需求,涉及商业银行的清偿力问题。流动性是商业银行在不受损情况下的变现能力,及一种能应付各种需求的资金可调用能力。流动性被视为商业银行的生命线,保持适度的流动性是商业银行赖以生存的重要保障。流动性不仅直接决定着单个商业银行的安危存亡,甚至对整个国家乃至全球经济的稳定都至关重要。

流动性主要包括资产的流动性和负债的流动性。资产的流动性是指商业银行的资产能随时用于偿付或者在不贬值的条件下进行变现。负债的流动性是指商业银行随时可以低成本获得其所需资金。流动性既能够反映商业银行经营状况的好坏,也能够体现商业银行管理能力的高低。商业银行在经营过程中,应保持充足的流动性,避免挤兑现象的发生。

 延伸阅读 1-5

客户挤兑导致银行倒闭

银行保持充足的流动性,是其能够正常运转的重要保障。一旦流动性不足,尤其是发生挤兑危机,银行将面临倒闭风险。因此,挤兑也被称为银行的"软肋"。

2023年3月对于美国的银行业来说有些糟糕。3月8日,美国的一家加密货币银行——银门银行(Silvergate)宣布将停止营业。3月10日,硅谷银行被美国加利福尼亚州金融保护和创新部关闭,美国联邦存款保险公司被指定为接管方。3月12日,美国财政部、美国联邦储备委员会和美国联邦储蓄保险公司(FDIC)发布联合声明,宣布总部位于纽约市的签名银行已被当地监管机构关闭,理由是其存在系统性风险。

而这3家银行倒闭的直接导火索均是银行挤兑。3月9日,硅谷银行储户集中取款420亿美元,硅谷银行为支付本息,大幅抛售浮亏债券,3月10日股票跌停。3月10日,签名银行也遭遇了数十亿美元的银行挤兑。随后该银行一直寻找买家或其他解决方案来支撑其财务状况,但未能及时完成资产出售,最终倒闭。而在3月8日倒闭前,银门银行也遭遇了银行储户竞相提取超过80亿美元存款的境况。

3家银行的倒闭都与美联储加息的大环境有关。从2021年开始,美国进入加息周期,使持有美国国债、政府支持机构债券等各类美元计价债券的金融机构出现了大量的浮亏,其中就包括硅谷银行。随着硅谷银行抛售债券以偿还本息,银行的利润和资本被大幅侵蚀,最终引发信心崩盘。对于银门银行和签名银行这两家加密货币银行来说,在加息、监管、清算等多重压力下,加密货币呈现集体大跳水的趋势,银行存款金额大幅降低,导致其存贷比和资本充足率低于银行安全运营的水平。

资料来源:彭婧如,宫宏宇.七天三家美国银行倒闭的"三个已知"和"四个未知"[EB/OL].(2023-03-15)[2023-03-20]. http://www.chinanews.com.cn/cj/2023/03-15/9972114.shtml.

3. 盈利性原则

盈利性原则是指商业银行的经营目标是追求利润最大化。盈利水平的高低是评价和衡量商业银行经营效益的基本标准,对于上市银行来说尤为重要。一是盈利能力越强,越能证明商业银行的实力,越能提高商业银行的信誉,越能增强商业银行抗风险的能力。二是盈利水平的逐年增长也为其参与竞争和发展打下坚实的基础。通常利润水平较高的商业银行的留存盈余也较高,较高的税后利润意味着商业银行给股东的回报也会较高,商业银行利润增加会促使商业银行股票价格上升,这更有利于商业银行资本的筹集。三是盈利性高的商业银行往往得到社会公众的普遍信任,客户市场占有率相对较高。四是在具有较强盈利性的商业银行,职员的工资水平上升较快,提高盈利性有助于提升员工的工作积极性和工作效率,同时有利于商业银行吸引更多的人才。

为追求较高的盈利性,商业银行应做到尽量减少现金资产,扩大盈利资产比重;严格做好贷款和投资管理,减少贷款和投资损失;以尽可能低的成本获取更多的资金;加强内部经济核算,节约管理费用开支;严格操作规程,完善监管机制,减少事故和差错,防止内部人员因违法犯罪活动而造成银行出现重大损失。

4. 安全性、流动性和盈利性原则之间的关系及其协调

安全性、流动性、盈利性(简称"三性")原则是商业银行经营管理过程中必须严格遵守的三个重要原则。商业银行的"三性"原则既彼此统一,又相互矛盾。安全性与流动性正相关,却与盈利性负相关。因此,银行必须从现实出发,在安全性、流动性和盈利性之间寻求最佳统一和均衡。

(1)"三性"原则之间的统一性。首先,安全性与流动性之间具有统一性。流动性越强的资产,风险越低,其安全性越高;反之,流动性越弱的资产,风险越高,其安全性越低。其次,安全性与盈利性之间也具有统一性。商业银行要增加盈利,必须以安全经营为前提,如果出现资金的大量损失,必然会影响商业银行的盈利水平。同时,银行盈利水平的提高,使商业银行的经营实力增强,其抗风险能力也必然随之增强。

(2)"三性"原则之间的矛盾性。首先,矛盾性表现为安全性与盈利性之间的矛盾。一般来说,高盈利往往伴随着高风险。因此,安全性要求商业银行扩大现金资产,减少高风险、高盈利资产,而盈利性要求商业银行尽量减少现金资产,扩大盈利性资产。其次,矛盾性表现为流动性与盈利性之间的矛盾。流动性强的资产如现金资产在中央银行的存款比重越大,银行的支付能力越强,但盈利性就越低。这种矛盾关系要求商业银行必须对"三性"原则进行协调。

总之,安全性是前提,商业银行只有保证资金安全无损,才能保证流动性和盈利性的实现;流动性是保障,商业银行只有保证资金的正常周转和流动,商业银行的各项业务活动才能顺利进行,才能实现盈利;盈利性是目的,这是商业银行经营活动的最本质的要求,只有实现一定的盈利,商业银行才能不断增强自身的实力,为商业银行经营规模的不断扩大创造条件。

(二) 我国商业银行遵循的经营原则

按照《商业银行法》的规定,商业银行按照安全性、流动性、效益性原则经营,自主经营、自负盈亏、自我约束、自担风险。

其中,效益性原则既包括经济效益即盈利要求,也包含一定的社会效益要求。作为一种特殊的金融企业,商业银行要追求利润最大化,但也需要承担一定的社会责任,追求一定的社会效益。

第三节 商业银行管理与发展

一、商业银行管理理论

商业银行资产负债管理是为实现安全性、流动性和盈利性"三性"统一的目标。安全性、

流动性和盈利性三者之间存在一定的矛盾,商业银行管理理论正是随着这个矛盾的变化而不断发展,经历了资产管理理论、负债管理理论、资产负债综合管理理论三个阶段。

(一) 资产管理理论

资产管理理论产生于现代商业银行发展初期,以商业银行资产的安全性和流动性为重点。该理论认为商业银行利润的主要来源是资产业务,商业银行能够主动管理的也是资产业务;商业银行的负债状况取决于外部政策和客户意愿,在管理上是被动的。因此,商业银行应该着重通过资产业务的经营管理来实现"三性"统一。在资产管理理论的发展过程中,先后出现了商业贷款理论、可转换理论、预期收入理论、超货币供给理论等代表性理论。

1. 商业贷款理论

商业贷款理论是最早的资产管理理论,由18世纪英国经济学家亚当·斯密在《国富论》中提出。该理论认为商业银行资金来源于流动性很强的活期存款,因此商业银行在分配资金时应着重考虑保持高度的流动性。如果存款人在需要资金时无法从商业银行提取存款,就会造成挤兑,导致商业银行倒闭。因此,为应付难以预料的提款行为,商业银行只能在短期使用资金,不能发放长期贷款或进行长期投资。该理论强调商业银行贷款要以真实的商业票据作为抵押,票据到期后会形成资金从而自动偿还贷款,因此,该理论又被称为"真实票据理论"或"自动清偿理论"。

2. 可转换理论

可转换理论也称为资产转移理论。该理论认为商业银行保持流动性的关键在于保持资产变现能力,因此,商业银行保持资产流动性最好的办法是持有可转换的资产。商业银行不应将资产业务局限于短期贷款,可将一部分资金投资于具有转让条件的债券,在需要时将债券转换成现金,从而保持资产的流动性。

可转换理论以金融工具和市场的发展为背景。虽然其依旧强调商业银行应该考虑资金的性质而保持高度的流动性,但可以放宽资金运用的范围。资金运用范围的扩大,丰富了商业银行资产结构,使商业银行业务经营更加灵活多样。但该理论过分强调商业银行通过运用可转换资产来保持流动性,限制了商业银行对高盈利资产的运用。同时,可转换资产的变现能力也会受到市场环境的限制。

3. 预期收入理论

预期收入理论产生于20世纪40年代。该理论认为贷款偿还或证券变现能力取决于未来的预期收入,只要预期收入有保证,资产的流动性就有保障,因而商业银行不仅可以发放短期商业性贷款,还可以发放中长期贷款和非生产性消费贷款。该理论强调的是贷款偿还与借款人未来预期收入之间的关系,而不是贷款的期限与流动性之间的关系。

预期收入理论为商业银行拓展盈利性的新业务提供了理论依据,促使银行家对保持流动性有了更新、更全面的认识。商业银行在贷款偿还保证的前提下,可以主动进行银行资产的期限结构安排。商业银行可以依据借款人预期的定期收入,发放高盈利性的长期贷款;当商业银行不需要较强的流动性时,这部分资金又可继续用于贷款发放,这使商业银行能兼顾流动性和盈利性。基于该理论,商业银行可以发放中长期设备贷款、个人消费贷款、房屋抵押贷款、设备租赁贷款等,贷款结构发生了积极的变化,成为支持经济增长的重要因素。但该理论的不足在于对借款人未来收入的预测主要基于商业银行的主观判断,事实上随着客观经济环境的变化,借款人实际未来收入与商业银行的主观预测存在偏差,从而可能使商业银行面临更大的风险。

4. 超货币供给理论

超货币供给理论认为随着货币形式趋于多样化,除了商业银行可以通过贷款方式提供货币,其他非银行金融机构也可以提供货币。这要求商业银行改变观念,不能只单纯提供贷款,还应提供其他金融服务。根据该理论,商业银行在发放贷款和购买证券的同时,还应积极开展投资咨询、项目评估等多种业务,使商业银行资产管理的内容更加丰富。

> **相关思考1-2**
>
> **商业银行如何做好贷款管理**
>
> 做好资产管理对于商业银行实现盈利目标非常重要,而贷款是商业银行资产中占比最大的一项,因此,做好贷款管理至关重要。那么,商业银行应该如何做好贷款管理呢?

(二)负债管理理论

负债管理理论兴起于20世纪60年代前后,与经济金融环境密切相关。该理论认为商业银行应以负债业务为经营重心,主要通过调整负债项目,通过在货币市场的主动负债或"购买"资金来支持资产规模扩张,从而保证商业银行的流动性和盈利性。商业银行应根据经营目标,开发新的资金来源,对不同的资金来源进行适当的组合,以适度的成本筹集更多资金。

与传统理论相比,负债管理理论开辟了满足商业银行流动性要求的新途径,改变了长期以来资产管理仅从资产运用角度来维持流动性的传统做法,更强调进取和鼓励创新。它对银行业传统的稳健保守作风发起挑战,促进了金融创新活动的繁荣。但是该理论不利于商业银行的稳健经营,因为只有规模较大的商业银行才有能力承受大量"购买"资金所增加的经营风险和成本压力。

负债管理理论主要包括存款理论、购买理论、销售理论等。

1. 存款理论

存款理论认为,存款是商业银行最主要的资金来源和经营各项业务的基础,没有存款,商业银行经营就成了无源之水、无本之木。尽管商业银行可采用许多办法去争取存款,但这最终取决于存款人的意志,商业银行处于被动地位。因而,存款负债也被称为被动型负债。存款理论具有稳健性、保守性倾向,其局限性在于没有认识到商业银行在扩大存款或其他负债方面的能动性,以及负债结构、资产结构和资产负债综合关系的改善在提高资产流动性、盈利性等方面的作用。

2. 购买理论

购买理论出现于西方国家经济滞胀背景下,体现了商业银行负债管理理念的重大转变。与存款理论完全相反,该理论认为商业银行可以发展主动负债,主动购买外部资金,且购买对象可以十分广泛。在存款利率管制条件下,通过抬高资金价格来吸收存款,是商业银行购买资金的有效手段。商业银行购买资金的适宜环境是通货膨胀条件下实际利率水平较低甚至为负的环境。该理论的局限性在于可能促使商业银行片面扩大负债,加深债务危机,导致商业银行业出现恶性竞争。

3. 销售理论

销售理论认为,商业银行是金融产品的创造者,负债管理的核心任务是迎合顾客需要,开发和营销金融产品,扩大资金来源和收益水平。该理论为负债管理注入了现代企业营销观念,即围绕客户需要来设计产品及提供金融服务,并通过不断改善金融产品的销售方式来完善服务。该理论反映了20世纪80年代以来金融业和非金融业相互竞争和渗透的情况,标志着金融机构正朝着多元化和综合化方向发展,其局限性在于未能很好地解决商业银行"三性"统一的问题。

(三) 资产负债综合管理理论

从20世纪70年代中期开始,由于市场利率大幅上升,商业银行负债管理在负债成本及经营风险上的压力越来越大,商业银行意识到单靠资产管理或负债管理难以实现"三性"统一。因此,以资产与负债间的协调平衡为主的资产负债综合管理理论应运而生。实际上,该理论并不是对资产管理理论和负债管理理论的否定,而是吸收了这两种理论的科学内涵,并对其进行了发展和深化。

资产负债综合管理理论认为,商业银行在经营管理中不能偏重资产与负债的某一方,而应以资产与负债管理双方并重。商业银行应通过资产与负债的共同调整,协调资产与负债项目在期限、利率、风险和流动性等方面的匹配,尽可能使资产与负债达到规模对称、结构对称、偿还期对称,从而实现"三性"统一。在该理论下,银行常用的资产负债管理方法是差额管理法(又称敏感性缺口管理法)和比例管理法。

资产负债综合管理理论从资产与负债之间相互联系、相互制约的角度,把资产负债作为整体进行研究,并通过平衡资产与负债来协调商业银行资产安全性、流动性、盈利性之间的矛盾,使商业银行经营管理更为科学有效。

相关思考 1-3

商业银行为什么要控制资产负债总量规模

规模经济是商业银行竞争力的基础,通常商业银行资产负债总量越大,在市场中的地位越高,市场竞争力也越强。因此,长期以来,商业银行一直具有过度追求存款规模和资产规模的"规模冲动"和"速度情结"。但是,理论与实践证明,商业银行资产负债规模并非越大越好,规模超过一定界限之后不仅表现为规模无效率,而且容易产生风险。因此,科学合理地控制资产负债规模是银行稳健发展的基础。请思考:商业银行控制资产负债总量规模的具体原因主要是什么?

二、商业银行的发展趋势

随着经济全球化、数字化或科技化的不断深入,现代商业银行也出现了新的发展趋势。目前,商业银行呈现出以下发展趋势。

1. 业务经营数字化

商业银行的业务经营数字化发展趋势主要包括以下两个方面的内容:

(1) 金融服务日益依托金融科技、网络渠道提供。随着区块链、大数据、云计算、人工智能等金融科技的发展及日益频繁地应用于商业银行的各项业务,商业银行业务经营体现出突出的数字化特点。商业银行的交易系统、清算系统、服务网络日新月异。自1999年开始,中国银行、建设银行、招商银行等银行在国内相继推出网上银行业务。网上银行促使银行业经营理念、经营方式、经营战略、经营手段发生革命性变革。

(2) 商业银行客户服务网络化。规模较大的企业或企业集团对商业银行服务的资金规模、服务种类要求较高，要求商业银行所有分支机构为其提供全面服务，从而使商业银行对客户的服务网络化。随着互联网金融的创新，未来商业银行在这方面的竞争会更加激烈。

2. 银行业务全能化

二维码1-4：
金融科技对
商业银行的
挑战与冲击

20世纪80年代以来，随着各国金融监管当局对银行业限制的逐步取消，商业银行业务的全能化得到较大的发展。特别是1999年美国《金融服务现代化法案》的出台，它取消了银行、证券、保险业之间的限制，允许金融机构同时经营银行、证券、保险等多种业务，形成"金融百货公司"或"金融超级市场"，金融业由"分业经营、分业管理"的专业化模式向"综合经营、综合管理"的全能化模式发展。

3. 金融竞争多元化

现代商业银行面临的竞争，除了传统的同业竞争、国内竞争、服务质量和价格竞争，还有全球范围内日趋激烈的银行业与非银行业、国内金融与国外金融、网上金融与一般金融等的多元化竞争，商业银行活动跨越了国界、行业，变得日益多元化。因此，商业银行面临的金融风险也不仅是信用风险，还扩大到利率风险、通货膨胀风险、通货紧缩风险、汇率风险、金融衍生工具风险、政治风险等方面，导致其经营管理风险日益扩大。

> **相关思考1-4**
>
> **商业银行经营管理的挑战及创新**
>
> 近年来互联网金融蓬勃发展，对商业银行的业务开展和经营发展产生巨大的影响。同时，随着当前金融科技的不断发展，商业银行传统经营发展方式和中介地位也受到极大冲击和挑战。那么，商业银行目前面临的挑战主要表现在哪些方面？你可以从传统业务受冲击、盈利模式转变、数字化转型等方面进行分析。

三、商业银行的数字化转型

（一）数字化转型的含义

数字化是指人们将信息技术应用于具体业务场景，通过技术创新赋能业务，进而帮助实现企业整合全价值链及价值创造的过程。数字化是新一代信息技术在实践中的应用，能帮助企业收集、储存、分析一系列经营数据，从而作出更加科学合理的决策。

数字化转型是指企业顺应新一轮科技革命和产业变革趋势，不断深化应用云计算、大数据、物联网、人工智能、区块链等新一代信息技术，激发数据要素创新驱动潜能，提升信息时代生存和发展能力，加速业务优化升级和创新转型，改造提升传统动能，培育发展新动能，创造、传递并获取新价值，实现转型升级和创新发展的过程。简单来说，数字化转型就是企业利用数字化技术（如云计算、大数据、人工智能、物联网、区块链等）和能力，对本企业的传统业务模式及商业生态系统进行深度重构，从而提升效力、重塑竞争优势的一种行为模式。其目的是实现企业业务的转型、创新、增长。

商业银行的数字化转型是指商业银行将数字化技术运用于各项业务场景，从而简化传统业务流程，提升业务运营效率，减少业务运营成本，并最终提高盈利水平。

需要注意的是，商业银行的数字化转型不仅指金融科技应用带来的技术转型，还包括业务流程、组织架构等全方位的数字化、智能化改造。因此，近年来银行线上化进程的加速，也仅代表银行数字化转型的第一步。

(二) 数字化转型的背景和意义

1. 数字化转型的背景

在全球数字经济发展的大背景下,开展数字化转型,已成为企业适应数字经济、谋求生存发展的必然选择。经历了改革开放和连续高速增长,中国经济已经由高速增长转入稳定增长和高质量发展的阶段。面对产业结构调整、资源环境挑战、数字技术与创新所带来的行业颠覆和机遇,企业转型势在必行。

数字经济成为主要经济形态,企业转型事关生存发展。当今世界,数字经济已经成为全球经济的主要形态。中国数字经济总量占 GDP 比重超过 30%,已成为全球第二大数字经济体。当前,新旧经济呈现冰火两重天的局面。一方面,互联网企业规模不断扩大,凭借数字技术跨界延伸到许多传统行业,初创型数字化企业的增速使传统企业相形见绌;另一方面,传统企业营收增长减速,盈利水平承受巨大压力,企业发展越来越困难,数字化转型已成为大多数企业的共识。

2. 数字化转型的意义

随着传统经济向数字经济转变,不同行业的企业逐步转向数字化经营。对于商业银行而言,数字化转型具有重要的意义,主要表现在以下几个方面。

1) 推动数字化转型是商业银行应对数字时代市场化竞争的有力手段

随着数字经济时代的来临,商业银行外部环境发生了巨大的变化,商业银行之间的竞争更加激烈。目前各行业的发展多以客户需求为中心。满足客户的需求,提供优质的服务和产品,对于企业发展有重大意义。商业银行可以通过数字化赋能,有效盘活存量客户,增强对长尾客户的覆盖能力。通过知识图谱的搭建,商业银行可全面重塑客户维护、资产负债管理和风险控制等业务流程,增强业务的全场景服务能力,维持和提升自身在数字时代的市场竞争力。

2) 推动数字化转型可以有效抵御新兴科技企业对商业银行的冲击

以移动支付为代表的互联网企业凭借自身优势,为消费者提供了便捷的金融服务,消费者通过手机就可以进行日常的金融投资等活动,这对传统商业银行带来了一定的冲击。通过数字化转型,商业银行可以完善自身业务流程,为消费者提供更加完善的数字化产品和数字化金融服务。

3) 推动数字化转型是全面开放背景下中国商业银行提升国际竞争力的重要途径

随着中国在全球经济中地位的跃升,不仅中国市场对外资企业的吸引力越来越大,中资企业走出国门的步伐也在加快,这使商业银行的全球化运营面临新的挑战。数字化对商业银行服务和业务流程都产生了重要影响,各大商业银行都将数字化转型作为一项中长期发展战略。如果不积极进行数字化转型,而仅依靠传统的经营模式,我国的商业银行将不具备全球竞争力。

(三) 数字化转型的路径与主要方向

1. 数字化转型的路径

随着社会的快速发展,市场不断变化,商业银行传统的管理架构已经很难快速响应市场需求。从国内外领先同行的数字化转型实践来看,商业银行首先需要做好顶层设计,确定数字化转型战略。另外,建立一个科学敏捷、有执行力的组织架构,也是保障商业银行实现数字化转型的重要基础。传统商业银行因自身体系架构庞大、运营模式复杂,可以在保证运营稳定的基础上,逐步、小规模地进行敏捷性组织变革,探索建立创新灵活、响应迅速的组织架构模式。在此基础上,商业银行可将数字技术逐步运用于各项业务中,实现技术转型与业务转型的融合。商业银行数字化转型总体路径如图1-2所示。

2. 数字化转型的主要方向

金融机构数字化转型的目的是助力实体经济发展。在数字化转型过程中,金融机构应实现服务客群、服务渠道、服务效率的优化调整。数字化转型并不是让金融机构去发展所谓的互联网贷款,并不是与实体经济脱离。

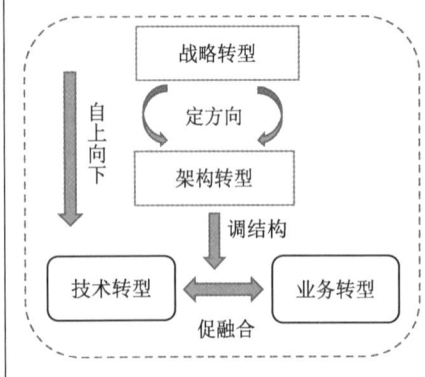

图1-2 商业银行数字化转型总体路径

党的二十大提出要实现高质量发展。商业银行要在数字化转型带动下实现高质量发展,应鼓励消费,发展普惠金融;扶持"三农",推进乡村振兴;助力小微企业,发展小微企业业务;淘汰落后产能,调整信贷结构;关注新基建产业,发展科创金融;支持碳中和,推动绿色金融发展。

另外,商业银行数字化转型的具体落实包括三个层面:一是基础技术架构的提升。整个基础架构需要适应高并发的数据量、数据决策等数字化的变化。此外,云计算、大数据、云边端架构以及5G的引入,都是数字化转型的基础支撑。二是业务流程的重构。商业银行数字化转型应实现前端多样化数据的获取,以支撑后台数据分析和应用。三是数字的感知升级。商业银行数字化转型应基于AI技术,通过人脸识别、行为分析,实时获取客户的数字信息。

(四)我国商业银行的数字化转型

1. 我国商业银行数字化发展的主要阶段

随着信息科技对金融行业的影响越来越大,银行业作为我国金融行业的中流砥柱,近些年在信息化技术的影响下也发生了巨大变化。不仅如此,银行业又反过来推动了数字化金融的不断发展。具体而言,我国商业银行数字化发展大致可分为以下三个阶段。

1)第一阶段:金融电子化阶段

在这一阶段,信息技术开始对商业银行产生影响,尽管影响的程度不深,但也使我国银行业逐渐具备信息化建设的理念。从20世纪80年代开始,IT技术开始在金融行业得以应用,广大银行从业者告别原始的手工作业,实现办公和业务流程的信息化。商业银行借助IT技术开发各种自助设备,为广大客户提供了极大的便利,改变了传统银行的工作模式和工作流程,显著提高了商业银行的工作效率。

2)第二阶段:互联网金融阶段

在这一阶段,互联网和信息技术对商业银行的影响越来越大,金融业的很多业务开始实现线上办理。用户的服务和行为模式发生了翻天覆地的变化,传统金融渠道被彻底颠覆。传统金融业务借助新兴的科学技术手段得以迅速发展。银行业务模式和业务渠道都发生极大变化,银行工作效率越来越高,客户可以线上办理业务。

3)第三阶段:金融科技阶段

在这一阶段,信息技术对金融行业的影响变得更深远。大数据、人工智能等新兴技术改变了传统的金融模式和信息来源,使传统金融行业的运行效率大大提升,有效解决了银行业业务办理过程当中的痛点问题。越来越多的商业银行认识到科技是引领金融发展的重要动力。在这一动力的驱使下,更多商业银行开始逐步制定数字化转型的战略,商业银行和信息技术之间的关系更加紧密。大数据征信、智能投顾等新兴业务涌现。

2. 我国商业银行数字化转型的现状

党的二十大报告指出,高质量发展是全面建设社会主义现代化国家的首要任务。银行业高质量发展更要充分融入新发展格局。要顺应国家金融体制改革趋势,促进金融深度服务实体经济,健全金融支持创新体系。

2021年12月,国务院印发《"十四五"数字经济发展规划》。2022年1月,中国人民银行印发《金融科技发展规划(2022—2025年)》,中国银保监会发布了《关于银行业保险业数字化转型的指导意见》。另外,2022年4月,中国人民银行设立了科技创新和技术改造再贷款政策,数字人民币试点再扩容,这些举措旨在以数字化转型推动银行业高质量发展。这些举措为金融业数字化转型进一步明确了方向和路径,推进了我国商业银行数字化转型的进程。

当前中国金融业整体处于信息化末期、移动化成熟期、开放化成长期、智能化探索期四期叠加阶段。整体上,国有控股商业银行、全国性股份制商业银行、互联网银行(如百信银行、网商银行、微众银行)已在数字化发展上取得相对优势,而大多数中小银行还处于信息化尚未完成阶段。数字化转型已成为中小银行的"必破之局",但是中小银行通常难以承受持续高额的科技投入。

数字化转型是一场深层次、全方位的变革,需要各方面从全局战略高度进行协同式、系统性、一体化推进。目前,不少银行已经将数字化转型上升到战略高度加以推进。例如,2022年中国工商银行全新推出数字化品牌"数字工行(D-ICBC)",围绕"数字生态、数字资产、数字技术、数字基建、数字基因"五维布局,构建工商银行数字化转型发展的新格局、新高度、新优势,打造具有更强适应性、竞争力、普惠性、引领示范性的"数字工行"。中国民生银行高度重视数字化转型,制定了新的五年发展规划(2021—2025年),立足于"敏捷开放的银行"这一战略定位,主动融入数字中国建设,将体系性、全方位的数字化转型作为布局未来的新起点,着力在生态银行和智慧银行两大领域实现突破和提升。该行已专门成立生态金融部,作为全行数字化转型的牵头部门。

当前,数字化转型已成为银行发展的重要趋势。在银行数字化转型经营过程中,银行网点的减少、员工队伍的调整随之而来。根据中国银保监会数据,自2023年以来,共有124家国有控股商业银行营业网点、26家全国性股份制商业银行营业网点、44家城市商业银行营业网点退出营业。随着金融科技渗入银行服务的方方面面,很多岗位被人工智能替代,而金融科技及风险管理方面的人才,如数据分析师、运维师、风控师等,则备受青睐。

延伸阅读1-6

逐鹿当下,释放数字普惠时代的金融科技力量

数字技术的创新应用,在推动金融业务创新发展的同时,也为推动普惠金融发展创造了有利条件。中央全面深化改革委员会第二十四次会议曾强调"要有序推进数字普惠金融发展"。运用数字技术推进金融数字化转型,不仅可以进一步降低金融服务成本,同时也为金融业持续扩大金融服务覆盖面、深化金融服务渗透率提供了可能。

发展数字普惠金融,箭在弦上。特别是随着科技与金融的深度融合,金融数字化逐步迈入"深水区"。面对普惠金融课题,金融机构亟须通过现有技术、应用经验,去创造一个能够真正实现普惠的数字金融体系。

所谓数字普惠金融，即数字技术与普惠金融的有机结合，是指在数字技术的支持下通过金融服务促进普惠金融的行动。与传统普惠金融相比，数字普惠金融不仅覆盖面更广，而且能够在更深层次触达目标人群。当然更为明显的是，数字普惠金融更注重数字技术的应用，减少了对传统普惠金融网点的依赖，极大降低了服务成本，提升了金融普惠效率。

我国数字普惠金融已形成以银行、非银行金融机构、金融科技企业等为服务主体，以数字银行、消费金融、供应链金融等为服务途径，以小微企业融资、乡村振兴等为服务对象，以支付体系、信用体系等为基础设施的生态系统。其中，银行发挥着头雁作用，依托金融科技建立以批量化获客、精准化画像、自动化审批、智能化风控、综合化服务为特色的"五化"普惠金融新模式，让普惠金融精准滴灌、穿透落地；第三方金融科技企业基于多年来在前沿科技领域的探索应用，在数字普惠发展过程中也显得愈发重要。

资料来源：博彦科技. 逐鹿当下，释放数字普惠时代的金融科技力量[EB/OL]. (2023-03-13)[2023-03-26]. https://www.163.com/dy/article/HVNMSKVL0518IO8K.html.

本章小结

二维码资料
1-5 练一练

二维码资料
1-6 练一练答案

本章主要学习了商业银行的起源与发展，商业银行的性质与职能、外部组织类型与内部组织机构，商业银行的设立与监管；商业银行的经营目标、特点与原则；商业银行管理理论以及商业银行数字化转型的基本情况。

本章重要概念

商业银行　信用中介　支付中介　信用创造　金融服务　总分行制　单一银行制　集团银行制　连锁银行制　"三性"原则　安全性　流动性　盈利性　资产管理理论　负债管理理论　资产负债管理理论　数字化　数字化转型　商业银行数字化转型

第二章 商业银行资本金及管理

- 内容提要
- 重点难点
- 学习目标
- 知识框架
- 思政育人
- 第一节 商业银行资本金的构成及功能
- 第二节 商业银行资本充足性及《巴塞尔协议》
- 第三节 提高商业银行资本充足率的策略
- 本章小结
- 本章重要概念

内容提要

本章主要讲解了商业银行资本金的定义、构成与功能;《巴塞尔协议》的发展及主要内容,资本充足率的计算方法;提高商业银行资本充足率的策略。

重点难点

本章重点为资本金的构成及功能,资本充足率的计算方法,以及提高资本充足率的策略。本章难点为对《巴塞尔协议》主要内容的理解。

学习目标

通过本章的学习,学生应理解商业银行资本金的定义,掌握资本金的构成与功能;熟悉《巴塞尔协议》的主要内容,掌握资本充足率的计算方法,掌握补充资本金的主要渠道,了解我国资本金管理的现状。同时,本章要求学生对我国商业银行资本金有一个全面的认识,深入思考商业银行应如何在保持充足资本金上寻求突破、转型和创新,以适应未来金融发展的要求。

知识框架

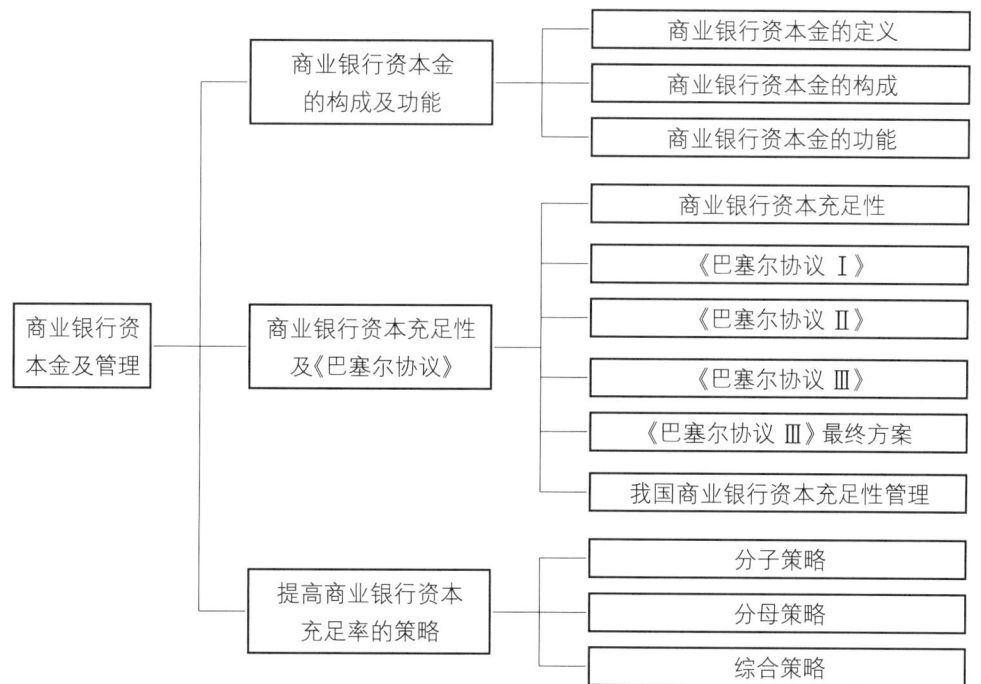

思政育人　　　　积极补充资本,防范金融风险

2023年3月5日,中信银行发布公告称,其向原A股股东配股的申请获得上海证券交易所受理。中信银行本次配股募集的资金总额不超过400亿元,扣除相关发行费用后将全部用于补充核心一级资本,以提高该行的资本充足率。

2023年3月6日,民生银行、长沙银行分别发布公告称,向不特定对象发行可转换公司债券的申请获得上海证券交易所受理。民生银行拟发行A股可转债,募集资金总额不超过人民币500亿元,长沙银行拟发行可转债总额不超过110亿元。两家银行均在公告中说明,扣除发行费用后募集资金将全部用于支持各自的未来业务发展,在可转债转股后按照相关监管要求用于补充银行核心一级资本。

近年来,银行普遍面临资本不足的问题,提高资本充足水平意愿强烈,频频以各种方式"补血",但与此同时,从整体来看,银行业融资仍面临困难。

银行补充资本金的方式主要有四种。上海金融与发展实验室主任曾刚指出,除通过利润留存来补充资本金外,还有股票融资(即通过IPO、增发、配股等方式直接发行普通股,或者将发行可转债募集的资金在经历转股期后充当核心资本,发行优先股募集资金补充其他一级资本);地方政府发行专项债为银行注入资本金;债券融资,银行通过发行永续债或二级资本债,分别补充其他一级资本和二级资本。

在经济处于复苏周期、利差收窄的大背景下,银行盈利水平承受一定压力,进而也影响银行通过利润留存补充资本的能力。中央金融工作会议指出,坚持把防控金融风险作为金融工作永恒的主题。随着监管部门持续防范化解金融风险,资管新规、金融资产分类规则日趋严格,严监管下银行面临资产风险权重上升、表外业务回表的压力,也进一步加速资本消耗。

因此,商业银行在监管要求提升和内源留存不足的背景下,需要积极寻求外源渠道进行资本补充,保证商业银行的风险防控能力,在达到资本监管要求的前提下,进一步服务实体经济,促进国家经济发展。

资料来源:佚名.民生银行、长沙银行发行可转债获受理,银行资本补充难题待解[EB/OL].(2023-03-07)[2023-03-10].https://finance.sina.com.cn/roll/2023-03-07/doc-imykaiyr3752684.shtml.

第一节　商业银行资本金的构成及功能

一、商业银行资本金的定义

商业银行资本金是指商业银行的所有者投入银行的、用于抵御未预期损失的资金或资产,它代表着所有者对银行的所有权。但股东、监管当局、内部管理部门,对商业银行资本金又有不同的理解。

(一)账面资本

账面资本(book capital,BC)是企业会计准则定义的资本,一般是指商业银行持股人的永久性资本投入,体现为商业银行的所有者权益,从会计意义上反映了商业银行账面上保有的可用于抵御非预期损失的资本额度,是总资产与总负债的账面价值之差。银行大部分的资产按照其获得时、负债按照其发行时记入银行账面的价值记录的,所以账面资本是一种静态的资本。商业银行账面资本=银行资产的账面价值-银行负债的账面价值。

(二)监管资本

监管资本(regulatory capital,RC)是指商业银行的监管当局认可的股东权益和某些负债,也称法定资本,分为一级资本(核心资本)和二级资本(附属资本)。

监管资本从监管角度反映了商业银行的监管当局对商业银行资本保有额的监管要求。监管资本中最核心的监管指标是资本充足率。如果监管资本不足,监管当局要根据不足的状况对商业银行进行诸如限制业务经营、取消红利分配、撤销管理人员、使银行停业等不同程度的处理。

(三) 经济资本

经济资本(economic capital, EC)又称风险资本(capital at risk, CaR),是银行内部评估的、在一定置信水平下用来缓冲资产或业务非预期损失的资本保有额。

经济资本是一个计算值,是商业银行内部管理方面使用的虚拟资本,与银行内部测量的风险的非预期损失相对应,用以抵御银行的非预期损失。其数额的大小与该银行的评级及其风险大小密切相关。穆迪公司认为,经济资本必须是永久且随时备用的,能完全抵御损失,从而不使一般债权人受任何影响。

> **相关思考 2—1**
>
> **不同资本金之间的关系**
>
> 我国商业银行的资本金从不同角度可以有三种不同的理解:账面资本、监管资本、经济资本。那么这三类资本是否是完全独立的?三者有何关联?

二维码 2-1:视频:账面资本、监管资本与经济资本

二、商业银行资本金的构成

世界各国金融管理当局对商业银行资本构成的规定和计算不完全相同,根据我国 2023 年颁布的《商业银行资本管理办法》规定,商业银行总资本可以分为一级资本和二级资本两个层次,一级资本又分为核心一级资本和其他一级资本。合格的监管资本的计算公式如下:

$$合格的监管资本 = 一级资本 + 二级资本 - 扣除项目$$

(一) 核心一级资本

核心一级资本在商业银行资本金的构成中最具有资本属性,其主要包括以下几部分。

1. 实收资本

实收资本也称股本,是指投资者按照章程或者合同、协议的约定,实际投入商业银行的资本数额,也是商业银行注册登记的法定资本总额的来源。实收资本(或股本)是商业银行进行经营活动而占有和使用的最基本的经营资金,同时商业银行依照实收资本对投资者或股东进行利润或股利分配。

2. 资本公积

资本公积包括资本溢价(或股本溢价)和直接计入所有者权益的利得和损失。

资本溢价(或股本溢价)是指商业银行收到投资者投入的超出其在商业银行注册资本(或股本)中所占份额的投资金额。形成资本溢价的原因有溢价发行股票、投资者超额缴纳资本金等。溢价发行股票是指股票的发行价格与股票面值并不相同。假设股票面值每股按 1 元计,发行价格可能是 3 元,也可能是 4.5 元,那么超过面值的溢价部分将作为股本溢价计入资本公积。投资者超额缴纳资本金是指投资者以现金投入的资本,应当以实际收到的金额作为实收资本入账,而商业银行实际收到的金额超过投资者在该商业银行注册资本中所占份额的部分,将作为资本溢价计入资本公积。

直接计入所有者权益的利得和损失是指不应计入当期损益、会导致所有者权益变动的、与所有者投入资本或向所有者分配利润无关的利得或损失。其主要包括其他权益工具投资的公允价值的变动额、现金流量套期中套期工具公允价值变动额(有效套期部分)等。

3. 盈余公积

盈余公积是指商业银行从税后利润中提取形成的、留存于银行内部、具有特定用途的收益积累。盈余公积按其用途的不同可分为公益金和一般盈余公积两类,可用来转增资本、弥补亏损。

4. 一般风险准备

商业银行各类资产都会产生风险,因此商业银行要计提损失准备金。准备金主要是指基于但不针对特定的贷款损失而计提的一般准备金。

根据财政部有关规定,商业银行从净利润中提取一定金额作为一般风险准备,用于部分弥补尚未识别的可能性损失。2012年3月30日颁布的《金融企业准备金计提管理办法》(财金〔2012〕20号)要求金融企业计提的一般风险准备余额原则上不得低于风险资产期末余额的1.5%。

5. 未分配利润

未分配利润是商业银行以前年度实现的未分配的利润或未弥补的亏损。

商业银行当年实现的税后利润,在弥补亏损、提取盈余公积、向投资者分配利润后剩余的部分体现在未分配利润之中。税后利润具体分配顺序如下:①被没收的财物损失,支付各项税收的滞纳金和罚款以及中央银行对企业因少缴或迟缴准备金的加息;②弥补企业以前年度亏损;③提取法定盈余公积金;④提取公益金;⑤向投资者分配利润。税后利润经过以上分配后如果还有剩余,则是未分配利润,这些未分配利润属于全体股东。

6. 少数股东权益可计入部分

在母公司拥有子公司股份不足100%,即只拥有子公司净资产的部分产权时,子公司股东权益的一部分属于母公司所有,也就是多数股权;其余部分仍归其他股东所有,由于后者在子公司全部股权中不足半数,对子公司没有控制能力,故被称为少数股东权益或少数股权。

商业银行少数股东权益是指并非由本行直接或通过子公司间接拥有的权益占子公司净资产的部分,子公司当期净损益和其他综合收益中属于少数股东的份额在合并利润表中以"少数股东损益"和"归属于少数股东的其他综合收益的税后净额"列示,作为集团净利润和其他综合收益的一个组成部分。

(二) 其他一级资本

其他一级资本主要包括其他一级资本工具及其溢价、少数股东资本可计入部分,比如优先股、永续债等。

(三) 二级资本

二级资本也叫附属资本,在银行"破产清算"的条件下承担损失,其在总资本中占比不得超过50%。二级资本主要包括以下几种类型。

1. 二级资本工具及其溢价

二级资本工具主要由非公开储备、资产重估储备(包括物业重估储备和股本重估储备)、普通准备金、债务一资本混合资本工具(包括一系列股本资本特性和债务资本特性的金融工具)、可转换债券和次级长期债券构成。其中,次级长期债券是指固定期限不低于 5 年(包括 5 年),除非银行倒闭或清算,不用于弥补银行日常经营损失,且索偿权排在存款和其他负债之后的商业银行长期债务。次级长期债券兼有债务和股权的特征,可用来补充资本金。

延伸阅读2-1

中国银行业监督管理委员会关于商业银行发行混合资本债券补充附属资本有关问题的通知

各国有商业银行、股份制商业银行:

根据巴塞尔银行监管委员会关于"统一资本计量与资本标准的国际协议"的原则,结合我国银行业的资本现状,经研究决定,允许商业银行发行混合资本债券,并按照规定计入附属资本。现就有关事项通知如下:

一、混合资本债券应具有如下特征:

(一)债券期限在 15 年以上(含 15 年),发行之日起 10 年内不得赎回。10 年后银行可以具有一次赎回权,但行使赎回权需得到银监会批准;若 10 年后银行未行使赎回权,可以适当提高债券的利率,但提高利率的次数不能超过一次。

(二)当核心资本充足率低于 4% 时,银行可以延期支付利息;若同时盈余公积与未分配利润之和为负且最近 12 个月内未支付普通股现金股利,银行必须延期支付利息。递延的利息将根据本期债券的利率计算利息。在不满足延期支付利息的条件时,银行应立即支付欠息及欠息产生的利息。

(三)债券到期时,若银行无力支付索偿权在本债券之前的银行债务,或支付本债券将导致无力支付索偿权在本债券之前的银行债务,可以延期支付本债券的本金和利息。

(四)当银行倒闭或清算时,本债券清偿顺序列于商业银行发行的长期次级债之后,先于商业银行股权资本。

二、经银监会认可,符合以上特征的混合资本债券可列入商业银行的附属资本。重估储备、一般准备、可转换债券、长期次级债务和混合资本债券等附属资本总额不得超过商业银行核心资本的 100%,其中长期次级债务不得超过商业银行核心资本的 50%。

资料来源:中国银行保险监督管理委员会.中国银行业监督管理委员会关于商业银行发行混合资本债券补充附属资本有关问题的通知[EB/OL].(2005-12-12)[2023-01-27].http://www.cbirc.gov.cn/cn/view/pages/govermentDetail.html?docId=271125&itemId=867&generaltype=1.

2. 超额贷款损失准备

超额贷款损失准备是指商业银行实际计提的贷款损失准备超过最低要求的部分。

3. 少数股东资本可计入部分

附属公司总资本中少数股东资本用于满足总资本最低要求和储备资本要求的部分,扣除已计入并表一级资本的部分后,剩余部分可以计入并表二级资本。

(四)资本扣除项

《商业银行资本管理办法》规定,应从核心一级资本中全额扣除以下项目:商誉;其他无形资产(土地使用权除外);由经营亏损引起的净递延税资产;损失准备缺口;资产证券化销售利得;确定受益类的养老金资产净额;直接或间接持有的本银行股票;对资产负债表中未按公允价值计量的项目进行套期形成的现金流储备(若为正值,应予以扣除;若为负值,应予以加回);商业银行自身信用风险变化导致其负债公允价值变化带来的未实现损益;审慎估值调整。

二维码2-2:
二级资本工具的合格标准

相关思考2-2

资本扣除的原因

为什么符合监管资本金要求的各项资本工具总额不能全额计入商业银行资本,而需要将商誉、其他无形资产(土地使用权除外)等项目的金额从核心一级资本中全额扣除?

三、商业银行资本金的功能

(一)营业功能

资本金是商业银行开展业务、不断发展的前提条件。商业银行设立的前提是必须拥有一定数量的资本金,这就是商业银行资本金的营业功能。

商业银行的资本金用来购买为客户提供服务的各种设备,是商业银行的启动资金。商业银行资本金可为商业银行的开业与经营准备物质条件,如获得土地、建设办公建筑、安装设备等。随着先进技术在商业银行的广泛使用,资本用于购置设备、投资人工智能的比率逐年上升,充足的资本实力可以让商业银行的硬件更为先进,为商业银行树立良好的形象,提高商业银行的声誉。

(二)管理功能

资本金的管理功能是指监管机构通过资本金的监管指标加强对商业银行的监督管理。同时,商业银行自身也会加强资本金管理,增强抵御风险的能力,保证自身经营机构的安全。

为了加强对商业银行的管理,防范金融风险,各国银行管理当局都对商业银行的资本金提出了严格的管理要求,并将其具化为一系列资本指标,如资本充足率等。资本金达到一定标准后银行才可能获准开业,商业银行在持续经营过程中,也需要不断补充资本金,保证一直满足监管当局最低的资本要求。

(三)弥补损失功能

损失可能是可预期的,也可能是无法预期的,因此损失分为预期损失、非预期损失。非预期损失根据损失大小又可分为意外损失和异常损失。对于预期损失,商业银行一般采用提取拨备的方式来缓冲;对于一定置信水平上的非预期损失,即意外损失,商业银行一般用资本来缓冲;对于极端的灾难性损失,即异常损失,商业银行无法仅仅依靠银行资本进行抵御,通常需要政府救助。

(1)预期损失是商业银行从事业务所产生的平均损失,可以通过统计商业银行损失的历史数据得出。相对于非预期损失,预期损失是发生概率相对较大的损失。预期损失主要可通过计提专项准备金来抵补。

(2)意外损失是指损失额超过平均损失的损失,是对预期损失的偏离。非预期损失发生的概率不能完全从历史统计中得出,带有一定的主观判断和政策性。商业银行资本金的最主要目的是为那些无法预期的高于平均值的损失提供保障,因此商业银行资本金主要用来弥补意外损失。

(3)异常损失是超过意外损失的损失。当商业银行的损失超过根据既定容忍度所设定的上限(最大可能损失)时,该损失被称为异常损失。异常损失不会经常发生,也无法预料,其发生的概率很小,但损失巨大,如战争、重大灾害带来的损失。异常损失的出现一般不能用资本金来应对。假如该损失真的发生,商业银行将会违约或倒闭。对此种灾难性损失,国际上通行的做法是由存款保险制度来保障。

 延伸阅读2-2

美国最大储蓄银行华盛顿互惠银行发生异常损失致其倒闭

美国联邦监管机构2008年9月25日接手华盛顿互惠银行,并将其部分业务出售给摩根大通公司。成立于1889年的华盛顿互惠银行,因不堪金融危机的重负,终于在其成立119周年纪念日这天成为美国历史上规模最大的银行倒闭案的主角。

华盛顿互惠银行总部位于西雅图,是美国最大的储蓄银行。其资产额远高于1984年遭关闭的大陆伊利诺伊国民银行和2008年7月被政府接管的印地麦克银行。

分析人士认为,华盛顿互惠银行的倒闭并不出人意料。该银行在金融危机中损失惨重,信用评级机构标准普尔公司于9月24日降低了其信用级别。自2008年9月15日美国第四大投资银行雷曼兄弟公司申请破产保护、美国第三大投资银行美林公司被美国银行收购后,华盛顿互惠银行一直在急切地寻找买主或新的资金。

华盛顿互惠银行的住房贷款业务2006年开始出现问题。当年,华盛顿互惠银行房贷部门损失4 800万美元,而2005年该部门净收入则达10亿美元。2008年7月,华盛顿互惠银行宣布当年第二季度损失30亿美元。这是该银行历史上最大的季度亏损额。

2008年年初,华盛顿互惠银行董事会免去了克里·基林格的董事长职务,9月初又解除了他的首席执行官职务。克里·基林格1990年开始担任华盛顿互惠银行的首席执行官,翌年兼任董事长。在他的带领下,这家银行迅速由一家名不见经传的地区性储蓄机构成长为全美银行业巨头。但是,由于克里·基林格积极发展次贷及其他风险抵押贷款业务,华盛顿互惠银行在快速扩张的同时,也将自己置于遭受信贷危机冲击的风险当中。美国储蓄管理局表示,自2008年9月15日以来,华盛顿互惠银行已有167亿美元存款被提取,令其没有足够的流动资金来偿还债务,并无法开展业务。

负责接手华盛顿互惠银行的美国联邦储蓄保险公司将该银行的存款业务和分支机构以19亿美元的价格出售给摩根大通公司。

美国联邦储蓄保险公司相关人员表示,该交易不会对华盛顿互惠银行的储户和其他客户造成任何影响,也无需动用该公司的存款保险基金,从而消除了此前有关华盛顿互惠银行倒闭将耗尽存款保险基金的种种疑虑。2008年7月印地麦克银行倒闭后,其存款保险基金从上年年底的524亿美元骤降至452亿美元,联邦监管机构也因此受到多方指责。

通过收购,摩根大通公司获得华盛顿互惠银行分布在美国23个州的5 400家分支机构。摩根大通公司此次收购使其2009年每股收益增加50美分。这是摩根大通公司半年来第二次购买深受金融危机困扰的金融机构。

资料来源:李洁.美最大储蓄银行华盛顿互惠银行倒闭[EB/OL].(2008-09-27)[2023-01-27].http://news.sohu.com/20080927/n259777444.shtml.

(四)限制资产过度扩张功能

商业银行大部分利润来自其资产业务,所以为了盈利性目标,商业银行会不断扩大资产规模。资本充足率的存在,促使商业银行在扩张资产的同时增加资本金,以满足监管当局的资本金要求。如果无法增加资本金,那么商业银行的资产扩张将会受到限制。因此,规定商业银行资本的合理额度,可以防止商业银行为了追求盈利而无限制扩张其资产,可以促进商业银行通过改善资产质量并改进经营方法来增加盈利,而不是单纯地依靠资产数量的扩张来取得利润。

第二节 商业银行资本充足性及《巴塞尔协议》

一、商业银行资本充足性

资本充足性是商业银行安全经营的要求。存款人希望商业银行拥有充足的资本,使他们的债权保障程度得以维护。社会公众及金融监管当局也要求商业银行资本充足,以防止商业银行出现经营风险,保证金融稳定发展。从商业银行自身管理要求出发,保持充足的资本是商业银行安全经营、稳定发展的前提。因此,商业银行持有充足的资本是风险管理的要求,也是商业银行在安全经营基础上追求更多利润的保障。

商业银行资本充足至少要达到两个要求:一是量的要求,即总量要达标;二是质的要求,即结构要合理。

(一) 资本数量充足

资本数量充足是指商业银行资本数量必须超过金融管理当局所规定的能够保障正常营业并足以维持充分信誉的最低限度。需要注意的是,资本数量充足是指适度充足,并不是资本金越多越好。首先,资本量过高导致资本成本上升,权益资本成本不能避税,资本的综合成本提高会导致吸收存款的成本上升,银行的盈利性下降;其次,资本量过高可能会导致银行失去较多的投资机会。

(二) 资本结构合理

资本结构合理是指各种类型资本在资本总额中占有合理的比重,以尽可能降低商业银行的经营成本与经营风险,增强经营管理与进一步筹资的灵活性。商业银行不同、经营情况也不同,资本结构也应有所区别。例如,小商业银行为吸引投资者及增强其经营灵活性,应力求以稳定性最强的普通股筹措资本;而大商业银行则可相对扩大稳定性稍弱的资本性债券,以降低总资本的使用成本,保证适当的利润。

二、《巴塞尔协议Ⅰ》

(一)《巴塞尔协议Ⅰ》产生的背景

1974年,美国、英国、德国的几家国际性银行先后倒闭,对国际银行业监管机构的震动很大,于是国际银行业的监管问题被提上议事日程。1974年9月,根据英格兰银行总裁理查森的建议,在国际清算银行的发起和主持下,来自美国、英国、法国、联邦德国、意大利、日本、加拿大、荷兰、比利时、瑞典(十国集团)、瑞士、卢森堡12国中央银行的代表在瑞士巴塞尔讨论跨国银行的国际监管和管理问题。1975年,一个监管国际银行业务活动的协调机构,即"国际清算银行关于银行管理与监督活动常设委员会",又称巴塞尔银行业监管委员会(以下简称巴塞尔委员会)建立。

1988年7月,巴塞尔委员会通过了《关于统一国际银行资本衡量和资本标准的协议》,即《巴塞尔协议Ⅰ》,又称《巴塞尔资本协议》。当时金融业风险主要是信用风险,所以该协议主要规定商业银行必须根据自己的实际信用风险水平持有一定数量的资本,暂时没有考虑其他风险。《巴塞尔协议Ⅰ》是衡量单家商业银行乃至整个银行体系稳健性的最重要的国际性文件,为各国银行监管当局提供了统一的资本监管框架,使全球资本监管总体上趋于一致。

(二)《巴塞尔协议Ⅰ》的主要内容

1. 资本的分类

《巴塞尔协议Ⅰ》将商业银行的资本划分为核心资本(一级资本)和附属资本(二级资本)两类,对各类资本按照各自不同的特点进行了明确的界定。

核心资本包括股本和公开储备,这部分至少占全部资本的50%。附属资本包括未公开的准备金、资产重估准备金、普通准备金、混合资本工具和长期次级债务,这部分不得超过总资本的50%。

2. 风险权重与风险加权资产

《巴塞尔协议Ⅰ》根据资产类别、性质以及债务主体的不同,按4个不同的权重(0、20%、50%和100%)将银行资产负债表的表内和表外项目划分为4个风险档次(风险越大,权重数就越高)。风险加权资产等于风险权重和资产余额相乘。风险加权资产为表内风险加权资产与表外风险加权资产的总和。

1) 表内资产

表内风险加权资产的计算公式如下:

$$表内风险加权资产 = \sum(表内资产 \times 表内相对应性质资产的风险权数)$$

《巴塞尔协议Ⅰ》规定的表内资产对应的风险权数如表2-1所示。

表2-1　　　　　《巴塞尔协议Ⅰ》规定的表内资产对应的风险权数

风险权数	表内资产类型
0	现金;以本币为面值的对中央政府或央行的债权;对OECD①国家的中央政府或央行的债权;用现金或OECD国家债券作担保,或由OECD国家的中央政府提供担保的债权
20%	对多边发展银行的债权以及由其提供担保,或以这些银行发行的债券作抵押品的债权;对OECD国家内注册银行的债权及由其提供担保的贷款;对OECD组织内的外国公共部门实体的贷款;对OECD以外国家注册的银行余期1年以内的债权和由其提供担保的余期1年以内的贷款;对非本国的OECD国家的公共部门机构(不包括中央政府)的债权及由其提供担保的贷款;托收中的现金
50%	完全以居住为用途的房产作抵押的贷款
100%	对私人机构的债权;对OECD以外国家法人银行余期1年以内的债权;对OECD以外国家的中央政府的债权(以本币定值和以此通货融通的除外);对公共部门所属的商业公司的债权;行址、厂房、设备和其他固定资产;不动产和其他投资;对其他银行发行的资本工具从资本中扣除的除外;其他所有资产

2) 表外资产

在实务中,人们一般先用0~100%的"信用转换系数"将表外资产金额转化为表内资产金额,然后再将其视同相应的表内业务进行风险加权,如保证和承兑这种表外资产金额按100%的信用转换系数转换为表内资产金额。信用转换系数分为0、20%、50%和100%

---

① OECD,即Organization for Economic Co-operation and Development,是指经济合作与发展组织。

4档,具体情况如表2-2所示。

表外风险加权资产的计算公式如下:

表外风险加权资产 = ∑(表外资产 × 表外信用转换系数 × 表内相对应性质资产的风险权数)

表2-2 《巴塞尔协议Ⅰ》规定的信用转换系数

信用转换系数	表外资产类型
0	短期的(1年以内)、随时可取消的信用额度
20%	短期的(1年以内)、与贸易有关的,并且有自行清偿能力的或有项目,如担保信用证、有货物抵押的跟单信用证等
50%	期限在1年以上的,与贸易有关的或有项目,如投资保证书、认股权证、约保证书、即期信用证和证券发行便利等承诺或信贷额度
100%	直接信用的替代工具,如担保、回购协议、有追索权的资产销售、远期存款的购买

3. 最低资本要求

《巴塞尔协议Ⅰ》规定了衡量国际银行业资本充足率的指标,即总资本与风险加权资产的比值:1987年年底到1992年年底为过渡期,过渡期结束后,商业银行的资本充足率不得低于8%,其中核心资本充足率不得低于4%。

资本充足率及核心资本充足率的计算公式如下:

$$资本充足率 = (总资本/风险加权资产) \times 100\% \geq 8\%$$

$$核心资本充足率 = (核心资本/风险加权资产) \times 100\% \geq 4\%$$

【例2-1】 假设一家银行的总资本为3 500万元。该银行资产负债表表内和表外业务情况,如表2-3所示。

表2-3 银行资产负债表表内和表外业务情况

资产负债表表内项目	金额(万元)	权数
现金	2 500	0
政府债券	10 000	0
对OECD成员国银行的债权	2 000	20%
住房抵押贷款	2 500	50%
对私人企业的贷款	35 000	50%
总资产	52 000	
资产负债表表外项目		
为OECD成员国银行的一般负债发行提供担保开出备用信用证	4 000	20%
对私人企业的长期贷款承诺	10 000	100%
表外项目总额	14 000	

请根据表2-3回答下列问题:

(1)该银行的风险加权资产是多少?(其中,表外项目是指为OECD成员国银行的一般负债发行提供担保开出备用信用证和对私人企业的长期贷款承诺,其信用转换系数分别为

100%和50%)

(2) 该银行的资本充足率是否达到《巴塞尔协议Ⅰ》的要求?

答:

(1) 表内风险加权资产 = $\sum$(表内资产×表内相对应性质资产的风险权数)
$= 2\,500 \times 0 + 10\,000 \times 0 + 2\,000 \times 20\% + 2\,500 \times 50\%$
$+ 35\,000 \times 50\%$
$= 19\,150$(万元)

表外风险加权资产 = $\sum$(表外资产×表外信用转换系数×表内相对应性质资产的风险权数)
$= 4\,000 \times 100\% \times 20\% + 10\,000 \times 50\% \times 100\%$
$= 5\,800$(万元)

风险加权资产 = 表内风险加权资产 + 表外风险加权资产
$= 19\,150 + 5\,800$
$= 24\,950$(万元)

(2) 资本充足率 = 总资本 ÷ 风险加权资产 = $3\,500 \div 24\,950 = 14.03\% > 8\%$

所以该银行的资本充足率符合《巴塞尔协议Ⅰ》的要求。

(三)《巴塞尔协议Ⅰ》的不足

(1)《巴塞尔协议Ⅰ》只考虑了信用风险的计量和资本需要,而事实上商业银行还要承担其他类型的风险,如市场风险、操作风险等带来的损失。

(2) 对风险权数的设定,不同国家有所差别。例如,对OECD国家的中央政府和中央银行的其他债权设定的风险权数为0,而对非OECD国家设定的则不是0。《巴塞尔协议Ⅱ》和《巴塞尔协议Ⅲ》对这方面内容进行了调整。

(3) 金融创新和监管资本套利频繁,特别是资产证券化活动套利导致《巴塞尔协议Ⅰ》无法保证商业银行及金融体系的安全。

尽管1988年的《巴塞尔协议Ⅰ》还显得很不完善,但是协议提出的资本的类型和核心资本的思想,以及通过风险权重来量化银行的风险资产总量和风险状况的方法成为衡量商业银行资本充足性的基本规则。

三、《巴塞尔协议Ⅱ》

(一)《巴塞尔协议Ⅱ》的产生背景

1997年7月全面爆发的亚洲金融危机引发了巴塞尔委员会对金融风险全面而深入的思考。从巴林银行倒闭到东南亚的金融危机,金融业存在的问题不仅是由信用风险造成的,而是在信用风险、市场风险、操作风险等多种风险的共同作用下形成的。在这种情况下,巴塞尔委员会确立了全面风险管理的理念,不再只关注信用风险,并于2004年6月正式发布了《巴塞尔新资本协议》,又称《巴塞尔协议Ⅱ》,即《统一资本计量和资本标准的国际协议:修订框架》,决定于2006年年底在十国集团开始实施。

(二)《巴塞尔协议Ⅱ》的主要内容

《巴塞尔协议Ⅱ》的核心内容就是三大支柱:第一支柱,最低资本要求;第二支柱,监管当局对资本充足率的监督检查;第三支柱,市场纪律。《巴塞尔协议Ⅱ》三大支柱内容详见图 2-1。

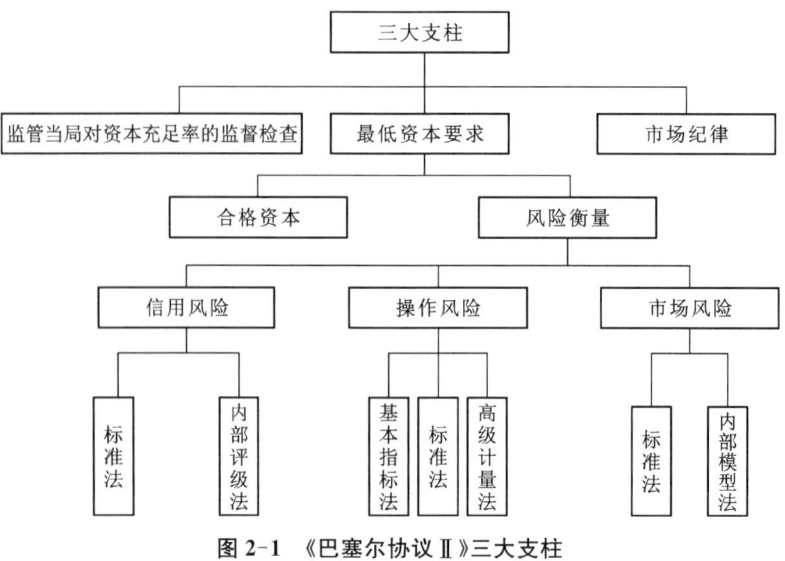

图 2-1 《巴塞尔协议Ⅱ》三大支柱

1. 最低资本要求

1) 合格资本

《巴塞尔协议Ⅱ》中合格资本包括一级资本和二级资本。一级资本包括实缴普通股、非累积性优先股、资本盈余和留存盈余;二级资本包括未公开储备、重估储备、贷款损失准备金、混合型债务股本工具和长期次级债务。总资本充足率不得低于8%,核心资本充足率不低于4%。二级资本数量不得超过一级资本数量。

2) 风险衡量

《巴塞尔协议Ⅱ》最低资本要求仍然以风险加权资产为基础,除表内表外的信用风险,还涵盖了操作风险和市场风险。

(1) 信用风险。信用风险又称违约风险,是债务人不愿或无力履行合同所规定的义务或信用质量发生变化,影响金融产品质量,从而使债权人受损失的可能。信用风险资产可以通过标准法、内部评级法计算。

标准法,即权重法,它将表内资产以及表外项目,按其是否有外部评级以及外部评级机构对资产的评级结果给予相应的风险权重,将风险权重乘以风险暴露求得单笔债项的信用风险加权资产,通过求和进而计算出总的信用风险加权资产。风险权重既可以由金融监管当局确定,也可以通过外部评级(评级机构的评级结果)来确定。若通过外部评级,则以评级机构的评级结果为依据来确定风险权重。外部评级信用风险权数,如表 2-4 所示。

内部评级法是指商业银行以自己的内部评级为基础,以重大风险要素的内部估计值作为计算资本的主要参数,将自己测算的借款人的资信水平估计值转换成潜在的风险损失,并依此计算出监管部门要求的最低资本比率。该方法更能准确地反映资本与商业银行风险之间的关系。当采用内部评级法计算监管资本时,要求商业银行的内部信用评级系统满足一定的条件,并且只有在获得监管部门批准后才能使用。监管部门还应对商业银行的内部评级系统进行经常性检查,以保证该系统符合《巴塞尔协议Ⅱ》的要求。

表 2-4　　　　　　　　　　　　外部评级信用风险权数

评级对象	AAA 到 AA−	A+ 到 A−	BBB+ 到 BBB−	BB+ 到 B−	低于 B−	未评级
主权评级	0	20%	50%	100%	150%	100%
银行和证券机构	20%	50%	100%	100%	150%	100%(根据国家评级)
银行和证券机构	20%	50%	50%	100%	150%	50%(长期)
银行和证券机构	20%	20%	20%	50%	150%	20%(短期)
其他公司	AAA 到 AA−	A+ 到 A−	BBB+ 到 BBB−		低于 BB−	未评级
其他公司	20%	50%	100%		150%	100%

(2) 操作风险。操作风险是指由不完善或有问题的内部程序、人员及系统或外部事件所造成的风险,主要包括:内部欺诈,外部欺诈,用工制度和工作场所安全,客户、产品及业务管理的漏洞,实物资产损坏,业务中断和系统瘫痪等类型。商业银行操作风险资本需要量可采用基本指标法、标准法和高级计量法计算。

基本指标法的计值基础是银行前 3 年中各年为正的总收入(净利息收入与净非利息收入之和)乘以一个固定比例并加总后的平均值,这一结果是商业银行需要的最低资本额。

标准法是指将银行业务分为 8 个类别(公司融资、交易和销售、零售银行业务、商业银行业务、支付和清算、代理业务、资产管理、零售经纪)并根据类别的不同分别确定不同的系数,然后分别以各业务线的总收入乘以对应的系数,按照以上规则分别计算 3 年的值,加总后再平均,即为操作风险所要求的资本。

高级计量法是指基于内外部损失数据、情景分析、业务经营环境和内部控制要素建立的操作风险计量模型。

(3) 市场风险。市场风险是指市场价格变动导致的表内外头寸损失的风险。市场风险类型主要包括利率风险、汇率风险、股票风险、商品风险。商业银行市场风险的计量可采用标准法和内部模型法。

当采用标准法时,需要分别计量利率风险、汇率风险、商品风险和股票风险的资本要求,并单独计量以各类风险为基础的期权风险的资本要求,各项资本要求之和即市场风险资本要求。

当采用内部模型法时,市场风险资本要求为一般风险价值与压力风险价值之和。商业银行可以但不限于使用方差—协方差法、历史模拟法和蒙特卡罗模拟法等方法计算市场风险在险价值。需要注意的是,采用内部模型法要经监管当局核准。

3) 资本充足率的计算

资本充足率及核心资本充足率的计算公式如下:

$$资本充足率=\frac{总资本}{信用风险资产+12.5 倍的市场风险资本+12.5 倍的操作风险资本} \times 100\% \geq 8\%$$

$$核心资本充足率=\frac{核心资本}{信用风险资产+12.5 倍的市场风险资本+12.5 倍的操作风险资本} \times 100\% \geq 4\%$$

二维码 2-3:我国现阶段对于商业银行信用风险、操作风险、市场风险的评估标准

2. 监管部门对资本充足率的监督检查

自20世纪90年代中期以来,涉及金融衍生产品的市场交易风险事件屡屡发生,即使商业银行的资本充足率达到了8%的要求,也不能避免国际银行业中重大商业银行倒闭或巨额亏损事件的发生。这种情况表明,仅仅靠资本充足率达到要求的规定已经不足以充分防范金融风险。监管部门对资本充足率的监督检查也十分必要。

监管部门要对商业银行的风险管理和化解状况、不同风险间相互关系的处理情况、所处市场的性质、收益的有效性和可靠性等因素进行监督检查,以全面判断该商业银行的资本是否充足。在实施监管的过程中,应当遵循如下四项原则:一是商业银行应当具备与其风险相适应的评估总量资本的一整套程序,以及维持资本水平的战略。二是监管当局应当检查和评价商业银行内部资本充足率的评估情况及其战略,以及商业银行监测和确保满足资本监管比率要求的能力;若对最终结果不满意,则监管部门应采取适当的监管措施。三是监管部门应希望商业银行的资本高于最低资本监管比率,并应有能力要求商业银行持有高于最低标准的资本。四是监管部门应争取及早干预,从而避免商业银行的资本低于抵御风险所需的最低水平;如果得不到保护或恢复,则需迅速采取补救措施。监管部门可以采取现场与非现场稽核等方法对商业银行有关风险管理的政策、程序和做法定期进行检查评估。

3. 市场纪律

市场纪律的核心是要求商业银行提高信息的透明度,使外界更好地了解商业银行的财务、管理等情况,通过市场力量促使商业银行稳健、高效地经营以及保持充足的资本水平。稳健、经营良好的银行可以通过更为有利的价格和条件从投资者、债权人、存款人以及其他交易对手那里获得资金;而风险程度高的商业银行在市场中则处于不利地位,它们必须支付更高的风险溢价、提供额外的担保或采取其他安全措施。市场的奖罚机制有利于促使商业银行更有效地分配资金和控制风险。

四、《巴塞尔协议Ⅲ》

巴塞尔委员会在《巴塞尔协议Ⅱ》的国际监管框架下,进行了一系列的变革和修订,最终形成了《巴塞尔协议Ⅲ》。

(一)《巴塞尔协议Ⅲ》的产生背景

《巴塞尔协议Ⅱ》正式实施的第一年,美国金融危机爆发,并逐步发展成全球的金融危机,冲击了银行体系,并带来了整个世界经济的衰退。在这种情况下,各国金融管理部门意识到:如果要建立充满活力的银行系统来应对危机、抵御金融动荡,必须要对监管的标准和方法进行改革。

2010年11月,二十国集团首尔峰会批准了巴塞尔委员会起草的第三版巴塞尔协议(《巴塞尔协议Ⅲ》),确立了银行业资本和流动性监管的新标准,要求各成员方从2013年开始实施,2019年前全面达标。

(二)《巴塞尔协议Ⅲ》的主要内容

1. 加强对资本扣除限制

《巴塞尔协议Ⅲ》对于少数股权、商誉、递延资产、金融机构普通股的非并表投资、债务工具和其他投资性资产的未实现收益、拨备额与预期亏损之差、固定收益养老基金资产和负债等计入资本的要求有所改变。

2. 提高资本充足率要求

《巴塞尔协议Ⅲ》对核心一级资本充足率、一级资本充足率的最低要求等均有大幅提高，引入了"留存资本"以提升银行应对经济衰退时期损失的能力，建立与信贷过快增长挂钩的逆周期超额资本区间，对大型商业银行提出附加资本要求，降低"大而不倒"带来的道德风险。

留存资本是为了确保商业银行维持一个恰当的资本缓冲区而引入的。这样一来，商业银行在金融和经济紧张时期可以把资本缓冲抽出，用来应对或有损失。商业银行必须在最低资本充足率的基础上，用普通股来满足资本留存，留存资本比率要求不低于2.5%。

逆周期缓冲资本由普通股构成，占比水平为0～2.5%，主要用于针对信贷的高速扩张。商业银行在经济高速扩张时期计提超额资本，在经济下行时期将逆周期资本缓冲用于应对损失，以维持整个经济周期内信贷供给的稳定。需要注意的是，商业银行只有在出现系统性贷款高速增长的情况下，才需计提逆周期超额资本。

3. 扩大风险资产覆盖范围

《巴塞尔协议Ⅲ》中关于扩大风险资产覆盖范围部分的内容包括提高"资产证券化风险暴露"的资本要求、增加压力状态下的风险价值、提高交易业务的资本要求、提高场外衍生品交易和证券融资业务的交易对手信用风险的资本要求等。

4. 引入杠杆率

为弥补资本充足率要求无法反映表内外总资产的扩张情况的不足，减少通过对资产进行加权系数转换计算资本要求所带来的漏洞，《巴塞尔协议Ⅲ》推出了杠杆率。

杠杆率又称非风险杠杆率，是指商业银行持有的、符合有关规定的一级资本与商业银行非权重表内外资产余额的比率。设定杠杆率，使一级资本监管涵盖表内外资产，并使跨国商业银行试图通过复杂的内部控制模型法节约资本的做法受到很大的限制，防止了商业银行过度投机行为，减少了风险管理和计量技术的滥用。

5. 引入流动性监管指标

流动性监管指标包括流动性覆盖率和净稳定资产比率。引入流动性监管指标有助于加强流动性管理，降低商业银行体系的流动性风险。

五、《巴塞尔协议Ⅲ》最终方案

巴塞尔委员会于2017年12月发布了《巴塞尔协议Ⅲ》最终方案。所有二十国集团成员国需遵照《巴塞尔协议Ⅲ》最终方案的框架和要求，最迟应自2022年起实施，后因疫情影响推迟至2023年实施。

(一)《巴塞尔协议Ⅲ》最终方案的主要修订内容

1. 杠杆率要求

根据《巴塞尔协议Ⅲ》最终方案，商业银行必须满足最低保持3%杠杆率的要求。

2. 全球系统重要性银行计提附加资本要求

全球系统重要性银行是按照规模(调整后表内外资产余额)、跨境业务(跨境资产、跨境负债)、互联性(金融机构间资产、金融机构间负债、发行证券及其他融资工具)、基础功能(托管资产、支付额、有价证券承销额)、复杂度(场外衍生品名义本金、第三层资产、交易类和可供出售资产)等一级和二级指标(前述括号内项目)计分来决定的。根据计分的不同，全球系统重要性银行可划分为五种档位,档位是计提附加资本要求的基础。其中,第五档商业银行评分最高,重要性最强;第一档商业银行评分最低,重要性最弱。不同档次机构的附加资本要求如表2-5所示。

表2-5　　　　　　　　　　不同档次机构的附加资本要求

档位划分	得分区间	附加资本要求
第一档	130～229	1%
第二档	230～329	1.5%
第三档	330～429	2%
第四档	430～529	2.5%
第五档	530～629	3.5%

2021年11月23日,金融稳定理事会更新了2021年全球系统重要性银行(G-SIBs,Global Systemically Important Banks)名单。入围银行总数依然是30家。评分区间最高的第五档继续空缺;摩根大通在第四档,也是这个档位的唯一一家银行;法国巴黎银行、花旗银行和汇丰银行在第三档。我国入围全球系统重要性银行的有中国银行、中国建设银行、中国工商银行、中国农业银行4家。其中,中国银行、中国建设银行、中国工商银行位列第二档,中国农业银行位列第一档。2021年度全球系统重要性银行如表2-6所示。

表2-6　　　　　　　　　　2021年度全球系统重要性银行

档位划分	银行
第一档	中国农业银行、纽约梅隆银行、瑞信、法国BPCE银行集团、法国农业信贷银行、荷兰国际集团、瑞穗金融集团、摩根士丹利、加拿大皇家银行、桑坦德集团、法国兴业银行、渣打银行、道富公司、三井住友金融集团、多伦多道明银行、瑞银集团、裕信银行、富国银行
第二档	中国银行、中国建设银行、中国工商银行、美国银行、巴克莱银行、德意志银行、高盛银行、三菱日联金融集团
第三档	法国巴黎银行、花旗银行、汇丰银行
第四档	摩根大通
第五档	无

3. 信用风险、操作风险、市场风险计量方法变更

信用风险的计量方法有标准法和内部评级法两种,《巴塞尔协议Ⅲ》中标准法的计量规则有了不同程度的变化和细化。对于操作风险,直接取消了原来的计量方法,取而代之的是综合风险敏感性和可实施性的新标准法。对于市场风险,则增加了简化标准法,对原来的标准法和内部模型法都进行了修改。

4. 资本下限

资本下限的设定是为了避免通过不同方法计量出的风险加权资产出现明显差距而提出

的。因此,《巴塞尔协议Ⅲ》最终方案以各类风险的标准法为基础设定其他风险计量方法的下限,并在2023—2028年逐步实施。

5. 信息披露框架

《巴塞尔协议Ⅲ》最终方案对风险管理、财务与监管披露关系、流动性、杠杆率等17个方面提供了近80个披露模板。对于全球系统重要性银行来说,其需严格按照《巴塞尔协议Ⅲ》最终方案的要求进行披露。

(二) 资本充足率的计算

《巴塞尔协议Ⅲ》最终方案要求,核心一级资本充足率提高到4.5%,核心资本充足率提高到6%,总资本充足率提高到10.5%或11.5%;同时考虑以杠杆率指标作为最低资本要求的补充,建立流动性风险监管指标。

资本充足率相关计算公式如下:

$$总资本充足率 = \frac{总资本 - 扣除项}{风险加权资产} \geq 10.5\% 或 11.5\%$$

$$核心资本充足率 = \frac{核心资本 - 扣除项}{风险加权资产} \geq 6\%$$

$$核心一级资本充足率 = \frac{核心一级资本 - 扣除项}{风险加权资产} \geq 4.5\%$$

全球各商业银行被设定时间表,需要逐步实现上述目标。《巴塞尔协议Ⅲ》最终方案要求,到2023年年底,商业银行要全面完成协议对指标的要求。

六、我国商业银行资本充足性管理

(一) 我国商业银行资本充足性管理的发展历程

1995年,《商业银行法》规定,原则上商业银行的资本充足率不得低于8%,但并没有对此列明具体的实施要求。1996年,《商业银行资产负债比例管理监控、监测指标和考核办法》对计算信用风险资本充足率的方法提出了具体的要求,但对资本充足率偏低的商业银行,仍没有规定明确的监管措施。

2004年3月1日,原中国银行业监督管理委员会(以下简称原中国银监会)发布了《商业银行资本充足率管理办法》,对资本的定义与构成、风险计量、监督检查等进行了较为详尽的规定。

2011年8月12日,原中国银监会发布《商业银行资本管理办法(征求意见稿)》,要求各类商业银行自2012年1月1日开始实施新标准,原则上系统重要性银行和非系统重要性银行应分别于2013年年底和2016年年底前达标,分别给予了2年和5年的过渡期。

2012年6月7日出台、自2013年1月1日起实施的《商业银行资本管理办法(试行)》(以下简称《办法》)规定,商业银行应在2018年年底之前达到资本监管要求。《办法》分为总则、资本充足率计算和监管要求、资本定义、信用风险加权资产计量、市场风险加权资产计量、操作风险加权资产计量、商业银行内部资本充足评估程序、监督检查、信息披露、附则,共10章180条。《办法》适用于在中华人民共和国境内设立的商业银行。《办法》的颁布和施行,标志着中国商业银行的资本管理进入新的时期。

2023年2月18日,随着金融形势和商业银行业务模式的改变,党的二十大提出了防范金融风险的要求。为进一步完善商业银行资本监管规则,推动商业银行提升风险管理水平,提升商业银行服务实体经济的质效,也为了与巴塞尔委员会的监管改革接轨,原中国银行保险监督管理委员会(以下简称原银保监会)会同中国人民银行开展《办法》的修订工作,形成了《商业银行资本管理办法(征求意见稿)》(以下简称《征求意见稿》),向社会公开征求意见。修订后的《商业银行资本管理办法》于2024年1月1日正式实施。

修订的重点内容包括以下五个部分:一是构建差异化资本监管体系,使资本监管与商业银行资产规模和业务复杂程度相匹配,降低中小商业银行的合规成本。二是全面修订风险加权资产计量规则,包括信用风险权重法和内部评级法、市场风险标准法和内部模型法以及操作风险标准法,提升资本计量的风险敏感性。三是要求商业银行制定有效的政策、流程、制度和措施,及时、充分地掌握客户风险变化,确保风险权重的适用性和审慎性。四是强化监督检查,优化压力测试的应用,用好用活"第二支柱",进一步提升监管的有效性。五是提高信息披露标准,引入70余张披露模板,要求商业银行详细披露风险相关定性和定量信息,增强市场的外部约束。

 延伸阅读2-3

银保监会、中国人民银行有关部门负责人就《征求意见稿》答记者问(节选)

(一)《征求意见稿》出台的背景是什么

《商业银行资本管理办法》(以下简称《资本办法》)实施以来,在商业银行提升风险管理水平、优化服务实体经济质效等方面发挥了重要作用,也为我国金融进一步对外开放创造了有利条件。近年来,随着经济金融形势和商业银行业务模式的变化,《资本办法》在实施过程中遇到一些新问题,有必要依据新情况对其进行调整。

与此同时,巴塞尔委员会深入推进后危机时期监管改革,先后发布了一系列审慎监管要求作为全球资本监管最低标准,并将在未来逐一开展监管一致性(regulatory consistency assessment programme,RCAP)评估,确保各成员实施的及时性、全面性、一致性。

银保监会立足于我国银行业实际情况,结合国际监管改革最新成果,对《资本办法》进行修订,有利于促进银行持续提升风险计量精细化程度,引导银行更好服务实体经济。

(二)本次修订的原则是什么

一是坚持风险为本。风险权重是维护资本监管审慎性的基石。风险权重的设定应客观体现表内外业务的风险实质,使资本充足率准确反映银行整体风险水平和持续经营能力。

二是强调同质同类比较。我国银行数量多、差别大,为提高监管匹配性,拟在资本要求、风险加权资产计量、信息披露等要求上分类对待、区别处理,强调同质同类银行之间的分析比较。

三是保持监管资本总体稳定。平衡好资本监管与社会信贷成本和宏观经济稳定的关系,统筹考虑相关监管要求的叠加效应,保持银行业整体资本充足水平的稳定性。

(三)本次修订如何体现差异化监管

本次修订构建了差异化资本监管体系,按照银行间的业务规模和风险差异,将银行划分为三个档次,匹配不同的资本监管方案。其中,规模较大或跨境业务较多的银行划为第一档,对标资本监管国际规则;资产规模和跨境业务规模相对较小的银行划为第二档,实施相对简化的监管规则;规模小于100亿元的商业银行划为第三档,进一步简化资本计量并引导聚焦服务县域和小微。

差异化资本监管不断降低资本要求,在保持银行业整体稳健的前提下,激发中小银行的金融活水作用,减轻银行合规成本。

(四)本次修订对于风险管理要求进行了哪些调整

本次修订重视计量和管理"两手硬",强调制度审慎、管理有效是准确风险计量的前提,为银行夯实经营管理基础、提升管理精细化水平提供正向激励。

信用风险方面,要求建立并有效落实相应信用管理制度、流程和机制。例如,准确的风险暴露分类是计量前提,须明确划分标准和认定流程;划分银行同业风险暴露分类、识别优质公司或"穿透"资管产品,须加强尽职调查和基础信息审核;对房地产风险暴露,只有满足审慎审批标准和估值等要求,才认可其风险缓释作用。市场风险方面,内部模型模法计量以交易台为基础,要求银行制定交易台业务政策、细分和管理交易台。操作风险方面,须建立健全损失数据收集标准、规则和流程,否则适用监管给定损失乘数系数。

资料来源:中国银保监会. 中国银保监会、中国人民银行有关部门负责人就《商业银行资本管理办法(征求意见稿)》答记者问[EB/OL]. (2023-02-18)[2023-03-07]. http://www.cbirc.gov.cn/cn/view/pages/ItemDetail.html?docId=1096436&itemId=915.

(二)我国商业银行资本充足性管理的内容

1. 商业银行资本构成

我国商业银行资本构成参照《巴塞尔协议》进行设定,但略有不同。根据我国《商业银行资本管理办法》的规定,商业银行总资本可以分为一级资本(核心一级资本、其他一级资本)和二级资本。总资本包含的详细内容已在本章第一节中介绍,在此不再赘述。

2. 风险加权资产计量

我国《商业银行资本管理办法》的基本框架与《巴塞尔协议Ⅲ》保持一致,但同时也结合我国国情作了部分调整。总体而言,其旨在增强标准法与高级方法的逻辑一致性,提高计量的敏感性,限制内部模型的使用,完善内部模型,降低内部模型的套利空间。

3. 资本充足率监管要求

商业银行资本充足率监管要求分为四个层次,分别为最低资本要求、储备资本要求和逆周期资本要求、系统重要性银行附加资本要求以及第二支柱资本要求。

第一层次为最低资本要求,核心一级资本充足率、一级资本充足率和资本充足率分别为5%、6%和8%。

第二层次为储备资本要求和逆周期资本要求。商业银行需要在最低资本要求的基础上计提储备资本,比例为2.5%,由核心一级资本满足。特殊情况下,商业银行应当在最低资本要求和储备资本要求之上计提逆周期资本,逆周期资本的计提比例为0~2.5%,由核心一级资本满足。

第三层次为系统重要性银行附加资本要求。国内系统重要性银行附加资本要求为1%,由核心一级资本满足。我国国内系统重要性银行评选标准依据全球系统重要性银行评选标准并结合我国实际情况设定。

第四层次为根据单家银行风险状况提出的第二支柱资本要求。《商业银行资本管理办法》规定,商业银行已建立内部资本充足评估程序且评估程序达到本办法要求的,监管部门根据其内部资本评估结果确定监管资本要求;商业银行未建立内部资本充足评估程序,或评估程序未达到本办法要求的,监管部门根据对商业银行风险状况的评估结果,确定商业银行的监管资本要求。需要注意的是,第二支柱资本要求应建立在最低资本要求、储备资本和逆周期资本要求及系统重要性银行附加资本要求之上。

延伸阅读2-4

中国人民银行、银保监会公布我国2022年系统重要性银行名单

为加强宏观审慎管理,强化系统重要性银行监管,根据《系统重要性银行评估办法》(以下简称《评估办法》),近期央行、银保监会开展了2022年度我国系统重要性银行评估,2022年9月9日,认定19家国内系统重要性银行,其中国有商业银行6家、股份制商业银行9家、城市商业银行4家。

按系统重要性得分从低到高分为五组:

第一组9家,包括中国民生银行、中国光大银行、平安银行、华夏银行、宁波银行、广发银行、江苏银行、上海银行、北京银行。

第二组3家,包括中信银行、中国邮政储蓄银行、浦发银行。

第三组3家,包括交通银行、招商银行、兴业银行。

第四组4家,包括中国工商银行、中国银行、中国建设银行、中国农业银行。

第五组暂无银行进入。

自国际金融危机发生以来,强化对系统重要性金融机构的监管、防范"大而不能倒"问题成为全球范围内金融监管改革的重要内容。因此,危机后有关国际组织和主要经济体已就系统重要性金融机构监管建立了相关制度安排。

在巴塞尔委员会成员国中,目前绝大部分国家已经建立了本国的系统重要性金融机构名单和监管办法,我国在这方面的探索进度相对较慢。2020年12月,中国人民银行、银保监会联合发布《系统重要性银行评估办法》(以下简称《评估办法》),明确了我国系统重要性银行认定的基本规则。

按照《评估办法》,参评银行于每年6月底前填写并提交上一年会计年度数据。银保监会在完成数据集后,计算参评银行系统重要性得分。得分达到100分的银行被纳入系统重要性银行初始名单,最后交由金融委审议确定终极名单。银保监会按系统重要性得分对银行进行分组,实行差异化监管。《评估办法》明确了我国系统重要性银行的评估方法、评估范围、评估流程和工作分工,从规模、关联度、可替代性和复杂性四个维度确立了我国系统重要性银行的评估指标体系。

"由于国内银行业务的复杂性和差异化整体不高,因此按照《评估办法》的打分标准,对银行打分影响最大的,基本还是规模这一指标。"中国银行研究院高级研究员熊启跃曾对证券时报记者表示。

熊启跃此前还表示,纳入D-SIBs① 名单后,对银行最直接的影响来自资本。因监管对D-SIBs有附加资本要求,而附加资本要求要以核心一级资本来满足,核心一级资本的补充主要靠银行自身利润留存的内源性渠道,这就要求银行提升盈利能力。按照《系统重要性银行附加监管规定(试行)》,系统重要性银行分为五组,分别适用于0.25%、0.5%、0.75%、1%和1.5%的附加资本要求。

资料来源:证券时报.央行、银保监会公布2022年系统重要性银行名单[EB/OL].(2022-09-11)[2023-06-20]. https://baijiahao.baidu.com/s?id=1743600915813886139&wfr=spider&for=pc.

在2012年版的《商业银行资本管理办法(试行)》实施后,我国国内系统重要性银行和非系统重要性银行的资本充足率监管要求分别为11.5%和10.5%,符合《巴塞尔协议Ⅲ》最低监管标准。

我国商业银行资本充足率要求如表2-7所示。

---

① D-SIBs是指我国系统重要性银行。

表 2-7　　　　　　　　　我国商业银行资本充足率要求

项目	核心一级资本充足率	核心资本充足率	总资本充足率
最低资本要求	5%	6%	8%
储备资本要求	2.5%		
最低资本要求+储备资本要求	7.5%		10.5%
逆周期资本	0~2.5%		
系统重要性银行资本要求	1%		11.5%

4. 资本充足率监督检查

资本充足率监督检查是审慎风险监管体系的重要组成部分,通过资本充足率监督检查,可确保资本能够抵御覆盖商业银行面临的各类风险。银保监会基于资本充足监管对商业银行实行分类与分级管理。

资本充足率监督检查的主要内容包括:①评估商业银行全面风险管理框架;②审查商业银行对合格资本工具的认定,以及各类风险加权资产的计量方法和结果,评估资本充足率计量结果的合理性和准确性;③检查商业银行内部资本充足评估程序,评估公司治理、资本规划、内部控制和审计等;④对商业银行的信用风险、市场风险、操作风险、银行账户利率风险、流动性风险、声誉风险以及战略风险等各类风险进行评估,并对压力测试工作开展情况进行检查;⑤分类管理,监管机构有权对资本充足水平不符合监管要求的商业银行采取干预或纠正措施,督促其提高资本充足水平,根据资本充足状况,监管机构将商业银行分为四类,并采取不同的监管措施。

5. 信息披露

商业银行应建立健全信息披露管理体系,充分披露资本充足率相关信息,并保证披露信息的真实、准确和完整。资本充足率的信息披露至少应包括以下内容:①主要风险管理体系,信用风险、市场风险、操作风险、流动性风险及其他重要风险的管理目标、政策、策略和程序、组织架构和管理职能;②并表范围;③资本数量、构成及各级资本充足率;④信用风险、市场风险、操作风险计量方法,风险计量体系的重大变更,以及对应的资本要求;⑤信用风险、市场风险、操作风险及其他重要风险评估的定性和定量信息;⑥内部资本充足评估的基本方法,以及影响资本充足率的其他有关因素;⑦薪酬的定性信息和有关定量信息。

(三) 我国商业银行的资本充足状况

我国商业银行除了利用自身利润积累补充资本,主要通过发行普通股和二级资本债券的方式来提高资本充足率。目前我国商业银行资本充足状况良好,整体来看都已经达到了《巴塞尔协议》与我国《商业银行资本管理办法》的监管要求。2022年第四季度末,商业银行(不含外国银行分行)平均资本充足率为15.17%,平均一级资本充足率为12.30%,平均核心一级资本充足率为10.74%。2022年我国商业银行平均资本充足率情况如表2-8所示。

表 2-8　　　　　　　2022 年我国商业银行平均资本充足率情况

2022 年	资本充足率						核心一级充足率	一级资本充足率
	全部银行	大型国有银行	股份制银行	城市商业银行	民营银行	农村信用合作社	全部银行	全部银行
第一季度	15.02%	17.34%	13.59%	12.82%	12.65%	12.33%	10.70%	12.25%
第二季度	14.87%	17.26%	13.28%	12.73%	12.44%	12.25%	10.52%	12.08%
第三季度	15.09%	17.61%	13.54%	12.85%	12.37%	12.03%	10.64%	12.21%
第四季度	15.17%	17.76%	13.57%	12.61%	12.40%	12.37%	10.74%	12.30%

第三节 提高商业银行资本充足率的策略

根据资本充足率的计算公式,影响资本充足率的主要因素包括银行资本数量、资产总额及风险权重(或资产结构)。因此,可以通过增加资本或降低风险加权总资产的方式提高商业银行资本充足率,前者称为分子策略,后者称为分母策略。也可以同时采取分子策略和分母策略,也就是综合策略。

一、分子策略

分子策略即商业银行通过增加资本的方式来提高商业银行资本充足率。保持充足的资本不仅是监管部门的要求,也是商业银行持续发展的物质基础。商业银行需要根据发展需要和环境的变化,做好资本管理计划。

商业银行增加的资本既可以是核心资本,又可以是附属资本,但附属资本在总资本中所占比重不得超过 50%。增加资本的方式既可以是商业银行内源融资,也可以是外源融资。

(一) 内源融资

1. 途径

1) 增加各种准备金

准备金通常包括资本准备金、贷款损失准备金和投资损失准备金,这些准备金都是商业银行为了应付意外事件而按照一定的比例从税前利润中提取出来的,它们被保留在银行账户上作为银行资本的补充。由于准备金多是为防备未来出现的亏损而设立的,因此其稳定性较差,金融监管部门对此一般会有所限制。

2) 留存收益

留存收益即商业银行内部的资本积累,主要受商业银行股利政策的影响。

2. 评价

1) 优点

一是不必依靠公开市场筹集资金,可免去发行成本,因而总成本较低。二是不会使股东控制权削弱,避免了对股东所有权的稀释和所持有股票的每股收益的稀释。

2) 缺点

筹集资本的数量在很大程度上受到商业银行自身的限制:一是受到商业银行股利分配政策的影响,二是受到商业银行所能获得的净利润规模的限制。

3. 相关模型

1) 银行内源资本增长率

银行内源资本增长率计算公式如下:

$$\text{内源资本增长率} = \text{股本收益率(ROE)} \times \text{留存比率} = \frac{\text{税后净收入}}{\text{股本}} \times \frac{\text{留存收益}}{\text{税后净收入}}$$

【例 2-2】 某银行预计股本收益率为 8%,计划将其中的 50% 留作补充资本,在保持资本与资产比率的条件下,确定其资本增长率。

答:

资本增长率 = 股本收益率 × 留存比率 = 8% × 50% = 4%

2) 银行资产持续增长模型

在资产风险程度和市场风险、操作风险对资本的要求以及资本充足率一定的情况下,内源资本对商业银行资产规模的扩张具有放大效应,不过,这种放大效应是有限度的,主要原因是内源资本受到商业银行股利政策的制约。戴维·贝勒提出的商业银行资产持续增长模型说明了这一问题,模型具体如下:

$$SG = \frac{ROA(1-DR)}{(EC_1/TA_1) - ROA(1-DR)}$$

其中,SG 为由内源资本支持的商业银行资产年增长率,TA_1 为期末商业银行总资产,EC_1 为期末商业银行总股本,ROA 为资产收益率,DR 为商业银行税后利润中红利所占比例。

该模型揭示了商业银行资产持续增长率与商业银行资产收益率、商业银行红利占税后利润的比例和规定的资本对资产的比率三者之间的数量关系。商业银行可根据自身的股利政策,考虑商业银行资产持续增长模型中资本与资产的比率和《巴塞尔协议》中资本充足率间的转换关系,结合其他条件选择最佳内源融资策略。

(二) 外源融资

商业银行通过外源融资筹集资本的方式包括发行普通股、发行优先股、发行二级资本债券、发行可转换债券等。

1. 发行普通股

1) 优点

一是发行普通股筹措资本具有永久性,普通股无到期日,不需归还股金。这对于保证商业银行最低资本需要、维持商业银行长期稳定发展非常有利。二是发行普通股筹资没有固定的股利负担,是否支付股利、支付多少,视商业银行有无盈利和经营需要而定,给商业银行带来的财务负担相对较小。三是由于发行普通股筹资没有固定的到期还本付息的压力,所以筹资风险较小。

2) 缺点

一是普通股的资本成本较高。普通股风险较高,投资者往往要求较高的投资报酬率,而且普通股股利从税后利润中支付,不具有抵税作用。另外,普通股的发行费用一般也高于其他证券。二是以普通股筹资会增加新股东,会分散商业银行的控制权。而且新股东也会分享商业银行未发行新股前积累的盈余,降低普通股的每股净收益。

2. 发行优先股

1) 优点

一是财务负担轻。优先股股利不是商业银行必须偿付的一项法定债务,如果公司财务状况恶化,这种股利就可以不付。二是在财务上具有灵活性。优先股没有规定最终到期日,它实际上是一种永续性债务。优先股的收回由商业银行决定,商业银行可在有利条件下收回股票,具有较大的灵活性。三是财务风险小。从债权人的角度看,优先股属于银行股本,是银行的资本金,资本金扩大可以提高商业银行的举债能力,因此,其财务风险较小。四是不减少普通股的收益和控制权。优先股股利是固定的,优先股股东也无表决权,因此,其不影响普通股股东的收益与控制权。

2) 缺点

一是资金成本高。由于优先股股利不能抵减所得税,因此其成本高于债务成本。这是其最大的缺点。二是股利支付的固定性。优先股股利是固定的,虽然商业银行也可以不按规定支付股利,但这会影响商业银行形象,进而对普通股市价产生不利影响,损害到普通股股东的权益。当然,在企业财务状况恶化时,这是不可避免的;但是,当企业盈利很大,想要更多的留存利润来扩大经营时,由于股利支付的固定性,其便成为一项财务负担,会影响商业银行的经营。

3. 发行二级资本债券

二级资本债券是指其持有人对商业银行的求偿权的顺序排在商业银行的其他债务之后的债券,主要有资本票据、资本证券、浮动利率长期债券、选择性利率债券等类型。

1) 优点

一是发行二级资本债券的要求低于发行股票,手续简便,费用较低,对公众投资者具有一定的吸引力。二是股东对商业银行的控制权不会被稀释,不影响原股东的权益。三是二级资本债券的求偿权在商业银行的其他债务之后,且偿还期较长。四是二级资本债券的利息在税前支付,具有减税效应,筹资成本较低。

2) 缺点

一是二级资本债券有固定的利率要求,可能会对商业银行的收益带来不利的影响,给商业银行带来较重的负担。二是利率的多变性会使商业银行面临利率风险。三是债券的发行数量有限,并且二级资本债券只能部分行使资本的职能。

延伸阅读2-5

二级资本债发行提速——银行业持续夯实资本提升服务实体经济能力

近期,中国农业银行发布公告称,该行已收到《中国银保监会关于农业银行发行二级资本债券的批复》,获准在全国银行间债券市场公开发行不超过2 000亿元人民币二级资本债。2022年6月17日,中国农业银行再次发布公告表示,600亿元二级资本债已完成簿记发行。此前,建设银行也公告声称完成了600亿元二级资本债的发行定价工作。另外,多家城商行和农商行也都获准发行一定额度的二级资本债券。

接受《金融时报》记者采访的专家表示,近年来,在中国人民银行的指导下,商业银行资本补充渠道不断拓宽,资本约束持续得到缓解。其中,二级资本债因具备发行门槛相对较低且发行较为便利等优势,日益成为商业银行特别是中小商业银行青睐的融资渠道。而商业银行夯实资本,也是在夯实其服务实体经济的能力。

自 2022 年以来,商业银行对二级资本债的发行需求较为明显。在国有大型商业银行方面,截至目前,六大行已全部完成一定额度的二级资本债发行,各商业银行的发行总额在 300 亿元到 900 亿元不等。

"银行发行二级资本债补充资本,主要原因是要夯实自身资本实力。并且,资本更为充足,才可以更好地满足监管要求。"上海金融与发展实验室主任曾刚在接受记者采访时表示。

2022 年 5 月 26 日,中国人民银行印发《关于推动建立金融服务小微企业敢贷愿贷能贷会贷长效机制的通知》,提出要拓宽多元化信贷资金来源渠道,继续支持中小银行发行永续债、二级资本债。

"通过发行二级资本债,夯实银行资本实力,有助于强化资本约束,增强银行经营稳健性,并且提升银行服务小微企业、个体工商户等实体经济薄弱环节的力度。"中国光大银行金融市场部宏观研究员周茂华向记者表示。

资料来源:新浪财经.二级资本债发行提速:银行业持续夯实资本提升服务实体经济能力[EB/OL].(2022-06-23)[2023-01-27]. https://finance.sina.com.cn/jjxw/2022-06-23/doc-imizmscu8260979.shtml.

4. 发行可转换债券

可转换债券是指可转换为普通股的资本性证券,它既具有债券的性质,又具有股票的性质。

1) 发行可转换债券的优点

一是这类债券可转换为普通股,具有潜在获利机会,对投资者有吸引力,商业银行可以以较低资金成本较快出售此类债券。二是当商业银行需要发行普通股而普通股市场价格又暂时偏低时,出售可转换债券可变相提高普通股价格。

2) 发行可转换债券的缺点

一是尽管商业银行可间接地以高于目前股票市价的方式发行可转换债券,但若该商业银行普通股股价上涨很快,发行银行稍微推迟筹资时间会比直接出售普通股更好。二是如果可转换债券发行后,普通股市价下跌,则发行这种债券不仅意义不大,而且会使商业银行陷入债务危机。

综合以上内容,商业银行在选择筹资方式时,除要考虑以上各种方式的优缺点外,还要综合考虑筹资成本和资本的可获利性、进一步扩充资本的灵活性、不同形式资本的融资效果等因素。

延伸阅读 2-6

多渠道补充资本金　银行"补血"进行时

2022 年 11 月 29 日,齐鲁银行可转换债券"齐鲁转债"开启申购。自 2022 年以来,已有区域性银行成都银行、重庆银行、常熟银行发行可转换债券(以下简称可转债),加上齐鲁转债,四支上市银行可转债发行规模达 350 亿元。

除可转债外,自 2022 年以来,银行还通过发行二级债、利用中小银行专项债等多种资本工具进行"补血"。

一、齐鲁转债开启申购

2022 年 11 月 29 日,齐鲁银行可转债"齐鲁转债"开启申购,发行规模达 80 亿元,为 2022 年第二季度以来发行规模最大的银行可转债。对于此次发行可转债募集资金的用途,齐鲁银行称扣除发行费用后将全部用于支持自身未来各项业务发展,在可转债持有人转股后按照相关监管要求用于补充公司核心一级资本。

截至 2022 年 9 月 30 日,齐鲁银行核心一级资本充足率为 9.27%,一级资本充足率为 11.10%,资本充足率为 14.27%。业内人士预计,此次 80 亿元的可转债成功发行后,有望进一步提升齐鲁银行的资本实力。

数据显示,截至 11 月 28 日,2022 年已上市的银行可转债有 3 支,分别来自成都银行、重庆银行与常熟银行,发行规模分别为 80 亿元、130 亿元、60 亿元。值得注意的是,三家银行均为区域性银行。此外,区域性银行长沙银行、厦门银行也于日前披露可转债发行计划。

二、区域性银行受青睐

从 2022 年三季报来看,无论是业绩同比增速,还是不良贷款率、拨备覆盖率等方面,区域性银行均有亮眼表现。

以齐鲁银行为例,2022 年三季报数据显示,该行前三季度营业收入和净利润均实现两位数增长。

对于齐鲁银行此次发行的可转债,新世纪评级机构给出 AAA 的评价。新世纪评级机构认为,齐鲁银行主要有三大优势,其中之一为股东支持。齐鲁银行的主要股东多为地方国有企业,澳洲联邦银行为其单体第一大股东,中外方股东可在业务、技术与风控等方面给予该行较多支持。此外,齐鲁银行在区域市场具有较强的竞争力也是其优势之一。

此外,齐鲁银行 2022 年 6 月曾发布公告称,公司将采取由持股 5% 以上的股东增持股份的措施稳定股价。齐鲁银行最新披露的关于股东增持股份公告显示,11 月 14 日,其单体第一大股东澳洲联邦银行通过沪股通方式累计增持公司股份 425 万股,累计增持金额约为人民币 1 793.08 万元。

三、多渠道融资

除发行可转债之外,自 2022 年以来,银行还通过各种渠道积极融资"补血"。

11 月 18 日,成都银行发布公告表示,该行于近日收到中国人民银行出具的《准予行政许可决定书》,同意该行在全国银行间债券市场发行不超过 65 亿元人民币二级资本债券。

11 月 15 日,交通银行披露成功发行二级资本债券公告。公告显示,该行于近日在全国银行间债券市场发行"交通银行股份有限公司 2022 年第二期二级资本债券",2022 年 11 月 15 日发行完毕,发行规模为人民币 500 亿元。交通银行表示,该次募集的资金在扣除发行费用后,将依据适用法律和监管部门的批准,全部用于补充该公司二级资本,促进业务稳健发展。

此外,通过发行专项债补充中小银行资本也有新进展。11 月 28 日,中国债券信息网披露的信息显示,2022 年河南省支持中小银行发展专项债券——2022 年河南省政府专项债券(七十六期)已完成招标。该专项债实际发行规模为 80 亿元,发行期限为 10 年期,票面利率为 2.92%。根据此前相关公告,此次募集资金将以转股协议存款方式注入中原银行用以补充资本,协议期内不允许提前支取;转股协议存款作为特殊资本补充机制安排,计入其他一级资本,转股条件触发后,阶段性转为普通股,计入核心一级资本。

资料来源:华青剑.多渠道补充资本金,银行"补血"进行时[EB/OL].(2022-11-29)[2023-01-27]. http://finance.ce.cn/bank12/scroll/202211/29/t20221129_38258052.shtml?ivk_sa=1023197a.

二、分母策略

商业银行提高资本充足率的分母策略,主要是指降低风险加权总资产。一方面,商业银行可以通过直接减少银行资产总规模的方式来降低分母;另一方面,商业银行可以通过增加低风险权重资产、减少高风险权重资产的方式来降低分母。

采取直接减少商业银行资产总规模的方式虽然对提高资本充足率见效很快,但这种做法会影响商业银行的盈利能力,同时,商业银行股东或社会公众也往往将商业银行资产的增长速度作为判断商业银行发展状况的重要指标之一,资产总规模的缩减可能使股东或社会公众怀疑商业银行出现了严重的问题,甚至已经陷入财务困境。因此,除非因资金来源的急剧减少而被迫采用这种方法,商业银行一般不会主动采用这种方法。

增加低风险权重资产、减少高风险权重资产,是分母策略的主要方式。其具体方法主要包括:①贷款出售或贷款证券化,即将已经发放的贷款卖出去;②收回贷款,用以购买高质量的债券(如国债);③尽量少发放高风险的贷款等。

三、综合策略

提高商业银行资本充足率往往可以同时采取分子策略和分母策略,其中非常重要的一个综合性方法是银行并购。在两家或多家银行并购以后,新银行将拥有比以前各家银行大得多的资本。与此同时,商业银行可以合并以前多家银行重复的部分和机构,降低成本,增加利润,从而增加资本;商业银行可以对所有资产进行重组,化解业已存在的不良资产,降低风险加权总资产。现阶段监管当局的资本要求也是全球银行业并购不断增多的重要原因之一。

本章小结

本章主要学习了商业银行资本金的构成与功能,《巴塞尔协议》的演变过程及主要内容,我国资本充足性管理的发展与现状,提高商业银行资本充足率的策略。

本章重要概念

资本金　核心一级资本　二级资本　资本充足率　核心资本　风险加权资产　信用风险　操作风险　市场风险　系统重要性银行　储备资本　逆周期资本

二维码2-4:
练一练

二维码2-5:
练一练答案

第三章　商业银行负债业务及管理

- ➢ 内容提要
- ➢ 重点难点
- ➢ 学习目标
- ➢ 知识框架
- ➢ 思政育人
- ➢ 第一节　商业银行负债业务概述
- ➢ 第二节　商业银行存款业务及管理
- ➢ 第三节　商业银行借入资金及管理
- ➢ 本章小结
- ➢ 本章重要概念

内容提要

本章主要介绍商业银行负债业务的含义、特点、分类和作用;商业银行存款业务及管理;商业银行借入资金及管理。

重点难点

本章重点为商业银行负债业务的含义、特点、分类和作用,商业银行存款的构成,商业银行借入资金的渠道。本章难点为商业银行存款的管理以及借入资金的管理。

学习目标

通过本章的学习,学生应了解商业银行负债业务的含义、特点、分类和作用,掌握负债业务的管理目标;熟悉存款的构成及管理;理解借入资金的各种渠道及管理。

知识框架

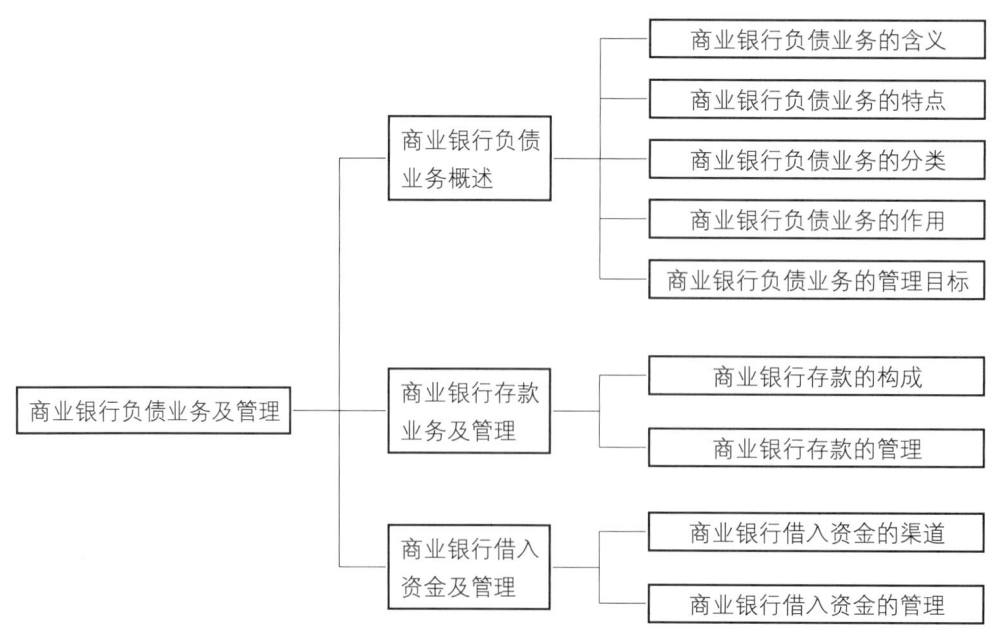

思政育人　　　财商教育——树立正确的负债观

财商(financial quotient)又称金融智商,是指个人或集体认识、创造和管理财富的能力。财商涵盖观念、知识、行为三个层面,具体体现在两方面的能力上:一是认识财富倍增规律的能力,即世界观、价值观、思维逻辑等主观方面的能力;二是驾驭财富及应用财富的能力,即客观实践能力。个人需要拥有管理财富的能力,平衡好资产和负债的关系,银行也需要做好负债的管理。2021年中国人民银行发布的《消费者金融素养调查分析报告(2021)》从金融知识、金融行为、金融技能和金融态度等四个方面,对我国居民的整体金融素养水平进行综合分析。从国际比较上看,我国居民的金融素养水平在全球处于中等偏上水平,特别是在金融态度方面我国居民具有优势,但在基础金融知识方面与国际上相比还有差距。从金融态度上看,我国居民应急储蓄较为充足,对疫情后的经济复苏形成有力支撑,也是我国经济韧性强的表现之一。从金融知识上看,公众对分散化投资等基本金融常识仍缺乏足够的认识,对金融投资收益的预期具有非理性特征,容易产生非理性的投资行为。从重点群体上看,我国居民金融素养在年龄上的分布呈现倒"U"形,老年人和青少年的金融素养水平相对较低,"一老一少"是金融教育持续关注的重点。从这一报告来看,有关部门还需要进一步开展大学生金融风险教育。财商教育不足会带来不良后果。不能正确处理个人的债务关系容易导致大量的"校园贷"事件,以及"卡奴族""房奴族""月光族""啃老族"等现象频发。因此,在新的发展时期,对大学生进行财商教育显得格外重要。

通过财商教育,新时代的大学生应学会正确处理自己的负债,重塑观念,如树立正确的金钱观以及理性的消费观等;应该提高知识素养,具备会计、投资、市场等基础的理论知识。此外,新时代的大学生还需要提升行为标准,身体力行,用理论知识提升财富的自我管理能力。大学生应该意识到任何一个经济参与者想要分享经济发展的成果,就必然要利用自身要素禀赋的相对优势并参与广泛的社会分工中。财富的获取是一个完整的社会经济过程,需要多个参与者的通力合作。同时大学生也应该认识到自己可以通过发挥主观能动性来提升竞争优势,实现更高效的财富创造和积累。

商业银行作为经济活动的重要参与者,更需要关注其负债业务及管理。负债业务是商业银行的主要资金来源,因此负债业务管理也是商业银行管理的核心内容之一。

资料来源:金融消费权益保护局.2021年消费者金融素养调查分析报告[EB/OL].(2021-10-13)[2023-03-25].http://www.pbc.gov.cn/jingrxfqy/145720/145735/4359487/index.html.

第一节｜商业银行负债业务概述

一、商业银行负债业务的含义

负债业务是商业银行的主要资金来源,是银行在经营活动中尚未偿还的经济义务。商业银行负债是商业银行由于受信而承担的、将以资产或资本偿付的债务。负债代表的是商业银行应对其债权人所承担的全部经济责任。从广义上讲,商业银行负债是指商业银行的一切债务,既包括商业银行对他人的负债,也包括商业银行对自己的负债。从狭义上讲,商业银行负债主要是指银行存款、借款等一切非资本性的债务,即仅指商业银行对他人的负债。本章内容以狭义负债为研究对象。

二、商业银行负债业务的特点

商业银行负债业务主要包括以下特点。首先,它必须是现实的、现今存在的经济业务,并不包括过去发生的、已经了结的经济义务或将来可能发生的经济义务。其次,它的数量必

二维码3-1:消费者金融素养调查分析报告(2021)

须能够以货币来确定,如果一项经济义务不能用货币计量,就不能称为银行负债。最后,它的消失是以偿付为前提的,以债抵债不能构成新的负债,只是对原有负债的延期。

三、商业银行负债业务的分类

从负债的内容上看,商业银行负债业务主要包括各项存款、借入款项和其他负债。如果按照负债流动性标准来分类,商业银行负债业务则可分为流动负债、应付债券和其他负债等。

按照存款内容分类时,存款指的是各类存款和存款的创新品种。其中,各类存款包括活期存款、定期存款、储蓄存款;存款的创新品种包括可转让支付命令账户、超级可转让支付命令账户、货币市场存款账户、可转让大额定期存单、自动转账服务账户等。借入款项包括短期借款和长期借款,其中,短期借款包括同业拆借、转贷款和转贴现、回购、向央行借款等,长期借款主要指长期金融债券。其他负债则主要指中间业务负债。

 延伸阅读3-1

商业银行的资产负债表

存款类金融机构资产负债表分为央行资产负债表和其他存款类金融机构资产负债表。表3-1为2022年其他存款类金融机构(即银行业)总资产、总负债(季度)情况。可以看出,商业银行的总资产、总负债在其他存款类金融机构资产负债表中占比超过80%,从2022年第一季度到第四季度呈现逐步上升的趋势。

表3-1　　　　　　　**2022年银行业总资产、总负债(季度)**　　　　　　金额单位:亿元

项目	2022年			
	第一季度	第二季度	第三季度	第四季度
总资产	3 579 003	3 676 800	3 738 849	3 793 856
比上年同期增长(率)	8.6%	9.4%	10.2%	10.0%
总负债	3 276 585	3 372 960	3 429 427	3 479 962
比上年同期增长(率)	8.5%	9.5%	10.4%	10.4%
其中:商业银行合计				
总资产	3 018 466	3 104 678	3 152 561	3 198 139
比上年同期增长(率)	9.4%	10.4%	10.9%	10.8%
占银行业金融机构比例	84.3%	84.4%	84.3%	84.3%
总负债	2 773 618	2 859 382	2 902 267	2 942 829
比上年同期增长(率)	9.3%	10.5%	11.1%	11.2%
占银行业金融机构比例	84.6%	84.8%	84.6%	84.6%

商业银行资产负债表的资产端主要包括贷款、证券投资与同业资产,负债端则主要包括吸收存款、发行债券与同业负债。其中,吸收存款科目核算的是本行收到客户存入的各种保证金,如信用保证金、承兑汇票保证金、保函保证金、担保保证金等;本行吸收的除同业存放款项以外的其他各种存款,包括公司存款(如企业、事业单位、机关、社会团体等)、个人存款、财政存款、国库定期存款等;本行收到的应急存款及临时

存款。

下面以中国建设银行2021年年度报告(A股)为例进行讲解。

由表3-2可知,2021年年末中国建设银行负债总额27.64万亿元,较上年增加1.90万亿元,增幅为7.37%。其中,吸收存款余额22.38万亿元,较上年增加1.76万亿元,增幅8.56%;同业及其他金融机构存放款项和拆入资金余额2.23万亿元,较上年减少610.71亿元,降幅2.66%;已发行债务证券余额1.32万亿元,较上年增加3831.80亿元,增幅40.76%;向中央银行借款余额6850.33亿元,降幅12.31%。相应地,在负债总额中,吸收存款占比为80.97%,较上年上升0.89个百分点;同业及其他金融机构存放款项和拆入资金占比为8.08%,较上年下降0.83个百分点;已发行债务证券占比为4.79%,较上年上升1.14个百分点;向中央银行借款占比为2.48%,较上年下降0.56个百分点。

表3-2 中国建设银行负债总额的构成情况   金额单位:百万元

项目	2021年12月31日		2020年12月31日		2019年12月31日	
	金额	占比	金额	占比	金额	占比
吸收存款	22 378 814	80.97%	20 614 976	80.08%	18 366 293	79.16%
同业及其他金融机构存放款项和拆入资金	2 232 201	8.08%	2 293 272	8.91%	2 194 251	9.46%
已发行债务证券	1 323 377	4.79%	940 197	3.65%	1 076 575	4.64%
向中央银行借款	685 033	2.48%	781 170	3.04%	549 433	2.37%
卖出回购金融资产款	33 900	0.12%	56 725	0.22%	114 658	0.49%
其他	986 532	3.56%	1 056 561	4.10%	899 924	3.88%
负债总额	27 639 857	100.00%	25 742 901	100.00%	23 201 134	100.00%

由表3-3可知,2021年年末中国建设银行境内公司存款10.34万亿元,较上年增加6390.01亿元,增幅6.59%;该行境内个人存款11.28万亿元,较上年增加1.09万亿元,增幅10.73%,在境内存款中的占比上升0.99个百分点至50.40%;境外和子公司存款4116.82亿元,较上年减少423.09亿元,在吸收存款总额中的占比为1.84%。境内活期存款11.42万亿元,较上年增加4832.39亿元,增幅4.42%,在境内存款中的占比为52.84%;境内定期存款10.19万亿元,较上年增加1.25万亿元,增幅13.96%,在境内存款中的占比较上年上升2.18个百分点,达到47.16%。

表3-3 中国建设银行按产品类型划分的吸收存款情况   金额单位:百万元

项目	2021年12月31日		2020年12月31日		2019年12月31日	
	金额	占比	金额	占比	金额	占比
公司存款	10 338 734	46.20%	9 699 733	47.05%	8 941 848	48.69%
活期存款	6 549 329	29.27%	6 274 658	30.44%	5 927 636	32.28%
定期存款	3 789 405	16.93%	3 425 075	16.61%	3 014 212	16.41%
个人存款	11 278 207	50.40%	10 184 904	49.41%	8 706 031	47.40%
活期存款	4 873 992	21.78%	4 665 424	22.63%	4 100 088	22.32%

(续表)

项目	2021年12月31日		2020年12月31日		2019年12月31日	
	金额	占比	金额	占比	金额	占比
定期存款	6 404 215	28.62%	5 519 480	26.78%	4 605 943	25.08%
境外和子公司存款	411 682	1.84%	453 991	2.20%	510 907	2.78%
应计利息	350 191	1.56%	276 348	1.34%	207 507	1.13%
吸收存款总额	22 378 814	100.00%	20 614 976	100.00%	18 366 293	100.00%

资料来源：

国家金融监督管理总局.2022年银行业总资产、总负债(季度)[EB/OL].(2023-02-15)[2023-03-25]. http://www.cbirc.gov.cn/cn/view/pages/ItemDetail.html?docId=1054665&itemId=954.

中国建设银行.2021年年度报告(A股)[EB/OL].(2022-03-29)[2023-03-25].http://www1.ccb.com/cn/investor/reportv3/20220329_1648566213.html.

四、商业银行负债业务的作用

（一）商业银行负债业务是商业银行开展经营活动的先决条件

商业银行开展的最基本的经营活动就是促进资金融通的活动。商业银行作为货币资金贷出者和借入者的中介人实现资金的融通，并从吸收资金的成本与发放贷款的利息、投资收益的差额中获取利差收入。商业银行只有先把社会上的各种闲散货币资金集中起来，再通过不同的方式将资金发放出去，才能使资金得到充分、有效的运用，进而提高全社会对资金的使用效率，促进生产的发展。从这个角度来讲，商业银行负债业务是商业银行开展资金融通服务的先决条件，也是商业银行的基础业务。

（二）商业银行负债业务是银行保持流动性的主要手段

在商业银行追求的"三性"目标中，流动性目标是安全性目标和盈利性目标的前提，商业银行只有在经营中首先实现流动性目标，才能进一步实现安全性目标和盈利性目标。商业银行既是企业之间的支付中介人，又是工商企业、团体和个人的货币保管者、出纳者。一方面，商业银行通过负债业务为社会提供流动性资产；另一方面，新增负债也是商业银行获得流动性的重要来源。商业银行通过负债业务可以聚集起大量可用的闲散资金，再通过合理贷款将其投入不同领域，满足社会各行各业的资金需求、存款提取和转移的需求。因此，负债减少、流动性枯竭都将给商业银行的经营带来巨大冲击。

（三）商业银行负债业务是社会经济发展的强大动力

商业银行通过负债业务可以聚拢社会各部门、各单位暂时闲置的货币资金，城乡居民也将储蓄存款作为资产保值的首要选择。因此，从发展经济学的角度来看，通过商业银行负债业务聚拢起来的货币资金会形成巨大的资金力量，能够在社会资金存量不变的情况下扩大社会生产资金的总量，从而为国民经济发展提供雄厚的资金力量，有利于实现国民经济的良性循环，以及经济结构的调整。

（四）商业银行负债业务构成社会流通中的货币量

在准备金制度下，商业银行通过其负债业务不仅可以扩张或收缩信用，还可以创造存货币。流通中的货币由现金和各种存款构成。商业银行通过吸收原始存款,并不断进行贷款和投资,创造出大量的派生存款,以此增加社会的货币总量。因此,商业银行通过负债业务形成的存款的稳定增长也有助于货币的稳定流通。

(五)商业银行负债业务是银行同社会各界联系的主要渠道

社会上各类经济单位的闲散资金和货币收支都不离开商业银行负债业务。市场、企业、机关事业单位、社会团体和居民进行的经济活动都要在商业银行账面上体现。商业银行通过负债业务,以低廉的价格为社会各类经济单位提供金融投资的渠道,同时,商业银行为存款账户办理转账结算和资金划拨业务,可以帮助储户实现资产保值增值、提高资金的安全性等目的,从而促进社会关系和谐,以及整个社会的良性运行和有效管理。

五、商业银行负债业务的管理目标

近年来,虽然商业银行对负债业务进行大规模创新,但存款负债仍然是其主要的资金来源。例如,中国工商银行 2021 年 12 月 31 日资产负债表中的总负债为 318 961.25 亿元,其中吸收存款为 264 417.74 亿元,占总负债的 82.90%。因此,商业银行负债业务的管理目标应服从商业银行的基本目标,具体包括保持存款稳定性、降低存款成本率、提高存款增长率。

(一)保持存款稳定性

衡量存款稳定性的主要指标有活期存款稳定率和活期存款平均占用天数等。活期存款稳定率取决于储户数量和存款平均期限的长短。储户数量越多,存款平均期限越长,活期存款稳定率就越高,稳定性也越强;反之,则活期存款稳定率越低,稳定性越差。

存款稳定率相关计算公式如下:

$$活期存款稳定率=\frac{活期存款最低余额}{活期存款平均余额}\times100\%$$

$$活期存款平均占用天数=\frac{活期存款平均余额\times计算期天数}{活期存款支付总额}$$

影响存款稳定性的因素可以分成宏观因素和微观因素。从宏观方面来看,影响存款稳定性的因素包括政治环境、社会环境、金融市场的发展水平、金融资产种类的多少、利率政策和利率水平等。从微观方面来看,影响存款稳定性的因素包括存款的种类、存款人的动机、储户数量、存期长短、服务质量、存款机构之间的竞争等。如果存款人出于保本增值的目的,存款一般会比较稳定。当存款规模一定时,储户数量越多则存款越稳定,这是因为储户数量越多,储户之间存储行为相互抵消的可能性就越大。在存款利率缺乏弹性的环境里,态度热情、办事准确高效的银行的往往存款较为稳定。因此,要保持存款稳定性,就应该从以上影响因素入手,进行存款业务的管理。

(二)降低存款成本率

商业银行在组织存款的过程中既要付出利息成本,又要承担营业成本,通常会使用的指标是存款成本率。成本费用总额与存款成本率呈正比,成本费用总额越大或者存款平均余额越小,存款成本率越大;反之,则存款成本率越小。

存款成本率的计算公式如下:

$$存款成本率=\frac{利息成本+营业成本}{存款平均余额}\times100\%$$

降低存款成本率的主要方式包括：一是改善存款结构。在存款水平一定的条件下，提高利率水平高的存款所占存款总额比重，必然会引起存款成本率的上升；反之，则存款成本率下降。这种结构效应要求商业银行把提高低息存款的比重作为降低存款成本率的一项重要措施。二是降低存款成本费用。为降低存款成本费用，商业银行要将发展、巩固存款大户作为存款业务经营的重点，制定合理的营销策略，加强对存款业务的管理，如简化手续、采用新技术等。三是提高商业银行的盈利水平，扩大商业银行的知名度。商业银行可通过扩大资产规模和提高信誉，来增强商业银行对客户的吸引力，为降低各种项目费用支出创造条件。

（三）提高存款增长率

存款增长率是本期存款较上期存款的增量与上期存款量之比，即：

$$存款增长率 = \frac{本期存款量 - 上期存款量}{上期存款量} \times 100\%$$

虽然商业银行存款增长率的提高意味着其存款市场占有率的提高、资金实力的增强、竞争能力的提高和发展势头的强劲，但是一定时期内社会存款总量是一定的，存款的增长受到客观条件的影响，因此不能简单、一味地追求存款的增长。另外，不同商业银行的流动性管理水平和盈利能力存在差异，所以针对这一管理目标，商业银行应该根据自身的实际情况科学地进行管理。

延伸阅读3-2

商业银行负债质量管理办法

为促进商业银行提升负债质量管理水平，维护银行体系安全稳健运行，银保监会制定了《商业银行负债质量管理办法》（以下简称《办法》）。《办法》共5章33条，包括以下重点内容：

一是明确商业银行负债质量管理内涵和业务范围。二是确立负债质量管理体系。《办法》从组织架构、公司治理、内部控制、业务创新管理等11个方面对商业银行负债业务管理提出了明确要求。三是提出了负债质量管理的"六性"要素，从负债来源稳定性、负债结构多样性、负债与资产匹配合理性、负债获取的主动性、负债成本适当性、负债项目真实性等六方面明确了负债质量管理的核心要素。四是强化负债质量相关监督检查和监管措施。明确商业银行向监管部门报告负债质量管理情况的要求及负债质量监管评价结果运用的范围等。

发布实施《办法》是完善我国商业银行负债监管制度的重要举措，有利于弥补制度短板，防范金融风险，提升金融服务质效。

资料来源：国家金融监督管理总局.《商业银行负债质量管理办法》发布[EB/OL].（2021-03-26）[2023-03-25].http://www.cbirc.gov.cn/cn/view/pages/ItemDetail.html?docId=973326&itemId=916&generaltype=0.

二维码3-2：商业银行负债质量管理办法

第二节 商业银行存款业务及管理

一、商业银行存款的构成

存款始终是商业银行的主要负债和经常性的资金来源。传统存款业务包括活期存款、定期存款、储蓄存款。而在不同程度的利率管制下,面对金融市场其他金融工具的挑战,商业银行也在不断创新存款工具,推出了可转让支付命令账户、协定存款账户、货币市场存款账户、可转让大额定期存单、自动转账服务账户、特种储蓄、结构性存款等产品,以此来抢占存款市场、扩大存款规模。

(一) 传统存款业务

1. 活期存款

活期存款也称支票存款或交易账户存款,即为在交易活动中可使用银行规定的支票便进行支付和转账的存款。在我国,活期存款是一种可以随时存取、不固定期限、按结息期计算利息的存款。由于开户时不约定存期,存款人可以随时凭银行卡或存折及预留密码在银行营业时间通过柜面或通过银行自助设备存取现金。另外,活期存款起存金额为1元,存取金额不限,按日计息,按季结息,每季度末月的20日为结息日,计息期间遇银行挂牌公告的活期存款利率调整,分段计息。未到结息日结清的,计息到结清前一日止。活期存款是银行负债业务中利息成本最低的业务,但是由于它"续短为长"的特点,可以形成较为稳定的余额且具有很强的派生能力,能够使商业银行与客户建立起广泛的联系,因此活期存款是商业银行经营管理的重点。

2. 定期存款

定期存款是商业银行与存款人双方在存款时事先约定期限、利率,到期后支取本息的存款。定期存款用于结算或从定期存款账户中提取现金。存款人若临时需要资金,则可办理提前支取或部分提前支取。定期存款的支取方式有以下几种:①到期全额支取,按规定利率一次结清本息。②全额提前支取,银行按支取日挂牌公告的活期存款利率计付利息。③部分提前支取,若剩余定期存款不低于起存金额,则对提取部分按支取日挂牌公告的活期存款利率计付利息,剩余部分存款按原定利率和期限执行;若剩余定期存款不足起存金额,则应按支取日挂牌公告的活期存款利率计付利息,并对该项定期存款予以清户。人民币定期存款通常分为一天通知存款,七天通知存款,三个月、半年、一年、二年、三年、五年定期存款;中资企业外汇定期存款可分为一个月、三个月、六个月、一年和二年五档。

3. 储蓄存款

储蓄可以体现为现金、银行存款、各类票据、股票及公司债券、各种保险(如财险、寿险、医疗险)等形式。储蓄存款是指商业银行为满足居民个人积蓄货币和获得利息收入的需要而开办的一种存款业务。储蓄存款的存款人通常限于个人和非营利团体,但近年来某些企业也被允许开立储蓄账户。储蓄存款分成活期储蓄存款和定期储蓄存款两类。按存取款方式,活期储蓄存款可分为活期存折存款、活期支票存款、定活两便存款、借记卡及通知存款等。传统的定期储蓄存款包括整存整取、零存整取、存本取息、定活两便、通知存款等形式。其中,通知存款要求一次性存入,分期提取,分为一天通知存款和七天通知存款。存款起点分别为:个人储户5万元起,单位储户50万元起。定活两便存款存期不足3个月按照活期利率计息,超过3个月按照同档次定期存款利率的60%计息。

 延伸阅读3-3

2020年中国人民银行修订版《教育储蓄管理办法》

第一条 根据《储蓄管理条例》等有关规定制定本办法。

第二条　为了鼓励城乡居民以储蓄存款方式,为其子女接受非义务教育(指九年义务教育之外的全日制高中、大中专、大学本科、硕士和博士研究生)积蓄资金,促进教育事业发展,特开办教育储蓄。

第三条　办理储蓄存款业务的金融机构(不含邮政储蓄机构)均可开办教育储蓄。

第四条　教育储蓄具有储户特定、存期灵活、总额控制、利率优惠、利息免税的特点。

第五条　教育储蓄的对象(储户)为在校小学四年级(含四年级)以上学生。

第六条　教育储蓄采用实名制。办理开户时,须凭储户本人户口簿或居民身份证到储蓄机构以储户本人的姓名开立存款账户,金融机构根据储户提供的上述证明,登记证件名称及号码等事项。

第七条　教育储蓄为零存整取定期储蓄存款。存期分为一年、三年和六年。最低起存金额为50元,本金合计最高限额为2万元。开户时储户应与金融机构约定每月固定存入的金额,分月存入,中途如有漏存,应在次月补齐,未补存者按零存整取定期储蓄存款的有关规定办理。

第八条　教育储蓄实行利率优惠。一年期、三年期教育储蓄按开户日同期同档次整存整取定期储蓄存款利率计息;六年期按开户日五年期整存整取定期储蓄存款利率计息。

第九条　教育储蓄在存期内遇利率调整,仍按开户日利率计息。

第十条　教育储蓄到期支取时按实存金额和实际存期计算利息。教育储蓄到期支取时应遵循以下规定:

(一)储户凭存折和学校提供的正在接受非义务教育的学生身份证明(以下简称"证明")一次支取本金和利息。储户凭"证明"可以享受利率优惠,并免征储蓄存款利息所得税。金融机构支付存款本金和利息后,应在"证明"原件上加盖"已享受教育储蓄优惠"等字样的印章,每份"证明"只享受一次优惠。

(二)储户不能提供"证明"的,其教育储蓄不享受利率优惠,即一年期、三年期按开户日同期同档次零存整取定期储蓄存款利率计付利息;六年期按开户日五年期零存整取定期储蓄存款利率计付利息。同时,应按有关规定征收储蓄存款利息所得税。

第十一条　教育储蓄逾期支取,其超过原定存期的部分,按支取日活期储蓄存款利率计付利息,并按有关规定征收储蓄存款利息所得税。

第十二条　教育储蓄提前支取时必须全额支取。提前支取时,储户能提供"证明"的,按实际存期和开户日同期同档次整存整取定期储蓄存款利率计付利息,并免征储蓄存款利息所得税;储户未能提供"证明"的,按实际存期和支取日活期储蓄存款利率计付利息,并按有关规定征收储蓄存款利息所得税。

第十三条　储户办理挂失,应按《储蓄管理条例》有关规定执行。

第十四条　参加教育储蓄的储户,如申请助学贷款,在同等条件下,金融机构应优先解决。

第十五条　学校应从严管理"证明",对开具的"证明"必须建立备案存查制度。其教育主管部门应定期检查,严禁滥开、滥用"证明"。

第十六条　各金融机构可根据本办法制定实施细则,并报中国人民银行备案。

第十七条　本办法由中国人民银行负责修改和解释。

第十八条　本办法自发布之日起实施。

资料来源:中华人民共和国中央人民政府.关于印发《教育储蓄管理办法》的通知[EB/OL].(2000-03-28)[2023-03-25].http://www.gov.cn/gongbao/content/2000/content_60322.htm.

根据储蓄币别不同,我国的储蓄存款又分成人民币储蓄存款和外币储蓄存款。外币储蓄存款又分为外币活期储蓄存款和外币整存整取定期储蓄存款。其中,外币活期储蓄存款是指不规定存期,即存款人不需预先通知银行,以各种外币随时存取款,存取金额不限的一种储蓄业务。外币整存整取定期储蓄存款是指存款人事先约定存期,以外币一次存入,到期后一次性支取本息的定期储蓄存款方式。外币整存整取定期储蓄存款期限有1个月、3个月、6个月、1年、2年等。外币币种主要有美元、欧元、日元、英镑、加拿大元、瑞士法郎、澳大利亚元等。

根据中国人民银行发布的推荐性行业标准《存款统计分类及编码》(JR/T 0134—2016)中对归属于存款工具的金融合约按契约特性进行分类,存款产品类别如下表3-4所示。

表3-4 《存款统计分类及编码》中的产品类别

代码	名称	说明
D01	普通存款	指存款人在金融机构开立账户存入资金或货币,由金融机构出具存款凭证,办理一定期限、利率并按期给付利息的存款
D011	单位活期存款	指单位存款人在金融机构开立账户存入资金或货币,由金融机构出具存款凭证,办理不约定期限、可随时转账、存取并按期给付利息的存款
D012	单位定期存款	指单位存款人在金融机构开立账户存入资金或货币,由金融机构出具存款凭证,办理约定期限、利率,到期支取本息的存款
D013	活期储蓄存款	指个人存款人在金融机构开立账户存入资金或货币,由金融机构出具存款凭证,办理不约定期限、可随时转账、存取并按期给付利息的存款
D014	定期储蓄存款	指个人存款人在金融机构开立账户存入资金或货币,由金融机构出具存款凭证,办理约定期限、利率,到期支取本息的存款
D02	定活两便存款	指个人存款人在金融机构开立账户存入资金或货币,由金融机构出具存款凭证,办理不约定存期、本金一次性存入,支取时一次性支付全部本金和税后利息,具有定期和活期双重性质的一种存款
D03	通知存款	指存款人在金融机构开立账户存入资金或货币,由金融机构出具存款凭证,办理不约定存期,支取时需提前一定时间通知金融机构,约定支取日期和金额的存款
D04	协议存款	指由金融机构根据中国人民银行相关规定开办的,存款利率、期限由双方协商确定的存款
D05	协定存款	指存款人通过与金融机构签订合同约定合同期限、确定结算账户需要保留的基本存款额度,对基本存款额度按结息日中国人民银行规定的活期存款利率计息、对超过基本存款额度的存款按中国人民银行规定的协定存款利率或合同约定的利率计息的存款
D051	结算户存款	指协定存款账户中基本存款额度内的存款
D052	协定户存款	指协定存款账户中超过基本存款额度的存款
D06	保证金存款	金融机构为客户提供具有结算功能的信用工具、资金融通以及承担第三方担保责任等业务时,按照约定要求客户存入的用作资金保证的存款
D061	银行承兑汇票保证金存款	指金融机构为客户开立的商业汇票提供承兑服务按规定收缴的保证金存款
D062	信用证保证金存款	指客户为从金融机构取得信用证而按规定缴存的保证金存款
D063	保函保证金存款	指客户为从金融机构取得保函而按规定缴存的保证金存款

(续表)

代码	名称	说明
D064	银行本票保证金存款	指客户为从金融机构取得银行本票而按规定缴存的保证金存款
D065	信用卡保证金存款	指金融机构办理信用卡业务向申请人收取的保证金
D066	金融衍生产品交易保证金存款	指金融机构办理金融衍生产品交易业务向申请人收取的保证金
D067	黄金交易保证金存款	指金融机构办理黄金交易业务向申请人收取的保证金
D068	证券交易保证金	指金融机构办理证券交易业务向申请人收取的保证金
D069	其他保证金存款	指不在以上核算范围内的保证金存款
D07	应解汇款及临时存款	指金融机构因办理支付或结算，形成的一种临时性资金存款，包括应解汇款、临时存款、汇出汇款、汇入汇款
D08	结构性存款	指金融机构吸收的嵌入金融衍生工具的存款，通过与利率、汇率、指数等的波动挂钩或与某实体的信用情况挂钩，使存款人在承担一定风险的基础上可能获得更高收益的业务产品
D09	信用卡存款	指存款人存入贷记卡或准贷记卡账户内的存款
D091	贷记卡存款	指存款人存入贷记卡账户内的存款
D092	准贷记卡存款	指存款人存入准贷记卡账户内的存款，超存部分按中国人民银行规定的活期存款利率计息
D10	财政性存款	指财政部门存放在金融机构的财政资金
D101	国库存款	指财政部门存放在国库（包括代理库）的预算资金，是金融机构对财政部门的负债
D1011	财政库款	指国库收纳的、已报解的中央级预算收入款项、地方财政库款、各级财政部门预算资金的专项存款和预算外资金
D1012	财政过渡存款	指各级国库当日收纳的、未报解的预算收入款项、国库待结算款项和国库总库收到的国家债券发行款项、国家债券兑付资金
D109	其他财政存款	指未列入国库存款的各级财政在金融机构的预算资金以及由财政部门指定存入金融机构的专用基金，是人民银行与金融机构对财政部门的负债
D1091	划缴财政存款	指金融机构按照人民银行事先核定的范围，向人民银行划来的财政存款
D1092	待结算财政款项	指金融机构作为国库经收处办理的各项预算收入中待报解款项，以及代理国库收纳的各级预算收入待报解款项
D1093	财政专用基金存款	指由财政部门指定存入金融机构的专用基金
D1094	财政预算外存款	指由财政部门存入金融机构的财政预算外存款
D1095	国库定期存款	指商业银行依据《中央国库现金管理暂行办法》吸纳的中央国库现金管理商业银行定期存款以及参照中央国库现金管理办法操作的地方国库现金管理商业银行定期存款

(续表)

代码	名称	说明
D11	第三方存管存款	指由金融机构作为独立第三方保管证券公司的交易结算资金
D12	准备金存款	中国人民银行按规定吸收的法定存款准备金及超额存款准备金
D13	存放	为了支付清算的需要,某一金融机构在其他金融机构开立账户存入资金或货币所形成的金融机构之间的债权债务关系
D14	特种存款	指中国人民银行根据金融宏观调控需要,向金融机构吸收的特定存款
D15	委托资金存款(净)	指金融机构委托其他金融机构或接收其他单位、个人委托进行金融交易而形成的存款净额。存款净额指委托方因委托协议而存入受托方的资金扣减受托方执行委托协议运用资金的差额
D99	其他存款	指不在以上核算范围内的存款

(二) 存款业务创新

20世纪70年代以来,世界经济、金融形势发生了翻天覆地的变化,商业银行的传统存款业务已经满足不了银行间激烈竞争的需要,各种银行和非银行金融机构相继出现,商业银行的利润空间也在不断压缩。为了保持竞争优势,商业银行推出了多种类型的存款业务新品种。存款业务创新一般秉承规范性原则、效益性原则、连续性原则和社会性原则。

1. 活期存款业务创新

活期存款具有很强的派生能力,且支付的利率低,能有效提高银行的盈利水平。通过提升活期存款业务的服务质量可以吸引更多的客户,因此商业银行进行活期存款业务创新是十分必要的。

1) 可转让支付命令账户

可转让支付命令账户(negotiable order of withdrawal account,NOW)于1972年由美国马萨诸塞州的互助储蓄银行首创,是个人、非营利机构开立的支票账户。由于使用支付命令书代替支票,它实际上是一种不使用支票的支票账户。通过这种账户,客户可以随时开具支付命令书,直接提现,直接向第三者支付。剩余存款则可取得利息收入,由此商业银行完美地避开了《1933年银行法》"Q条例"中对活期存款禁止支付利息的规定。随后在1983年,美国的商业银行还在此基础上开创了超级可转让支付命令账户(Super NOW),在设置最低存款余额要求的同时,也取消了转账次数的限制,并且设置了较高的利率。在1986年以后,随着利率管制的放松,两者已经没有区别。

2) 协定存款账户

协定存款(agreement account,AA)是指客户与银行签订协定存款合同,开立结算账户,约定期限,商定账户基本额度,由银行对基本额度内存款按结息日或支取日活期存款利率计息,超过基本额度部分或符合条件的最低存款余额部分,按结息日或清户日协定存款利率支付利息。为了办理协定存款,企业需要在银行开立基本存款账户、一般存款账户、非特定类的专用存款账户、临时存款账户。银企双方签订《单位协定存款合同》,就可以为企业的存款账户开通协定存款功能,开通后这个账户具备结算和协定存款双重功能。即根据双方合同约定的基本存款额度,对于超过基本存款额度部分的资金,银行自动按协定存款利率结计利息。单位协定存款账户的结算功能与一般结算账户相同,协定存款账户不能办理透支。

协定存款账户按季结息,其中基本存款额度以内的存款按原结算账户约定的活期存款利率计息,超过基本存款额度的存款按双方合同约定的协定存款利率计息。期间如遇利率调整,则分别按照调整前后的活期存款利率和协定存款利率分段计息。

3) 货币市场存款账户

货币市场存款账户(money market deposit account,MMDA)是活期存款和定期存款的混合产品,账户计息并且允许转账支付。货币市场存款账户的出现是商业银行为了抗衡非银行金融机构推出货币市场基金的结果。1982年,美国的商业银行推出该产品,目的是以优惠条件吸引货币市场上的闲散资金。对于银行而言,其无需为这种存款缴纳准备金;而对于客户而言,这种存款类型没有存款最短期限,不限开户对象。如果存款余额在规定限额以上,则银行按照较高的市场利率计息;如果存款余额在规定在限额以下,银行则按照可转让支付命令账户计息。

2. 定期存款业务创新

1) 可转让大额定期存单

可转让大额定期存单(negotiable certificate of deposits,NCDs)是银行负债资产化的产物。它于20世纪60年代由花旗银行创办,是按照某一个固定期限和一定利率存入银行的定期存款资金,可以在市场上进行买卖。

可转让大额定期存单是由银行业存款类金融机构面向非金融机构投资人发行的记账式大额存款凭证。从国际经验看,不少国家在存款利率市场化的过程中,都曾将发行大额存单作为推进改革的重要手段。2015年,中国人民银行制定了《大额存单管理暂行办法》,规定凡在中国境内符合中国人民银行规定开户条件的企业、机关、团体、部队、事业单位、保险公司、社保基金以及中国人民银行认定的其他单位,均可办理可转让大额定期存单。在我国,可转让大额定期存单期限一般可以分为一个月、三个月、半年、九个月、一年、十八个月、二年、三年、五年九个档次,在存期内按客户与银行约定利率计付利息,个人客户认购金额起点不低于20万,机构客户认购起点金额不低于1 000万元。

可转让大额定期存单的推出对于各方来说都有较大的好处。一是有利于有序扩大负债产品市场化定价范围,健全市场化利率形成机制。二是有利于进一步锻炼金融机构的自主定价能力,培育企业、个人等零售市场参与者的市场化定价理念,为继续推进存款利率市场化进行有益探索积累了宝贵经验。三是通过规范化、市场化的可转让大额定期存单逐步替代理财等高利率负债产品,对于促进社会融资成本的降低也具有积极意义。同时,对于商业银行而言,可转让大额定期存单能使银行获得相对稳定的资金来源,并提高银行的自主定价能力,扩大了负债产品的市场化定价范围,有利于市场化利率的形成和传导。对于存款人而言,可转让大额定期存单属于一般性存款,受《存款保险条例》保护,具有较高的收益性和较好的流动性,可在利率下行期提前锁定利率风险。

> **相关思考3-1**

中国发行可转让大额定期存单的原因

我国的商业银行为何要推出可转让大额定期存单?目前我国的可转让大额定期存单还存在什么问题?

该如何进一步发展？

2）自动转账服务账户

自动转账服务账户（automatic transfer service account，ATS）是美国的商业银行在1978年推出的存款创新工具，它是由电话转账服务发展而来的。基于电话转账服务，自动转账服务是指客户可以同时在开户银行开立两个账户，即储蓄账户和活期存款账户。活期存款账户的余额要始终保持最低存款限额，但客户可以开出超过该限额的支票。银行收到客户开出的支票需要付款时，可随时将支付款项从储蓄账户转到活期存款账户上自动转账，及时支付支票上的款项。需要注意的是，开立自动转账服务账户要求客户缴纳存款准备金。

延伸阅读3-4

中国建设银行跨国公司类客户现金管理解决方案

一、企业特点

跨国公司类客户作为成熟的现金管理业务使用者，对现金管理服务需求往往具备一定的典型性，具体集中表现为国内外银行三方直联、SWIFT支付指令应用。此外，跨国公司往往还会提出组合印鉴、传真支付指令等特殊业务需求。

二、需求分析

跨国公司下属成员单位众多，希望中国建设银行（以下简称建行）采取与第三方银行合作的模式加强资金集中管理，实现对集团在华其他投资企业资金的监控和调拨，减少财务成本，加大统筹力度。

跨国公司及下属企业需要在建行开立人民币单位结算账户，通过建行系统对其资金进行归集。模式一（图3-1）是通过与外资银行主机直联，客户登陆外资银行的电子银行系统实现收付款、流动性管理等本外币现金管理业务；模式二（图3-2）是通过企业内部ERP系统和SWIFT系统直联，建行通过SWIFT系统接收、发送报文的方式实现资金归集、收付款等人民币现金管理业务。

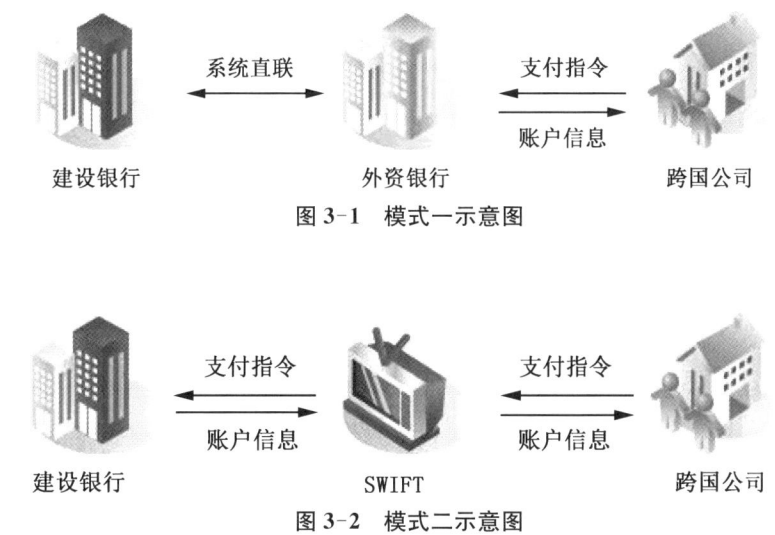

图3-1 模式一示意图

图3-2 模式二示意图

三、现金管理解决方案

1. 账户设置

跨国公司中国总部在建行开立现金池账户，用于现金管理项目各成员单位的资金归集。成员单位分别在建行的各营业网点就近开立单位银行结算账户,并以其单位银行结算账户进行日常的资金收付操作。

2. 资金管理

(1) 以集团总部为中心,实现各成员单位子账户收入资金的实时归集或日终归集到跨国公司的现金池账户。

(2) 为保证成员单位资金支付效率,建行将对成员单位进行授信,并按照授信额度给予其银行结算账户以日间账户透支便利。

(3) 日终,建行查询各成员单位的银行账户,如成员单位银行结算账户余额为正,则根据跨国公司总部预先设定的要求,将成员单位的银行结算账户资金归集到跨国公司的现金池账户,或将成员单位的银行结算账户余额限定在一指定的范围内,或实行零余额管理;如成员单位银行结算账户余额为负,则以跨国公司现金池账户资金划往成员单位的银行结算账户,以弥补其日间账户透支额。

(4) 为跨国公司提供集团式委托贷款、票据贴现、循环借款等流动性管理产品,满足其短期融资需求。

(5) 在企业 ERP 系统和 SWIFT 系统直联的模式下,建行接收跨国公司通过 SWIFT 发送的付款指令进行处理,并将付款结果通过 SWIFT 报文发送给企业。

3. 账户信息报告

依托传统结算手段以及先进电子网络平台,建行向企业提供收款、付款、流动性管理、资金保值增值以及相关信息报告产品,并通过重要客户服务系统或 SWIFT 及时将账户信息向跨国公司报告。

四、方案实施效果

系统自动处理能力强,实施简便,优化了交易环节,方便银行进行现金管理的账务处理,企业投入相对较少。

(1) SWIFT 系统接收付款指令的模式,提升了交易自动化程度,加强了交易流程控制。收付款可实现自动化处理,无需人工干预,效率高,操作风险低。

(2) 通过 SWIFT 系统的直联模式,建行属于首创。这种模式资金归集效率高,提升了交易自动化程度,加强了对交易流程的控制。

(3) 主机直联模式,可以实时查询下属成员企业的资金,实现对资金的全面监控。

(4) 通过提供额度贷款,现金池业务在资金突然短缺的情况下也可以顺利进行。

(5) 集团式委托贷款的采用可以实现不同企业法人实体间的资金调剂。

五、方案适用群体

鉴于本方案实施技术含量较高,故其适用于成员单位较多、资金集中管理要求度高、电子化运用能力较强的企业。

资料来源:中国建设银行.跨国公司类客户现金管理解决方案[EB/OL].(2023-03-25)[2023-03-25]. http://company1.ccb.com/cn/home/company/xjgl/277853.html.

3. 储蓄存款业务创新

一般来说,储蓄存款属于银行的零售业务,具有小额和分散化的特点。因此,储蓄存款业务创新主要围绕这两个特点进行,下面仅对具有代表性的两种创新业务进行简单介绍。

1) 特种储蓄

特种储蓄(savings deposits)是商业银行针对客户的某种特殊需求而设计的存款创新工具。特种储蓄品种繁多,主要包括养老金储蓄、团体储蓄、存贷结合储蓄等。下面以中国银行礼仪存单系列产品为例进行介绍。礼仪存单系列产品是在传统人民币定期存单基础上,为满足客户送礼、收藏等需求而推出的特色定期储蓄存款产品,自推出以来便受到广大新老客户欢迎。礼仪存折产品是中国银行推出的另一款贺岁存款产品,相较于礼仪存单,它具有可办理多种个人存款产品、多笔交易、便于保管等特点,可进一步满足不同客户的多样化需求。

花旗银行在旧金山开办的个人退休金账户(individual retirement arrangements, IRAs)是为了满足客户养老金增值需求而设计的产品。银行会根据客户的个人退休账户申请,在花旗银行持有的个人退休账户的保险存款可以存入存单(certificates of deposits, CDs)、现有日常储蓄或保险货币市场账户(IMMA)。客户在个人退休账户中的保险存款(以及其他有税收资格的退休计划,有权将资金直接投入特定的保险机构)由联邦存款保险公司(federal deposit insurance corporation, FDIC)投保,总额最高为25万美元。

2) 结构性存款

结构性存款(structured deposit)是指嵌入金融衍生产品的存款。这类产品的投资收益(如有)与具体资产挂钩和/或与特定条件相关联。结构性存款本金部分纳入商业银行表内核算,按照存款管理,纳入存款准备金和存款保险保费的缴纳范围。结构性存款不同于一般性存款,它具有投资风险,并且投资收益取决于所挂钩的衍生金融市场工具或资产的市场表现和/或特定条件的满足。

 延伸阅读3-5

花旗银行结构性存款类产品

花旗银行结构性存款类产品的投资回报与国际金融市场的衍生金融工具或资产挂钩,有更多机会间接参与国际金融市场投资,更有可能捕捉高于花旗银行同期同币种普通定期存款利息的收益。该产品不向美国联邦所得税项下的美国人士、代表美国人士的人士、登记在花旗银行的任一地址是美国所在地的人士或不符合银行销售条件的其他人士提供。

1. 产品优势

结构性存款产品到期收益率取决于每一期产品的具体结构及其挂钩资产的表现。若产品表现出色,则可能获得较高的收益。

2. 产品特色

(1) 挂钩标的丰富多样,包括利率、汇率、股票(指数或价格)、商品(指数或价格)等。

(2) 产品结构多种多样,包括看涨触发型、看涨锁定型、涨跌双赢型和看涨二元型等。

(3) 投资收益是可变的和有条件的,其取决于挂钩资产的表现。投资收益可能高于或低于同期普通定存,也可能为零。

3. 投资风险提示

结构性存款不同于一般性存款,它具有投资风险并且投资收益取决于所挂钩的衍生金融市场工具或资产的市场表现和/或特定条件的满足。在进行交易之前,投资者应仔细阅读产品风险揭示书及产品说明书,并就任何其认为必要的内容向其法律、监管、税务、金融以及会计顾问进行咨询,在此基础上自行判断并作出最终的投资决定(包括是否适合进行此项交易的决定)。投资者应详细阅读产品风险揭示书和产品说明书,并根据其投资目标、财务状况和风险适应度,慎重考虑是否选择该产品。

资料来源:花旗银行中国.结构性存款类产品[EB/OL].(2023-03-25)[2023-03-25]. https://www.citibank.com.cn/sim/chinese/investments/stru_invest_account? tab=faqs.

二维码3-3:花旗银行结构性存款产品说明书

二、商业银行存款的管理

对商业银行来说,存款管理就是要加强对核心存款和主动负债的管理。核心存款是指境内有息存款、境内大额定期存款和活期存款之和,一般成本低且稳定性高,是银行积极争取的资金来源。主动负债是指境外有息存款、境内大额定期存款、同业拆借和回购协议、其他有息负债之和。主动负债通常与银行的规模成正比。

存款的稳定性比存款总额更具有现实意义,因此对存款稳定性进行管理也非常重要。根据存款波动程度的不同,银行存款可分为易变性存款、准变性存款和稳定性存款。易变性存款主要是活期存款,稳定性最差;准变性存款主要是定活两便存款、通知存款等,稳定性稍强于易变性存款;稳定性存款是指定期存款、可转让定期存单及专项存款等,稳定性较强。商业银行应积极提高存款稳定性,对主动负债要采取积极的经营策略,通过一系列有效措施使推出的存款工具迅速占领市场,同时控制易变性存款和准变性存款。

(一)银行存款的定价

二维码3-4:
商业银行存款的管理视频

在制定存款服务价格时,存款机构既需要向客户提供足够高的利息回报以吸引和留住资金,又必须避免过高的利率侵蚀其运用客户资金所产生的利润。因此,存款机构管理者在进行存款定价时需要选择适当的方法。存款的定价方法主要包括以下几种。

1. 成本加利润定价法

成本加利润定价法是在银行存款成本的基础上,加上银行的既定目标利润的定价方法。其计算公式如下:

$$\text{向客户收取的某种存款的单价} = \text{单位存款服务的经营费用} + \text{存款的摊入管理费用} + \text{单位存款服务的预期利润}$$

商业银行存款成本主要包括利息成本、营业成本,它们统称为资金成本。利息成本是商业银行按照约定的存款利率以货币的形式支付给存款者的报酬;营业成本是商业银行在吸收存款时除利息之外的其他所有开支,包括广告宣传费、柜台和外勤人员的工资、设备折旧费、低值易耗品摊销、办公费以及为存款客户提供服务所需的开支等。

银行全部存款资金加权平均成本则需要由每种存款资金来源的量占各类存款资金来源的总量的比率与每种存款的单位平均成本相乘后得出。银行全部存款资金加权平均成本是指存款资金的每单位平均借入成本,其计算公式如下:

$$\text{银行全部存款资金加权平均成本} = \sum \frac{\text{每种存款资金来源的量}}{\text{各类存款资金来源的总量}} \times \text{每种存款的单位平均成本}$$

2. 边际成本定价法

边际成本是指商业银行增加最后一个单位资金所支付的成本增量。当市场利率频繁变动时,利用平均成本为存款定价变得不可靠,使用边际成本为存款定价更为合理。当利率下降时,筹集新资金的边际成本可能大大低于银行所筹全部资金的平均成本。一些与平均成本相比看起来无利可图的贷款和投资若以现在较低的边际成本来衡量,似乎有利可图。反之,当利率上升时,新增资金的边际成本可能大大超过银行的平均资金成本。如果管理层按照平均成本预定了新贷款,则贷款可能是无利可图的。因此,银行不仅要考虑平均成本,也有必要考虑边际成本。边际成本定价法下,边际存款成本的计算公式如下:

边际存款成本=总成本变动额=新利率×新利率下吸收的存款额-旧利率×旧利率下吸收的存款额

改变存款利率水平的边际成本和银行新增存款资金的百分比则表示边际成本率。计算出的边际成本率就可以用来同银行运用新增存款所做投资的预期增加收益进行比较。边际成本率的计算公式如下:

$$边际成本率 = \frac{新增利息成本 + 新增营业成本}{新增存款资金} \times 100\%$$

银行的利润创造是通过对可用资金的运用得来的,只有可用资金才能用于贷款和投资。所谓可用资金是指银行可以实际用于贷款和投资的资金,它是银行总的资金来源扣除应交存的法定存款准备金和必要的储备金后的余额,即扣除库存现金、在中央银行存款、在联行或往来行的存款及其他现金项目之后的资金。边际可用资金成本率的计算公式如下:

$$边际可用资金成本率 = \frac{新增利息成本 + 新增营业成本}{新增存款资金 - 必要的储备金}$$

3. 市场渗透定价法

市场渗透定价法是一种着眼于扩大市场份额的定价方法。银行首先要了解客户在选择银行时考虑的主要因素。家庭和企业客户在选择银行时考虑的因素有所不同。家庭客户在选择活期存款的银行时会考虑地理位置是否便利、其他服务的可得性、安全性、收费高低、最低账户余额要求、存款利率等因素;在选择储蓄存款的银行时会考虑对银行的熟悉程度、利率水平、交易的便利程度、地理位置、工资扣除的可能性、收费情况等因素。企业客户在选择存款及其他服务的银行时会考虑的因素包括银行财务状况、是否能为企业提供可靠的信用来源、银行员工的素质、贷款定价是否有市场竞争力、提供金融咨询的质量、是否提供现金管理和业务服务等。银行在此基础上再考虑为不同类型的客户制定不同的产品价格。

事实上,金融机构在提供相关服务时,存款定价无疑是十分重要的,但它对于客户来说有多重要呢?客户在选择开户机构时,利率和费用是不是最重要的考虑因素呢?根据美联储、密歇根大学及其他机构的研究,家庭和企业客户在决定开户机构时会考虑多种因素,而不仅仅是价格。家庭和企业客户在选择存款账户所在机构时考虑的因素(按重要性排序),如表3-5所示。

表3-5 家庭和企业客户在选择存款账户所在机构时考虑的因素(按重要性排序)

家庭客户在选择活期存款账户所在机构时考虑的因素	
1. 地理位置是否便利	2. 其他服务的可得性
3. 安全性	4. 收费高低
5. 最低账户余额要求	6. 存款利率
家庭客户在选择储蓄账户所在机构时考虑的因素	
1. 对银行的熟悉程度	2. 利率水平
3. 交易的便利程度	4. 地理位置
5. 工资扣除的可能性	6. 收费情况
企业客户在选择存款及其他服务所在机构时考虑的因素	
1. 银行财务状况	2. 是否能为企业提供可靠的信用来源
3. 银行员工的素质	4. 贷款定价是否有市场竞争力
5. 提供金融咨询的质量	6. 是否提供现金管理和业务服务

相关思考3-2

你在选择存款开户银行时会考虑哪些因素？

有研究表明,家庭客户对自己的开户银行忠诚度极高。此外,企业客户更愿意将资金存放在那些能够为其提供可靠的贷款来源并且财务状况良好的银行,他们对于银行员工的素质和提供金融咨询的质量也十分在意。

那作为消费者,你在选择存款开户银行时会考虑哪些因素呢？

4. 上层客户定价法

上层客户定价法下,商业银行会对高余额、低活动性存款客户提供优质服务,并收取利润较高的服务费用。通常来说,一个银行高级职员为一个高级客户提供专门服务。这种方法主要针对高存款余额客户设计。银行利用精心设计的广告方案,向事业有成的专业人员、业主及其他高收入家庭提供全方位的金融服务并收取较高的费用,而对其他存款账户,尤其是那些低余额、高进出的账户则按照盈亏平衡原理定价。上层客户定价法的优点是可以抓住存款大户,控制小额存款,有利于控制成本,从而获取较高盈利,但其缺点是对银行的社会形象具有一定的负面影响。

5. 基于客户整体关系定价法

基于客户整体关系定价法是指依据客户购买和使用银行服务的数量来定价的定价方法。客户购买和使用银行服务的数量越多,定价越优惠。它实际上是根据客户对银行利润的贡献度来定价的。如果客户愿意购买两种以上的存款服务,则可享受存款费用较低或部分费用免收的优惠,而与存款机构关系一般的客户则不能享受上述优惠。这种定价思路是向客户出售多种服务以增强客户对存款机构的依赖程度,从而使客户与存款机构的关系更为密切。这种定价方式可以提高客户忠诚度,也降低了客户对竞争性金融机构所提供的业务价格的敏感度。在这种定价方法下,利率高的存款产品所带来的亏损可以用成本低、收益高的其他产品收入加以补偿,从而实现总体上的盈利。

（二）银行存款的运营监测

运营监测是指各部门通过制定业务监测指标体系,利用总账系统、相关业务支持系统、日常统计报表等提供的数据并对其进行汇总、整理、加工、分析,从而判断和评价存款业务的发展情况,发现存在的主要问题,提出业务发展的政策建议和措施。运营监测的常用方法包括动态监测、静态监测及动态和静态监测相结合三种。

动态监测是分别计算基期和报告期的各项指标并进行比较分析,反映一段时间内存款业务的发展及质量情况,从中找出存在的问题并制定改进措施的方法。静态监测是以某一个时点的各项数据资料为依据,计算各种增量指标和质量指标,反映当下的业务情况和质量情况的方法。需要注意的是,在实际工作中,单独使用动态监测或静态监测不能全面反映问题,往往需要将两者结合起来使用,也就是使用动态和静态监测相结合的方法。

（三）银行存款的规模控制

从宏观上看,一国存款的供给总量取决于该国国民经济发展的总体水平,存款总量的增减也取决于多方面的主客观因素的变化。例如,储蓄存款的增减变动主要取决于居民货币收入的变化和消费支出结构,以及商品供给状况和物价水平,同时受制于文化水平和历史传统的影响等。而一国企业存款的增减变动则主要取决于社会再生产的规模、企业经营状况、国家金融政策、商业信用的发展程度及银行结算的质量和速度等一系列因素。因此，无论是储蓄存款还是企业存款，在总量上都客观地存在一个正常状态下的适度状态。存款总额的适度性指标包括存款总额和国内生产总值之比、企业存款总额和企业销售总额或流动资金占用总额之比、居民存款总额和居民收入总额之比。然后用这些比率在正常状态下的均值去判定当前的离差程度，离差小则表明存款总额是适度的；如果离差超过了一定的幅度，就值得研究了。

从银行经营管理的角度看，一家银行的存款量应限制在其贷款的可发放程度及吸收存款的成本和管理负担之承受能力的范围内。如果超过这一范围，就属于不适当的存款增长，反而会给银行经营带来困难。因此，银行对存款规模的控制，要以存款资金在多大程度上被实际运用于贷款和投资为评判标准。若存款的期限结构既能满足银行资产业务的需要，又能适当降低成本；存款的品种结构既能满足资产结构的要求，又能满足客户的多样化需求，其规模就是合理的。如果一家银行的超额准备金比率过高，在正常情况下就不可避免地要背上存差的净付息包袱，这实际上就是存款过多的表现。国际上一些银行通过存款成本变化来控制存款量，努力寻求边际成本曲线的相交点，是一种较为科学的存款规模控制模式。

目前，我国商业银行的经营压力主要来自筹资成本率过高，使得银行的经营成本上升。而信贷业务发展缓慢和投资渠道单一，致使银行资金收益水平下降，从而导致依靠存贷利差收益谋求发展的商业银行的经营举步维艰。面临此种经营环境，我国商业银行迫切需要从全面成本管理的角度出发，转变经营模式和增长方式，以降低负债业务的筹资成本率为目标，对被动负债进行主动管理，拓宽筹资渠道，丰富主动负债产品，提高对银行存款大户的议价能力，将主动与被动负债产品合理搭配，注重负债产品结构的优化，控制负债成本，以缓解银行的资金运作压力。

（四）银行存款的制度管理

1. 存款准备金制度

商业银行的活期存款负有随时支付的义务，对吸收的定期存款和储蓄存款也要到期还本付息。为保护存款客户的利益，大多数国家的中央银行对其商业银行和非银行存款机构都实行了存款准备金制度。

在美国，银行提存的准备金在保留期间的日平均余额应等于或超过应提的法定存款准备金。超额准备金可以按法定存款准备金的2%结转至下期，抵充下期准备金。如果发生不足情况，不足额不超过应提法定存款准备金的2%，则应向同业借款，或向联邦储备银行申请贷款或再贴现，或出售流动资产来补足。在准备金不足、结转至下期仍不能抵销时，联邦储备银行可以对该金融机构处以罚金，其数额按计算期间的日平均不足额，根据当月的再贴现率加2%计算。法定存款准备金率一般由联邦储备理事会规定。遇到紧急情况，经联邦储备理事会大多数成员同意，向国会说明理由，可以对法定存款准备金率进行调整。但由于法定存款准备金率是一种强有力的货币政策工具，即使对它进行微调整，对经济的影响都很大，而且法定存款准备金率的调整具有明显的宣告效应。因此，各国对法定存款准备金率的调整都非常审慎。

我国的存款准备金制度在世界上是独一无二的。其独特性表现在以下方面：

第一，我国中央银行对准备金支付利息，而且利息较高。众所周知，通过规定存款货币银行必须保持其存款负债的某一比率作为支付准备金。一方面，存款户的存款事实上得到了某种"保险";另一方面,货币当局事实上对存款货币银行的贷款行为设定了一个上限,从而可以有效地约束商业银行的信用创造能力。显而易见,存款准备金制度发挥作用的基本原理是:通过提取准备金的安排,货币当局事实上对存款货币银行课征了"税"。由于税收发挥作用的条件之一是其无偿性,不对存款准备金提供利息便成为准备金制度发挥作用的必要条件之一,这就是世界各国中央银行均不对存款准备金支付利息的根本原因。

第二,我国中央银行实行差别存款准备金率制度。这一制度包含四个方面的内容:①确定差别存款准备金率的主要依据,包括金融机构资本充足率、金融机构不良贷款比率、金融机构内控机制状况及发生重大违规及风险情况、金融机构支付能力明显恶化及发生可能危害支付系统安全的风险情况。②确定差别存款准备金率制度的实施对象。差别存款准备金率制度采取统一框架设计和分类标准,其实施对象为存款类金融机构。③确定差别存款准备金率的方法。即首先根据资本充足率等指标对金融机构质量状况进行分类,然后根据宏观调控的需要,在一定区间内设若干档次,最后确定各类金融机构所适用的差别存款准备金率。④调整存款准备金率。中国人民银行定期根据金融机构法人上年季度平均资本充足率和不良贷款比率等指标,对金融机构存款准备金率进行调整。在个别金融机构出现重大违规、风险问题以及支付清算问题时,中国人民银行将及时调整其存款准备金率。根据这一制度规定,金融机构资本充足率越低、不良贷款比率越高,适用的存款准备金率就越高;反之,金融机构资本充足率越高、不良贷款比率越低,适用的存款准备金率就越低。

施行差别存款准备金率制度,打破原有的单一标准,将有利于抑制资本充足率较低且资产质量较差的金融机构盲目扩张贷款,防止金融宏观调控中出现"一刀切"的现象。差别存款准备金率制度与资本充足率制度是相辅相成的,有利于完善货币政策传导机制,调动金融机构主要依靠自身力量健全公司治理结构的积极性,从而督促金融机构逐步达到资本充足率要求,实现调控货币供应总量和降低金融系统风险的双重目标。自2016年以来,我国中央银行积极运用差别存款准备金等货币政策工具,鼓励和引导金融机构更多地将新增或者盘活的信贷资源配置到小微企业和"三农"等领域;鼓励大型银行加快建设小微企业专营机构;鼓励地方各级人民政府设立小微企业信用保证保险基金,并且成效显著。

2. 存款保险制度

存款保险制度是指在金融体系中设立保险机构,强制地或自愿地吸收银行或其他金融机构缴存的保险费,建立存款保险准备金,一旦投保人遭受风险事故,由保险机构向投保人提供财务救援或由保险机构直接向存款人支付部分或全部存款的制度。

存款保险制度始创于20世纪30年代初,起源于美国。当时正值世界经济大危机,破产银行数量急剧增加。仅1930—1933年,美国每年就有2 000家以上的银行倒闭,凝聚着无数人血汗的积蓄随之消失,银行存款人的利益受到严重损害。为了保护存款人的利益、维护金融稳定,美国于1933年率先通过立法建立起存款保险制度,成立了联邦存款保险公司(FDIC)。此后,加拿大、法国、德国等国纷纷效仿美国先后建立了存款保险机构,在金融体系中导入保险制度。这样,存款保险制度在西方发达国家得到了普遍推广。事实上,在市场经济国家,银行业均存在着激烈的竞争和巨大的风险,存在着破产的可能性。而且银行处于整个社会信用的核心地位,其破产的社会影响极大。当一家银行破产清算的时候,自然就会引出如何保护存款人利益的问题。在有效的存款保险制度下,即使发生市场波动及信任危机,在受保护范围内的存款人也不会热衷于挤兑活动,从而大大减轻了银行的压力。

《存款保险条例》于2015年2月17日正式公布,并于2015年5月1日起施行,标志着我国存款保险制度正式建立。建立存款保险制度是一次意义深远的重大金融改革,有利于更好地保护存款人的权益,维护金融市场和公众对我国银行体系的信心;有利于进一步加强和完善我国金融安全网,增强我国金融业抵御和处置风险的能力;还有利于加快民营银行和中小银行发展,为推进利率市场化等金融改革创造环境和条件。

延伸阅读3-6

二维码3-5:存款保险条例(国务院令第660号)

存款保险标识及功能

存款保险标识由中国人民银行统一设计。各参加存款保险的金融机构应及时到中国人民银行或中国人民银行分支机构领取存款保险标识电子文件和制作使用手册,严格按照规定制作和使用,并于启用前完成各项准备工作。2020年11月28日后开业的参加存款保险的金融机构,应当在开业之前按规定办理投保手续,领取存款保险标识电子文件和制作使用手册,并自开业之日起使用存款保险标识。

为规范存款保险标识的使用,中国人民银行制定了《存款保险标识使用办法》,就存款保险标识的规格、材质、使用范围、禁止情形等事项作出明确规定。参加存款保险的金融机构应当在境内各营业网点入口处显著位置展示存款保险标识,确保进入营业网点的存款人能够方便地识别本机构为参加存款保险的金融机构。

存款保险标识是社会对是否参与存款保险的银行业金融机构进行"人脸识别"的重要凭证或标志。其功能包括:一是识别机构的功能。这是存款保险标识最基本的功能。无论是在强制保险的体制下,还是在自愿保险的体制下,获得官方授予的存款保险标识,都可以清晰而明确地证明某一金融机构及其产品是否获得存款保险保障。存款保险标识可以提高存款人对投保机构的识别度和认可度。二是社会的功能,即存款保险标识具有连接宏观制度和微观场景,形成微观个体潜意识、社会阶层记忆,保持社会公众信心和维护金融稳定的功能。从微观个体到社会各阶层形成共识,再到形成阶段性和历史性的社会记忆;从引导和提高存款人对投保机构的识别度和认可度,再到营造银行业公平竞争、平稳营运的社会意识环境。

资料来源:中华人民共和国中央人民政府.中国人民银行部署存款保险标识启用工作[EB/OL]. (2020-11-07)[2023-03-25]. http://www.gov.cn/xinwen/2020-11/07/content_5558572.htm.

第三节 商业银行借入资金及管理

商业银行借入资金又称作商业银行的主动负债业务,是指商业银行主动通过金融市场或直接向中央银行融通资金。根据期限的不同,借入资金可分成短期负债和长期负债。短期负债主要指期限在一年以内的负债,也称为短期借款;长期负债是指期限在一年以上的负债,又称长期借款。

一、商业银行借入资金的渠道

(一)短期借款的主要渠道

1. 同业拆借

根据《人民币同业借款管理办法》的规定,人民币同业拆借是指设立在中华人民共和国境内的商业银行之间开展的人民币资金借出入业务。通常它指的是用于支持银行日常性资金周转而进行的短期资金融通。其中,同业拆借的数额一般很大,但是期限很短,通常是隔日偿还。

同业拆借主要是指在银行同业间达成的交易,因此同业拆借信用度高,流动性和时限性强,违约风险小,不良交易少。2006年10月8日起,我国开始试运行上海银行间同业拆放利率(SHIBOR),并于2007年1月4日正式对外公布。2007年6月8日,我国颁布并实施了中国人民银行制定的《同业拆借管理办法》,将参与者的范围从原来的银行类机构扩大到涵盖全部银行类和绝大部分非银行类金融机构。截至2022年10月,全国银行间拆借市场成员有2 425家,其构成如表3-6所示。

表3-6　　　　　　　　　　　全国银行间拆借市场成员　　　　　　　　　　　单位:家

机构性质	最新成员数	机构性质	最新成员数
政策性银行	3	大型商业银行	19
股份制商业银行	40	城市商业银行	135
民营银行	19	农村商业银行和合作银行	1 232
农村信用联社	243	外资银行	122
证券公司	106	保险公司	60
财务公司	243	信托投资公司	66
汽车金融公司	24	金融租赁公司	66
消费金融公司	25	资产管理公司	4
保险公司的资产管理公司	5	境外人民币清算行	10
其他	3		
合计			2 425

注:以上统计不包括:①已经退市的市场成员;②已经申请加入银行间市场但还未完成联网手续的市场成员。

我国的同业拆借市场由1天到7天的头寸市场和期限在120天内的借贷市场组成,其中短期限品种交易占据主导地位。我国大中型中资银行与外资银行一般是净融出方,而小型中资银行与证券公司、保险公司等其他金融机构多为净融入方。金融机构之间通过这个市场进行短期、临时性的头寸调剂,以满足其日常经营活动中出现的资金余缺需求。

相关思考3-3

我国的同业拆借市场对商业银行有何重要意义

2022年8月,银行间人民币市场以拆借、现券和回购方式合计成交198.22万亿元,日均成交8.62万亿元。其中,同业拆借日均成交7 551亿元,现券日均成交1.23万亿元,质押式回购日均成交6.61万亿元。从商业银行经营的角度来看,我国的同业拆借市场对商业银行有何重要意义?

2. 向中央银行借款

商业银行向中央银行借款一般有再贷款和再贴现两种形式。再贷款也称直接借款,是中央银行向商业银行直接放款。再贴现是间接借款,是指经营票据贴现业务的商业银行将其买入的未到期的贴现票据向中央银行再次申请贴现。中央银行对商业银行发放贷款的利率随着经济、金融形式的变化而调节,通常要高于同业拆借利率。一般情况下,商业银行向中央银行借款的目标是调剂头寸、补充储备不足和资产的应急调整,而不是用于贷款和证券投资。我国商业银行向中央银行借款基本采取的是再贷款形式。随着我国票据市场的不断发展壮大,再贴现形式将逐步取代再贷款形式。

3. 转贴现

转贴现是指商业银行之间在二级市场上买卖未到期票据的行为。商业银行通过转贴现在二级市场卖出票据以融通到所需要的资金,而二级市场的投资人在票据到期前可以进一步转手买卖,继续转贴现。转贴现的期限一律从贴现之日起到票据到期日止,按实际天数计算。贴现率由双方议定,也可以以贴现率为基础参照再贴现率来确定。在我国,票据款项一律向申请贴现的银行收取,而不是向承兑人收取。目前,转贴现的主要交易品种为买断式转贴现和回购式转贴现。

4. 回购协议

回购协议是指商业银行在出售证券等金融资产时签订协议,约定在一定的期限后按约定价格购回所卖证券,以获得即时可用资金的交易方式。回购协议通常只有一个交易日,协议签订后由银行向资金供给者出售证券等金融资产以换取即时可用资金;协议期满后,再以即时可用资金做相反交易。回购协议一般分为买断式回购(开放式回购)和质押式回购(封闭式回购)两种方式。回购协议作为一种金融工具,有利于商业银行更好地渗透到货币市场的各个领域。另外,商业银行通过回购协议而融通到的资金可以不缴存款准备金,从而有利于减少借款实际成本。同时,与其他借款相比,回购协议是一种最容易确定和控制期限的短期借款。

5. 欧洲货币市场借款

欧洲货币市场发端于20世纪50年代的欧洲美元市场。第二次世界大战后,西欧各国大量持有美元。同时,资本主义世界经济发展较快,美元资金需求增加。这就使欧洲银行经营的美元存贷业务规模迅速扩大,并形成了欧洲美元市场。随后,一些可以自由兑换的西方国家主要货币,如西德马克、瑞士法郎、日元等也分别成为交易对象,于是出现了英镑、西德马克、瑞士法郎等"欧洲货币"。这样一来,欧洲美元市场便逐渐扩大为国际性的欧洲货币市场。欧洲货币市场的主要业务可划分为三类:欧洲短期信贷,主要是银行间同业拆借;欧洲中长期信贷,主要为国际银团贷款;欧洲债券市场。欧洲货币市场交易规模巨大,对世界经济具有重大影响,推动了真正覆盖全球的国际金融市场网络的形成。欧洲货币市场借款利率一般以伦敦同业拆借利率(LIBOR)为基准。

(二)长期借款的主要渠道

商业银行的长期借款一般采用金融债券的形式。金融债券是指依法在我国境内设立的金融机构法人在全国银行间债券市场发行的、按约定还本付息的有价证券。有关数据显示,2022年8月我国金融机构发行金融债券合计规模高达4 371亿元,创下年内发行新高。其中,商业银行当月累计发行27只债券,规模合计2 863亿元,环比上涨499.39%,发行规模占比高达60%以上。金融债券有一般性金融债券、资本性金融债券和国际金融债券之分。

1. 一般性金融债券

一般性金融债券是指商业银行为筹集用于长期贷款、投资等业务资金而发行的债券。一般性金融债券按不同的标准可分为:

(1)担保债券和信用债券。担保债券包括由第三方担保的债券和以发行者本身财产作抵押的抵押担保债券。信用债券也称无担保债券,是完全以发行者本身信用为保证发行的债券。

（2）固定利率债券和浮动利率债券。固定利率债券指的是在债券期限内利率固定不变,持券人到期收回本金,定期取得固定利息的一种债券。浮动利率债券则是在期限内,根据事先约定的时间间隔,按某种选定的市场利率进行利率调整的债券。

（3）普通金融债券、累进利息金融债券和贴现金融债券。普通金融债券是定期存单式的到期还本付息的债券,这种债券类似于定期存单,但它具有金融债券的全部本质特征。累进利息金融债券是浮动期限式的、利率和期限挂钩的金融债券,其期限通常在1~5年,利息采用累进制方法计算。贴现金融债券也称贴水债券,是指银行在一定时间和期限内,按一定的贴现率以低于债券面额的价格折价发行的债券。这种债券券面上不附有息票,到期按面额还本付息,不再计利息,其利息就是债券发行价格与票面价格的差额。我国银行发行的大多是普通金融债券,从1988年开始,也发行累进利息金融债券和贴现金融债券。

（4）附息金融债券和一次性还本付息金融债券。附息金融债券是指在债券期限内,每隔一定时期（半年或1年）支付一次利息的金融债券。一次性还本付息金融债券是期限在5年以内、利率固定、发行银行到期一次支付本息的中期普通金融债券。

2. 资本性金融债券

资本性金融债券主要包括次级债、混合债、可转债、可分离债。

次级债是指固定期限不低于5年（包括5年）的长期债务,除非银行倒闭或清算,不用于弥补银行日常经营损失,且该项债务的索偿权排在存款和其他负债之后。次级债计入资本的条件是:不得由银行或第三方提供担保,并且不得超过商业银行核心资本的50%。2003年,兴业银行作为我国第一家获准发行次级债的商业银行发行了30亿元次级债,其他银行也陆续发行次级债,作为资本补充来源。

混合债,即混合资本债券,是《巴塞尔协议》针对混合资本工具的要求而设计的一种债券形式,所募资金可计入银行附属资本,商业银行可通过发行一定额度的混合资本债券,填补现有附属资本不足核心资本100%的差额部分。从各国操作实践来看,混合资本债在会计一般处理为负债科目,交易视同固定收益债券。因此混合资本债具有债券和资本的双重属性。混合资本债在国际金融市场已经有比较成熟的发展经验,如英国的永久次级债务（perpetual subordinated debt）,韩国的混合资本证券（hybrid securities）等。近年来,由于资本补充压力较大,混合资本工具在亚太地区比较流行,我国的台湾和香港地区都有若干金融机构曾发行混合资本工具。

可转债全称为可转换债券,在目前国内市场,就是指在一定条件下可以被转换成公司股票的债券。可转债具有债权和期权的双重属性,其持有人可以选择持有债券到期,获取公司还本付息;也可以选择在约定时间内转换成股票,享受股利分配或资本增值。此外可转债比股票还有优先偿还的要求权。20世纪80年代在国际资本市场可转债作为银行融资的一项重要手段逐渐兴起。在我国,可转债已经与增发、配股一起并称为沪深股市上市公司二次融资的三大手段。

可分离债,即分离交易的可转换公司债券,是上市公司公开发行的认股权和债券分离交易的可转换公司债。它赋予上市公司两次筹资机会:先发行附认股权证公司债,这属于债券融资;然后认股权证持有人在行权期或者到期行权,这属于股权融资。可分离债是新老划断后最晚面世的再融资手段,基于可分离交易,可分离债具有融资方便、成本低等特点,能够满足上市公司的融资需求,也符合金融市场的发展方向,发展潜力较大。

3. 国际金融债券

国际金融债券分为外国金融债券、欧洲金融债券和平行金融债券三种。这三种债券从发行市场、发行机构、发行货币来看,有一定的差异。

外国金融债券在外国金融市场上发行,发行机构是金融市场所在国的银行或其他金融机构,发行货币一般以该国的货币作为计价的依据。例如,我们在美国发行的扬基债券就是以美元计价的;在日本发行的武士债券就是以日元计价的。

欧洲金融债券的发行市场也是外国金融市场,发行的机构是其他国家的银行和金融机构,发行货币,也就是它计价的货币,通常是第三国的货币。例如,我们在美国发行的以欧元计价的债券就叫欧洲金融债券,在德国发行的以美元计价的债券也叫欧洲金融债券。欧洲金融债券的概念源于欧洲货币市场,它是一个离岸金融的概念。

平行金融债券实际上是外国金融债券的一种延伸,它的发行市场通常同时分布在几个国家。发行机构是这些国家的银行和金融机构。发行货币通常是这几个国家的货币。例如,我们同时在美国发行扬基债券,又在日本发行武士债券,那么在美国发行的以美元计价的扬基债券和在日本发行的以日元计价的武士债券就称为平行金融债券。

二、商业银行借入资金的管理

(一) 短期借款的管理

1. 短期借款的主要特征

短期借款对时间和金额上的流动性需要明确;对流动性的需求相对集中;面临较高的利率风险;主要用于短期头寸不足的需要。

2. 商业银行从事短期借款业务的意义

短期借款提供了绝大多数非存款资金来源,它是满足商业银行周转金需要的重要手段,提高了商业银行的资金管理效率,也扩大了银行的经营规模,加强了银行与外部的联系和往来。

3. 短期借款的经营策略和管理重点

短期借款的经营策略主要在于要有恰当的时机选择、适当的规模控制和合理的结构确定。其管理重点包括主动把握借款期限和金额,尽量将借款到期时间和金额与存款的增长规律相协调,将借款对象和金额分散化,正确统计借款到期的时间和金额,以保证银行具有足够的流动性。

(二) 长期借款的管理

商业银行的长期借款一般采用发行金融债券的方式。

1. 发行金融债券的意义

首先,银行发行金融债券,突破了银行原有存贷关系的束缚;其次,银行发行的金融债券高利率和高流动性相结合,对市场具有很强的吸引力;最后,发行金融债券能够使银行根据资金运用的项目需求,有针对性地筹集长期资金,使资金来源和资金运用在期限上保持对称。

2. 发行金融债券的经营管理

发行金融债券需要遵循一定的规则和较为严格的制度。具体来说,需要先进行发行申报,明确发行机构,进行信用评级,还要明确公告发行的数额、筹集资金的运用范围、发行价格和发行的费用。另外,要明确金融债券的经营要点,做好债券发行和资金使用的衔接工作,注重利率变化和货币选择,掌握好发行的时机。同时,还要研究投资者的需求。我国商业银行发行金融债券的制度依据是中国人民银行颁布的《全国银行间债券市场金融债券发行管理办法》。

延伸阅读3-7

全国银行间债券市场金融债券发行管理办法(节选)

为规范全国银行间债券市场债券交易行为,防范交易风险,维护交易各方合法权益,促进全国银行间债券市场健康发展,根据国家有关法律法规,《全国银行间债券市场金融债券发行管理办法》(以下简称《办法》)制定。自2005年6月1日该《办法》开始实行,由中国人民银行依法对金融债券的发行进行监督管理,未经中国人民银行核准,任何金融机构不得擅自发行金融债券。

第三条 债券交易品种包括回购和现券买卖两种。

回购是交易双方进行的以债券为权利质押的一种短期资金融通业务,指资金融入方(正回购方)在将债券出质给资金融出方(逆回购方)融入资金的同时,双方约定在将来某一日期由正回购方按约定回购利率计算的资金额向逆回购方返还资金,逆回购方向正回购方返还原出质债券的融资行为。

现券买卖是指交易双方以约定的价格转让债券所有权的交易行为。

第八条 下列机构可成为全国银行间债券市场参与者,从事债券交易业务:

(一) 在中国境内具有法人资格的商业银行及其授权分支机构;

(二) 在中国境内具有法人资格的非银行金融机构和非金融机构;

(三) 经中国人民银行批准经营人民币业务的外国银行分行。

第九条 上述机构进入全国银行间债券市场,应签署债券回购主协议。

第十条 金融机构可直接进行债券交易和结算,也可委托结算代理人进行债券交易和结算;非金融机构应委托结算代理人进行债券交易和结算。

第十一条 结算代理人系指经中国人民银行批准代理其他参与者办理债券交易、结算等业务的金融机构。其有关规定由中国人民银行另行制定。

第十二条 双边报价商系指经中国人民银行批准的,在进行债券交易时同时连续报出现券买、卖双边价格,承担维持市场流动性等有关义务的金融机构。双边报价商有关规定由中国人民银行另行制定。

第十五条 债券交易以询价方式进行,自主谈判,逐笔成交。

第十六条 进行债券交易,应订立书面形式的合同。合同应对交易日期、交易方向、债券品种、债券数量、交易价格或利率、账户与结算方式、交割金额和交割时间等要素作出明确的约定,其书面形式包括同业中心交易系统生成的成交单、电报、电传、传真、合同书和信件等。

债券回购主协议和上述书面形式的回购合同构成回购交易的完整合同。

第十七条 以债券为质押进行回购交易,应办理登记;回购合同在办理质押登记后生效。

第十八条 合同一经成立,交易双方应全面履行合同规定的义务,不得擅自变更或解除合同。

第十九条 债券交易现券买卖价格或回购利率由交易双方自行确定。

第二十条 参与者进行债券交易不得在合同约定的价款或利息之外收取未经批准的其他费用。

第二十一条 回购期间,交易双方不得动用质押的债券。

第二十二条 回购期限最长为365天。回购到期应按照合同约定全额返还回购项下的资金,并解除质押关系,不得以任何方式展期。

资料来源:中华人民共和国中央人民政府.全国银行间债券市场债券交易管理办法[EB/OL].(2000-04-30)[2023-03-25]. http://www.gov.cn/gongbao/content/2000/content_60415.htm.

本章小结

本章主要学习了商业银行负债业务的含义、特点、分类和作用,负债业务的管理目标;存款的构成及管理;借入资金的各种渠道及管理,具体分为短期借款和长期借款的管理。

本章重要概念

负债业务 活期存款 定期存款 储蓄存款 可转让支付命令账户 协定存款 货币市场存款账户 可转让大额定期存单 自动转账服务账户 特种储蓄 结构性存款 人民币同业借款 再贷款 再贴现 转贴现 回购协议 金融债券

二维码3-6:
练一练

二维码3-7:
练一练答案

第四章　商业银行贷款业务及管理

- ➤ 内容提要
- ➤ 重点难点
- ➤ 学习目标
- ➤ 知识框架
- ➤ 思政育人
- ➤ 第一节　商业银行贷款业务概述
- ➤ 第二节　商业银行贷款业务管理
- ➤ 第三节　商业银行贷款业务及创新发展
- ➤ 本章小结
- ➤ 本章重要概念

内容提要

本章主要讲解了商业银行贷款的种类、贷款政策、贷款原则及贷款流程；贷款定价、贷款的风险管理、贷款的信用评估；个人贷款业务及创新发展、公司贷款业务及创新发展。

重点难点

本章重点为贷款的种类、贷款定价、贷款的风险管理、个人及公司贷款的信用评估。本章难点为贷款价格的构成、贷款定价方法、个人及公司贷款的信用评估以及个人贷款、公司贷款的主要业务类型。

学习目标

通过本章的学习，学生应掌握商业银行贷款的种类，明确贷款政策的内容，熟悉贷款流程；理解影响贷款价格的主要因素及贷款价格的构成，掌握贷款信用评估的主要方法及关键指标；熟悉个人及公司贷款的主要业务类型，了解贷款的业务创新与未来发展趋势。同时，要求学生对我国商业银行贷款业务有一个全面的认识，深入思考商业银行应如何在贷款业务上寻求突破、转型和创新，才能更加适应未来金融发展的要求。

知识框架

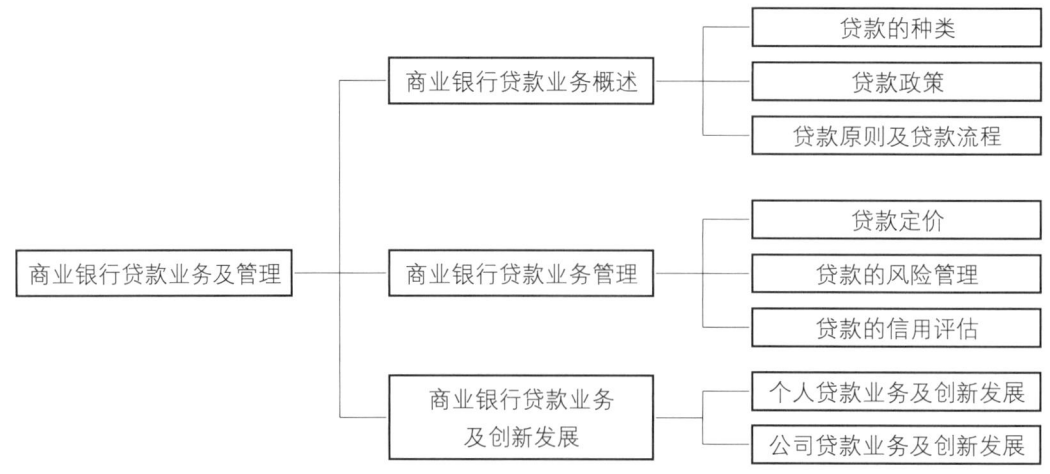

思政育人　　　　普惠金融助力全面乡村振兴

党的二十大擘画了以中国式现代化全面推进中华民族伟大复兴的宏伟蓝图,发出了为全面建设社会主义现代化国家、全面推进中华民族伟大复兴而团结奋斗的伟大号召。中国银行保险监督管理委员会(以下简称银保监会)普惠金融部党支部将学习宣传贯彻党的二十大精神作为当前和今后一个时期的首要政治任务,将普惠金融发展融入推进中国式现代化的大局,深入思考、研究谋划下一阶段工作举措,着力推动普惠金融高质量发展,践行金融工作的政治性和人民性。

党的二十大报告指出"全面建设社会主义现代化国家,最艰巨最繁重的任务仍然在农村",作出全面推进乡村振兴的重大部署。我们要深刻领会和准确把握全面推进乡村振兴的重要意义,全方位落实"健全农村金融服务体系"的要求,积极发挥金融支持作用,促进乡村特色产业发展,拓宽农民增收致富渠道,全力保障粮食安全各环节需求,助力实现、巩固、拓展脱贫攻坚成果同乡村振兴的有效衔接。

一是加大全面推进乡村振兴重点领域金融资源投入。守好粮食安全底线,确保中国人的饭碗牢牢端在自己手中。引导信贷保险资源向粮食主产省产粮大县倾斜,全力保障粮食生产、收购、仓储、销售各环节的信贷资金需求。推动扩大三大粮食作物完全成本保险和种植收入保险覆盖面。抓好产业和就业两个关键,引导金融资源投入高标准农田建设、种业振兴、农业科技和装备、乡村特色产业等重点领域,强化新型农业经营主体、返乡创业人员、进城农民等新市民金融服务。创新金融支持乡村建设的有效方式,探索乡村建设领域综合平衡融资途径。

二是扎实巩固拓展脱贫攻坚成果。优化金融支持渠道,着力增强脱贫地区和脱贫群众内生发展动力,切实促进、巩固、拓展脱贫攻坚成果同乡村振兴有效衔接。健全完善金融支持与联农带农成效挂钩机制,大力支持带动吸纳脱贫人口就业较多的企业。加大对脱贫县主导产业和有市场前景的优势特色产业的信贷支持,鼓励脱贫地区大力发展优势特色农产品保险,不断壮大县域经济。努力实现国家乡村振兴重点帮扶县贷款增速高于全国贷款增速,优势特色农产品保险稳中有增。扎实做好脱贫人口小额信贷工作,对符合条件的脱贫户确保应贷尽贷。推广开展防止返贫保险,为脱贫不稳定户和边缘易致贫户提供综合性风险保障。

虽然普惠金融已经推进多年,但依然是一个世界性难题,根本原因在于交易主体间"信任"的缺失。我党创造性地构建了以中央银行、商业银行、政府、农户和保险公司为主体的普惠金融体系,政府主动帮助商业银行规避并承担金融风险,这在全世界都不多见,体现了我党的责任和担当,也是我党以为人民谋幸福为己任的生动体现。大学生作为未来的主人翁,也应不驰于空想、不骛于虚声,为中国普惠金融事业的发展尽自己的一份力量。

资料来源:中国银保监会普惠金融部党支部.发展普惠金融 助力中国式现代化[EB/OL].(2022-12-08)[2023-02-10].https://new.qq.com/rain/a/20221208A01GEN00.

第一节　商业银行贷款业务概述

贷款是商业银行最重要的盈利性资产,也是商业银行的传统核心业务。发放贷款是商业银行最基本的经济功能之一,通过为社会消费活动和投资活动提供必要的资金借贷或信用支持,以自然人、法人和其他经济组织的经济活动,促进国家和地区的发展。贷款是一种风险较大的资产,因而也是商业银行经营管理的重点。尽管近年来商业银行的业务范围大为扩展,表外业务的比重不断增高,其利润的主要来源也呈现出多样化的特征,但对于大多数商业银行来说,贷款仍是其最重要的业务活动。

一、贷款的种类

商业银行贷款是指商业银行作为贷款人按照一定的贷款原则和政策,将贷款以一定的利率提供给借款人使用,并到期收回本金和利息的一种资金运用形式。

贷款由贷款的对象、保障条件、用途、期限、利率和偿还方式等多种要素构成,这些要素的不同组合构成了贷款的种类。按照不同的分类方法,贷款可划分为不同的种类。不同的分类方法,对于银行业务经营与管理又有着不同的意义。常见的分类方法包括以下几种。

(一) 按贷款的期限分类

按贷款的期限不同,贷款可分为活期贷款、定期贷款和透支。

1. 活期贷款

活期贷款是指在贷款时不确定偿还期限,银行可以随时发出收回贷款的通知的贷款。这种贷款比定期贷款更灵活主动,在银行资金宽裕时,其可以任由客户使用借以获利,而在银行需要资金时,其又可以随时通知收回。

2. 定期贷款

定期贷款是指具有固定偿还期限的贷款。按照偿还期限的长短,定期贷款又可分为短期贷款、中期贷款和长期贷款。短期贷款是指期限在1年以内(含1年)的各项贷款;中期贷款是指期限在1年以上5年以内(含5年)的各项贷款;长期贷款是指期限在5年以上(不含5年)的各项贷款。定期贷款因其限定还款期限,一般不能提前收回,其形式比较呆板,但利率较高。近年来,商业银行中长期贷款发放量增长较快,可以使银行获得稳定的利息收入,但由于资金被长期占用,流动性差,贷款风险也随之上升。

3. 透支

透支是指活期存款户依照合同向银行透支的款项,它实质上是银行的一种贷款。在透支业务中,虽然不是所有签订了透支合同的客户都会透支(通常是有人透支,有人还存),但经常会出现在银根紧时透支客户较多、银根松时还存客户较多的情况。

按贷款的期限不同对贷款进行分类,一方面有利于银行监控贷款的流动性和资金周转状况,使银行长短期贷款保持适当比例;另一方面,也有利于银行按照资金偿还期限的长短安排贷款顺序,保证银行信贷资金的安全。

(二) 按贷款的偿还方式分类

按贷款的偿还方式不同,贷款可分为一次性偿还贷款和分期偿还贷款。

1. 一次性偿还贷款

一次性偿还贷款是指借款人在贷款到期日一次性还清贷款,其利息可以分期支付,也可以在归还时一次性付清的贷款。一般短期的临时性、周转性贷款大多采取一次性偿还的方式。

2. 分期偿还贷款

分期偿还贷款是指借款人按规定的期限分次偿还本金和利息的贷款。这种贷款的期限一般按月、季、年确定。中长期贷款大多采用这种方式。

(三) 按贷款的使用对象分类

按贷款的使用对象不同,即借款人的性质不同,贷款可分为个人贷款和公司贷款。

1. 个人贷款

个人贷款是指银行以自然人为对象发放的贷款,主要包括个人住房贷款、个人汽车贷款、个人综合消费贷款、个人助学贷款、个人创业贷款等,通常也称为零售贷款。

2. 公司贷款

公司贷款是指银行以法人和其他经济组织等非自然人为对象,一般为向企业/公司类客户发放的以经营企业为目的的金额较大的贷款。银行所提供的资金借贷或信用支持活动,主要包括贷款、担保、承兑、信用证、信贷承诺等。公司贷款通常是构成商业银行贷款的主要部分,也称批发贷款。

(四)按贷款的保障条件分类

按贷款的保障条件不同,贷款可以分为信用贷款、担保贷款和票据贴现。

1. 信用贷款

信用贷款是指银行仅凭借款人的信誉与未来的现金流为依据,而无需借款人提供抵、质押物或第三人担保而发放的贷款。从理论上讲,这类贷款风险较大,因而银行收取的利息较高,而且一般仅向银行熟悉的较大的公司借款人提供,对借款主体的条件要求较高。

2. 担保贷款

担保贷款是指银行以借款人所提供的某些特定的财产或信用作为还款保证的贷款,如提供用于履行债务的物权担保或者以第三人的信用为担保。根据《中华人民共和国民法典》(以下简称《民法典》),担保的方式有保证、抵押、质押、留置、定金五种。但常用的担保贷款包括保证贷款、抵押贷款和质押贷款三种。担保贷款保障性强,有利于银行强化贷款风险管理,降低贷款的风险,是商业银行最主要的贷款方式。

(1) 保证贷款是担保人作为第三人,承诺在借款人不能偿还贷款时,以其自有资金或合法资产按约定承担借款人按期归还贷款本息的一种贷款形式。即借款人到期不能偿还债务,由担保人履行保证义务。保证贷款无实际担保物,实际上属于信用贷款范畴,但是由借款人与保证人的双重信用作为担保。因此,银行非常注重审查保证人的担保资格与担保能力,往往采取与审查借款人同样严格的审查方式。

(2) 抵押贷款是指以借款人或第三人的财产作为抵押物发放的贷款。当借款人不能履行债务时,银行有权依据《民法典》的相关规定,将抵押的财产折价或者以拍卖、变卖获得价款优先受偿。因此,银行在进行财产抵押时,为保证债权的实现,会有一定的选择标准。一般可分为两种形式:不动产抵押贷款和动产抵押贷款,而一般不动产抵押贷款是指房产、土地等抵押贷款,而动产抵押贷款可包括专利权、证券、股票、债券等抵押贷款。其中以不动产抵押贷款最为常见,具体情况还需以有关银行规定为准。

(3) 质押贷款是指以借款人或第三人的动产或权利作为质押物发放的贷款。质押贷款又分动产质押贷款和权利质押贷款。质押与抵押最重要的区别在于质押权的设立必须转移质押标的物的占有权,而抵押权不需要。

3. 票据贴现

票据贴现是商业银行贷款的一种特殊方式,它是指银行应持票人(客户)的要求,以现款买进持票人持有但尚未到期的商业票据而发放的贷款。票据贴现实行的是预扣利息,票据到期后,银行可向票据载明的付款人或承兑人收回票款。

(五)按银行发放贷款的自主程度分类

按银行发放贷款的自主程度不同,贷款可分为自营贷款、委托贷款和特定贷款。

1. 自营贷款

自营贷款是指商业银行以合法方式筹集的资金自主发放的贷款,是商业银行发放贷款最主要的种类。由于是贷款人自主发放,由贷款人收回本金和利息,风险也由贷款人承担。商业银行作为独立的经济实体,要依靠机构自身合法合规地发放资金,经营贷款,同时自担风险、自负盈亏,自行收回贷款本息。目前,自营贷款是商业银行发放数量最多、范围最广的一种贷款。

2. 委托贷款

委托贷款是指由政府部门、企事业单位及个人等委托人提供资金,由商业银行(受托人)根据委托人确定的贷款对象、用途、金额、期限、利率等代为发放、监督使用并协助收回的贷款。对于这类贷款,贷款银行作为受托人,只收取手续费,不承担贷款风险。在委托贷款中,银行作为受托人,没有贷款的自主权。

3. 特定贷款

特定贷款是指经国务院批准并对贷款可能造成的损失采取相应补救措施后,责成国有独资商业银行发放的贷款。这类贷款已经事先确定风险损失的补偿,因而银行不承担风险。

二、贷款政策

在开展贷款业务之前,商业银行必须确定其贷款政策。贷款政策是商业银行为实现其基本目标而制定的指导贷款投向、规模,规范贷款业务、管理和控制贷款风险的各项方针、措施和程序的总和。银行贷款的构成与质量直接反映其贷款政策是否成功,一般直接体现在银行现行的授信政策指引中。

(一)制定贷款政策应考虑的因素

1. 国家货币政策和财政政策

商业银行的贷款业务必须在国家相关法律法规的约束下,特别是国家货币政策和财政政策的指导下开展。若某一时期国家收紧银根,银行虽然能够继续迅速扩张贷款,但很可能不得不限制其贷款的增长。管理良好的银行每年都需审查其贷款政策,以确保其贷款政策与国家法律法规、经济政策保持一致。

2. 宏观经济状况与经济周期的变化

经济高速增长时期,银行贷款规模随之急剧扩张,此时要特别注意控制贷款的流动性风险。经济结构调整时期,银行贷款的发放需特别注意要与国家产业政策调整的步调一致。经济萧条时期,银行若大量发放中长期贷款,就要承担较大的风险,此时就需要注重对风险的管控。从国际范围来看,20世纪70年代末到80年代初,许多大银行试图在发展中国家寻求贷款机会,但因许多发展中国家不能满足还款要求而被迫中止贷款业务。20世纪80年代中期,许多银行将贷款重点放在商业不动产市场,这一市场在管理当局的鼓励及不动产投资新税收政策的双重促进下得到迅速发展。20世纪80年代末至今,由于非银行贷款者的竞争和新技术产业的发展,许多银行转而投向规模相对较小、风险相对较高的公司借款人。

而从国内信贷市场来看,近年来,伴随着城镇化步伐加快和经济结构转型,中国信贷结构呈现出"制造业筑底企稳、普惠小微稳步提升、基建高位缓落、房地产冲高趋降"的变化特

二维码4-1:
银监会重罚浦发银行成都分行违规放贷——合规经营和风险防范要并行

征,特别是 2019 年以来信贷结构明显改善。未来,总量稳、结构优、绿色投资、"两新一重"等新动能在一定程度上可为信贷增长提供支撑,加上信贷资源继续向重点领域和薄弱环节倾斜,金融对实体经济新增长点的支持质量和适配性将稳步提升。

3. 银行资本充足性及负债结构

根据《巴塞尔协议Ⅲ》和《商业银行资本管理办法》对银行资本充足性的要求,银行在制定贷款政策时必须根据自身资本的状况考量银行贷款的总量和结构,同时还应参照国际惯例及国内相关规定。需要注意的是,商业银行的资本构成、核心资本与附属资本的比例、资本与加权风险资产的比率、资本与总资产的比率、贷款呆账准备金与贷款的比率都会影响银行承担贷款风险的能力。同时,在资产负债综合管理的条件下,存款的规模、稳定性、期限及成本结构在很大程度上也会制约商业银行贷款的规模与结构。

4. 银行决策者的风险偏好

若银行决策者的风险偏好较强,那么其所采取的贷款政策往往较为激进,将贷款投放在收益较高、风险性也较高的中长期贷款领域;反之,若银行决策者的风险偏好较弱,则其往往会采取谨慎、稳健的贷款政策,这种贷款政策虽然收益较低,但风险保障机制较高。

5. 地区经济环境

对部分股份制商业银行的分行及大多数地方商业银行而言,地区经济环境是其制定贷款政策的重要依据。当地的经济特色、产业结构,以及地方商业银行与当地政府的关系都是必须重点考虑的因素,直接影响银行的贷款投放规模及信贷资产质量。

(二) 贷款政策的基本内容

贷款政策指导商业银行的贷款活动。为确保该指导是理性的,且能够得到很好的贯彻执行,贷款政策应以书面形式呈现,并按照商业银行自身经营管理情况定期修订。一家商业银行的贷款政策一般应包含以下基本内容。

二维码 4-2:制定贷款政策应考虑的因素

1. 引言

引言部分阐述该行的核心信贷投放理念,强调其贷款活动应达到的质量要求。引言部分体现该行贷款政策的总体思想,作为全行所有贷款活动的总指导,要使所有信贷工作人员充分了解贷款政策,以此作为开展信贷活动的依据。同时,信贷人员也能够对现行的贷款政策提出行之有效的改进意见,用于下一经营周期的调整。

2. 目的

目的部分应充分阐明银行信贷业务要达到的内部与外部经营目标及任务。具体而言,目的部分包括银行在每一业务领域要达到的目标市场地位、盈利能力等目标,以及维持银行在公众中的信誉的目的。贷款目标一般可以通过量化指标来表示,如贷款增长率、盈利指标、贷款质量指标以及贷款组合的规模在存款总量或资产总量中的比率等。

3. 贷款业务发展战略

贷款政策应明确银行贷款业务发展战略,包括贷款扩张规模战略、贷款组合投向战略、风险管理战略以及流动性战略等。

4. 贷款的工作规程及权限划分

为保障贷款工作实现程序化、规范化和制度化,现代商业银行信贷管理规程已从早期的粗放式管理转向精细化管理,以达到稳质量、控风险、提升盈利水平的目的。因此,贷款政策必须明确规定贷款工作规程,商业银行的贷款工作权限按照工作规程进行划分。

贷款工作规程即贷款业务操作的规范化程序，通常包含以下三个阶段：

第一阶段是贷前营销、调查及信用分析阶段，它是正确作出贷款决策的前提；

第二阶段是银行接受贷款申请后所进行的评估、审查及放款阶段，它是贷款的决策和具体投放阶段，也是整个贷款过程的关键；

第三阶段是贷款发放后的监督检查、风险监控及贷款本息收回阶段，它是贷款能否及时、足额收回的重要环节。

5. 信用标准

一家商业银行的贷款政策还应详细列出该行发放的贷款类型和具体的信用标准。

商业银行贷款政策具体内容的制定，还应以其主管单位出台的各项政策规定为指导，并将其作为银行贷款风险管理的长期制度安排。为适应市场经济活动变化，我国相继出台的相关产业政策、财经政策、监管条例及其他规定都应作为商业银行确定其贷款政策的重要依据，以应对市场的复杂变化。

三、贷款原则及贷款流程

（一）贷款原则

1. 安全性原则

贷款安全是商业银行面对的首要问题。只有保证贷款安全，贷款业务才能一直得以延续。

2. 流动性原则

流动性指的是商业银行可以按照预定期限回收贷款，或者可以在无损失的状态下迅速进行变现，能够满足储户随时提取存款的需要。

3. 效益性原则

效益性是商业银行持续性经营的基础。商业银行要生存发展，必须关注其效益。

（二）贷款流程

1. 贷款申请

借款人需要使用贷款资金时，应根据自身的资金需求，按照贷款银行的要求提出贷款申请。贷款银行根据借款人的申请、相关资料及掌握的信息，对借款人的申请作出判断并决定是否接受贷款申请。

贷款申请是贷款全流程管理的首要环节，也是银行拓展客户、开拓市场、提高客户满意度和忠诚度的重要途径。银行信贷人员应主动与客户面谈，以了解客户的基本情况，决定是否可以受理该笔贷款业务，或是否投入更多的时间和精力进行后续工作，同时为实际受理贷款业务后的借款人主体资格的审查提供更多支持依据。

借款人则应提供借款申请书，或参照银行模板填写贷款申请表。借款人应恪守诚实守信的原则，承诺所提供材料的真实、完整、有效。借款申请书的基本内容通常包括：借款人名称、性质、经营范围，申请贷款的种类、期限、金额、方式、用款计划、还本付息计划以及有关的财务及经济技术指标等。

在提交借款申请书或贷款申请表的同时，借款人还应根据贷款银行的要求提供其他相关资料，一般包括借款人及保证人的基本情况及有关法律文件。公司贷款应提供借款人证明材料、借款人身份证明、三证合一后的企业营业执照、法人身份证明、经审计或核准后的近三年审计报告、本期及去年同期财务报表、自有资本和自由流动资金补充情况、担保品及拟同意担保的有关证明文件,以及其他贷款行认为需要提供的其他文件、证明材料或不同贷款品种所需的证明文件等。

2. 受理与调查

银行在收到借款人的借款申请后,应由分管客户关系管理的信贷人员采取现场调查和非现场调查的方式,调查收集借款人的信息。一是了解借款人及其关系人的情况。信贷人员应对借款人资质、信用状况、财务状况、行业地位、专业能力、信用状况、财务状况、经营情况等进行书面及实地调查分析,评估借款人的还本付息能力,并评定贷款人资信等级。二是评估项目本身的情况,如项目的规模、技术水平、市场竞争力、环境影响、政策合规性等,整体评估项目的效益、项目本身的还本付息能力。三是贷款担保情况。若该笔业务有担保人,还应对担保人的资信、财务状况进行书面及实地调查分析,确定担保的合法合规及担保人的实际偿付能力。若涉及抵(质)押物的,还必须调查分析其权属状况、市场价值、变现能力等证明文件,实地考察抵(质)押物的真实性,并就具体信贷条件进行初步洽谈。信贷人员根据调查内容撰写书面贷前调查报告,提出调查结论和初步贷款意见报业务经营部门及所在机构分管领导审核。

3. 审查及风险评价

贷款审查及风险评价属于贷款的决策过程,是贷款全流程管理的关键环节之一。信贷人员将调查结论和初步贷款意见提交审批部门,由审批部门对贷前调查报告及贷款资料进行全面审查评估,依据贷款政策及相关规则标准,通过定量或定性的指标,对借款人及担保人情况、信贷方案、还款来源、担保情况等进行全面风险评价,并提出审查意见供有权审批人员决策。在此基础上,银行确定内部信用评级,实行统一授信,并参照银行贷款政策实行风险限额管理。

4. 审批

对经过审查评估符合贷款条件的借款申请,银行各级单位应遵守"审贷分离、分级审批"的原则,对贷款资金的投向、金额、期限、利率、担保方式等贷款内容和条件进行最终决策,逐级签署审批意见。贷款审批意见要符合银行信贷政策,更要依据国家的有关信贷政策,从银行信贷管理安全性、流动性、效益性三项原则出发,审查贷款的可行性,分析申报材料的主要风险点及风险保障措施,依据该笔贷款业务预期给银行带来的效益及风险,决定是否批准贷款并下发批复。

5. 合同的签订和担保

借款申请经审查批准后,贷款银行与借款人应按照银行批复意见,共同签订书面《借款合同》,作为明确借贷双方权利和义务的法律文件。合同中需要约定常规的基本内容及权利、义务,除此之外,还要求借款人对提交材料信息的真实有效性、贷款用途真实性、贷款支付方式等进行承诺。合同常规基本内容应包括金额、期限、利率、借款种类、用途、支付方式、还款保障、违约条款及风险处置等要素和有关细节。对于保证贷款,银行须与担保人签订书面《保证合同》或《不可撤销担保书》。对于抵押、质押担保贷款,银行须与抵押人或出质人签订《抵(质)押担保合同》,并办理公证或抵押、质押登记等相关法律手续。

6. 贷款的发放与支付

借款合同生效后,银行应就合同规定的条款发放贷款。但在银行全流程管理中,贷款的发放实行"贷放分控",即贷款审批和贷款发放作为两个业务环节,设立独立于贷款营销部门和审批部门的放款执行部门或岗位,依据该行信贷管理办法明确职责和业务流程,建立对放款部门的考核和问责机制。银行充分发挥放款部门或责任人对借款人按照约定使用贷款的约束作用,以防范贷款挪用带来的信贷管理风险。

贷款支付遵循"实贷实付"原则。银行依据贷款项目进度或资金使用的有效需求,在借款人需要支付贷款资金时,将贷款资金以受托支付或自主支付方式支付给借款人的交易对象或借款人。

发放贷款时,借款人应先填好借款借据,经银行经办人员审核无误,由信贷部门负责人及主管行长签字盖章,送银行会计或营运部门,按照合同约定支付方式放款。银行信贷人员应以合同约定的方式对贷款资金的支付实施管理与控制,监督贷款资金按约定用途使用。

7. 贷后管理

贷后管理是指商业银行在发放贷款后,对借款人的合同执行情况及借款人的经营管理情况进行检查或监控的信贷管理行为。检查的主要内容包括:监督借款人的贷款使用情况,跟踪掌握企业财务状况及其清偿能力,检查贷款抵(质)押品和担保权益的完整性等;固定资产贷款项目的建设和营运状况;宏观经济变化和市场波动情况;贷款担保是否发生变动等。

贷后管理应根据贷款风险分类管理要求和分类标准,定期对借款人及其担保人进行五级分类,并及时作出调整。同时银行应建立风险预警机制,设定科学的监测预警信号和指标。银行应监督借款人,使其按照合同约定用途合理使用贷款,及时发现、处理有问题的贷款,还应对贷款调查、审查与审批工作进行信息反馈,并及时采取紧急措施。

8. 贷款回收与处置

贷款回收与处置直接关系到银行预期收益的实现和信贷资金的安全。贷款到期按合同约定足额归还本息,是借款人履行借款合同、维护信用关系当事人各方权益的基本要求。银行应提前提示借款人到期还本付息;对贷款需要展期的,贷款人应审慎评估展期的合理性和可行性,科学确定展期期限,加强展期后管理;对于确因借款人暂时经营困难不能按期还款的,贷款人可与借款人协商进行贷款重组。

对于不良贷款,贷款人要按照有关规定和方式,予以核销或保全处置。此外,银行还要进行信贷档案管理。贷款结销后,该笔信贷业务即已完成,贷款人应及时将贷款的全部资料归档保管,并移交专职保管员对档案资料的安全、完整和保密性负责。

具体的贷款流程如图 4-1 所示。

❓ 相关思考 4-1

新形势下,商业银行应如何应对使命与挑战?

随着市场竞争的加剧,我国各类商业银行的生存环境发生了巨大的变化。首先,银行与企业之间的关系呈现出新的特点。其次,银行与企业之间的利益关系和分配机制越来越市场化,银行与企业之间的地位越来越平等,双方选择和讨价还价的余地越来越大。再次,"金融脱媒"现象的出现也对商业银行的融资中介功能造成明显冲击。最后,随着党的二十大的召开,服务实体经济成为银行的首要任务。银行业是我国金融体系的主体、社会融资的主渠道、金融服务的主力军。

由此来看,新形势下,银行业既面临着诸多挑战,同时又担负着更多的使命与责任;既要回归服务实体经济本源,又要牢牢守住防风险底线。贷款作为银行的主要盈利资产,也是支持实体经济的"活水"。

面对以上复杂的现状,商业银行应如何进行有序信贷投放,以应对新形势下的使命与挑战呢?

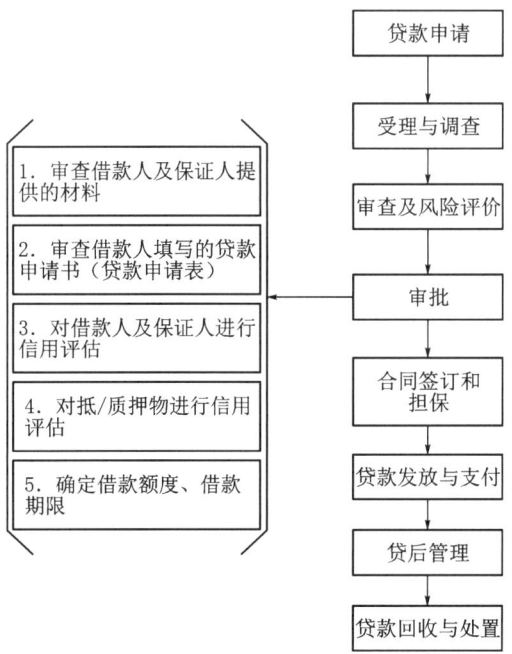

图 4-1 贷款流程

第二节 商业银行贷款业务管理

一、贷款定价

贷款作为商业银行主要的盈利资产,其价格的高低与利润的实现息息相关。一方面,银行希望每笔贷款能够要求更高的利率,这样不仅能盈利,而且能充分补偿银行贷款所承受的风险。另一方面,贷款利率过高可能会对银行客户顺利偿还贷款本息造成压力,从而使其转向其他机构或公开市场寻求资金。市场上银行同业竞争日益激烈,当贷款的利率接近于金融市场上贷款的平均水平时,贷款机构逐渐趋于贷款价格接受者而非制定者。为了在激烈的同业竞争中获得一定的价格优势,银行就需要把握影响贷款价格的主要因素、细分贷款价格的构成、掌握合理的贷款定价方法。

(一)影响贷款价格的主要因素

从一般经济学原理角度来看,贷款价格主要取决于贷款资金的供求状况。通常来说,在确定贷款价格时,主要考虑以下六方面因素。

1. 资金成本

银行贷款定价要考虑的资金成本分为资金平均成本和资金边际成本。

资金平均成本指每一单位的资金所需花费的利息及费用,主要用于衡量银行过去的经营状况,而不考虑未来利率、费用变化后的资金成本变动。如果银行的资金来源构成、利率、费用等不变,则银行可以根据资金平均成本来对贷款定价;反之,若处于变动状态,资金平均成本对贷款定价意义就不大。

资金边际成本是指银行每增加一单位的可投资资金所需要花费的利息及费用额,反映的是未来新增资金来源的成本。在资金来源结构变化,尤其是在市场利率条件下,将资金边际成本作为新贷款的定价基础更为合适。因资金来源的种类、性质、期限不同而不同,每一种资金来源都会有不同的边际成本。但银行通常不能按某一种资金来确定贷款价格,而需要计算边际成本,即新增一单位的资金来源所花费的边际成本。

2. 贷款的风险程度

由于每笔贷款的贷款对象、期限、种类及保障程度等各自因素的不同,贷款的风险程度也不同。根据贷款的风险程度的不同,银行需要为其花费的管理费用及其可能承担的风险损失的补偿费用也不同。对此,银行也会对贷款定价作出调整。银行为承担贷款风险而花费的费用称为贷款的风险费用,也称贷款的风险成本。因此,银行在贷款定价时,就必须将风险成本纳入其中。

一笔贷款的风险程度往往受多种因素的影响,包括贷款的对象、种类、用途、期限、借款人信用及财务状况、保障措施、银行经营理念,以及宏观经济环境的变化等。因此,对于不同风险程度的贷款,其风险费用率也不同,精确测算一笔贷款的风险费用显然是非常困难的。为便于操作,实践中银行通常根据历史上同类贷款的平均费用水平并结合未来各种新增因素来确定贷款风险费用率,贷款风险费率通常在 $0.25\%\sim1\%$ 的范围内变化。考虑风险因素的某一特定贷款的价格时,贷款利率等于"优惠利率+风险费率"。

3. 贷款费用

商业银行向客户提供贷款,需要在贷款受理、贷款审批、贷款发放到最后收回的全过程中做大量的工作。例如,对借款人及保证人(若有)的信用调查、分析和评估,对担保品进行鉴定、估价及管理,对贷款所需的各种材料、文件进行整理、归档和保管。这些工作都需要花费大量的人力、物力和财力。因此,在贷款定价时,也需将这些花费考虑进去。实践中,不同银行由于贷款种类的不同,所花费的贷款费用也不可能一样。为了操作方便,许多银行通常会对各种贷款的收费种类及其标准作出具体规定。

4. 借款人的信用状况及与银行的关系

借款人的信用状况主要是指借款人自身的偿还能力及偿还意愿。若借款人的信用状况越好,偿还能力越强,则其贷款风险越小,贷款价格也随之越低。但如果借款人信用状况欠佳,过去的偿债记录不尽如人意,银行就应以较高的价格和较严格的约束条件限制其借款。

借款人与银行的关系也是银行贷款定价时必须考虑的重要因素之一。这里的"关系"是指借款人与银行的正常的业务往来,如借款人在银行的存款情况、借款人使用银行服务的情况等。借款人若在某一银行有大量存款,并广泛使用该行提供的各种金融服务,或长期有规律地借用该行贷款,就是与该行关系密切的优质客户。在这种情况下,银行可以适当给予一定的贷款价格优惠。

5. 贷款收益率目标

商业银行都有自己的盈利目标。为实现其目标,银行应对各项资金运用确定相应的资产收益率目标。作为银行主要的资金运用项目,贷款收益率目标的实现也将直接影响银行总体盈利目标的实现。因此,当贷款定价时,银行必须考虑能否在总体上实现银行的贷款收益率目标。银行应当制定合理的贷款收益率目标,过高的收益率目标会使银行贷款价格失去竞争力。

6. 贷款供求状况

市场供求状况是影响价格的一个基本因素。贷款作为一种金融产品,也受这一规律的制约。这里的贷款需求是指借款人在某一时期希望从银行取得贷款的数量,贷款供给指所有银行在该时期内所能够提供的贷款数量。当贷款供大于求时,贷款价格应当降低;反之,贷款价格也应适当提高。

(二) 贷款价格的构成

一般来说,贷款价格包括贷款利率、贷款承诺费、补偿余额和隐含价格。

1. 贷款利率

贷款利率是一定时期借款人向贷款人支付的贷款利息与贷款本金的比率。它是贷款价格的主体,也是贷款价格的主要内容。通常商业银行会根据中央银行的货币政策和有关的法令规章、资金供求状况和同业竞争状况,确认一个体现其资金成本、日常管理费用、贷款组合风险、利润目标以及其他因素相关的基本利率。贷款利率的确定应以收取的利息足以弥补支出并取得合理利润为依据。贷款利率的具体表现为年利率、月利率和日利率。年利率是贷款利率的基本形式,通常以百分比来表示。

根据贷款使用情况,在具体确定一笔贷款的利率时,可以使用低于一般利率的优惠利率和高于一般利率的惩罚利率。根据确定一般利率的不同方式,贷款利率还可以分为固定利率和浮动利率。固定利率是指在发放贷款时确定在贷款期间不再变动的利率;浮动利率则是指在贷款期间根据市场利率变化而实行定期调整的利率。

2. 贷款承诺费

贷款承诺费是指银行对已承诺贷给借款人,而借款人暂未使用的那部分资金收取的费用。换言之,就是银行已与借款人签订了贷款意向协议,并为此作好资金准备,但借款人并未实际贷出这笔资金。因此,银行通常将承诺费视为一项补偿,即银行为了应付承诺贷款的要求,就必须保持一定高性能的流动性资产,这意味着银行需要放弃收益高的贷款或投资,使银行产生利益损失。而为弥补这部分损失,就需要借款人支付一定的费用。支付了承诺费的贷款承诺是正式承诺,当借款人需要使用贷款时,银行必须及时满足。否则,银行就要承担法律责任。

3. 补偿余额

补偿余额是应银行要求,借款人在获得银行贷款支持的同时,应在银行存(保)有一定数量的活期存款或低利率定期存款。银行通常将此作为同意贷款的一项条件而写入贷款协议,理由是顾客不仅是资金的使用者,也是资金的提供者。而只有成为资金的提供者,才能同时成为资金的使用者。存款是银行资金流转的基础,是贷款的必要条件,银行发放贷款应成为现在和将来获得存款的手段。实际上,这是银行变相提高贷款利率的一种方式。因此,补偿余额构成贷款价格的一个组成部分。补偿余额的计算分为两个部分:一部分是按实际贷款余额计算的补偿余额,另一部分是按已承诺而未使用的限额计算的补偿余额。

例如,A 银行按 8% 的年利率贷出 100 万元 1 年期贷款,协议规定借款人必须保留贷款额度的 10% 以活期存款(利率为 1.44%)的方式留存本行。那么,若这笔贷款的名义利率为

8%,而其实际利率则应该为8.73%[(100×8%－100×10%×1.44%)÷90×100%]。

4. 隐含价格

隐含价格是指贷款定价中的一些非货币性内容。银行为保障客户能够及时偿还贷款本息,常在贷款协议中加上一些附加条款。附加条款可以是禁止性的,如规定融资限额及各种禁止事项;也可以是义务性的,如规定借款人必须遵守的特别条款。附加条款不能直接为银行带来经济收益,但可以防止借款人发生重大经营变化给银行利益造成损失,因此也被视为贷款价格的一部分。

> **相关思考4-2**
>
> **银行的贷款资金成本具体包括哪些**
>
> 通过学习影响贷款价格的主要因素及贷款价格的构成,试考虑银行应如何为贷款进行定价?

(三) 贷款定价方法

事实上,在利率市场化程度较高的西方发达国家,商业银行对贷款利率的管理相对比较成熟,国际市场中流行的银行的贷款定价方法有很多。但在我国,常用的贷款定价方法大致可分为三种:成本加成定价法、基准利率加点定价法和客户利润分析定价法。在我国商业银行的贷款定价中,这几种定价方法往往是混合使用的,每家银行因自身的商业模式和资本规模不同,都会综合制定适合自身的定价方法。

1. 成本加成定价法

成本加成定价法也叫宏观差额定价法,是以借入资金的成本加上一定利差来决定贷款利率的方法。借入资金的成本即银行筹集该笔贷款的资金成本和管理成本(含风险成本);利差即利率加成,也就是银行应取得的利润。因此,该法需要在明确贷款的全部成本后,才能对发放的贷款资金进行合理定价,使银行有利可图。该法也可以看作是将该笔贷款的全部成本加上预期利润决定贷款利率的方法。成本加成定价法下,贷款的计算公式如下:

$$贷款利率 = 贷款成本率 + 利率加成$$

具体来看,贷款价格应包含以下四部分:

(1) 筹资该笔贷款资金的成本花费。

(2) 银行的经营成本,包括信贷人员工资及贷款的管理成本。

(3) 贷款的预期损失,即违约成本。

(4) 该笔贷款的预期利润。

成本加成定价法是我国商业银行目前使用的主要贷款定价方法,适合居于领头地位和信贷市场繁荣时期的商业银行采用。商业银行采用该方法,本质在于保证贷款的四部分成本及利润必须从该笔贷款的利息收入中得到补偿。该方法充分考虑了银行的资金成本、管理成本、风险承担及目标利润,从银行自身的角度出发给贷款定价,属于"成本导向型"模式。也就是说,银行的资金成本及贷款费用越高,贷款利率就越高。然而,该法仅从银行自身和信贷产品本身出发,未考虑当前资金市场的一般利率水平,不能对整个信贷市场有所把握,可能会导致贷款客户的流失及市场的萎缩。同时,该法没有考虑承诺费、服务费和补偿余额等因素。

2. 基准利率加点定价法

基准利率加点定价法是国际银行业广泛采用的贷款定价方法，又称价格领导模型定价法。该法的具体做法是：先选择某种基准利率作为"基价"，然后针对客户贷款风险程度的不同确定风险溢价，可选择"加点数"或"乘数"，这样根据基准利率和风险溢价，即可确定该笔贷款实际利率。基准利率可以是国库券利率、大额可转让存单利率、银行同业拆借利率、商业票据利率等货币市场利率，也可以是优惠贷款利率，即银行对该行认定的优质客户发放的短期流动资金贷款的最低利率。对于选定的客户，银行允许客户选择相应期限的基准利率作为定价的基础，附加贷款风险溢价。贷款风险溢价水平因客户的风险等级不同而有所差异。

根据基准利率加点定价法的基本原理，银行对特定客户发放贷款的利率的计算公式如下：

$$贷款利率 = 基础利率 + 风险溢价点数$$
$$= 基础利率 + 借款人违约风险溢价 + 长期贷款期限风险溢价$$

或：
$$贷款利率 = 基准利率 \times 风险溢价系数$$

一般来说，银行会根据贷款及借款人的风险等级来确定风险溢价。但对于高风险借款人，银行并不能直接采用加收较高风险溢价的做法，因为这会加剧贷款的违约风险。因此，面对高风险借款人，银行大多遵从"信贷配给"思想，回绝此类借款申请以规避风险。如果贷款期限较长，则银行还需加上长期贷款期限风险溢价。

目前，基准利率加点定价法是我国商业银行贷款定价的主要选择。由于"加点"代表价差，基准利率加点定价法下贷款利率的计算公式还可写作：

$$贷款利率 = 基准利率（无风险利率） + 价差$$

基准利率可以根据中国人民银行进行公开市场操作确定的公开市场利率或再贴现利率水平确定。价差的大小则由商业银行综合平衡各种因素后来确定。价差可以为正，也可以为负。对于部分贷后回存比例较高或与对银行各项业务合作较为紧密的优质客户，银行本身获得的综合收益率就已达到预期利润水平，因此对其贷款部分，银行往往会采用负价差以确定其贷款的定价。

3. 客户利润分析定价法

商业银行在进行贷款定价时，应考虑客户与银行的整体关系，先为客户设定一个目标利润，然后比较银行为该客户提供的所有服务的总成本、总收入及银行的目标利润，以此权衡定价水平，用公式表示为：

$$贷款利率 = \left(银行的目标利润 + 为客户提供所有服务的总成本 - 为客户提供所有服务中除贷款利息以外的其他收入 \right) \div 贷款额$$

从公式中可以看出，如果银行从客户的整体关系中得到的净收益为正并达到预期的目标利润水平，则这项贷款申请很可能被批准；如果净收益为负或未能达到银行预期目标利润，则银行很可能否决该项贷款申请或者要求提高贷款价格和其他服务项目的收费标准。

客户利润分析定价法是"客户导向型"定价法，真正体现了现代商业银行"以客户为中心"的经营理念，实现差别定价的个性化经营方式，既吸引和保留那些真正为银行带来合理利润的客户,又能通过提高贷款价格来弥补那些无利可图甚至亏损的贷款给银行带来的损失。但该法要求银行准确地测算为客户提供服务的总成本,加大了成本管理的难度。再者,该法适用于与银行往来关系密切、资金需求量较大的客户,而新开户企业及有发展潜力的客户则不宜采用。

综合来看,成本加成定价法可以保证银行的每笔贷款都有利可图,但它可能影响到贷款定价的市场竞争力。基准利率加点定价法有更强的市场导向,但由于对资金成本重视不够,有可能导致占有市场而失去利润。客户利润分析定价法的前提是客户收益和成本的核算,而我国银行短期难以实施这种核算。随着我国利率市场化程度的推进,各家银行贷款定价的自主权逐步扩大,选择适当的贷款定价方法对每一家银行都尤为重要。

 延伸阅读 4-1

LPR 与房贷利率的关系

贷款市场报价利率(loan prime rate,LPR)是商业银行对其最优质客户执行的贷款利率,其他贷款利率可在此基础上加减点生成。也就是说,LPR 作为市场报价率,其涨跌也会影响贷款利率。那么,究竟如何理解 LPR 与房贷利率的关系呢?一般分为以下两种情况。

1. 商业贷款利率与 LPR 挂钩

商业贷款利率以相应期限的 LPR 为定价基准加点形成,其中 LPR 每月 20 号(遇节假日顺延)会重新报价(2023 年 2 月 20 日 LPR 报价是:1 年期 LPR 为 3.65%,5 年期以上 LPR 为 4.3%)。基点数则一经合同签字确认,在贷款期限内都将保持固定不变(一个基点等于 0.01%)。

需要注意的是,商业贷款利率有重定价周期(最短为 1 年),新利率要等到重定价日(1 月 1 日或者贷款发放日)按最新 LPR 报价加上规定的基点数得出,并在下一周期执行。因此,LPR 下调虽然会影响商业贷款利率,但不会马上随之下降,在重定价日前都将按原利率执行。

2. 使用公积金贷款

LPR 下调并不会对公积金贷款产生影响,原因如下:公积金贷款执行中国人民银行贷款基准利率,不与 LPR 挂钩,因为无论 LPR 如何调整变化,只要中国人民银行不调整贷款基准利率,公积金贷款利率就不会发生变化。当然,如果中国人民银行调整了贷款基准利率,对于已贷客户而言,其公积金贷款将从次年的 1 月 1 日起开始执行新利率。

资料来源:李倩. LPR 下调对公积金贷款有影响吗?[EB/OL].(2023-02-03)[2023-02-05]. https://www.csai.cn/loan/1365730.html.

二、贷款的风险管理

贷款的风险是客观存在的,即使商业银行制定了谨慎的贷款政策,科学、合理地确定贷款价格,也不能保证每笔贷款都能够获利。任何一家银行都不能完全避免问题贷款,甚至会因此产生巨额损失。但是,若商业银行加强贷款管理,及时发现问题,识别风险,并及时采取有效的防范、控制措施,就可能最大限度地保证银行贷款的安全。

(一)贷款风险的种类及其成因

1. 信用风险

信用风险又称违约风险,主要是由于借款人或市场交易对手无力偿还或不愿意偿还贷款本息而形成信用违约的一种贷款风险。

信用风险的成因包括:①对行业或产业的研究不及时,导致贷款支持不当;②对借款人财务状况分析浮于表面,贷前未能充分识别出潜在风险;③没有深入了解借款人(自然人或法人)的品德状况,忽视道德风险的危害;④贷后管理不及时,借款人的贷款使用及经营情况反馈滞后或信息不对称。

2. 市场风险

市场风险是指由于市场利率、汇率等不确定性因素,引起存、贷款利率的期限、数量、方式上不匹配而给银行造成损失的可能性。从市场风险的影响因素来看,市场风险又包括信贷产品的价格风险、利率风险、汇率风险以及竞争风险等。

市场风险的成因包括:①银行对市场价格、条件判断的失误;②银行资产与负债组合不合理,出现融资缺口、持续期缺口等;③市场竞争的加剧;④其他不可抗力等因素的影响。

3. 操作风险

操作风险是指由于内部流程不完善、人员及银行系统或外部事件造成损失的可能性,是与贷款业务相联系的风险。操作风险又可以分为操作失败风险和操作战略风险。操作失败风险主要来自银行内部,即因业务操作过程中的人员、流程、技术等因素而发生失败。操作战略风险则主要来自银行外部环境,通常主要与政治、法律、监督、政府、社会、竞争等因素相关。

操作风险的成因包括:①对环境、条件等外部因素判断失误;②内部管理制度的缺失或不完善;③操作流程或程序不够科学、细致。

(二) 贷款风险的识别

完善的风险分类制度是有效防控贷款风险的前提。1998年,中国人民银行出台《贷款风险分类指导原则》,提出五级分类概念。2007年,中国银行业监督管理委员会(原银监会,下同)发布《贷款风险分类指引》,进一步明确了五级分类监管要求。近年来,商业银行资产结构发生较大变化,风险分类实践面临诸多新情况和新问题,现行风险分类监管制度存在一些短板与不足。2017年,巴塞尔委员会发布《审慎处理资产指引》,明确了不良资产和重组资产的认定标准和分类要求,旨在增强全球银行业资产风险分类标准的一致性和结果的可比性。

2023年2月11日,中国银行保险监督管理委员会、中国人民银行在借鉴国际国内良好标准,并结合我国银行业现状及监管实践的基础上,制定并发布实施了《商业银行金融资产风险分类办法》,它对推动商业银行加强信用风险管理、提升全面风险管理能力具有重要意义。按照风险程度的不同,金融资产可分为五类:正常类、关注类、次级类、可疑类、损失类。其中,后三类合称为不良资产。

正常类:债务人能够履行合同,没有客观证据表明本金、利息或收益不能按时足额偿付。

关注类:虽然存在一些可能对履行合同产生不利影响的因素,但债务人目前有能力偿付本金、利息或收益。

次级类:债务人无法足额偿付本金、利息或收益,或金融资产已经发生信用减值。

可疑类:债务人已经无法足额偿付本金、利息或收益,金融资产已发生显著信用减值。

损失类:在采取所有可能的措施后,只能收回极少部分金融资产,或损失全部金融资产。

商业银行在对零售资产进行风险分类时,在审慎评估债务人履约能力和偿付意愿的基础上,可根据单笔资产的交易特征、担保情况、损失程度等因素进行逐笔分类。零售资产包括个人贷款、信用卡贷款以及小微企业债权等,商业银行可对其采取脱期法进行分类。商业银行在对非零售资产进行风险分类时,应加强对债务人第一还款来源的分析,以评估债务人履约能力为中心,重点考察债务人的财务状况、偿付意愿、偿付记录,并考虑金融资产的逾期天数、担保情况等因素。当债务人为企业集团成员时,其债务被分为不良并不必然导致其他成员也被分为不良,但商业银行应及时启动评估程序,审慎评估该成员对其他成员的影响,并根据评估结果决定是否调整其他成员债权的风险分类。

(三)贷款风险的控制

为保障商业银行的信贷资产质量,银行各级信贷人员都应强化其防控风险的主体意识,坚持审慎经营和稳健发展,自觉担负起防控银行业风险的主体责任。银行制定了审慎的贷款政策后,应通过相应的贷款风险的控制手段,审慎选择授信客户,加强贷款全流程管理。贷款全流程管理的过程包括:贷前调查要严把真实有效的信贷需求,防止以虚假项目和交易合同套取银行资金的行为;贷中审查要严把真实贷款风险,审核还款能力和还款来源,防止出现不良贷款;贷后检查要严把真实贷款用途,防止贷款挪用的行为。具体来说,贷款风险的控制包括以下内容。

1. 使用征信系统

为获得个人及企业借款人的信用信息,世界各国均建立了自己的征信系统。世界上第一家征信公司产生于1830年的英国伦敦。而现代意义上的征信服务和技术则是在1929年成立的美国信用局的推动下发展起来的。2003年,中国人民银行成立了征信管理局,征信体系由"企业信贷征信系统"和"个人信贷征信系统"组成,拥有全国集中统一的、覆盖银行、企业和个人的信用信息库,而且各地区的信息资源可以共享。目前,我国征信系统数据已不只接入银行端数据信息,还接入了信托、租赁、证券公司等金融机构端数据信息,以及诸多网贷平台及互联网金融平台数据。征信系统的建立,可帮助银行在信贷活动中及时查询、了解、调查、验证借款人的信用状况,评估其真实资信情况和偿还能力,是银行甄别客户的重要手段和途径。正确评价借款人的信用水平有助于指导银行制定科学的信贷政策,切实有效地消除信息不对称所带来的逆向选择和道德风险。

征信系统被广泛应用于金融机构的贷前审批、贷中审查和贷后风险管理等环节。在促进金融服务实体经济发展方面,征信系统通过广泛的信息共享,有效缓解了金融市场中的信息不对称,尤其提升了个人、小微与民营企业主乃至大中型企业借款融资的便利程度。

2. 选择合适的贷款合作机构

贷款合作机构是指与商业银行建立贷款业务合作关系的第三方机构,包括房地产开发企业、汽车经销商、房地产经纪公司、担保公司、保险公司、会计师事务所、资产评估机构、信用评估机构等。倘若通过抵押方式进行贷款,以住房、土地或其他不动产/动产作为抵(质)押物,银行就必须清楚押品是否真实存在、押品的市场价值及变现能力。若是通过担保贷款,银行就需要确认担保人是否有资格、是否可以在借款人违约时进行代位清偿。要想了解透彻,就需要与这些机构保持密切合作,协助调查其真实性。为降低贷款合作机构可能带来的信用风险,银行通常实行名单准入制度,根据机构过去3年的合作经历,选择没有出现过不良贷款、不良行为的机构作为合作者。

3. 实行五级分类制度

商业银行贷款种类繁多,不同贷款的借款人差异性大。例如,个人住房抵押贷款的特点是贷款期限长,贷款期间借款人的偿债能力存在较大的不确定性,贷款的信用随时间也在不断发生变化。为了准确、全面、动态地反映个人贷款的质量,就需要对个人贷款实行五级分类全流程管理。

4. 贷后监测与贷后检查

贷后监测与贷后检查的目的是及时发现贷款中的风险项目和风险客户,为制定风险控制措施提供依据。风险项目是指存在假按揭、烂尾楼盘、建筑违规违章、建筑质量不合格或拖欠工程款、受到处罚、有不良记录、客户投诉情况较多的项目或合作机构;而风险客户是指存在以上情况的项目法定代表人、主要股东和高管,以及贷款的不良客户。贷后监测是指收集银行需要特别关注的客户信息,一旦发现某类贷款品种或合作机构的违约率大幅上升,就要有针对性地进行现场或非现场检查。贷后监测有助于提高贷后检查的效率,贷后检查则分为日常检查、定期或不定期的信贷检查。

5. 通过二级市场出售贷款

为避免某类贷款的借款人或项目过于集中,以及出现贷款期限错配造成的信用风险和利率风险,银行需要根据自身对资产负债的管理,将已经发放的贷款直接出售给其他机构,或者进行资产证券化,出售给资产支持证券的投资者。最常见的风险转移方式为住房抵押贷款证券化(mortgage-backed securitization,MBS),其将个人贷款风险转移、分散给其他投资者,避免风险过度集中于银行。银行通过二级市场将部分个人贷款证券化,还可以获得其他好处,如降低风险资本金、增加中间业务收入以及获得资本市场溢价收入等。

延伸阅读4-2

如何理解以债务人为中心的风险分类理念

根据原《贷款风险分类指引》,风险分类以单笔贷款为对象,同一债务人名下的多笔贷款分类结果可能不一致,既可以是正常类、关注类,也可以分为次级类、可疑类或损失类。巴塞尔委员会在《审慎处理资产指引》中指出,如果银行的非零售交易对手有任何一笔风险暴露发生实质性不良,则应将该对手所有风险暴露均认定为不良。借鉴上述概念,考虑到对公客户公司治理和财务数据相对完善,新《商业银行金融资产风险分类办法》要求商业银行对非零售金融资产进行风险分类时,应以评估债务人的履约能力为中心,债务人在本行债权超过10%分类为不良的,该债务人在本行所有债权均应分类为不良;债务人在所有银行的债务中逾期超过90天的债务已经超过20%的,各银行均应将其债务归为不良。

需要指出的是,以债务人为中心并非不考虑担保因素。对于不良资产,商业银行可以依据单笔资产的担保缓释程度,将同一非零售债务人名下的不同债务分为次级类、可疑类或损失类。对于零售资产,考虑到业务种类差异、抵押担保等因素影响,银行也可以对单笔资产进行风险分类。

资料来源:翟子豪. 事关商业银行金融资产风险分类! 两部门最新发文[EB/OL].(2023-02-11)[2023-02-12]. https://mp.weixin.qq.com/s/FE8ercQd-WQ_Nq2N_Y-k1w.

三、贷款的信用评估

(一)个人贷款的信用评估

1. 个人信用评估

个人信用评估也就是征信,是指银行在信贷活动中及时查询、了解、调查、验证借款人的信用状况,评估其真实资信情况和偿还能力的活动,是银行甄别客户的重要手段和途径。个人信用评估一般可通过前述中国人民银行的个人信贷征信系统进行登记、查询。

另外,银行还可以通过中介机构、银行自身网络或相关政府网络查询系统,以及政府的职能管理部门对个人信用评估进行调查,例如,银行可以通过中华人民共和国最高人民法院的中国执行信息公开网站查询失信被执行人信息及执行人信息。

2. 个人财务分析

个人财务分析主要分析的是影响个人偿债能力的因素,主要包括两个方面:一是个人财务状况。二是主观意愿或信用意识。银行在评估借款人资信时,要先进行个人财务分析,甄别有偿还能力的客户,以便控制贷款违约率和信用风险。

个人财务分析的主要内容包括:

(1) 确定未来的还款来源或抵质押品,界定资产所有权及确认资产价值、稳定性及流动性,通过纳税申报表、收入证明、银行流水等信息确定客户收入水平。

(2) 确定负债和相关费用,明确借款人的还款方式,估计担保贷款的可能影响,若有财务报表,应明确内容的准确性和完整性。

(3) 综合分析、对借款人的流动资金状况和负债能力作出综合评价。

个人财务分析的主要方法包括:

(1) 确定需要分析评估的个人资产范围。银行没有必要对个人的所有资产进行评估,应遵循重要性及必要性原则,主要通过以下四方面测试确定需要分析评估的个人资产范围。一是借款人是否有银行认可的抵押资产,要求有出售价值且易变现。二是借款人是否计划将资产变卖来归还贷款。如果是,银行需要分析该资产的价值和变现能力,并充分考虑相关法律约束。三是借款人是否从该资产获得收入且是重要收入来源。如果是,银行就需要分析该资产带来的收入的持续性和稳定性。四是某项资产占借款人总资产比重是否超过10%。如果是,银行应将其视为重要资产进行分析。同时,银行还需要关注三个问题:价值稳定性、流动性,以及所有权和控制权。

(2) 流动资产分析。与方法(1)类似,银行应关注流动资产的价值稳定性、流动性,以及所有权和控制权。流动资产范围包括现金、大额可转让存单和储蓄存单、可转让证券等具有较强变现能力的资产,这些都是借款人偿还贷款的重要来源。

(3) 不动产分析。银行先要确定该财产是否真实存在并属于借款人,最好能够有借款人出具的财产纳税单复印件,以确认财产价值及所有权。若抵押资产是不动产,银行还需要取得不动产的所有权证明书。

(4) 个人收入分析。银行应审查个人收入范围,包括工资和其他经常收入,如借款人的工资、佣金、奖金、利息收入、股息收入、应收赡养费、退休金收入、社会保障福利等。需要注意的是,工资与其他经常收入应作为第一重要还款来源,是重点审查对象。利息和股利收入则是第二重要还款来源。

(5) 其他分析。个人贷款的信用评估应视借款人的资质条件不同适时进行其他分析,如应收贷款分析、人寿保险分析、退休基金分析、其他资产分析以及个人负债分析。

一般来说,对于个人贷款,如个人住房贷款、个人消费贷款、个人汽车贷款等小金额贷款,银行多通过借款人的银行流水、工资单、征信、收入证明、资产证明等材料即可核实其信用及其还款能力。但如果是对于个人经营贷款、小微公司贷款,除以上材料外,银行还需要核实相关经营手续、水电费缴费记录等补充资料,以核实其项目经营的真实性,确认还款来源,保证贷款资产的安全。

（二）企业贷款的信用评估

企业贷款的信用评估与个人贷款的信用评估有相似之处，但对企业贷款进行信用评估的技术更为复杂，主要包括非财务因素分析和财务因素分析两个方面。

1. 非财务因素分析

非财务因素主要包括影响借款人持续发展的因素、借款人所处行业、借款人经营管理水平、借款人产品、自然及社会因素、借款人还款意愿以及银行信贷管理水平等。

（1）影响借款人持续发展的因素分析。政局是否稳定，直接影响着借款人的收益能否持续增长；传统资源紧缺将会导致后续发展过程中的资源制约，但同时也有替代资源逐渐兴起；近年来的环保要求，增加了企业的运营成本；技术的革新与进步，为制造业企业提供机遇；经济区域化发展带来的机会和挑战；经济周期的波动情况，区域经济带来的产业转型、转移等都是影响借款人持续发展的因素。

（2）借款人所处行业分析。分析借款人所处行业的特征、表象和行业特定风险，把握借款人在行业中所处的地位和水平，有助于银行从行业的发展态势及未来前景来判断借款人的基本风险。行业分析主要考察的内容包括成本结构、行业成熟度、行业周期性、行业盈利性及行业的依赖性等。

（3）借款人经营管理水平分析。全面评估借款人的偿债能力和贷款风险，即要在行业风险分析的基础上，深入借款人内部，分析其经营管理风险。借款人经营管理水平分析的具体内容包括：公司结构、法人治理结构的合理性；公司规模及注册资本、实缴资本情况；跨行业公司的主业是否突出；股权变更情况；企业的发展阶段；市场竞争情况；管理层结构、经验与稳定性；企业的采购、生产及销售环节等。

（4）借款人产品分析。即在借款人自身经营管理情况分析的基础上进一步分析其产品情况，有助于银行预判借款人未来现金流状况。产品分析的内容具体包括：产品的市场潜力、产品特性、产品的价格、质量及替代性，以及产品的市场效应等。

（5）自然及社会因素分析。自然灾害、疫病、战争，甚至宗教信仰等各种自然、社会因素都可能给借款人带来意外风险，产生不可抗力，从而对其偿债能力产生影响。有时这种影响是巨大的，可以决定借款人的生死存亡。因此，进行自然及社会因素分析是十分有必要的。

（6）借款人还款意愿分析。在现实经济生活中，许多借款人没有能力偿还贷款并不是上述原因导致的，而是"有钱不还"或"赖账不还"。例如，有些企业在经营中偷税、漏税，通过提供虚假报表、隐瞒事实等不正当手段骗取银行贷款。因此，银行需要借助征信系统，第三方合作机构，企业上下游合作单位或财政、税务、审计等政府部门的支持，对企业进行谨慎的考察。

（7）银行信贷管理水平分析。目前，银行信贷管理已从粗放式向精细化转变，银行信贷管理流程中每一环节的精细化程度都会影响企业信贷质量。

2. 财务因素分析

银行对企业贷款进行信用评估，除了要进行必要的非财务因素分析，还需要根据借款人生产经营情况的变化趋势，对借款人未来的经营状况和还款能力尽可能作出科学的预测，因此，就需要运用企业的审计报告或财务报表进行分析。从借款人还款能力和防范贷款风险的角度，对财务报表中的每个构成项目进行分析，运用定量分析方法对借款人的财务状况和还本付息能力作出更加准确的估计。

对财务报表的分析主要涉及"三大报表",即资产负债表、利润表和现金流量表。资产负债表反映企业某一时点(月末、季末、年末)的综合财务状况(资产、负债、所有者权益的规模及其结构),是企业的"底子";利润表反映企业在一定时期内业务经营的成本、费用及盈亏状况,是企业的"面子";而现金流量表反映企业现金的来源和去向,是企业的"日子"。这三张报表与企业的还款能力息息相关,共同组成了企业的整体画像。

1) 资产负债表项目分析

a. 资产分析

资产是企业可能有效利用的用货币表示的经济资源,主要包括流动资产、固定资产和无形资产三大类。

(1) 流动资产指的是企业在一个经营周期内(年、季、月)能够运用或变现的资产。重点分析的科目包括:应收票据、应收账款与存货。①应收票据是企业持有的未到期或未兑现的商业票据,可以由商品或劳务关系交易产生,也可以由借贷关系产生。例如,银行应重点关注借款人是否用逾期账款冒充合法的流动资产等。②应收账款是企业偿还短期债务的主要资金来源,其流动性仅次于现金。分析应收账款时应着重掌握三点:一是应收账款的分布。大客户产生坏账的风险往往大于应收账款分散在众多小客户。二是应收账款账龄的分布。账龄过长的应收账款往往风险较大。三是应收账款的抵押情况。如果企业应收账款有抵(质)押出去的,应从应收账款中扣除,这些账款不能作为新贷款的还款来源,优先偿付原债权。③存货是企业流动资产的重要组成部分,一般包括购入的原材料以及在产品、半成品和产成品,是企业偿还债务的主要物质基础。分析存货时应着重掌握以下三个方面:一是存货的规模是否合理。即按企业现有的生产能力和生产规模来衡量存量的合理性,如原材料储备是否过多、产成品是否已形成积压。二是存货保留时间的长短。某种存货保留时间过长,一般预示存货已不适用流动资产,要从流动资产中扣除。三是存货的流动性状况,即能否在市场上变现。流动性差、变现能力差的存货容易挤压营运资金,从而形成还贷风险。

(2) 固定资产是企业资本的一部分,可用于最后的债务清偿。尤其是当银行向企业发放中长期贷款时,常以固定资产作为抵押,此时就需要着重了解企业的固定资产。一是要了解企业是否按规定提足了折旧。若没有,表明固定资产中含有虚假成分。二是要了解企业固定资产的变现能力。若固定资产使用范围窄、变现能力差,那么,企业最后清偿债务时,很难通过固定资产变现来实现贷款受偿。

(3) 无形资产是指企业拥有的或者控制的没有实物形态的可辨认非货币性资产,主要包括专利权、商标权、著作权、特许经营权等。无形资产可让企业在较长时间内(1年以上)获得超过一般水平的盈利能力。在正常经营状况下,企业的无形资产是有价值的。但当企业经营出现问题时,无形资产将失去其偿债能力。因此,在分析企业的偿债能力时,就应将无形资产的价值从总价值中扣除。

b. 负债及所有者权益分析

负债及所有者权益反映企业的资金来源构成,可用于判断企业的真实实力和银行贷款风险。负债包括短期负债(流动负债)和长期负债(非流动负债)。

短期负债主要包括应付账款、应付票据、应交税费和短期借款等。首先,了解企业短期负债的数额有无漏记,如有漏记而未被发现,会使银行高估企业的偿债能力。其次,了解短期负债的期限,如已过期,则可能产生罚款。长期负债主要包括长期借款和应付债券等。应重点分析每笔长期负债的到期日及偿还长期负债的具体资金安排,以正确评价企业的偿债能力。

所有者权益分析,即分析企业的资本状况。资本的多少既能反映企业财力雄厚程度及债务状况的优劣,又能表明企业的风险承受程度。首先,要了解企业资本是否存在虚假,一般通过验资报告或实际出资证明材料。其次,要分析企业的资本结构,对股份制企业来说,普通股资本所占比例较大,其资本实力也比较稳定;反之,则比较脆弱。最后,要考察企业是否按规定补充自有资本。如果是独资企业,还要考虑企业以外的收益、资产、负债和资本状况。当发生经济纠纷时,这些因素都有可能影响企业的偿债能力。

2) 利润表项目分析

利润表反映企业一定时期的经营成果,属于动态报表,可以弥补资产负债表只反映某一时点静态数据的不足。利润表可以反映出企业的经营业绩、理财成果和获利能力。

分析利润表时,首先,应了解企业营业收入、营业成本、各项费用的真实性,包括对各种账户和原始凭证的核对。其次,可采取纵向和横向比较的方法,将利润表中各项指标与上年度、同行业、同等条件的其他企业进行比较。银行如发现企业在某一方面的费用过高或收入过低,应进一步核实原因并通知企业改进。

3) 现金流量表项目分析

现金流量表是反映一定时期内(如月度、季度或年度)企业通过经营活动、投资活动和筹资活动对现金及现金等价物产生影响的财务报表。库存现金、活期存款、现金等价物构成现金的表现形式。

分析现金流量表时,首先,要了解现金流入和流入量的具体渠道。分析哪类来源增加,哪类来源减少,增减规律如何,以此判断借款人现金收入主要来自哪类和哪项收入。其次,分析现金流出量、方向及用途,各类现金流出量比例是否合理。一般来说,经营活动的现金流入量在现金流入量合计中占比应更大,投资活动和筹资活动的现金流量占比应较小。再次,分析现金流量净额是多少及发展趋势。分析与过去相比,借款人产生净现金流量的能力是逐步提高还是逐渐降低,借此判断借款人的经营与财务状况是向好还是恶化。当现金流量净额不断增加时,就说明借款人的财务状况向好,清偿贷款能力或偿债能力不断增强;反之,则说明借款人的经营管理出现问题,财务状况紧张,偿债能力不断降低。最后,分析净现金流量,判断借款人的还款能力。如果是短期贷款,则仅需分析借款人的正常经营活动产生的现金流量判断还款能力;但如果是长期贷款,则需要分析全部的现金流量。

4) 财务比率分析

财务比率分析是对企业财务状况的进一步量化分析,通过企业提供的资产负债表和利润表的相关数据对比得出。通过财务比率分析,可以评价企业的经营状况、债务情况、盈利能力,据此判断企业的综合偿债能力。进行财务比率分析时,可以与企业不同时期数据进行比较,了解企业财务变动情况;还要将企业指标与其他标准进行比较、与同类企业或同行比较,了解企业在行业中的相对情况。

a. 短期偿债能力分析

① 流动比率。流动比率是衡量企业短期偿债能力的最常用的指标,主要是针对企业能否及时偿还到期债务和按时付息的能力进行分析,也就是分析企业的短期支付能力。流动

比率的计算公式如下:

$$流动比率 = \frac{流动资产}{流动负债}$$

流动资产包括货币资金、有价证券、应收票据、应收账款和存货等;流动负债应包括应付账款、应付票据、短期借款、应交税费和应急费用等。

流动比率因企业规模和行业不同而不同,正常至少维持在1以上,一般在1.5到2.0之间。流动比率越高,说明企业偿还短期债务的能力越强,借款人可变现的资产数额大,对债权人权益越有保障。但流动比率也不能过高,过高的流动比率也会影响借款人的资产使用效率和盈利能力。

常见部分行业的参考比率指标如表4-1所示。

表4-1　　　　　　　　　　部分行业流动比率参考指标

行业	汽车	房地产	制药	建材	化工	家电	啤酒	计算机	电子	商业	机械	玻璃	食品	饭店
流动比率	1.1	1.2	1.3	1.25	1.2	1.5	1.75	2	1.45	1.65	1.8	1.3	>2	>2

② 速动比率。速动比率,又称酸性测试比率,是企业速动资产与流动负债的比率。速动资产是在短期内可变为现金的资产,是流动资产扣除变现能力较差且不稳定的存货、待摊费用、预付账款及待处理资产损失等以后的余额。因此,速动比率较流动比率能更准确可靠地评价企业的短期偿债能力。速动比率的计算公式如下:

$$速动比率 = \frac{速动资产}{流动负债}$$

速动资产=流动资产-存货-待摊费用-预付账款-待处理财产损失

通常正常经营企业的速动比率应维持在0.6至1之间。若该比率过低,说明企业面临很大的偿债风险;若比率过高,虽然短期债务的安全性很高,但同时企业闲置资金会过多,从而影响企业的盈利水平。

常见部分行业的参考比率指标如表4-2所示。

表4-2　　　　　　　　　　部分行业速动比率参考指标

行业	汽车	房地产	制药	建材	化工	家电	啤酒	计算机	电子	商业	机械	玻璃	食品	饭店
速动比率	0.85	0.65	0.9	0.9	0.9	0.9	0.9	1.25	0.95	0.45	0.9	0.45	>1.5	>2

③ 现金比率。现金比率是现金类资产与流动负债的比率。现金类资产包括货币资金与易于变现的短期有价证券。现金比率是最能衡量企业即时偿债能力的指标,其计算公式如下:

$$现金比率 = \frac{货币资金 + 短期有价证券}{流动负债} \times 100\%$$

现金比率一般应不低于10%～20%。一般该比率越大,代表企业现金流动性越好,短期偿债能力越强。但从企业资金的合理使用角度看,比率过高意味着企业拥有过多闲置资金,资金使用效率较差。

分析借款人的短期偿债能力时,一般将流动比率、速动比率和现金比率三个指标结合起来评价。

b. 长期偿债能力分析

长期偿债能力指企业偿还长期负债的能力。分析长期偿债能力主要为了解企业的财务风险和经营安全性、借款人对债务的承受能力和偿还债务的保障程度。

分析长期偿债能力时,银行常用的指标包括资产负债率、净资产负债率、负债与有形净资产比率、利息保障倍数。

① 资产负债率。资产负债率又称负债率,是借款人负债总额对资产总额的比率。资产负债率综合反映企业的长期偿债能力,可表明债权人所承受的风险程度,是评价企业经营风险程度的最重要的指标。

资产负债率的计算公式如下:

$$资产负债率 = \frac{负债总额}{资产总额} \times 100\%$$

从银行角度说,借款人的资产负债率越低,说明股东在总资产中提供资金的比例越大,负债相对较少,财务状况越好。一般情况下,如能够保证还本付息,即使企业破产清算,银行的权益也能够在很大程度上得到保护。反之,若比率较高,说明负债经营程度高,企业利用财务杠杆作用,得到较多的超额利润。但若出现盈利状况不佳或其他临时性财务困难,就不能保证还本付息。若该比率过高,万一企业破产清算,银行的权益就有可能得不到受偿保护。因此,对银行来讲,资产负债率越低越好。但也应根据企业的实际经营状况、债务承受能力和所处行业的特点,与行业标准作比较,得出合理的结论。

② 净资产负债率。净资产负债率,也称负债与所有者权益比率、产权比率或债务股权比率,是指负债总额与所有者权益总额之间的比率,用来评价所有者权益对债权人权益的保障程度。

$$净资产负债率 = \frac{负债总额}{所有者权益总额} \times 100\%$$

该指标也是评价企业长期偿债能力的一个重要指标,反映企业清算时,企业所有者权益对债权人利益的保证程度。因此,从银行角度看,净资产负债率越低越好。净资产负债率越低,说明所有者权益对负债偿还的保证程度就越大。一般认为该指标不能超过100%,具体也应当参考行业标准。

③ 负债与有形净资产比率。负债与有形净资产比率,又称有形净值债务率,是负债总额与有形净资产的比率。其计算公式如下:

$$负债与有形净资产比率 = \frac{负债总额}{有形净资产} \times 100\%$$

$$有形净资产 = 所有者权益 - 无形及递延资产$$

负债与有形净资产比率是净资产负债率的延伸,更为保守、谨慎地评价企业清算时,所有者权益对债权人权益的保障程度。该指标将无形资产及递延资产从所有者权益中扣除，仅考虑资产价值确定的资产。因此，对银行来说，该比率越低，借款人的偿债能力越强，对银行的保障程度越高。

④ 利息保障倍数。利息保障倍数是指借款人经营所得的息税前利润与利息费用的比率，反映借款人以息税前利润偿还利息费用的能力。其计算公式如下：

$$利息保障倍数 = \frac{税前利润额 + 利息费用}{利息费用}$$

利息费用，包括财务费用（流动负债与长期负债）中的利息支出和资本化利息。

一般来说，利息保障倍数越大，说明企业用经营活动中所获得的收益偿还利息的能力越强，盈利额越大，对银行的权益保障性越强；反之，则越弱。利息保障倍数大于1，说明企业具有偿付当期利息的能力，企业可以通过举债方式筹措资金。

c. 盈利能力分析

盈利能力指标是综合财务比率，体现借款人的资金运作结果，也体现其偿债能力。对银行来讲，利润是企业偿债的重要来源，特别是对长期债务而言。盈利能力的强弱直接影响企业的偿债能力。由于银行发放的贷款形式有短期、长期两种，因此银行对借款人盈利分析的侧重点也有所不同。短期贷款仅需分析借款人当期的盈利能力，而长期贷款则需要分析借款人未来盈利水平的持续性。

分析盈利能力的常用指标包括销售毛利率、营业利润率、税前利润率和净利润率、成本费用利润率，以及总资产报酬率。

① 销售毛利率/销售利润率。销售毛利率是销售毛利润额占主营业务收入的百分比，通常简称为毛利率。其计算公式如下：

$$销售毛利率 = \frac{主营业务收入 - 主营业务成本}{主营业务收入} \times 100\%$$

销售毛利率越高，说明借款人主营业务收入净额中的主营业务成本占的比重越小，在一定时期内费用保持不变的情况下，盈利水平就越高。

② 营业利润率。营业利润率是借款人的营业利润与主营业务收入的比率，计算公式如下：

$$营业利润率 = \frac{营业利润}{主营业务收入} \times 100\%$$

$$营业利润 = 主营业务利润 + 其他业务利润$$

营业利润率越高，说明借款人的营业活动的盈利水平越高。若将借款人连续几年的营业利润率进行比较，可以分析企业盈利水平的变动趋势。

③ 税前利润率和净利润率。税前利润率是利润总额与主营业务收入的比率，其计算公式如下：

$$税前利润率 = \frac{利润总额}{主营业务收入} \times 100\%$$

净利润率是企业净利润与主营业务收入的比率，其计算公式如下：

$$净利润率 = \frac{净利润}{主营业务收入} \times 100\%$$

税前利润率和净利润率越高,说明借款人在正常经营的情况下由盈转亏的可能性越小,通过扩大主营业务规模获取利润的能力越强。

④ 成本费用利润率。成本费用利润率是利润总额与成本费用总额的比率。其计算公式如下:

$$成本费用利润率 = \frac{利润总额}{成本费用总额} \times 100\%$$

成本费用一般包括主营业务成本、主营业务税金及附加和三项期间费用。成本费用利润率体现经营耗费所带来的经营成果。该项指标越高,说明借款人经济效益越好。

⑤ 总资产报酬率。总资产报酬率又称为总资产利润率、资产报酬率,是指企业一定时期内息税前利润与平均总资产的比率,计算公式如下:

$$总资产报酬率 = \frac{息税前利润}{平均总资产} \times 100\%$$

$$息税前利润 = 税前利润 + 利息费用$$

$$平均总资产 = \frac{期初总资产 + 期末总资产}{2}$$

总资产报酬率越高,表明资产利用效率越高,说明企业给投资者和债权人的回报越高,企业的获利能力越高;反之,则越低。

d. 营运能力分析

营运能力通过借款人的资产周转速度评价资产使用效率,即资产转换为现金的速度,体现借款人经营管理和运用资产的能力与效果。借款人资产利用效率越高,资产周转速度越快,变现速度越快,长期偿债能力越强,盈利能力也越强。

银行衡量借款人营运能力的指标包括总资产周转率、固定资产周转率、流动资产周转率、存货周转率及应收账款周转率。

① 总资产周转率。总资产周转率从资产流动性方面反映总资产的利用率,体现借款人的整体资产周转速度,是借款人的销售净收入与平均总资产的比率。其计算公式如下:

$$总资产周转率(次数) = \frac{销售净收入}{平均总资产} \times 100\%$$

$$总资产周转天数 = \frac{计算期天数}{总资产周转率}$$

$$平均总资产 = \frac{期初总资产 + 期末总资产}{2}$$

$$销售净收入 = 销售收入 - 销售退回 - 销售折扣$$

总资产周转率反映借款人资产总额的周转速度,总资产周转率越高,总资产周转期越短,借款人销售能力越强,总资产利用效率越好;反之则相反。

② 固定资产周转率。固定资产是企业赖以生产经营的主要资产。固定资产在企业资产总额中具有特殊地位。固定资产周转率又称固定资产收入率,是指一定时期实现的销售

净收入与平均固定资产的比率,反映固定资产的利用效率。固定资产周转率的计算公式如下:

$$固定资产周转率(次数)=\frac{销售净收入}{平均固定资产}\times 100\%$$

$$固定资产周转天数=\frac{计算期天数}{固定资产周转率}$$

$$平均固定资产=\frac{期初固定资产+期末固定资产}{2}$$

固定资产周转天数用来衡量借款人用销售收入收回固定资产投资所需的时间。固定资产周转率越高,固定资产周转周期越短,说明企业的利用效率越高,设备运行效率越高。但是,该比率的比较因不同行业的劳动装备率而有所区别,不可将不同行业的企业放在一起进行比较分析。

③ 流动资产周转率。流动资产周转率反映流动资产总体周转情况,是一定期间内取得的销售净收入与平均流动资产余额之比。流动资产周转率的计算公式如下:

$$流动资产周转率(次数)=\frac{销售净收入}{平均流动资产余额}\times 100\%$$

$$平均流动资产=\frac{期初流动资产+期末流动资产}{2}$$

流动资产周转率反映借款人流动资产的周转速度。一般来说,流动资产周转速度越快,流动资产周转天数越短,在较快的周转速度下,流动资产会相对节约,相当于流动资产投入的增加,增强了企业的盈利能力;相反,若没有相应的资金投入,企业的生产规模将会缩小,企业盈利能力也会受到影响。

④ 存货周转率。存货周转率反映企业销售能力和存货周转速度,其也是衡量企业生产经营各环节存货运营效率的一个综合性指标。在流动资产中,存货所占比重经常是最大的,尤其是在制造加工企业中更是如此。因此存货周转速度的快慢直接影响到企业的营业周期和其他流动性比率。存货周转率又称存货周转次数,是一定时期内企业销货或主营业务成本与平均存货之比。其计算公式如下:

$$存货周转率(次数)=\frac{主营业务成本}{存货平均余额}\times 100\%$$

$$平均存货=\frac{期初存货+期末存货}{2}$$

$$存货周转天数=\frac{计算期天数}{存货周转率}$$

一般来说,存货周转率越高,存货周转天数越短,说明存货周转越快,存货的流动性越强,借款人存货占用的资金就越少,存货经营效率越高,企业盈利能力就越强。反之,存货周转率越低,存货周转天数越长,说明借款人可能存在存货周转越不顺畅或存货积压的情况,资金有可能压在存货上,不能有效利用。存货经营效率低,就会导致借款人经营风险、利息支出和机会成本增加。但是,存货周转率过高,也有可能是因为企业的存货水平太低所致。存货水平太低有可能是因为企业的采购批量太小,采购过于频繁,这会增加企业的采购成本,影响企业正常生产。

⑤ 应收账款周转率。应收账款周转率不仅反映企业管理应收账款的能力,而且还能增强企业的短期偿债能力。应收账款是企业流动资产中的一个重要项目。一定时期内,企业销售的商品和劳务再多,若不能及时回款,利润也只能停留在账目上。因此,企业要及时关注应收账款的回收情况。

应收账款周转率是赊销收入净额与平均应收账款之比,应收账款周转一次指从应收账款发生到收回的全过程。其计算公式如下:

$$应收账款周转率(次数) = \frac{赊销收入净额}{平均应收账款} \times 100\%$$

$$应收账款周转天数 = \frac{计算期天数}{应收账款周转率}$$

$$平均应收账款 = \frac{期初应收账款 + 期末应收账款}{2}$$

$$赊销收入净额 = 销售收入 - 销售现金收入 - 销售退回 - 销售折让扣让$$

一般来说,应收账款周转率越高,应收账款周转天数越短,说明应收账款收回得越快,应收账款管理效率越好,应收账款发生坏账的可能性越小。反之则相反。但是应收账款周转率过高,可能是由于借款人的信用政策过于苛刻所致,可能会限制借款人销售规模的扩大,影响企业长远发展。对应收账款周转率的分析,可以通过横向比较来洞悉借款人的应收账款周转速度在整个行业中的水平,也可以纵向比较发现企业应收账款周转效率的变动态势。

综上,财务比率的高低在一定程度上能够说明借款人的偿债能力。但具体分析时,要与各类指标相结合,同时也要结合资产负债表与现金流量表进行综合判断,从而降低贷款风险。

第三节 | 商业银行贷款业务及创新发展

一、个人贷款业务及创新发展

个人贷款不同于公司贷款,是商业银行向消费者个人发放的贷款,主要用于购买消费品或支付其他费用。个人贷款是商业银行的主要零售业务之一,对扩大总体消费、促进社会经济增长、提高银行资金使用效率、改善银行资产结构、增加利息收入有着积极的作用。发展个人贷款业务是我国全面建成小康社会的必然要求,有利于促进金融业可持续均衡发展,推动大众创业、万众创新,助推经济发展方式转型升级。

(一) 个人贷款的产生与发展

在欧美国家,个人贷款就相当于个人消费贷款。在欧美国家,消费贷款被看作是一种信用交易,其特点在于将现在的财产权转化为将来收回的债权,是信用消费发展到一定阶段的产物。从英、美等发达国家的发展历史看,消费贷款的产生最早可以追溯到 20 世纪初期,1910 年建立的美国摩利斯计划银行通常被认为是最早提供消费贷款的银行。直到 20 世纪 50 年代以前,消费贷款的发展历程都较为缓慢。自第二次世界大战以来,西方国家的社会生产水平迅速提升,但广大消费者受收入水平的限制,消费需求增长滞后于生产的发展,产销矛盾相当突出。而这时人们的价值观念发生快速改变,从而激发了消费者对产品、服务的诉求,促使消费贷款在一些发达国家得到快速发展。

以美国来看,从20世纪40年代末到50年代末,短短10年之间,消费贷款总额增长291%,达到451亿美元。到21世纪初,美国的消费信贷规模已经超过14万亿美元。目前,狭义的消费贷款在美国全部商业银行贷款总额的构成中的比重超过15%,如果加上向个人提供的住房贷款,则广义的消费贷款所占比重超过了50%。而法国,半数家庭有债务,1/4的家庭依赖贷款买房,借债消费成为许多西方国家居民的重要的消费选择。

而在我国,实务中个人贷款产品类型是以贷款的实际用途、资金流向进行区分的。如个人住房贷款、个人消费贷款、汽车消费贷款都是单独的业务品类,因此国际上广义的个人消费贷款一般等同于我国的个人贷款,也称零售贷款业务。相比于欧美的一些金融业发达的国家而言,我国的个人贷款起步相对较晚,最早可以追溯到中国建设银行率先在部分大中城市开办的个人住房贷款业务,但受经济发展水平、市场体制及消费观念等多种因素的制约,其业务总体发展缓慢。截至1997年年底,我国个人贷款规模仅有172亿元,仅占全部贷款余额的0.23%。1998年后,随着宏观经济、金融形势的变化,为扩大内需,消费贷款总量迅速增长,品种日益增多,形成以住房贷款和汽车消费贷款为重点,以其他消费贷款为辅助的多元化发展态势。2005年到2010年期间,我国个人贷款余额以年均29%的速度增长。2010年,中国个人贷款规模达到7万亿元,成为亚洲仅次于日本的个人贷款余额最大的国家。2013年,我国个人贷款规模更是达到了约13万亿元。近年,我国个人贷款余额逐年攀升,2021年个人贷款余额达54.88万亿元,较2020年增加5.32万亿元,同比增长10.73%。

个人贷款伴随社会化大生产的发展不断发展而来,已成为现代社会中人们不可或缺的重要经济资源。发展个人贷款业务,无论对消费者个人、金融机构,还是对整个社会经济发展,都具有积极作用。

(二) 个人贷款业务的类型

个人贷款业务的类型可以按不同标准进行划分,而我国实务中基本是以贷款的实际用途、资金流向进行区分的。按照贷款用途进行分类,个人贷款业务可分为个人住房抵押贷款、汽车消费贷款、个人助学贷款、个人旅游消费贷款和个人经营性贷款。

1. 个人住房抵押贷款

个人住房抵押贷款,是指银行等金融机构向在城镇购买、建造、大修各类型住房的自然人借款人发放的用于购买自用普通住房的贷款。贷款人发放个人住房贷款时,借款人必须以住房提供担保。借款人到期不能偿还贷款本息的,贷款人有权依法处理其抵押物或质物,或由保证人承担偿还本息的连带责任。个人住房贷款具有贷款期限长、贷款金额大的特点,是个人消费贷款中最常见的一种,其具体包括政策性个人住房贷款、商业性个人住房贷款、个人组合住房贷款三类。

个人住房贷款是我国开办最早、规模最大的个人贷款产品,也是我国各家商业银行最主要的个人贷款业务。我国个人住房贷款最早萌芽于改革开放初期,源于城市住宅制度的改革。当时党中央、国务院高度重视城市住宅建设工作,并多次在会议上提出了在住宅建设方面要充分发挥个人积极性的意见。20世纪80年代中期,作为首批住房体制改革的试点城市,烟台、蚌埠两市分别成立了住房储蓄银行,开始发放住房贷款。1985年,中国建设银行最先开办住宅储蓄和住宅贷款业务,成为国内最早开办住房贷款业务的国有商业银行。

1992年,中国建设银行、中国工商银行先后成立了住房信贷部门,出台住房抵押贷款的相关管理办法,个人住房贷款陆续向规模化发展。1998年以来,我国个人住房贷款迅速上升。2001年年末,个人住房贷款余额较1997年年末增长5 400多亿元,增长约33倍,而在2005年年末,全国个人住房贷款余额达到1.84万亿元。这一时期,住房市场购买主体从集团转为个人,个人成为购房的主力,成为推动我国住房金融市场发展的重要力量。截至2022年年末,我国个人住房贷款余额已达到38.8万亿元,占金融机构各项人民币贷款余额的18.13%。

2. 汽车消费贷款

汽车消费贷款是银行等金融机构对在其特约经销商处购买汽车的购车者发放的担保贷款。

我国的汽车金融服务是与国内的轿车工业同步诞生的。为培育和支持汽车消费市场的发展,1998年央行先后颁布多部政策性文件,不断推动我国汽车消费贷款市场的规范性发展。国有独资商业银行也可对法人和自然人发放汽车消费贷款。用户用取得的贷款向经销商购买汽车,然后按分期付款方式归还贷款。截至2002年年底,工、农、中、建四大国有商业银行发放的汽车消费贷款余额为763亿元,股份制银行达到了117亿元,且主要是面向个人消费者。目前,随着汽车市场的发展,消费者的消费观念不断成熟,消费理念也更加理性。越来越多的消费者选择使用分期付款的方式来购买汽车,汽车信贷成为我国消费信贷产业中仅次于住房抵押贷款的信贷业务。

3. 个人助学贷款

个人助学贷款是指银行等金融机构向个人借款人发放的用于本人或直系亲属支付特约教育单位除义务教育外所有学历包括大专院校、本科以上非学历入学所需教育费用的人民币担保贷款,主要用于支付学生在校期间的学费和生活费。

开办个人助学贷款的目的是适应我国教育体制改革新形势的要求,支持、帮助更多家庭经济困难的学生完成学业。目前,个人助学贷款可供选择的方式主要有两种:一类是国家助学贷款,是由政府主导、金融机构发放的信用助学贷款。借款学生在校期间的贷款利息全部由国家财政补贴,毕业后开始计付利息,学生不再享受财政补贴由学生全部自付。另一类是一般商业性助学贷款,不享受国家财政补贴,但具备办理机构多、贷款对象更广泛、贷款地域不受约束的优势。

以中国工商银行为例,国家助学贷款是工商银行向已签署合作协议的中华人民共和国境内(不含香港特别行政区、澳门特别行政区和台湾地区)高等院校中的经济困难学生发放的,用于支付学杂费和生活费的人民币贷款。贷款按用途分为学杂费贷款和生活费贷款。国家助学贷款主要适用于全日制普通本科生、专科生(含高职生)、研究生和第二学士学位学生,保证贫困学生顺利完成学业。贷款额度按照每人每学年最高不超过6 000元的标准执行。借款人须在毕业后6年内还清贷款,其中可有1年至2年的贷款宽限期,但贷款期限最长不得超过10年。

一般商业性助学贷款是工商银行对正在接受非义务教育学习的学生或直系家属或法定监护人发放的商业性贷款。贷款适用于学生的出国留学贷款、再教育进修贷款等。商业性助学贷款额度由银行根据借款人资信状况及所提供的担保情况综合确定,最高不超过50万元。贷款最短期限为6个月,最长期限不超过8年(含)。

4. 个人旅游消费贷款

个人旅游消费贷款就是银行等金融机构向个人客户发放的用于支付旅游度假费用的贷款。旅游费用一般指特约旅游单位经办且由银行指定的旅游项目所涉及的交通费、食宿费、门票、服务及其相关费用组成的旅游费用总额。

例如,华夏银行在出国金融服务中专门开展了"我要旅游"个人贷款服务,准备出境旅游、但自由资金不足的客户,可申请办理个人旅游消费贷款。与此同时,华夏银行同步开展了签证前的开具银行存款证明、代办签证业务;签证后(出行前)的个人购汇、外币兑换、个人外汇买卖、汇出汇款业务;出行中的精英环球信用卡、海外紧急补现;以及归国后的个人结汇、代理境外购物退税业务等,以此与客户同时开展多项个人金融服务,在增强客户信任度和黏性的同时,获得更多中间业务收入、信用卡及结售汇收益。

5. 个人经营性贷款

个人经营性贷款是指银行等金融机构向借款人发放的用于个人借款人流动资金周转、购置或更新经营设备、支付租赁经营场所租金、商用房装修等合法生产经营活动的贷款。该类贷款在一定程度上类似于中小企业贷款,业务经营管理的复杂程度较高。一般来说,各行只在经济环境好、市场潜力大、管理水平高、资产质量好、个人贷款不良率较低的分支机构中挑选办理个人经营类贷款的经营机构。

近年来,为响应政策引导,普惠金融成为银行业信贷布局的重点领域。2021年,个人经营贷款呈现"爆发式"增长态势,其中,经营贷增速一骑绝尘,远超房贷、消费贷。以邮储银行为例,在邮储银行的个人贷款中,小额个人贷款主要面向小微企业主、个体工商户、新型农业经营主体和传统小农户发展生产。从客群与用途看,邮储银行的小额个人贷款就是个人经营贷。2021年,邮储银行加快了个人小额贷款的线上化,对于"极速贷"这样的线上产品,推进特色白名单模式,开放对农垦、收单商户等场景客群的贷款服务。其围绕企业上下游产业链场景,建成邮e链经营快贷平台,将金融服务嵌入各类农业产业链和涉农商圈场景,为个人客户提供信贷服务。此外,邮储银行还加强与政府、企业、协会、担保公司、保险公司等外部平台的合作,拓宽抵押、质押范围,挖掘个人客户的贷款需求。

二维码4-3:走进农行深圳分行,看民生金融服务创新

(三) 个人贷款业务的创新与发展

1. 个人贷款业务的创新——信贷资产证券化

通过信贷资产证券化,可将信贷资产的业务属性由贷款转变为可供二级市场交易的有价证券。信贷资产证券化始发于20世纪70年代美国,80年代进入欧洲,90年代进入亚洲,2005年在中国正式开展,2008年因受美国金融危机的广泛影响而中止。信贷资产证券化于2012年重启,并从2013年到2015年实现较快发展。2022年信贷资产证券化产品全年发行规模已达3 556.84亿元,基础资产以汽车贷款为主,发行规模达2 181.79亿元,位居第一,公司贷款资产支持证券全年发行规模总额为464.75亿元,位居第二。

信贷资产证券化分为资产支持证券化(asset-backed securities,ABS)和房贷证券化(mortgage-backed securities,MBS)。资产支持证券化又可分为狭义ABS和担保债务凭证(collateralized debt obligation,CDO),其中,ABS主要以信用卡贷款、学生贷款、汽车贷款、消费信贷等个人贷款为基础资产。

信贷资产证券化的意义在于:①提高资产的流动性,以捕捉回报更高的投资机会,不断提高原始资产投资回报率;②通过提高资产的可分性来提高资产的流动性;③通过损失一部

分收益来提高资产的流动性,分散和转移资产持有风险;④降低准备金提取金额,提高资本充足率和流动性。

我国信贷资产证券化的参与主体主要包括发包方(银行等贷款人,即原权益方)、投资人、发行人、承销商,以及其他信用增级机构等。投资人包括机构投资者、个人投资者,机构投资者又分为银行业投资者及非银行业金融机构投资者,非银行金融机构投资者又包括财务公司、信托公司、农村信用社、社保基金、保险公司、企业年金、证券投资基金和一般企业等。

2. 金融科技创新助力个人信贷业务的发展

随着金融科技的快速发展,数字金融技术如大数据、机器学习与人工智能、移动科技、区块链以及物联网等技术不断支持金融创新,"金融＋数据"的融合发展趋势已成主流。金融科技的运用使得数字信贷成为服务实体经济的"新利器",助推金融活水更好流入实体经济的重点领域和薄弱环节,从根本上改善了对小微企业、个体工商户和农户的贷款服务,助力我国数字普惠金融生态建设。

金融科技创新对个人信贷业务的影响主要表现在:

(1) 个人信贷业务的智慧化体验。金融科技创新可实现银行业务办理智慧化,准确识别客户,预测客户的实际需要,使用金融科技为客户服务。

(2) 影响银行的决策。金融科技创新可在银行内部建立风险防控体系,使用大数据技术对个人信贷业务进行区块链的管理;通过分析客户信用等级、财务状况、有无贷款历史,掌握风险控制的主动权,从而实现风险的全面控制。

(3) 网络化运营银行各项业务。金融科技创新可实现银行个人信贷业务的网络化、移动端办理,构架网络化的服务体系,建立个人信贷业务的新模式。

 延伸阅读4-3

关于银行信贷,政府工作报告透露了哪些信号

2023年出炉的政府工作报告19次提及"金融",释放出下一步金融工作的重点任务和要求。银行是金融行业的主力军。关于货币政策和银行信贷,政府工作报告透露了哪些信号?2023年银行业又应如何精准发力支持实体经济?《金融时报》记者邀请4位银行业专家进行了解读。

1. 周景彤(中国银行研究院副院长):"今年信贷投放将呈现三大特点"

今年的政府工作报告提出,稳健的货币政策要精准有力。预计今年的货币政策在维持稳健的基础上,将继续靠前发力,引导金融机构合理把握信贷投放节奏,为实体经济持续恢复创造稳健适宜的货币金融环境。预计今年信贷投放将呈现三大特点:一是"总量稳"。随着疫情防控政策的调整和经济的持续恢复,市场的融资需求将明显改善,新增人民币贷款将保持合理增长。二是"优结构"。金融机构将继续加大对扩大内需、普惠小微、低碳绿色、科技创新等领域经济金融薄弱环节和重点的方面,加大支持力度,相关领域的信贷增速将保持两位数的增长。三是"降价格"。相关部门通过降准、公开市场操作、LPR等政策工具,进一步引导企业融资和社融综合融资成本的稳步下行。

2. 娄飞鹏(中国邮政储蓄银行研究员):"银行信贷需瞄准实体经济精准发力"

政府工作报告提出GDP增长5%左右的目标,务实稳健,保持了连续性、稳定性,综合考虑了外部环境不确定性加大、国内经济增长企稳向上基础尚需巩固等多种因素,有助于经济实现质的有效提升和量的合理增长。

为实现这一目标,稳健的货币政策要精准有力,保持广义货币供应量和社会融资规模增速同名义经济

增速基本匹配。银行业金融机构需要有效服务经济发展,在总体加大信贷投放的同时,重点加大对科技创新、绿色发展、乡村振兴、小微企业、制造业等重难点领域和薄弱环节的支持,从而实现既有效服务实体经济,又保持宏观杠杆率总体稳定,推动经济高质量发展。

3. 周茂华(光大银行金融市场部宏观研究员):"今年银行信贷投放总量将保持适度增长"

结合本次政府工作报告和目前我国经济面临的内外形势,预计今年银行信贷投放总量保持适度增长,新增信贷持平或略高于去年水平;信贷政策适度靠前发力,但季度整体保持平稳。

当前我国经济处于恢复阶段,有效需求不足仍是主要矛盾,信贷政策需要平衡短期和中长期关系,也就是在推动消费和内需恢复的同时,引导、推动金融机构优化信贷结构和金融资源配置,助力产业经济转型升级,促进经济高质量发展。国内信贷投放重点领域主要集中在小微、民营、"三农"等薄弱环节,重点基建项目、制造业、绿色发展和科创企业等领域。

同时,金融机构需要实施好稳楼市政策措施,落实好"保交楼、保民生、保稳定"任务;按照市场化原则,满足房地产合理融资需求,坚持房住不炒,因城施策,实施差别化住房信贷政策,满足刚性和改善性住房需求,支持长租房市场建设,促进金融和房地产发展良性循环。

4. 刘晓曙(青岛银行首席经济学家):"信贷投放节奏将适度靠前发力"

2023年是全面贯彻落实党的二十大精神的开局之年。随着经济加快复苏,有效信贷需求逐步恢复,今年货币政策将坚持稳健、精准,广义货币和社会融资规模增速与名义经济增速基本匹配,为经济平稳健康发展提供有力金融支持。全年信贷节奏平稳。考虑到当前经济在恢复,但基础还不稳固,信贷投放节奏将适度靠前发力。银行业将加大信贷支持实体经济力度,重点加强对科技创新、制造业、绿色和能源保供的信贷支持,继续加强小微企业、乡村振兴等普惠金融服务。

资料来源:赵萌,陆宇航,张冰洁.关于银行信贷,政府工作报告透露了哪些信号?[EB/OL].(2023-03-07)[2023-03-08].https://mp.weixin.qq.com/s/EcblduvNB—7Yx6wFFr.

二、公司贷款业务及创新发展

公司贷款在国外也称企业贷款、工商业贷款,是银行在2000多年的发展历史中最早开展的业务。在过往持续几个世纪中,对船舶所有人、矿业经营者、商品制造商以及土地所有人发放的贷款都在银行的贷款规模中占据主要地位。到了19世纪末20世纪初,公司信贷领域迎来新的竞争者,尤其是财务公司、人寿和财产保险公司以及其他储蓄机构的出现,使得许多商业放贷机构的利润下降。从当今世界来看,精通公司贷款信用评估分析的信贷人员,通常也是金融服务领域和证券承销领域中经验最丰富、薪资水平最高的人员。

(一) 公司贷款业务的种类

公司贷款业务较个人贷款业务更为复杂多样,传统的公司贷款主要包括流动资金贷款、固定资产贷款、项目融资、银团贷款、并购贷款、贸易融资和保证业务。

1. 流动资金贷款

流动资金贷款是为银行等金融机构为满足企业在生产经营过程的中、短期资金需求,保证生产经营活动正常进行而发放的贷款,其资金用途主要为满足日常生产经营周转或原材料采购等。

相比而言,流动资金贷款的特点是期限灵活,能够满足借款人临时性、短期和中期流动资金需求。其按期限可分为临时流动资金贷款、短期流动资金贷款和中期流动资金贷款。流动资金贷款业务办理方式多样,允许采用循环方式办理,即与借款人一次性签订循环借款合同,在合同规定的期限和额度内,允许借款人多次提款、逐笔归还、循环使用。流动资金贷款是贷款产品中一种高效实用的融资手段,具有贷款期限短、手续简便、周转性较强、融资成本较低的特点,深受广大客户的欢迎,也是各家商业银行的公司贷款业务中最重要的一类贷款。

例如,2022年6月,兴业银行上海分行为上海地产住房发展有限公司快速批复3.5亿元流动资金贷款,助力抗疫用房企业的正常生产经营和资金流转。资金主要用于支持地产住房改造防疫应急用房的相关支出,为疫情防控贡献金融力量。

2. 固定资产贷款

固定资产贷款是银行等金融机构向借款人发放的,主要用于基础设施、市政工程等固定资产项目的新建、扩建、购置、改造及其相应配套设施建设的中长期贷款。通常情况下,固定资产贷款必须有担保或资产抵押。

按照贷款用途,固定资产贷款可分为基本建设贷款、技术改造贷款两类。基本建设贷款的资金主要用于全新建设的项目,或用于扩大生产能力、新建厂房、增加设备、扩大规模,属于外延式扩大再生产。技术改造贷款的资金主要用于支持现有企业用先进的技术改造已经落后的技术,用先进的工艺、设备替换已经落后的工艺和设备,核心在于提高现有企业的生产要素质量,属于内涵式扩大再生产。

例如,2022年10月,浦发银行呼和浩特分行成功为某乳业集团上游牧场发放4 000万元固定资产贷款,以解决疫情期间牧场建设用款问题。该牧场正在建设中的1.5万头规模化奶牛养殖园区项目急需支付工程款,由于天气日渐寒冷,延迟支付工程款将导致牧场的项目建设无法完工。浦发银行呼和浩特分行在得知客户的需求及痛点后,迅速响应,并制定了放款计划。

3. 项目融资

项目融资是指项目发起人为该项目的筹资和经营专门成立一家项目公司,由项目公司承担贷款。项目融资的还款来源为项目公司产生的现金流,其以项目资产或权益进行抵、质押,可分为有限追索权项目融资及无追索权项目融资。

有限追索权是指除了以贷款项目经营现金流作为还款来源和取得物权担保外,银行还要求项目公司以外的第三方提供担保,目的是一旦出现项目建设失败等情况,贷款行有权向第三方担保人追索。一般由项目出资方按出资比例提供担保,并仅仅是在项目未产生现金流的阶段提供担保。而无追索权项目融资也称为纯粹的项目融资,贷款还本付息完全依靠项目自身的经营现金流,当项目出现未能建成或经营失败情形,其资产或收益不足以清偿全部贷款时,贷款银行无权向该项目的发起方(股东方)追索。

对比来看,项目融资风险明显高于固定资产贷款。所以项目公司的股东一般必须是非常有实力的大型企业,且项目本身应属于基础设施、大型能源等项目,具有一定的垄断性,有较好经营前景。

由于项目融资资金需求量大、风险高,所以往往由多家金融机构共同参与提供资金,即后面所说的银团贷款。同时,项目一般为政府重点项目或工程,因此,政策性银行投放比例相对更高。以青岛国际院士港建设项目为例,项目作为新旧动能转换重要平台,是促进国际科技创新合作的桥梁、纽带和窗口,产业核心区承载着院士科研成果转化和项目落地产业化的历史使命。项目资金最终由农业发展银行山东省分行审批通过,发放中长期贷款12.6亿元,用于支持青岛国际院士产业核心区先导区项目建设,这也是金融系统支持先导区建设的首笔贷款。又如,为保障郑济高铁山东段项目的建设顺利推进,国家开发银行发放贷款授信136亿元,并发放首笔贷款8亿元。

4. 银团贷款

银团贷款又称辛迪加贷款,是由一家或数家银行牵头、多家银行或非银行金融机构参加而组成的银行集团,依据同一贷款协议,按约定时间和比率,统一商定期限、利率和出资比例等条件,向同一借款人提供融资的一种贷款方式。

银团贷款是商业银行典型的"抱团取暖"行为。特大型项目的经营往往存在一定的不确定性,任何一家银行单兵突进都意味着风险。而银行抱团除了可以起到风险共担的效果外,还可以提高谈判的筹码,一旦出现风险,可以银团方式谈判,银行可共同进退。

2019年,为支持制造业发展,中信银行昆明分行与武钢集团昆明钢铁股份有限公司多次接洽,克服突发疫情带来的影响,于2019年年末正式启动银团贷款项目,最终于2020年4月取得授信批复。随后中信银行昆明分行与昆明市农信社、华夏银行昆明分行共同为武昆股份公司环保搬迁项目提供了融资支持。

5. 并购贷款

并购贷款是指银行向并购方或其子公司发放的、用于支付并购交易价款的贷款。

根据并购目标企业不同,并购通常可分为同行业或上下游企业并购与跨行业并购。同行业并购一般是为了获取目标企业的技术、市场或客户资源等,提高本企业的市场占有率及行业竞争力。上下游并购的主要目的则是获得稳定、优质、低成本原材料供应,或通过向下游市场渗透,控制下游渠道,提高产业链价值。跨行业并购则是大型公司实现跨行业经营的手段,是实现业务多元化、分散行业集中度风险的重要途径。

6. 贸易融资

贸易融资最初的业务形式为信用证,是银行信用介入国际货物买卖价款结算的产物。信用证的出现在一定程度上解决了进行跨国贸易的买卖双方之间互不信任的矛盾,同时还使双方在结算货款的过程中获得银行资金融通的便利,促进了国际贸易的发展。贸易融资由此衍生,且业务种类逐渐丰富。

贸易融资的定义为银行基于商品交易买卖双方信用需求提供的融资,融资主体可以是买方,也可以是卖方。贸易融资可分为国际贸易融资和国内贸易融资两大类。

国际贸易融资的业务基础是境内与境外客户之间进行的跨境商品或服务贸易,业务品种包括信用证、打包贷款、押汇、保理、福费廷等。国内贸易融资业务基础是境内客户之间进行的境内商品或服务贸易,其融资标的可以是交易中产生的存货、预付款、应收账款等资产。目前,我国国内贸易融资业务所涉产品主要包括国内保理、国内信用证、国内信用证项下打包贷款等。

7. 保证业务

保证业务是指银行应申请人的请求,向受益人开立书面信用担保凭证,保证在申请人未能按双方协议履行其责任或业务时,由银行按照约定代为履行一定金额的经济赔偿责任的信贷业务产品。保证业务一般以保函形式出具,又称保函。保证业务可分为融资性保证业务和非融资性保证业务两大类。

融资性保证业务主要为融资性保函,又称"融资保函",是指担保银行应借款人的申请而向贷款人出具的保证借款人履行借贷资金偿还义务的书面文件,主要包括借款保证、债券偿付保证等。非融资性保证业务主要包括工程中最常用的投标保函、履约保函、预付款保函,及贸易中最常用的关税保付保函、付款保函、保释金保函、租赁保函、质量保函,共八个主流品种。

(二) 公司贷款业务的创新与发展——绿色信贷

经济绿色转型已成为一种发展趋势和全球共识,需要大量的资金支持。党的十八大以来,党中央高度重视绿色发展,多次强调要"利用绿色信贷、绿色债券、绿色股票指数和相关产品、绿色发展基金、绿色保险、碳金融等金融工具和相关政策为绿色发展服务"。党的二十大进一步提出要"完善支持绿色发展的财税、金融、投资、价格政策和标准体系,发展绿色低碳产业"。发展绿色金融是实现绿色发展的重要措施,也是我国供给侧结构性改革的重要内容。

二维码4-4:金融机构需将"双碳"目标嵌入业务全流程

绿色信贷的概念源于绿色金融,绿色金融则源于绿色文明。绿色文明追求环境与人类和谐生存、发展。18世纪以来,工业革命将人类的工业文明推到崭新的高度,但为此也付出惨重的代价。面对环境污染、资源耗竭、生态失衡等全球性环境问题,人们普遍认识到人类过去的生产和消费方式对于环境的危害。为协调人类、经济与自然的共同发展,可持续发展战略自此确立。

绿色信贷常被称为可持续融资或环境融资。绿色信贷政策需要接受公众的监督,政府不仅应该将相关信息公开,并且应该建立真正平等对话的机制。绿色信贷要求银行等金融机构把符合环境检测标准、污染治理效果和生态保护作为信贷审批的重要前提。在信贷活动中,经济杠杆可以使企业将污染成本内部化,达到事前治理的目的。一方面,商业银行通过差异化定价引导资金导入有利于环保的产业、企业,有效地促进可持续发展;另一方面,银行增强控制风险的能力,积极推行绿色信贷,有利于解决"呆账""死账"问题,提升银行的经营绩效。

延伸阅读4-4

绿色金融科技的含义、功能和作用

一、绿色金融科技含义

关于绿色金融科技的含义,国内外尚未形成一致共识。2018年9月,联合国环境规划署在《绿色数字金融》报告中提出,(绿色数字金融)是由大数据、机器学习与人工智能、移动科技、区块链以及物联网等技术支持的金融创新,帮助环境效益项目进行投融资活动,实现可持续发展目标(SDGs)。欧洲银行业研究机构(EBI)在发布的《绿色金融科技初步评估报告》(2020)中明确,(绿色金融科技)是利用金融科技的点对点和分布式账本技术,以直接融资的形式,结合ESG(环境、社会和治理)理念,建立一个更加普惠,具有ESG弹性的,循环的和环境友好的金融系统,支持可持续发展。

二、绿色金融科技功能和作用

绿色金融科技基于技术手段,服务绿色金融发展,在推动投资决策绿色化、生产和生活方式绿色化、投融资方式多元化等方面发挥积极作用。

(一) 推动投资决策绿色化

财务指标、生产经营活动以及环境责任履行情况等数据是投资决策的重要依据,绿色金融科技可以实时收集相关数据信息,协助落实ESG投资理念,将环境效益和风险纳入决策流程。一方面,环保部门可联合金融监管部门,建立覆盖企业实际销售量和污染物排放量等生产活动信息,以及财务数据的综合性绿色金融数据服务平台,与环境处罚信息公示系统等对接,基于物联网和区块链实时监测和追踪绿色项目的指标水平，降低投融资双方的信息不对称水平，缩短投资机构风险定位时滞。另一方面，通过大数据技术，可将这些不规则数据转化为标准数据并进行数据可视化处理。然后，可基于先前积累的海量数据，利用人工智能的机器学习等技术，开发出可供投资者利用的ESG评级指标体系和评价模型，并且按照行业、规模等划分依据，确定绿色项目的环境收益率测算模型，降低绿色项目前期融资成本。

（二）推动投融资方式多元化

绿色金融科技定位资金供给端和需求端的实际偏好需求，多渠道连接绿色企业和"长尾市场"的中小投资者。一方面，众筹和P2P以大数据、云计算等为技术内核，可以以较低成本实现绿色投资项目和百万量级用户的对接，形成了一定可利用规模的资金池。目前，部分绿色中小企业面临不满足银行贷款条件、社会融资成本高的问题，可以将众筹、P2P作为绿色信贷，绿色证券等融资方式的有效补充。监管部门也要规范此类融资平台管理，指导企业完善绿色商业模式，突出核心技术优势。另一方面，这类众筹平台也为中小投资者提供了大量投资机会，它们利用大数据和人工智能技术，通过对用户过往交易数据的收集进行用户画像，分析投资者的风险偏好和资金配置水平，为数量庞大的中小投资者匹配投资门槛低，额度灵活和合适风险收益比的项目。

（三）推动生产和生活方式绿色化

在推动企业生产方式转向绿色化方面，绿色金融科技可通过物联网技术，在设备排放终端安装传感器，实时监测绿色企业的碳排放量和污染物浓度等，再利用大数据和人工智能技术，与同等规模、同类行业的优质绿色项目比较，形成供企业参考的评估报告，提出针对具体超标排放物和污染性生产工艺的改进路径，提高企业生产过程的环保水平。此外，绿色金融科技可基于区块链技术，建立以绿色企业为核心，上下游企业、金融机构和环保监管机构等多方参与的绿色供应链金融体系，将每一批次产品能耗排放信息和交易数据上链，实现从原料到成品的全流程可追溯，带动产业链的绿色升级。

资料来源：IIGF 中央财经大学绿色金融国际研究院. 国内外绿色金融科技发展分析及未来应用领域展望[EB/OL].（2021-02-27）[2023-01-20]. http://iigf.cufe.edu.cn/info/1012/3914.htm.

本章小结

本章主要学习了商业银行贷款业务及管理；熟悉了商业银行贷款的种类、制定贷款政策的影响因素及贷款政策的基本内容、贷款原则及贷款流程；理解了贷款价格的影响因素、贷款价格的构成及贷款定价方法；认识了贷款的风险管理，包括贷款风险的种类与成因、贷款风险的识别及控制；掌握了个人及公司贷款的主要信用风险分析技术；熟悉了个人贷款业务及创新发展、公司贷款业务及创新发展。

本章重要概念

贷款　贷款种类　贷款政策　贷款程序　贷款价格构成　贷款定价　贷款风险分类　贷款承诺费　贷款的信用风险　借款人信用分析　个人信用评估　公司贷款　财务因素　非财务因素　贷款质量分类　普惠金融　个人消费贷款　汽车消费贷款　住房抵押　信贷资产证券化　固定资产贷款　项目融资　银团贷款　并购贷款　贸易融资　绿色信贷

二维码4-5：
练一练

二维码4-6：
练一练答案

第五章 商业银行证券投资业务及管理

- ➢ 内容提要
- ➢ 重点难点
- ➢ 学习目标
- ➢ 知识框架
- ➢ 思政育人
- ➢ 第一节 商业银行证券投资业务概述
- ➢ 第二节 商业银行证券投资业务的管理
- ➢ 本章小结
- ➢ 本章重要概念

内容提要

本章主要讲解了商业银行证券投资业务的目标,商业银行证券投资的主要工具,商业银行证券投资风险与收益,商业银行证券投资的方法策略,商业银行的并购,以及我国商业银行证券投资业务。

重点难点

本章重点为商业银行证券投资的主要工具,商业银行证券投资的风险与收益,商业银行证券投资的方法策略。本章难点为对商业银行证券投资策略的理解。

学习目标

通过本章学习,学生应理解商业银行证券投资业务的目标;掌握商业银行证券投资的主要工具,商业银行证券投资的风险类型及方法策略,理解商业银行并购效应,了解我国商业银行证券投资业务的现状。同时,要求学生对我国商业银行证券投资业务有一个全面的认识,深入思考商业银行应如何在证券投资业务上寻求突破、转型和创新,使证券投资业务既能进一步拓宽商业银行的盈利性,又能保证商业银行的流动性和安全性,从而适应未来金融发展的要求。

知识框架

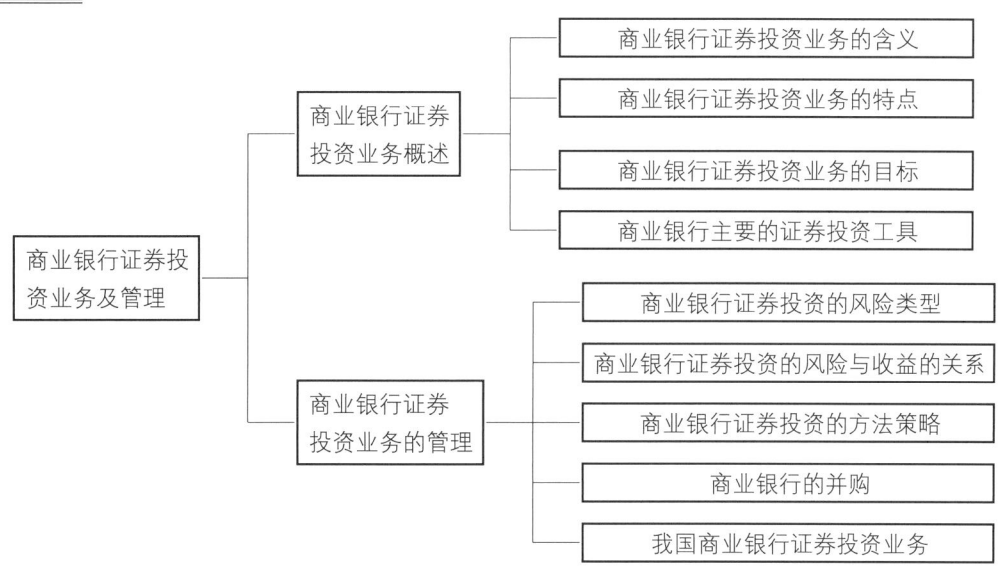

思政育人　　理性开展投资业务,提高银行风控能力

2022年4月,江苏银保监局官网披露的行政处罚信息显示,江苏昆山农村商业银行股份有限公司(以下简称"昆山农商行")因"投资业务管理不到位"被罚款45万元。投资业务作为昆山农商行重要的利润增长点,风控能力正备受考验。

近年来,在资金业务方面,昆山农商行积极推进债券投资交易、资产管理、同业投资等核心业务。这其中,证券投资规模逐年增加。根据其财报数据显示,截至2021年6月末,昆山农商行投资收益为2.84亿元,相比2020年6月末的5.69亿元,降幅达50.13%。

从昆山农商行的金融投资结构看,交易性金融资产和其他债权投资占比最大,其交易性金融资产以基金投资为主。与江苏数家上市农商行相比,昆山农商行基金投资在金融投资中的占比最高,截至2021年6月末,这一数据为21.48%。相较之下,江阴银行为18.22%、常熟银行为13.65%。与此同时,昆山农商行的投资收益变动亦较大,截至2021年6月末,江阴银行投资收益同比下降43.48%,常熟银行同比上升22.06%。

就昆山农商行金融业务发展情况,财经评论员张雪峰向记者表示,中小银行的金融投资能力会影响其经营业绩,如果金融投资能力强,则会有利于其业绩的增长,如果金融投资能力弱,则不利于其经营业绩的增长。

某银行业内人士告诉记者,"部分中小银行投资金融资产,主要是因为近年来市场竞争激烈,负债压力较大。中小银行客户群体以小微企业为主,这对银行信用风险把控能力提出了一定要求。而银行投资金融产品更多面临的是市场波动风险,这对银行的市场风险把握能力要求很高。中小银行资产负债规模相对较小,如果金融投资占比过高,势必会加剧部分中小银行的利润波动。银行就是与各种风险打交道的机构,风控能力很重要,如果银行经营波动大,则不利于稳健经营。"上述业内人士补充道。

由此可见,商业银行的证券投资需要根据自身的风险控制能力来进行,不能盲目进行投资以扩大利润。盲目扩大投资反而会增加商业银行自身的风险,不利于其利润的长期提升。党的二十大报告中也提到"防范化解金融风险",所以商业银行更应该提高自身风险防控能力,降低各类业务风险,保证商业银行的安全稳健运营。

资料来源:关婧.昆山农商行投资业务领罚背后:投资收益波动大,IPO三年无进展[EB/OL].(2022-04-23)[2023-03-09].http://finance.ce.cn/bank12/scroll/202204/23/t20220423_37522561.shtml.

第一节　商业银行证券投资业务概述

一、商业银行证券投资业务的含义

商业银行证券投资业务是指在商业银行业务中,银行为增强其资产的收益性和保持资产流动性而把资金投放于有价证券的行为。

证券投资是商业银行购买债券、股票等有价证券及其衍生产品,在承担一定风险的前提下,以获取利息、红利和资本利得等的投资行为。

二、商业银行证券投资业务的特点

证券投资业务属于商业银行的一项重要资产业务,其实质属于投资银行性质的业务,是对金融产品的间接投资。证券投资业务与商业银行最重要的一项资产业务贷款业务相比,具有以下几方面特点。

(一) 主动性

商业银行在证券投资中处于主动地位,根据市场行情的变化趋势和自己的资金实力,自主决定是否购买证券产品,从而进行资金运用。在贷款业务中,通常是客户主动向商业银行申请,商业银行根据客户的资信状况和用途决定贷与不贷,贷多贷少。资金最终能否运用出去,主要取决于客户的情况,商业银行处于被动地位。

(二) 独立性

在证券投资中,决定商业银行是否购买证券产品的唯一标准是市场推算出的预期收益率,不为人际关系所左右。而在贷款业务中,商业银行不仅要关心企业投资收益率的高低,而且还要考虑到与客户的业务关系和人际关系。

(三) 参与性

在证券投资中,商业银行只是众多债权人中的一个,对债务人的控制作用是非常有限的,不能起到决定性作用。而在贷款业务中,银行是企业的主债权人,或是几个少数债权人中的一个,对企业的控制作用很大。

另外,在资金来源的渠道及资金运用管理的原则等方面,商业银行证券投资也有自己的特点。

三、商业银行证券投资业务的目标

商业银行证券投资业务是一项重要的资产业务,因而证券投资目标应与银行总体经营目标相一致,满足商业银行的安全性、流动性、盈利性。

(一) 获取收益

获取收益是商业银行从事证券投资业务的重要目标。

当贷款需求减弱,或者由于商业银行之间竞争激烈,寻找放贷客户越来越困难时,银行贷款本金和利息回收的风险加大,导致收益降低,此时,银行就可以将存款资金投资于有价证券。证券投资的收益包括利息收益、股利收益和资本利得收益。

(二) 分散风险

商业银行要保证经营安全,就要降低商业银行的经营风险,将风险控制在最低限度内,这是商业银行经营管理的重要内容。为了降低风险,比较有效的办法就是实现多元化的分散投资,而商业银行的证券投资正好起到分散投资的作用。

证券投资是商业银行资产分散化的新选择。如果银行的贷款风险加大,没有合适的贷款机会,银行就可以将资金投资于有价证券,以回避和抵消贷款的风险损失。而且商业银行能用于证券投资的品种和数量众多,投资选择的余地大,可以在更大程度上分散风险。

(三) 增强流动性

流动性的高低是衡量商业银行经营稳健与否的重要标志。银行为了保证资产具有一定的流动性,一般要保留一定量的现金资产,但是现金资产无利息收入,所以银行持有过多的现金资产,往往会增加银行的机会成本,降低银行的利润。而商业银行的证券投资,特别是短期证券投资具有很高的流动性,必要时可以在证券市场交易迅速变现,满足银行的流动性要求,同时,持有证券资产也可以获得收益。

(四) 合理避税

商业银行投资的有价证券一般包括国债和地方政府债券,这类有价证券往往都有免税的优惠条件,可提高商业银行的收益。

除此之外,证券投资的某些证券可以作为向中央银行再贷款的抵押品,证券投资也是银行管理资产利率敏感性和期限结构的重要手段。总之,商业银行从事证券投资是兼顾资产的流动性、盈利性和安全性的有效手段。

四、商业银行主要的证券投资工具

(一) 政府债券

政府债券是由政府或政府机构发行的债务凭证,它证明债券持有者有权从政府或政府机构取得利息,并到期收回本金。政府债券可以从不同角度分类:从期限看,可分为短期债券、中期债券和长期债券;从发行主体看,通常可分为三种类型:中央政府债券、政府机构债券和地方政府债券。

1. 中央政府债券

中央政府债券是由中央政府财政部发行的借款凭证。

(1) 按照发行对象,可将中央政府债券分为公开销售债券和指定销售债券。

公开销售债券向社会公众销售,可以自由交易;指定销售债券向指定机构销售,不能自由交易和转移。商业银行投资的中央政府债券一般是公开销售债券。

(2) 按照期限,可将中央政府债券分为短期国债和中长期国债。

短期国债又称为国库券,通常期限在1年以内,所筹资金主要用于弥补中央财政预算临时性收支不平衡。国库券期限短、风险低、流动性高,是商业银行流动性管理的重要工具。国库券交易以贴现方式进行,属于贴现债券。

中长期国债是政府发行的中长期债务凭证,1—10年为中期国债,10年以上为长期国债,所筹集资金可以用于弥补中央财政预算赤字或国家一些重点工程和重点项目的长期建设资金,多为息票证券。

商业银行进行证券投资时一般首选中央政府债券,因为它安全性高、流动性强。国债利息收入无需缴纳利息所得税,也是优质的贷款质押品。

2. 政府机构债券

政府机构债券是除中央财政部以外的其他政府机构所发行的债券,如中央银行发行的融资债券等。它虽然不是政府的直接债务,但通常也会受到政府担保,因此信誉较高,风险较低。政府机构债券利息收入通常也有免税优惠。

3. 地方政府债券

地方政府债券又称市政债券,是由中央政府以下各级地方政府发行的债券,所筹资金多用于地方基础设施建设和公益事业发展。

按照偿还的保障,地方政府债可以分为两类:第一类是普通债券,一般用于提供基本的公共服务如教育等,其本息偿还以地方政府税收作保证;第二类是专项债券,用于政府所属企业或公益事业单位的项目,其本息偿还以所筹资金投资项目的未来收益作保证,安全性不如普通债券。地方政府债券的利息收入是否免税由地方政府决定。由于地方政府的信誉要低于中央政府,所以地方政府债的发行和流通市场不如中央政府债券活跃。我国的地方政府(省、自治区、直辖市、计划单列城市)于2009年开始发行地方政府债券。2020年全国总计发行地方政府债券合计73 676亿元,其中一般债券22 360亿元、专项债券51 316亿元。

延伸阅读 5-1

2022年12月地方政府债券发行和债务余额情况

一、全国地方政府债券发行情况

(一)当月发行情况

2022年12月,全国发行新增地方政府债券98亿元,全部为专项债券。全国发行再融资债券817亿元,其中一般债券403亿元、专项债券414亿元。全国发行地方政府债券合计915亿元,其中一般债券403亿元、专项债券512亿元。

2022年12月,地方政府债券平均发行期限6.1年,其中一般债券5.6年,专项债券6.4年。

2022年12月,地方政府债券平均发行利率2.77%,其中一般债券2.74%,专项债券2.80%。

(二)1~12月发行情况

2022年1~12月,全国发行新增地方政府债券47 566亿元,其中一般债券7 182亿元、专项债券40 384亿元。全国发行再融资债券26 110亿元,其中一般债券15 178亿元、专项债券10 932亿元。全国发行地方政府债券合计73 676亿元,其中一般债券22 360亿元、专项债券51 316亿元。

2022年1~12月,地方政府债券平均发行期限13.2年,其中一般债券7.9年,专项债券15.5年。

2022年1~12月,地方政府债券平均发行利率3.02%,其中一般债券2.85%,专项债券3.09%。

(三)1~12月还本付息情况

2022年1~12月,地方政府债券到期偿还本金27 758亿元,其中发行再融资债券偿还本金23 910亿元、安排财政资金等偿还本金3 848亿元。12月当月到期偿还本金661亿元。

2022年1~12月,地方政府债券支付利息11 211亿元。其中,12月当月地方政府债券支付利息796亿元。

二、全国地方政府债务余额情况

经第十三届全国人民代表大会第五次会议审议批准,2022年全国地方政府债务限额为376 474.3亿元,其中一般债务限额158 289.22亿元、专项债务限额218 185.08亿元。

截至2022年12月末,全国地方政府债务余额350 618亿元,控制在全国人大批准的限额之内。其中,一般债务143 896亿元、专项债务206 722亿元;政府债券348 995亿元、非政府债券形式存量政府债务1 623亿元。

截至2022年12月末,地方政府债券剩余平均年限8.5年,其中一般债券6.2年、专项债券10年;平均利率3.39%,其中一般债券3.39%、专项债券3.39%。

专家表示,2022年地方债发行明显加快,充分体现了积极财政政策靠前发力。后续专项债资金将加快拨付使用,促进尽快形成实物工作量。对于后续地方政府债券额度的发放,一些地方希望增加当地限额,比如河北、海南、辽宁等地人大代表均就此提出建议。对此,财政部在回复人大代表建议时表示,在测算后续地方政府债务限额时,将充分考虑当地社会发展需要,结合财力状况、债务风险等情况,积极予以支持。

资料来源:

(1) 佚名.上半年全国发行新增地方政府债券逾4万亿元[EB/OL].(2022-07-31)[2023-02-13]. http://www.cinic.org.cn/xw/cjxw/1330820.html.

(2) 中华人民共和国财政部.2022年12月地方政府债券发行和债务余额情况[EB/OL].(2023-01-29)[2023-02-13]. http://yss.mof.gov.cn/zhuantilanmu/dfzgl/sjtj/202301/t20230128_3864087.htm.

(二)金融债券

金融债券是指金融机构法人按照法定程序在全国银行间债券市场发行的、按约定还本付息的有价证券。金融机构法人包括在中国境内设立的政策性银行、商业银行、企业集团财务公司及其他金融机构。金融机构须经中国人民银行核准方可发行金融债券。

金融债券不计复利，不能提前支取，延期兑付不计逾期利息；利率固定，一般较高；解决特定用途资金需要；集中发行、有限额；不记名，流动性强。

商业银行投资金融债券的数量低于投资政府债券数量，在商业银行债券投资中，金融债券投资量居第二位。

（三）公司债券

公司债券是企业对外筹集资金而发行的一种债务凭证，发行债券的公司向债券持有者作出承诺，在指定的时间按票面金额还本付息。

按照是否有抵押品，公司债券可分为两类：一类是抵押债券，即公司以不动产或动产作为抵押而发行的债券；另一类是信用债券，即公司仅凭其信用发行的债券，通常只有信誉等级较高的大公司才有资格发行此类债券。

商业银行对公司债券的投资数量较为有限。这主要是因为：第一，公司债券要缴纳中央和地方两级所得税，税后收益不高；第二，由于公司经营状况差异很大，且市场变化无常，故公司债券违约风险较大；第三，公司债券在二级市场上的流动性不如政府债券。所以为保障商业银行投资的安全，许多国家在银行法中规定，仅允许商业银行购买信用等级在投资级别以上的公司债券，且对于投资级别的信用等级的规定，各国也存在一定的差别。

二维码：5-1 中国工商银行成功发行境内首单碳中和绿色金融债券

延伸阅读5-2

2022年年末商业银行各类债券持有情况

根据2022年债券业务统计分析报告，截至2022年年末，商业银行是持债规模最大的机构，托管量为61.32万亿元，占比为64.79%。从持债偏好看，商业银行偏好地方政府债、国债和政策性银行债，占比分别为47.21%、25.87%和19.73%，对于商业银行金融债和公司债券持有量较少。2022年年末商业银行对在中央结算公司登记托管的各类债券持有量如表5-1所示。

表5-1　**2022年年末商业银行对在中央结算公司登记托管的各类债券持有量**　　　单位：亿元

国债	地方政府债	政策性银行债	商业银行债	企业债券	信贷资产支持证券
158 672	289 501	120 975	21 450	5 026	17 641

资料来源：中国债券信息网.2022年债券业务统计分析报告[EB/OL].(2023-02-07)[2023-02-13]. https://www.chinabond.com.cn/cb/cn/yjfx/zzfx/nb/20230207/162032594.shtml.

（四）股票

股票是股份公司发行的、证明股东在公司中投资入股并能据此获得股息的所有权证书，它表明投资者拥有公司一定份额的资产和权利。

商业银行购买股票有两个目的：第一，参与和控制公司的经营活动，但要实现这个目的，持有量必须达到一定的份额，且要受到金融法律法规的限制，如购进的股票不能超过银行资本金的一定比例等。第二，通过股票的买卖获取利润。

就目前的情况看，许多国家禁止商业银行购买公司股票，只有德国、奥地利、瑞士等少数国家允许商业银行购买公司股票，目的是在银行信贷市场与证券市场之间构筑一道"防火墙"。即使是法律允许的国家,基于风险的考虑,商业银行也很少购买股票。

(五) 大额可转让定期存单

大额可转让定期存单是商业银行所发行的一种债务凭证,是银行筹集资金的一项重大的负债业务创新。但商业银行也经常买入其他银行发行的这类存款单,以作为投资的一部分。这类存单风险小,流动性很强,而且具有一定的收益率,也是银行进行证券投资的一种产品。

大额可转让定期存单市场的主要参与者是货币市场基金、商业银行、政府和其他非金融机构投资者,其市场收益率高于国库券。

(六) 票据

1. 商业票据

商业票据是指信誉较好的大公司为筹措资金,以贴现方式发行的无担保短期债务凭证。这种商业信用工具既是商品交易的工具,又可作为融通资金的工具。随着金融市场的发展,这种工具的融资职能与商品交易相分离,变成了单纯债权债务关系的融资工具,是商业银行的投资工具之一。商业票据的特点包括:发行成本较低,采用信用发行的方式且信用等级较高,期限通常在30天左右,一般不超过9个月,对利率变动反应灵敏。

商业票据是企业融资的一项工具,需要企业具有较高的信用等级,西方国家的公司较常发行短期商业票据融资。

2. 银行承兑票据

银行承兑票据是银行对企业客户提供的一种信用担保,银行承诺在任何条件下都会偿付其客户的债务,银行从中收取费用。由银行承兑的票据是一种安全的投资工具,具有较大的市场规模,信誉好的银行承兑票据还可以申请获得中央银行的贴现。银行承兑票据的交易可以增加银行的流动性资产和获得投资收益。

3. 央行票据

央行票据即中央银行票据。央行票据是我国特有的一种票据,是中央银行为调节商业银行超额准备金而向商业银行发行的短期债务凭证,其实质是中央银行债券。

央行票据是中国人民银行成为中央银行后,从20世纪90年代开始比较经常使用的货币政策工具。1993年,中国人民银行发布了《中国人民银行融资券管理暂行办法实施细则》,当年发行了两期融资券,总金额为200亿元。1995年,央行开始试办债券市场公开市场业务,为弥补手持国债数额过少的不足,央行也曾将融资券作为一种重要的补充性工具。2002年9月24日,为增加公开市场业务操作工具,扩大银行间债券市场交易品种,央行将2002年6月25日至9月24日进行的公开市场业务操作的91天、182天、364天的未到期正回购品种转换为相同期限的中央银行票据,这是央行票据开始发行的标志。

央行票据与金融市场各发债主体发行的债券具有根本的区别:

(1) 发行目的的不同。金融市场各发债主体发行的债券是一种筹集资金的手段,其目的是筹集资金;而央行票据是中央银行调节基础货币的一项货币政策工具,目的是减少商业银行可贷资金量,商业银行在支付认购央行票据的款项后,其直接结果就是可贷资金量减少。

(2) 发行对象不同。对于金融市场各发债主体发行的债券,普通的个人投资者大部分都可以进行投资;而央行票据的发行对象为公开市场业务一级交易商,一级交易商主要是金融机构,大部分为商业银行,个人不能直接投资,央行通过向一级交易商发行央行票据来影响整个社会的货币量。

(七) 证券投资基金

证券投资基金是一种利益共享、风险共担的集合证券投资方式,即基金公司通过发行基金单位,集中投资者的资金,由托管人托管、基金管理人管理并运用资金,从事股票、债券等金融工具投资,并将投资收益按投资者的投资比例进行分配。

(八) 金融衍生工具

金融衍生工具是与基础金融产品相对应的一个概念。其是指建立在基础产品之上,价格随基础金融产品的价格(变量)变动的派生金融产品。金融衍生工具的基础变量包括利率、汇率、各类价格指数甚至天气(温度)指数等。金融创新的兴起,导致金融市场出现很多衍生金融产品,它们也逐渐成为商业银行新的投资对象。

二维码 5-2:
视频:证券
投资种类

第二节　商业银行证券投资业务的管理

一、商业银行证券投资的风险类型

商业银行证券投资的风险是指商业银行所投资证券的预期收益变动的可能性及变动幅度,或者说,是商业银行所投资的证券不能获得预期收益甚至本金遭受损失的可能性。根据证券投资的风险来源不同,可以把风险分为以下几种类型。

(一) 市场风险

市场风险是指证券市场行情周期变动而引起的风险。它是证券投资中最常见,也是最普通的风险。这种风险来自市场买卖双方供求不平衡引起的价格波动,这种波动使得商业银行在投资到期时可能得不到投资决策时所预期的收益,甚至会造成本金损失。商业银行投资于证券市场,而证券市场价格因受到经济因素、政治因素、投资者心理和交易制度等各种因素的影响而产生波动,从而导致证券投资收益水平发生变化,导致风险产生。

比如,在经济复苏和繁荣时期,社会总需求、社会总投资都比较旺盛,经济增长率上升,就业率和个人收入水平也有较大的提高,此时证券市场投融资也比较活跃。然而,在经济萧条时期,特别是危机时期,由于社会经济活动萎缩和倒退状态,经济秩序不稳定,证券市场也必然受到冲击。这样就可能出现资金需求减少,市场交易规模随之缩小,而股票价格大幅度波动并呈现跌势,商业银行的证券投资实际收益下降,甚至出现亏损。世界各国经济发展过程都存在着明显的波动,经济过热与经济紧缩交替出现,在一定程度上也造成了股票市场的周期性波动。为减轻市场风险的影响,一应认清市场变动趋势并顺势而为,选择正确的投资策略;二应选择大企业和业绩优良的企业投资,因为这类企业对客观经济环境变化的承受能力和适应能力较强。

市场风险主要包括利率风险、汇率风险、通货膨胀风险等。

1. 利率风险

利率风险是指金融市场利率的波动会导致证券市场价格和收益率的变动,从而影响证券投资收益率的变动而带来的风险。利率直接影响债券的价格和收益率,影响企业的融资成本和利润。商业银行将资金投资于债券和股票,其收益水平可能会受到利率变化的影响。

利率风险是固定收益证券的主要风险,特别是债券的主要风险,利率风险对长期债券的影响大于短期债券。当市场利率上升时,债券价格下跌,持有债券的商业银行的资本会遭受损失。因此,商业银行购买的债券离到期日时间越长,则利率变动的可能性越大,其利率风险也相对越大。减轻利率风险影响的办法是,商业银行在预见利率将要提高时,应减少对固定利率债券的持有,特别是对长期债券的持有;反之则应增加对固定利率债券的持有。

2. 汇率风险

汇率风险是指由于外国货币与本国货币之间的汇率变动造成证券投资收益发生变化而带来的风险。汇率与证券投资风险的关系主要体现在三个方面:一是本国货币升值有利于进口企业,不利于出口企业。因此,投资者看好前者,看淡后者,这就会引发股票价格的涨落,而本国货币贬值的效应正好相反。二是对于货币可以自由兑换的国家来说,汇率变动也可能引起资本的输出与输入的变动,从而影响国内货币资金和证券市场的供求状况。三是投资于外国发行、我国香港地区发行或我国以外币发行的有价证券,除了承担与其他证券一样的风险以外,还要承担货币兑换的风险。

3. 通货膨胀风险

通货膨胀风险是指由于通货膨胀、货币贬值,使商业银行的证券投资实际收益水平下降的风险。证券投资收益主要体现为现金形式,而现金可能因为通胀因素而购买力下降,从而使商业银行证券投资的实际收益率下降。实际收益率可用下面的公式简单计算:

$$实际收益率=名义收益率-通货膨胀率$$

社会货币资金的供给总量是决定证券市场供求状况和影响证券价格水平的重要因素。当货币资金供应量增长过猛、出现严重的通货膨胀时,证券的价格也会随之发生变动。一般来说,浮动利率债券和短期债券所受的影响要小些,而长期的固定利率债券、股票等证券所受影响较大。

 延伸阅读5-3

雷曼兄弟破产

雷曼兄弟(Lehman Brothers)在经历了158年的光辉历程后于2008年9月申请了破产保护。作为美国第四大投资银行的雷曼兄弟的破产引发了全球金融海啸。雷曼兄弟于1850年在亚拉巴马州蒙哥马利市成立,是历史最悠久的投资银行之一。

2007年美国楼市下滑、利率不断升高,次级房贷借款人不能按时还款,次级房贷大比例地转化为坏账,形成了美国金融危机。宏观经济环境恶化引发了信用体系的崩溃,由此致使次级债、CDO、CDS等衍生产品价格迅速贬值,雷曼兄弟大量持有这些金融头寸,因而不断减记资产、大幅亏损,其结果是评级被下调,又引发其他相关资产更进一步贬值。雷曼兄弟在2008年6月16日发布的财务报告显示,第二季度(至5月31日)公司亏损28.7亿美元,合每股5.14美元,上年同期则盈利12.6亿美元,这是公司自1994年上市以来首次出现亏损;净收入为-6.68亿美元,而上年同期为55.1亿美元。9月10日,雷曼兄弟公布第三季度业绩报告以及数项重组战略方案,第三季度巨亏39亿美元,创下该公司成立158年以来最大的季度亏损。第三季度雷曼兄弟已减值高达78亿美元房地产抵押证券敞口,全年总计减值172亿美元,占相关资产总额的31%。财务报告公布之后,雷曼兄弟股价应声下挫近7%。至此,雷曼兄弟股价从年初超过60美元,跌至7.79美元,短短9个月狂泻近90%,市值仅剩约60亿美元。9月14日,由于美国政府拒绝为收购提供保证,美国银行、巴克莱银行等潜在收购者相继退出谈判,拥有158年历史的雷曼兄弟面临破产。9月

15日,雷曼兄弟宣布申请破产保护。

雷曼兄弟破产的主要原因就是持有大量与房地产相关金融衍生产品、房地产价格的下降导致金融衍生品贬值,从而导致其破产,这也显示了市场风险的巨大威力。

资料来源:中国银行业协会银行业专业人员职业资格考试办公室.银行管理(2021年版)[M].北京:中国金融出版社,2021.

(二)信用风险

信用风险又称违约风险,指证券发行人在证券到期时未还本付息而使投资者遭受损失的风险。易于产生信用风险的证券包括公司债券、外国债券和优先股股票。同样,普通股股票也存在信用风险。

规避信用风险的主要方法就是以社会上权威的信用评级机构对证券所进行的评级分类为标准,对证券进行选择和投资组合。在国际上,权威证券信用评级机构包括标准普尔公司评级服务公司、穆迪投资服务公司和惠誉国际信用评级有限责任公司,我国则有中诚信国际信用评级有限公司、大公国际资信评估有限公司、联合资信评估有限公司、上海远东资信评估有限责任公司和上海新世纪资信评估投资服务有限公司等。信用等级越高的证券,其信用风险就越小。评级机构债券评级标准如表5-2所示。

表5-2　　　　　　　　　　评级机构债券评级标准

穆迪评级	标准普尔评级	评级标准
Aaa	AAA	质量最高,风险最小
Aa	AA	质量高,财务状况比上面略弱
A	A	财务能力较强,易受经济条件变化的影响
Baa	BBB	中间等级,当期财务状况较强,缺乏优异的投资特征
Ba	BB	具有投资特征,当期尚能支付利息,但未来不确定
B	B	较高投机性,对本利的偿还不确定
Caa	CCC	高度投机,违约可能性很大
Ca	CC	已经违约

延伸阅读5-4

国内主要信用评级机构介绍

一、中诚信国际信用评级有限公司

中诚信国际信用评级有限公司,简称"中诚信国际",英文简称"CCXI"。中诚信国际是经中国人民银行总行、中华人民共和国商务部批准设立,在中国国家工商行政管理总局登记注册的中外合资信用评级机构。其股东为:穆迪投资者服务公司(占股49%)和中国诚信信用管理有限公司(占比51%)。其业务范围主要包括企业债券评级、短期融资券评级、中期票据评级、可转换债券评级、信贷企业评级、保险公司评级、信托产品评级、货币市场基金评级、资产证券化评级、公司治理评级等。中诚信国际是国家发展与改革委员会认可的企业债券评级机构,是中国人民银行认可的银行间债券市场信用评级机构,也是中国保监会认可的首家信用评级机构。中诚信国际是国内评级行业中唯一正式引进国际评级技术与方法体系,是具有公认领导地位的国内行业龙头公司,在资产证券化等高端产品中具备业内较强的技术优势。2007年4月,CCXI在全国率先公布第一批4个行业的评级方法,目前已完成20个行业的评级方法,是业内唯一正式公开评级方法和按行业制定不同评级标准的评级公司。

二、联合资信评估有限公司

联合资信评估有限公司简称"联合资信"。联合资信是目前中国唯一一家国有控股的信用评级机构,总部设在北京。联合资信的股东为联合信用管理有限公司和惠誉信用评级有限公司,前者是一家国有控股的全国性专业化信用信息服务机构,后者是一家全球知名的国际信用评级机构。

联合资信的主要业务领域包括:资本市场信用评级、信用风险咨询。其主要业务范围包括:主体评级,即对金融及非金融企业主体开展的评级;债项评级,即对金融及非金融企业主体发行的各种证券开展的评级。联合资信评级资质齐全,是中国人民银行、国家发展和改革委员会、中国保险监督管理委员会等监管部门认可的信用评级机构,是中国银行间市场交易商协会理事单位。

三、大公国际资信评估有限公司

大公国际资信评估有限公司简称"大公国际"。大公国际1994年经中国人民银行和原国家经贸委批准成立,是面向全球的国际信用评级机构。它是世界第一家向全球提供国家信用风险信息的非西方国际评级机构,是财政部推荐参加亚洲债券市场建设的评级机构,也是参与国际信用评级体系改革,争取国际评级话语权的中国信用评级机构的代表。大公国际具有国家特许经营的全部资质,拥有银行间和证券业两大债券市场,四个国家政府部门认定的中国全部债务工具类信用评级资质:中国人民银行认定的全国性企业债券及银行间债务信用评级机构,中国证监会认定的从事证券市场资信评级业务信用评级机构,国家发改委认定的企业债券、中小企业、担保公司信用评级机构,中国保监会认定的对保险公司投资债券进行信用评级的机构。

大公国际作为多元化的金融信用信息服务商,建立了我国评级业第一个博士后科研工作站,为资本市场提供前沿风险评价技术与研究服务;在国内设有30多个分支机构,每年为国内外客户提供大量信用信息服务。

资料来源:三千馆.国内主要信用评级机构介绍[EB/OL].(2019-12-16)[2022-07-07].http://www.360doc.com/content/19/0114/15/9382151_808806978.shtml.

(三)流动性风险

流动性风险,是指银行无法将所投资的证券在短期内以合理的价格出售而遭受损失的可能性。银行在日常经营活动中,常常面临临时性的流动性需求,如果银行现金资产不足,就需要通过变现证券来满足流动性需求。银行在进行证券投资时,应该考虑到证券无法变现的情况,尽量选择交易范围广、价格相对稳定、流动性强的证券,这样就会减少证券变现的损失,降低流动性风险。流动性强的证券收益性较低,所以商业银行投资部门应在银行的盈利性和流动性之间作出权衡。

流动性风险的产生除了因为商业银行的流动性计划不完善之外,其他类型的风险有时也会导致商业银行的流动性风险的出现,甚至引发风险扩散,造成整个金融系统出现流动性困难。因此,流动性风险管理除了应当作好流动性安排之外,还应当重视和加强对跨风险种类的风险管理。

(四)经营风险

经营风险是指目标公司的决策人员与管理人员在经营管理过程中出现失误而导致公司盈利水平变化,从而产生投资者预期收益下降,甚至使得企业经营不善而倒闭。如造成股票退市或公司债券本金和利息不能兑付,可能会使投资者遭受巨大损失。

公司经营风险由公司内部因素和外部因素两方面构成。内部因素主要包括：一是项目投资决策失误；二是不重视技术创新和新产品研究开发，产品竞争力下降；三是不开拓新市场，使得市场占有率下降；四是防范各种风险的意识淡薄；五是员工素质不高，管理水平薄弱等。外部因素主要包括：一是行业竞争加剧；二是经济周期的影响；三是宏观经济政策的影响等。

不同行业、不同企业的经营风险不同。如果商业银行所投资的上市公司经营不善，则其股票价格可能下跌，使商业银行证券投资收益下降。虽然商业银行可以通过对不同行业和不同企业分散化投资来降低这种风险损失，但也无法完全避免。

（五）财务风险

财务风险是指银行财务结构不合理、融资不当而导致投资者预期收益下降的风险。银行在经营过程中，资金来源包括两个方面：一是自有资金，包括通过发行股票所筹集的股本，银行发行股票的溢价部分等所形成的资本公积，从银行净利润提取的盈余公积以及未分配利润等积累资金；二是负债资金，包括通过吸收存款筹集社会资金、发行金融债券以及各种借款所形成的债务。

形成财务风险的因素主要包括：一是资产负债比例过高，债务压力过重，无法偿还所发行的债券本金和利息，可能使银行股东分配到的红利减少，甚至使银行亏损而分配不到红利。二是资产与负债的期限错配，流动资产占用长期借贷资金，使财务成本加大；长期投资或固定资产投资占用短期借贷资金，一旦资金供应链断裂，易造成短期债务压力。三是流动负债与长期负债之间的债务结构不合理，短期债务占比过高，短期偿债压力较大。

（六）提前偿还的风险

一些证券在发行时制定了发行人可提前收回证券的条款，这就有可能发生证券在一个不利于证券持有人的时刻被发行人收回的风险。当市场利率低于证券利率时，收回证券对发行人有利，而对作为证券持有人的商业银行是不利的。这会使银行面临着不对称风险，即在市场利率升高时承担证券价格下降的所有负担，但在市场利率降低和证券价格升高时，却未能收到价格上涨的好处。

（七）不可抗力及意外事件风险

不可抗力及意外事件风险是指自然灾害、金融市场危机、战争或国家政策变化等不能预见、不能避免、不能克服的不可抗力事件或系统故障、通信故障、证券投资市场停止交易等意外事件的出现，可能对证券的成立、投资、兑付、信息披露、公告通知等造成影响，商业银行将面临损失的风险。这种风险是商业银行必须承担的，且损失金额不确定。

二、商业银行证券投资的风险与收益的关系

证券投资的风险与收益有着密切的关系，证券风险越大，投资收益损失的可能性就越大，但商业银行作为证券投资者所要求证券发行人给与的风险补偿（收益）也就越多。反之，证券风险越小，证券发行人给与投资者的风险补偿（收益）也就越少。因此，一般来说，证券投资的收益与其风险之间存在着正相关的关系，高风险则高收益，低风险则低收益。证券投资的风险与收益之间的关系可以用以下公式表示：

$$预期收益率 = 无风险收益率 + 风险补偿（收益）$$

预期收益率是投资人承受各种风险应得的补偿。无风险收益率是指投资人将资金投资于某一没有任何风险的投资对象所得到的利率。在现实生活中,任何证券都是有风险的,不存在真正的无风险证券。投资人为了获取高收益,就要冒较大的风险。通常存在以下规律:

(1) 同一类型的债券,长期债券的利率比短期债券的利率高。因为长期债券的利率受到市场利率变化的影响可能会比短期债券的利率所受到的影响大,两者之间利率的差额就是对利率风险的补偿。

(2) 不同类型债券的利率不同。通常在债券期限相同的情况下,国债的利率最低,其他依次是地方政府债券、金融债券、企业债券。债券的信用等级越高,其利率就越低,反之则越高,这是对信用风险的补偿。

(3) 在通货膨胀严重的时期,发行的债券采用浮动利率,这是对购买力风险的补偿。在债券存续期限内,通货膨胀越严重,债券利率就越高。

(4) 股票的收益率一般比债券的收益率高。因为发行股票的公司所面临的经营风险、财务风险和市场风险要比债券大,投资人应得到相应的补偿。

三、商业银行证券投资的方法策略

商业银行证券投资的主要目的是获取收益、分散风险和增强流动性以及合理避税。商业银行一般会选择合适的投资策略进行组合投资,以达到风险—收益的最优状态。由于商业银行持有证券的范围有限,证券投资的信用风险相对较小,其主要面临的是利率风险或期限控制风险。商业银行证券投资策略的目标强调在控制利率风险的前提下实现证券投资流动性和收益的高效组合。

商业银行可以选择被动投资策略、主动投资策略和避税组合策略。

(一) 被动投资策略

1. 梯形期限策略

梯形期限策略是相对稳健的投资方法,该方法要求银行把全部的证券投资资金平均投入不同期限的证券上,使银行持有的各种期限的证券数量都相等。当期限最短的证券到期后,银行用收回的资金再次购买期限最长的证券,如此循环往复,使银行持有的各种期限的证券总是保持相等的数额,从而可以获得各种证券的平均收益率。这种方法虽然不会使投资收益最大化,但由于投资分散而使得违约风险减少,收益较为稳定。由于这种投资方法用图形表示很像阶梯形状,所以其就被称为梯形(矩形)期限策略。

【例5-1】 假设某银行有1 000万元可用于证券投资,并决定不购买期限超过10年的证券,那么,如何使用梯形期限策略?

假定有10种可投资的证券,期限分别为1年、2年、3年、4年、5年、6年、7年、8年、9年和10年,按照梯形期限策略,投资者将用资金总额的10%,即100万元来均等购买每一种债券。1年后,当1年期证券到期后,投资者收回100万元,再买进10年期的证券。此时,投资者持有的证券到期日分别为1—10年。2年后,投资者收回投资在2年期债券上的资金后,同样再购买10年期的债券。如此不断进行下去,这位投资者每年都有100万元本金的证券到期,每年都持有10种到期期限的债券。该项投资的梯形期限策略如图5-1所示。

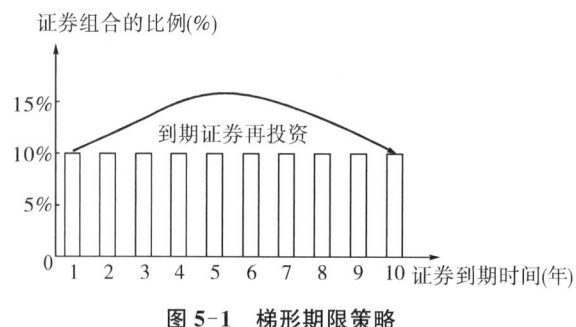

图 5-1 梯形期限策略

中小银行在证券投资中较多采用梯形期限策略,该策略优点在于:一是管理方便,容易掌握。银行将资金在期限上作均匀分布,并定期进行再投资安排即可。二是银行不必对市场利率走势进行预测,也不必频繁地进行证券交易。三是这种投资组合策略可以保障银行在避免因利率波动出现投资损失的同时,获取至少是平均收益的投资回报。

梯形期限策略的缺点在于:一是缺少灵活性,当有利的投资机会出现时,特别是当短期利率提高较快时,银行不能利用新的投资组合来扩大利润;二是流动性不高,该策略中的短期证券持有量较少,当银行面临较高的流动性需求时,出售中长期证券有可能出现投资损失。为了避免梯形期限策略的缺陷,一些银行采用了更为灵活的方法。当市场上短期利率上升、短期证券价格下降时,银行用到期证券收回的资金购买短期证券而不是长期证券。当短期利率下降、短期证券价格上升后,银行再出售短期证券,购买长期证券。在这个循环后,银行持有的证券仍然是梯形的。

2. 杠铃方法

杠铃方法也称分拆期限方法,即把证券划分为短期证券和长期证券两个类别,银行资金只分布在这两类证券上,对中期证券一般不予考虑的方法。这种证券组合结构反映在图上形似杠铃。该方法要求银行所投长期证券在其偿还期达到中期时就出售,并将其收入重新投资于长期证券;所投短期证券到期后若无流动性补充需要,再次投资于短期证券。长期、短期证券的期限由银行根据货币市场状态和证券变现能力自行决定。杠铃方法如图 5-2 所示。

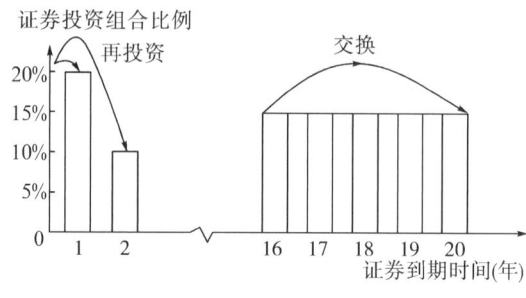

图 5-2 杠铃方法

根据长期、短期证券在投资组合中所占的比重不同,杠铃方法可分为前端装载法和末端装载法。前端装载法即在银行的投资组合中,短期证券所占比重大于长期证券所占比重。末端装载法正好相反,在投资组合中,长期证券比重大于短期证券比重。如何选择,主要取决于银行的流动性状况和收益率曲线的水平和形状。

杠铃方法的优点在于其能使银行证券投资达到流动性、灵活性和盈利性的高效组合。短期证券保证了银行的流动性,长期证券保证了银行较高的收益率,短期证券和长期证券在投资组合中所占比重的可调性,使银行可以适应市场利率的变化,分散部分利率风险。

杠铃方法的缺点在于其对证券管理人员的素质要求比较高,只有在银行证券转换能力、交易能力较强,投资经验丰富的情况下,银行才可能较好地把握这一策略。

(二)主动投资策略

主动投资策略比被动投资策略管理更复杂、成本更高,主要包括收益率曲线策略、证券转换策略,避税组合策略等。

1. 收益率曲线策略

收益率曲线是描绘因贷款和证券的到期时间不同而收益率不同的图形。一般来说,到期期限越长,收益率越高,所以一般收益率曲线是向上倾斜的,但少数情况下收益率曲线也可能向下倾斜或者保持水平。例如,在20世纪80年代初,美国为了治理通货膨胀,将短期利率提高至20%以上的高水平,同时,减少了长期国债的发行,这使得短期债券收益率急剧上升,而中长期债券收益率升幅有限,导致了债券收益率曲线呈略向下弯曲的形态。向上倾斜的收益率曲线如图5-3所示。

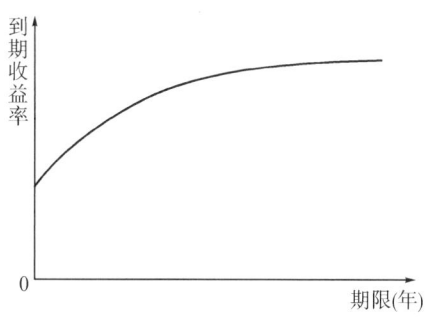

图5-3 向上倾斜的收益率曲线

根据该策略,银行在构造投资组合时,会根据收益率曲线的水平和形状的预期变化来分配资金。其基本思路是:当收益率曲线相对较低和向上倾斜时,通常购买短期证券,随着利率在未来几个月(或几年)内出现上升、证券不断地续期为较高收益证券,如果银行有额外流动性需求,也可以提供额外的流动性;当收益率曲线处于相对高水平时,预期利率会下降,银行转向长期证券,这样银行可获得最大的利息收入,而且在未来一段时间内,如因流动性需求而出售长期证券,也可获得资本利得;当认为利率已经达到最低点时,就出售长期证券,并将本金和资本利得转投资于短期证券。

事实上,收益率曲线反映了投资者对未来利率变化的隐含预期。向上倾斜的收益率曲线反映了市场平均预测未来的短期利率将比现在高。更重要的是,债券期限越长,流动性风险越高,基于风险补偿原理,期限越长的债券往往收益率越高。收益率曲线对于银行证券投资管理人员的投资决策具有重要意义。

收益率曲线策略的使用需要商业银行具备较强的市场预测能力,风险较大。银行如能成功地运用收益率曲线策略,将会赚取较高的利润。但在实际操作中存在一些问题:一是该策略的运用建立在利率周期性变动的基础上,如市场利率频繁波动,则该策略不具有可操作性。二是该策略要求银行对市场利率变动方向有准确的预测,而且需要预测市场整体没有预测到的利率变化,预测难度较高。根据预期理论的解释,当市场预期利率下降时,长期证券价格会上升,银行由短期证券转换为长期证券可能导致资本损失。另外,如果预测方向错了,银行证券投资将损失惨重。三是该策略选择证券转换的市场时机也是至关重要的,如转换时机选择不恰当,则可能会给银行带来损失。例如,当银行在收益率曲线处于相对高水平时(此时预期利率将会下降),将短期证券转换长期证券,如利率继续上升,则为了满足流动性需求,银行将被迫以较高成本借入资金,或出售长期证券而蒙受资本损失和承担交易成本。

因此,收益率曲线策略在运用中可能会给银行带来较大的风险。银行在证券投资管理中应注意使用多种方法,降低风险。

2. 证券转换策略

国家的宏观经济情况是不断变化的,各种证券的收益和风险也处于不断变化中,因此银行在进行证券投资时,要时刻注意市场变化,留意证券的转换机会,在有利的时机,卖出一种证券,买入另一种证券,以获得较高的收益,承担较低的风险。证券转换策略主要包括以下4种方法。

1) 价格转换

价格转换是指商业银行将所持有的价格较高的证券卖出,同时购进价格较低的同类证券的活动。银行通过赚取价格差异,获得较高的到期收益率。在实施这类策略时,银行要保证互相转换的证券具有相同的特点,如相同的期限、相同的票面收益率等。

2) 收益净增转换

收益净增转换是指商业银行用票面收益率低的证券交换票面收益率较高的证券的活动。在转换中,两种证券的期限、票面价值、到期收益率都相同,只是票面收益率不同。商业银行进行这类证券转换的目的是获得证券的再投资收益。

3) 市场内部差额转换

市场内部差额转换是指根据不同证券到期收益率的差额,在同一市场反复地进行证券的卖出与买入,由此获得收益的活动。

4) 避税转换

按一般国家的规定,证券持有者对证券销售中获取的资本利得需要缴纳所得税,税率一般采用超额累进制。如果证券持有者的资本利得超过了某一限额,就必须缴纳较多的税款。因此,银行在证券投资中,为了避免缴纳较高的税款,可以使用避税转换策略。

当商业银行资本利得超过某一限额后,银行就出售自己所持有的价格下降的证券,导致出现资本损失。这些损失就会抵消一部分资本利得,结果就可以使银行总的资本利得收入保持在限额以下,适用较低的税率。假设某银行的债券投资组合自购入以来其价值已经从50万元下降到40万元,如果该银行以40万元出售这些债券,并且购买40万元另外一种类似的债券,在交易过程中会出现10万元的损失。这能抵消该银行赚得的其他应纳税收入,使总收入一直适用较低的税率。然而,该银行持有的证券组合结构事实上并没有发生变化,只是用一种相类似的债券代替了原有债券而已。

延伸阅读 5-5

避税转换证券的选择

在避税转换方法中,债券比股票具有特别的吸引力,这是因为一些国家的税法对避税互换有条文上的限制,而债券能够比较容易地避开这些限制。

在美国,税法禁止对任何证券进行避税转换。如果某个投资者在证券出售前或出售后30天之内因受损失而购买"大批等同的证券",便拒绝承认这是一笔可避税的损失,并认为这是虚售。

举个例子,如果一位投资者出售股票产生了一笔亏损,他便被禁止在出售后30天内购买同类股票并禁止就这笔资本损失要求税负减免。而如果这位投资者购买一些其他股票来代替出售的股票,这种互换便不能被认为是一次虚售。但由于不同发行者的股票是不同的,替换的股票不可能具有与已出售股票相同的投资特点,因此其证券组合的构成会发生变化。如果这位投资者是因为出售债券发生了一笔亏损,则他可以很容易找到1种具有相似的票面收益率、期限以及信用等级的替代债券,即使它的发行者可能不同。因此,证券组合的实际构成没有任何变化,但税务当局不会将涉及两个不同的发行人的这种避税转换作为虚假销售来处理。显然,债券可以被很好地利用来进行避税互换。

资料来源:朱明儒,高晓光.商业银行经营管理学[M].大连:东北财经大学出版社,2022.

3. 避税组合策略

在银行的证券投资组合中,政府债券占了相当大的比重。由于不同的政府债券在税收上存在差异,为银行证券投资提供了合理避税的条件。应税债券与减免税债券的组合,可以使银行证券投资的收益进一步提高。

构造证券投资避税组合的基本原则是:两种证券因投资利息收入存在税负差异,在两种证券税前收益率与税后收益率不一致时,银行拿出一部分资金投资于税前收益率高的应纳税证券,使该证券的利息收入能够全部弥补资金成本,弥补成本之后净利息收入为零,就不用缴纳所得税了。剩余的另一部分资金投资于税后收益率高的减免税证券上,所得利息收入本身就是减税或免税,从而可以提高证券投资盈利水平。

【例 5-2】 某银行计划发行 1 000 万美元的大额存单,筹集的资金全部用于证券投资。大额存单年利率为 9%,并需缴纳 3% 的法定存款准备金。现有两种债券可供银行选择:一种是年收益率为 10% 的应税债券,另一种是年收益率为 8% 的免税债券。商业银行的利息收入所得税税率为 30%,问银行应如何组合证券才能使投资收益最高?

答:1 000 万美元的大额存单上交法定准备金后,商业银行可以用于证券投资的资金总共为 970 万美元。分为三种方法进行投资:一是全部投资应税债券,二是全部投资免税债券,三是两种债券组成避税组合进行投资。

对于避税组合的资金分配原则如下:该银行全部的利息支出为大额存单利息支出 90 万美元(1 000×9%),那么应税债券的利息收入要全部覆盖 90 万美元的利息支出,所以应税债券应投资 900 万美元(90/10%),剩余 70 万美元投资免税债券。

可通过表 5-3 来对比三种方法的税后净收入。

表 5-3　　　　　　　　　三种投资方法效果对比　　　　　　　　单位:万美元

投资组合方式	全部投资应税债券	全部投资免税债券	组成避税组合进行投资
1. 应税债券投资金额	970	0	900
2. 免税债券金额	0	970	70
3. 利息收入	97	77.6	95.6
其中:应税债券	97	0	90
免税债券	0	77.6	5.6
4. 利息支出(大额存单)	(90)	(90)	(90)
5. 净利息收入	7	(12.4)	5.6
6. 缴纳所得税	(2.1)	0	0
7. 税后净收入	4.9	(12.4)	5.6

从表 5-3 可知,只有避税组合的税后净收入最高,是最优组合。

四、商业银行的并购

20 世纪 80 年代以来,全球金融业掀起一股持续、大规模、金额巨大的银行业并购浪潮。

最近几年，商业银行的合并与收购频率更是越来越高，20世纪90年代以后，并购渐渐变成主流趋势。由于金融全球化速度的加快，银行间的并购也不再受地域的限制，跨国并购日益增多。商业银行并购活动的最终目的是获取较高的净收益。

（一）银行并购概念

银行并购是指在市场竞争机制的作用下，并购银行为获取被并购银行的经营控制权，有偿购买被并购方的部分或全部产权，以实现资产经营的一体化。银行并购是银行合并与收购的简称，一般包括准备阶段、谈判阶段和完成与整合阶段。

（二）银行并购的方式

在并购战略中，不同银行所运用的具体方式各不相同。从主动进攻型商业银行收购其他商业银行股权的角度来看，银行并购方式可分为以下五种。

1. 合并

合并是指两家独立的商业银行同时放弃自己的法人地位而实行股权的联合，从而组成一个新的法人实体的经济行为。

2. 现金购买式并购

现金购买式并购是一种单纯的收购行为，它是由收购者支付一定数量的现金，从而取得被收购银行的所有权。一旦被收购银行的股东得到了现金支付，就失去了任何选择权和所有权。现金购买式并购包括用现金购买资产和用现金购买股票两种方式。

3. 股权式并购

股权式并购是指并购方与目标企业的股东就购买目标企业的股权或者类似权利达成协议，并购完成后目标企业变成并购方的全资子公司的并购行为。它包括用股票购买资产和用股票交换股票两种方式。这种非现金收购方式对于实现商业银行的强强联合具有重要意义。股权式并购的实施方法包括收购全部股权的并购、控制大部分股权的并购以及控制少部分股权的并购。

4. 混合证券式并购

混合证券式并购是指收购银行对目标银行的收购出价既有现金、股票，又有认股权证、可转换债券等多种混合形式。可转换债券是指一定时期内能转换成公司股票的债券，一般会事先确定转换为股票的期限，确定所转换股票的类型与发行价格（即兑现价格）等，投资者到期可以选择转换或不转换股票。认股权证是由上市公司发出的证明文件，赋予持有人一种权利，即持有人有权在指定的时间内用指定的价格（即换股价）认购由该公司发行的指定数目（即一定换股比例的新股）的股票。

5. 杠杆收购

杠杆收购的一般操作是收购银行先投入资金，成立一家置于完全控制下的"空壳公司"，而空壳公司以其资本以及未来买下的目标银行的资产及其收益为担保进行举债，以贷款的资金完成企业并购。这种举债与收购方银行本身的资产数量没有关系，而与目标银行的资产及未来收益有关，这样小银行就可以收购大银行，故称为杠杆收购。

（三）银行并购程序

商业银行并购过程一般涉及三个阶段，即准备与设计阶段、谈判与实施阶段和整合阶段。下面以上市银行并购为例来描述银行并购过程。

1. 准备与设计阶段

准备与设计阶段主要对并购进行调研和确定目标。

首先,并购银行根据并购目的和动机,寻找并购目标。发展前景广阔、电子化程度高、经营区域广、高层管理人员持股量不大、股票市盈率较低、资产负债结构比较合理的银行容易成为并购目标。其次,选择中介机构作为并购的财务顾问和法律顾问。财务顾问一般是有经验的投资银行,其确定并购价格并制定并购战略和战术。法律顾问一般是大型的律师事务所,其确定并购行为适用的法律、规则和条例。再次,秘密收购目标银行不足以要求发出公开收购要约的股票。最后,接受反托拉斯机构的检查。由于银行并购可能涉及垄断问题,因此并购银行在发出收购要约前应与有关管理部门咨询磋商,让有关管理部门对并购过程进行指导。

2. 谈判与实施阶段

谈判与实施阶段主要是在投资银行等中介机构引导下,并购银行与目标银行进行谈判,确定最终价格,进行全面并购。

当并购银行持有目标银行的股票达到法律规定的并购要约的数额时,并购银行必须发出收购要约。善意并购可以向目标银行的董事会发出收购要约,敌意并购则可向目标银行的股东直接发出收购要约。在并购银行发出收购要约后,如果是善意并购,目标银行的董事会则会聘请独立财务顾问,就收购要约的价格是否合理等问题进行评估,并向董事会提出评估报告,董事会将评估报告发送给股东,让股东有充分的依据决定是否出售股份。同时,目标银行有义务在接受收购要约后提供其持有的已发行股份及未发行但已经分配的股份的一切有关资料,以及任何转换、认购或其他权利的详细情况。在敌意并购中,股东直接根据并购条件自主决定是否出售股份。

3. 整合阶段

并购银行的收购要约发出以后,除特殊情况外,不能撤回或延长收购期限。并购银行在收购要约期满后,必须发表声明,说明本身或与其一致行动的法人或者自然人持有或控制目标银行的股份数量,以及接纳收购建议的股东数量。并购银行还须尽快支付已经收购股票的资金。如果收购成功,并购银行则可以改组目标银行的董事会及管理层,并进行业务整合。而且并购银行的并购行为还须获得监管部门的批准。

(四)银行并购的风险

1. 融资风险

一般情况下,银行并购需要大量资金的支持,即使是举债并购,后期债务也需要偿还。银行并购的融资风险主要表现在以下几个方面:一是并购活动会占用大量的流动资金,从而降低银行对外部环境变化的快速反应能力和适应能力,增加银行的运营风险;二是如果银行采用举债收购方式,则会面临资本结构恶化、负债比例过高等风险。

2. 汇率风险

银行并购有许多是跨国银行间的并购,涉及外汇交易,在相应外汇汇率变动的情况下,银行的并购活动就可能因此而遭受损失或者丧失预期利益。汇率风险主要包括外汇买卖风险、交易风险和会计结算风险等。

3. 利率风险

银行间的并购往往需要巨额资金,并购银行除了自有资金外,还需到资金市场上筹集资金,由于市场利率的不断变动,并购银行可能面临资金成本增加的风险。

4. 法规风险

由于各国在投资、贸易、技术转移、劳动关系、会计和税收政策等方面的法规不同,跨国银行并购还面临着不同国家法规方面的风险,如国家或区域组织的反托拉斯法就可能导致跨国银行并购案失败。

5. 信息不对称风险

银行并购活动中,并购银行与目标银行处于信息不对称状态,目标银行一般掌握自己银行的一些内部信息,并购银行对目标银行的资产价值和盈利能力的判断难以做到非常准确,从而难以找到合适的并购价格,或者难以以合理的交易成本得到目标银行。

(五)银行并购的效应

银行并购这种市场交易行为,会对社会经济的发展产生重大影响。

1. 正效应

(1) 拯救低效银行,保持金融体系和社会稳定。金融业具有高风险性,运用银行并购方式来处理银行危机,可以用较低的成本避免银行倒闭,保证金融体系的稳定,减少社会动荡,也保护存款人的利益。

(2) 提高经济资源的配置效率。银行通过并购可以改善内部结构,舍弃低效的经营服务项目,促使各种经济资源流向高利润项目,进行资源的优化配置。

(3) 提供多种金融产品、全方位服务社会。随着世界经济的一体化进程不断深入,社会经济货币化进程不断发展,客户渐渐改变对金融产品的需求偏好,要求银行提供咨询、信贷等全方位的服务。而商业银行通过并购,特别是对非银行金融机构的并购,可以组成"金融超市",为客户提供较为齐全的金融产品。

2. 负效应

(1) 银行并购增加了风险。风险和收益总是并存的,银行并购带来了收益,也带来了潜在风险。第一,部分银行并购后不良资产的数量并没有削减,某些大银行的信用评级甚至陆续被一些著名的资信评估机构降低。第二,银行并购可能导致过度垄断,从而降低效率。并购后市场集中度提高,银行获得超额收益,大部分银行在并购后提高了价格,特别是活期存款服务的费用、贷款的利率和存放保险箱的费用。整个金融市场的竞争下降,客户享受的服务质量很可能会降低。第三,银行并购增加了失业。并购后为了降低成本,银行通常会缩减分支行数量,并控制银行工作人员数量,这会导致许多职员失业。

延伸阅读 5-6

大通曼哈顿兼并 JP 摩根

2000 年 12 月 31 日,美国第三大银行大通曼哈顿公司兼并第五大银行摩根公司一案终于尘埃落定。由于两家金融机构的显赫地位和交易金额的巨大,使得它被视作银行业并购的一大典范案例。

2000 年 9 月 13 日,大通曼哈顿公司正式宣布与摩根公司达成了兼并协议。双方交易的条件是,大通将按照 9 月 12 日的收盘价,以 3.7 股去交换摩根的 1 股,交易价值高达 360 亿美元。12 月 11 日,美联储理事会以全票通过批准了这项兼并计划,并发表声明:"美联储认为,在竞争及资源集中方面,该项兼并对大通和 JP 摩根直接竞争的银行业市场或其他相关的银行业市场而言,都不会造成重大不利影响。"12 月 22 日,双方股东大会顺利通过了兼并计划。12 月 31 日,兼并正式完成。新组成的公司取名为 JP 摩根大通公司(J. P. Morgan Chase & Co.),新公司的股票已于 2001 年 1 月 2 日在纽约股票交易所开始交易。

兼并之后，据测算新公司的收入将超过 520 亿美元，利润高达 75 亿美元，拥有 9 万名员工、6 600 亿美元总资产，成为位于花旗集团美洲银行公司之后的全美第三大银行集团。新公司的总部仍将设在先前两家公司共同的所在地——纽约市。新公司的业务除了包括原摩根公司擅长的金融咨询、商业贸易以及债券发行外，还包括大通的强项，如抵押贷款、保险销售等业务。

在并购 JP 摩根之前，大通已有一系列大规模的并购活动，试图进入投资银行业务领域，但与老牌的投资银行相比，大通微不足道，特别是大通在利润率最高的股票承销业务上，其都远远落后。因此，大通银行要提高其市场价值，必须进行脱胎换骨的改变。于是为了自身的发展，大通选择了并购这个策略。大通与摩根两强合并，有利于分散资产组合和收入来源，从而稳定利润，降低风险。两行在除商业银行业务以外的其他核心业务领域，如投资银行业务和风险投资业务也可以相辅相成。

资料来源：佚名.大通曼哈顿兼并 JP 摩根案例分析[EB/OL].(2019-07-30)[2022-08-03]. https://wenku.so.com/d/3424d60921887892db55e24c57377da7？src＝www_rec.

五、我国商业银行证券投资业务

（一）我国商业银行证券投资业务的产生与发展

新中国成立后一直到 20 世纪 80 年代中期证券市场出现以前，银行业在中国金融体系中长期占据主导地位，间接融资一直是企业融资的主渠道，其他非银行金融业务在国家金融体系中所占份额极少甚至是空白。证券市场出现以后，商业银行就开始涉足证券领域，最先承担证券中介业务，后来，各专业银行的信托投资公司成为证券业务发展的主力军，同时，财政部门、保险公司也纷纷涉足证券业务。这期间，中国金融业实质上进入了混业经营时代。

进入 20 世纪 90 年代以后，我国设立了上海证券交易所和深圳证券交易所，全国兴起了证券投资热潮。在证券市场发展初期，我国的金融体制极不完善，各项金融法规很不健全，市场投机性很强。在银行、证券、保险互相兼营的情况下，大量资金从银行、保险公司流出并进入股市，甚至一些企业的生产建设资金也进入股市，导致股市暴涨暴跌，这不利于证券市场的持续稳定发展，也会影响到银行体系的安全性，威胁到国家金融安全和社会稳定。因此，客观上要求实行分业经营制度。《中华人民共和国证券法》第六条规定，证券业和银行业、信托业、保险业实行分业经营、分业管理，证券公司与银行、信托、保险业务机构分别设立。自此，商业银行涉足证券领域就受到了限制，但也不是完全禁止商业银行从事证券业务，需要在法律规定的范围内从事部分证券投资业务。

随着经济发展，金融领域不断创新，各类新型证券产品不断出现，商业银行进行证券投资的品种和证券投资的形式也在不断变化。

（二）现阶段我国法律对商业银行证券投资的限制性规定

《中华人民共和国商业银行法》对商业银行证券投资业务进行了详细规定。根据《中华人民共和国商业银行法》第三条规定，商业银行可以从事发行金融债券，代理发行、代理兑付、承销政府债券，买卖政府债券、金融债券的业务。

延伸阅读 5-7

浦发银行代理发行地方政府债券

2022 年 7 月 19 日，上海市通过商业银行柜台市场发行上海地方债。浦发银行作为地方债柜台发行的承办机构之一，于 7 月 19 日至 7 月 21 日，面向个人和中小机构投资者发售。

本期债券为 3 年期固定利率附息债券，信用评级为 AAA，债券面值为 100 元。社会公众可以在全市任意浦发营业网点或通过手机银行认购本期柜台地方债,投资起点为100元。

本期柜台试点发行的地方债具有风险低、免税、投资门槛低、购买便利、变现能力强等特点。一是有政府信用作担保。债券发行人为上海市人民政府,由上海市财政负责本息兑付。二是免税政策优惠,对个人、机构投资者取得的上海市政府债券利息所得免征所得税、增值税。三是交易门槛低,投资起点金额为100元,最小递增单位为100元。四是购买便利。个人和企业客户均可以通过浦发银行手机银行购买本次地方债,增进了柜台交易的便利性。五是变现能力强。通过商业银行柜台认购的上海市政府债券可在交易时段内随时买卖,交易资金实时清算,满足投资者对于流动性的要求。

浦发银行上海分行希望借助地方债柜台业务的顺利发售,提高地方债流动性,为个人和企业投资者挖掘新的投资机会,并发挥金融服务优势,为上海地方经济发展提供有力支持。

资料来源:佚名.浦发银行助力2022年上海市地方政府债券柜台发行[EB/OL].(2022-07-08)[2022-08-06]. https://www.360kuai.com/pc/918457af8dcdda8c8?cota=3&kuai_so=1&refer_scene=so_3&sign=360_da20e874.

《中华人民共和国商业银行法》第四十三条规定商业银行在中华人民共和国境内不得从事信托投资和证券经营业务,不得向非自用不动产投资或者向非银行金融机构和企业投资,但国家另有规定的除外。

1. 不得从事证券经营业务

此项规定的目的在于保障金融业的安全。证券经营过程中存在较多的风险,虽然我国证券市场不断完善,但证券产品的风险相较于贷款市场、票据市场等仍然较大,如果允许商业银行利用储户的存款资金从事证券经营业务,会让储户的存款资金安全性降低,造成金融秩序的不稳定。

2. 不得从事信托投资业务

金融信托是指拥有资金或财产的部门和个人,为了更好地运用和管理自己的资财,获得较好的经济效益,委托信托机构代其运用、管理或处理其财产的经济行为。法律限制商业银行不得从事信托投资业务,主要是考虑到我国金融监管还有待完善,我国商业银行经营管理水平和业务水平有待提高等原因。限制商业银行涉及信托投资业务,有利于商业银行集中力量开展其最基本的存贷业务,保护存款人和其他银行客户的合法权益。

3. 不得向非自用不动产或者非银行金融机构和企业投资

目前,我国商业银行可以投资于自用不动产,比如兴建办公大楼等,但是法律规定不得向非自用不动产投资,国家另有规定的除外。我国的非银行金融机构包括信托投资公司、财务公司、金融租赁公司等,它们和企业的资本金普遍较低,抵御风险的能力较弱,而且其经营机构有待完善,经营管理水平也有待提高。如果商业银行向非金融机构和企业投资,也将面临较大的风险,不利于维护银行客户或其股东的权益。

上述对商业银行投资领域的限制是就一般情况而言,其主要目的是保证银行资金安全,因为银行绝大多数资金都来自存款人的存款。如果国家在某个方面对商业银行证券投资有特殊规定,则从其规定,这就为商业银行证券投资业务的拓展留下了空间。

(三)我国商业银行证券投资业务的场所与证券种类

1. 证券投资的场所

因为我国对商业银行的证券投资业务存在限制要求,因此,商业银行并不能像证券公司一样投资各类金融产品,以投资各类债券为主。

我国债券市场分为银行间债券市场和交易所债券市场。商业银行最初是在交易所债券市场进行各类债券的交易,一直到20世纪90年代后期,为规范我国债券市场发展,监管部门决定停止银行在证券交易所的回购与现券交易,分别由中央结算公司和银行间同业拆借中心提供托管结算和交易中介服务,在此基础上形成了银行间债券市场,商业银行、农村信用联社、保险公司、证券公司等金融机构都在此进行债券买卖和回购,其他类型机构或个人投资者仍然在交易所债券市场进行债券交易。

银行间债券市场出现之后,就成为商业银行证券投资的主要场所。银行间债券市场参与者以询价方式与自己选定的交易对手逐笔达成交易,而交易所进行的债券交易是由众多投资者共同竞价成交的。

随着银行间债券市场规模的急剧扩张,其在我国债券市场的份额和影响力不断扩大。银行间债券市场已经逐步确立了其在我国债券市场中的主板地位。记账式国债的大部分、政策性金融债券都在该市场发行并上市交易。

2. 商业银行进行证券投资的证券种类

随着银行间债券市场的不断发展,我国商业银行可用于投资的证券种类也在不断丰富,主要包括政府债券、金融债券、公司债券、中央银行票据、信贷资产证券化等。政府债券、金融债券、公司债券、中央银行票据在前文已有介绍。这里主要介绍信贷资产证券化和境外债券两种。

二维码5-3:《全国银行间债券市场债券交易管理办法》

1)信贷资产证券化

信贷资产证券化是指银行业金融机构作为发起机构,将信贷资产信托给受托机构,由受托机构以资产支持证券的形式向投资机构发行受益证券,以该资产所产生的现金支付资产支持证券收益的结构性融资活动。

我国资产证券化起步较晚,到目前为止规模还不够大,但是也在飞速发展中。自从2005年12月中国建设银行发行国内首单个人住房抵押贷款证券化产品后,各大银行积极进行信贷资产证券化,在不良资产处置、存量资产盘活和信贷结构优化调整等方面发挥了重要作用。国家也一直鼓励通过资产证券化方式盘活存量资产。2022年5月,国务院办公厅印发《关于进一步盘活存量资产扩大有效投资的意见》,积极探索通过资产证券化等市场化方式盘活存量资产。2022年6月,上交所发布《关于进一步发挥资产证券化市场功能支持企业盘活存量资产的通知》,提出了创新拓展资产证券化盘活存量方式的建议。2022年,我国资产证券化市场全年发行各类产品1.97万亿元,年末存量规模接近5.29万亿元。

我国资产证券化的发展可以分为三个阶段。

第一阶段为试点阶段(2005—2008年)。2005年4月,中国人民银行、中国银监会发布《信贷资产证券化试点管理办法》,明确了信贷资产证券化的定义。原中国银监会于2005年11月发布了《金融机构信贷资产证券化监督管理办法》。同时,国家税务总局等机构也出台了与信贷资产证券化相关的法规。2005年12月15日,中国建设银行作为发起机构的国内首单个人住房抵押贷款证券化产品——"建元2005-1个人住房抵押贷款支持证券"正式进入全国银行间债券市场。

第二阶段为停滞阶段(2009—2011年)。受2008年美国金融危机的影响,我国资产证券化发展处于停滞状态。

第三阶段为实践阶段(2012年至今)。2012年5月,中国人民银行、中国银监会、财政部联合发布《关于进一步扩大信贷资产证券化试点有关事项的通知》,重新启动试点。2012年8月,银行间市场交易商协会发布并实施《银行间债券市场非金融企业资产支持票据指引》,正式推出资产支持票据 ABN,非金融企业资产收益权开始在银行间债券市场发行。2014 年年底,我国资产证券化业务启用备案制。近年来,我国资产证券化市场规模取得了跳跃式的发展。

2)境外债券

境外债券一般包括政府债券、金融债券和公司债券,唯一不同的是境外债券的发行方与购买方属于两个不同的国家。境外债券的发行量越来越大,渐渐成为商业银行的债券投资标的物。

二维码5-4:
常熟农商银行首笔境外外币债券投资成功落地

(四)我国商业银行证券投资管理基本原则

1. 统一授信的原则

商业银行总行及分支机构的证券投资应纳入统一的授信管理。总行授信管理部门根据交易对手、证券发行人的信用状况制定统一的授信额度,购买同一证券的总量不超过对证券发行人核定的投资额度,对同一交易对手的交易总量不得超过对交易对手核定的授信额度范围。

2. 防范风险的原则

证券投资必须遵照总行有关政策规定的投资总量和比例、最高风险级别、授信额度及其他比例控制指标,进行风险控制。具体量化指标由总行相关部门按年度下达,并根据市场变化状况和资金状况适时进行调整。

3. 期限匹配和结构管理相结合的原则

证券投资的期限需要与资金来源期限相匹配;证券投资基准利率应总体上与资金来源基准利率相吻合;应根据本行资金来源、利率结构以及市场利率走势,及时调整固定利率证券和浮动利率证券的比重。

4. 保持流动性和效益性的平衡

在进行债券投资时,商业银行要保证资金整体流动性的要求。在证券投资组合中,商业银行要保证资金整体流动性的要求。在证券投资组合中,商业银行对流动性较强的证券要保持适当的比例,并根据证券投资效益性原则决定选择一级市场参与或二级市场认购。

二维码5-5:
练一练

二维码5-6:
练一练答案

本 章 小 结

本章主要学习了商业银行证券投资的含义、目标、主要投资工具、证券投资风险类型、证券投资方法策略、商业银行并购含义及影响,我国商业银行证券投资的限制性规定、投资场所、投资原则。

本章重要概念

证券投资　地方政府债券　金融债券　公司债券　梯形期限策略　杠铃策略　证券转换策略　避税组合策略　并购　银行间债券市场

第六章　商业银行表外业务及管理

- 内容提要
- 重点难点
- 学习目标
- 知识框架
- 思政育人
- 第一节　商业银行表外业务概述
- 第二节　商业银行理财业务
- 第三节　商业银行表外业务管理
- 本章小结
- 本章重要概念

内容提要

本章主要讲解了商业银行表外业务的含义、产生与发展、特点及分类；理财业务的含义、理财产品的分类、构成要素和风险等级；表外业务管理的原则、方法及风险管理。

重点难点

本章重点为商业银行表外业务的分类、理财产品的分类和构成要素、表外业务风险的类型及管理。本章难点为我国对商业银行表外业务的界定与巴塞尔委员会的异同以及表外业务风险管理的相关知识。

学习目标

通过本章的学习，学生应掌握商业银行表外业务的含义、分类、特点、风险及其管理的相关内容，理解商业银行大力发展表外业务的意义；了解商业银行理财业务的相关知识。同时，要求学生对商业银行表外业务有一个全面的认识，深入思考商业银行应如何在表外业务上寻求突破、转型和创新，才能更加适应未来金融发展的要求。

知识框架

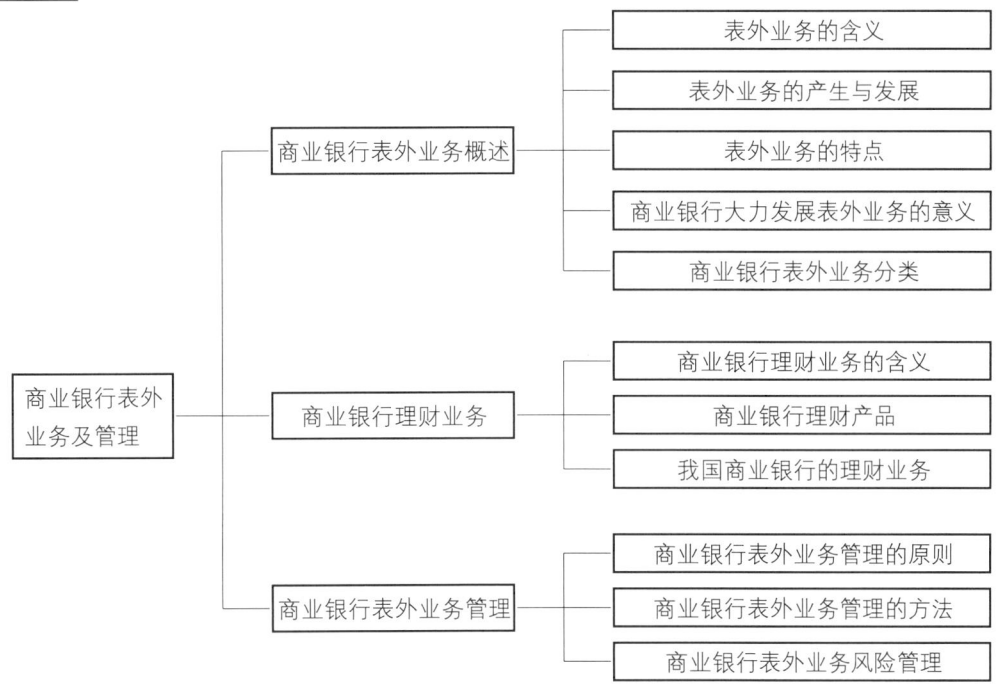

思政育人

我国商业银行表外业务函待创新——创新是发展的动力和源泉

党的二十大报告中指出:"必须坚持守正创新,要以科学的态度对待科学,以真理的精神追求真理,以满腔热忱对待一切新生事物,不断拓展认识的广度和深度,以新的理论指导新的实践。加快实施创新驱动发展战略。坚持面向世界科技前沿、面向经济主战场、面向国家重大需求、面向人民生命健康,加快实现高水平科技自立自强。"商业银行在未来的发展过程中,要努力践行党的二十大精神,在业务发展中力求创新,因为创新是发展的动力和源泉。

随着金融市场发育程度的提高,特别是资本市场的快速发展和金融自由化改革全球范围内的日益深入,实体经济对进入资本市场融资便利、利率和汇率等市场风险对冲、全球范围内的资金收付清算等新型金融服务需求日益高涨,因此,表外业务得到了快速、大规模发展,国际大型银行业务重心已经从表内转移到表外。美国大型银行表外业务的发展相对于国内银行业已经非常领先,花旗银行表外业务收入已经达到总业务收70%~80%的水平。从表外具体业务发展重心看,国内商业银行实务中,传统的表外业务主要是保函、银行承兑汇票、信用证等担保业务和贷款承诺、信用卡透支额度等承诺业务,虽然已经开展了衍生金融工具,但品种和规模有限。国际银行表外业务类型和重点与国内有较大区别,目前国内银行业大力发展的各类代客理财业务、资产管理计划等表外业务在美国银行业已开展得如火如荼,且是各家银行经营业绩中非常重要的一部分,传统的表外业务,如贷款承诺、保函等已是国外银行表外业务中占比很小的一部分。

相比于西方发达国家商业银行的表外业务品种丰富、技术成熟以及多样化的发展趋势,我国商业银行表外业务不但规模较小,而且品种单一,创新能力不足,对盈利的贡献度较低,不能满足表外业务全面发展的需要。我国商业银行表外业务的进一步发展需要扩大业务规模,创新出更多的表外业务品种以满足市场需要。

不仅商业银行的业务发展需要创新和突破,同学们在日常的生活和学习中也要培养创新精神,努力学习先进的知识和技术,为适应未来社会的发展打下坚实的基础。

资料来源:黄志凌.我国商业银行表外业务的属性、风险与监管研究[EB/OL].(2022-12-13)[2023-01-04]. https://baijiahao.baidu.com/s? id=1752025991540913187&wfr=spider&for=pc.

第一节 商业银行表外业务概述

当今,随着经济全球化和利率市场化的快速发展,银行业的竞争日趋激烈,传统的商业银行业务带来的利润越来越小,为寻求和扩大盈利的空间,各商业银行纷纷利用各自的竞争优势,大量经营表外业务,以获取非利息收入。表外业务目前已成为银行业的三大支柱之一,对于商业银行来说,无论是应对外部环境变化带来的挑战还是内部经营的盈利性需求,大力发展表外业务都是大势所趋。

一、表外业务的含义

(一)巴塞尔委员会对商业银行表外业务的界定

表外业务(off-balance sheet activities,OBS)是指商业银行从事的不列入资产负债表,但能影响银行当期损益的经营活动,它有狭义和广义之分。

狭义的表外业务指那些未列入资产负债表,但同表内资产业务和负债业务关系密切,并在一定条件下会转为表内资产业务和负债业务的经营活动。这些经营活动通常称为或有资产和或有负债,它们是有风险的经营活动,应当在会计报表的附注中予以揭示。狭义的表外业务包括担保类业务、承诺类业务、金融衍生交易类业务三大类。

按照巴塞尔委员会的规定,广义的表外业务除了包括狭义的表外业务,还包括收取手续费的、无风险的金融服务类业务,这类业务主要包括支付与结算、信托与咨询服务、代理服务、与贷款有关的服务以及进出口服务等。

(二)我国对商业银行表外业务的界定

为进一步加强商业银行表外业务风险管理,适应新形势下商业银行表外业务发展出现的新变化和新趋势,原中国银行业监督管理委员会对《商业银行表外业务风险管理指引》(银监发〔2011〕31号)进行了全面修订,形成了《商业银行表外业务风险管理办法》,并于2023年1月1日正式实施。根据《商业银行表外业务风险管理办法》,表外业务是指商业银行从事的,按照现行企业会计准则不计入资产负债表内,不形成现实资产负债,但有可能引起损益变动的业务。根据表外业务特征和法律关系,表外业务分为担保承诺类、代理投融资服务类、中介服务类、其他类等。

(1)担保承诺类表外业务包括担保、承诺等按照约定承担偿付责任或提供信用服务的业务。担保类业务是指商业银行对第三方承担偿还责任的业务,包括但不限于银行承兑汇票、保函、信用证、信用风险仍由银行承担的销售与购买协议等。承诺类业务是指商业银行在未来某一日期按照事先约定的条件向客户提供约定的信用业务,包括但不限于贷款承诺等。

(2)代理投融资服务类表外业务是指商业银行根据客户委托,按照约定为客户提供投融资服务但不承担代偿责任、不承诺投资回报的表外业务,包括但不限于委托贷款、委托投资、代客理财、代理交易、代理发行和承销债券等。

(3)中介服务类表外业务是指商业银行根据客户委托,提供中介服务、收取手续费的业务,包括但不限于代理收付、代理代销、财务顾问、资产托管、各类保管业务等。

(4)其他类表外业务是指上述业务种类之外的其他表外业务。

相关思考6-1

我国表外业务的界定与巴塞尔委员会的界定有何不同

前面我们学习了巴塞尔委员会对商业银行表外业务的界定,即表外业务分为两大类:狭义的表外业务和广义的表外业务,我国对商业银行表外业务的界定与其有何不同之处?原因何在?

二、表外业务的产生与发展

20世纪60年代以来,西方国家开始把发展表外业务作为业务重点,特别是80年代以来,随着金融自由化、金融市场一体化的不断发展,金融工具的不断创新,表外业务得到迅猛发展,表外业务带来的盈利占比超过了表内业务并逐步提升,表外业务成为西方各大商业银行最主要的收入来源。推动商业银行表外业务产生与发展的原因包括以下几个方面:

1. 寻找新的利润增长点

随着利率市场化和自由化,商业银行之间以及商业银行和其他金融机构之间的竞争加

二维码6-1:表外业务就是中间业务吗?

剧,存贷利差萎缩,商业银行的获利空间不断缩小,商业银行传统的生存模式受到严峻的考验。在这种情况下,商业银行必须适应市场环境的变化去开拓各种非利息业务,寻找新的利润增长点。

2. 转移和分散金融风险

20世纪70年代以来,浮动汇率制带来的汇率风险加大。同时,利率市场化程度提高,利率风险加剧,给商业银行的经营管理带来一定的难度。为了有效转移和分散各种金融风险,商业银行利用衍生工具类业务进行套期保值来转嫁风险,发展多种表外业务进行多元化经营来分散风险。

3. 适应客户对商业银行服务的需求

随着商业银行经营成本增加,收益下降,单纯的传统业务已难以满足客户多层次多样化的金融需求和银行收益的保证。表外业务种类繁多、经营成本低、操作灵活,能为客户提供多功能、多元化、国际化的服务,满足客户对商业银行愈来愈高的服务需求。

4. 利用表外融资技术,增加资金来源

随着资本市场的不断完善和发展,直接融资发展迅速,金融"脱媒现象"越来越严重,商业银行的资金来源越来越少,生存发展受到威胁。为了竞争资金来源,商业银行可以通过开展贷款出售、发行备用信用证等表外业务来增加其资金来源,提高市场竞争力。

5. 科技进步和金融创新的推动

20世纪80年代以来,电子技术、信息技术、互联网技术等科技的进步,大大加快了金融创新的进程,商业银行要想抢占持续发展的空间,就需要不断利用科技力量进行业务创新,到更广阔的市场上开展多种金融业务和金融交易。表外业务的产生与发展是商业银行经营创新化和国际化的重要途径,有利于其业务的多元化和纵深化发展,提高其市场竞争力和持续发展力。

延伸阅读6-1

20世纪90年代以来,美国的银行业务发生了哪些变化

20世纪90年代以来,美国银行机构的资产负债结构发生了很大变化。银行虽仍依靠存款作为主要的资金来源,但存款所占的比例越来越少,银行对存款的依赖性减弱,银行的存贷款比例不断降低,存款对于补充银行的资金来源作用越来越小,尤其是大型银行,在与社区银行、信用社、共同基金和养老金的竞争中失去了原来的优势。虽然美国建立和完善了存款保险制度,但人们选择资金存放方式主要不是为了安全,而是为了增值,银行为了生存不得不通过同业拆借、货币市场、回购协议、欧洲美元市场以及衍生市场进行融资。

资金来源的变化也引发了银行机构收入结构的变化,银行机构的收入从传统的存、贷款利差收入为主转变为以各项金融服务费用收入为主。因此,表外业务成了银行竞争的焦点,银行不得不将注意力转向利息以外的收入来源,如信托业务收入、投资银行和交易收入、存款账户服务费、收费收入以及其他非收费收入等。传统的以存、贷款为主的业务发展为各种新型金融服务业务。同时,直接融资的迅速发展、技术的进步以及经营成本的降低,也使银行业走上了新的发展道路。

资料来源:佚名.90年代以来,美国电子商务占主流,银行业务发生了怎样的变化?[EB/OL].(2022-04-07)[2022-08-15]. https://baijiahao.baidu.com/s?id=17294303121754400438&wfr=spider&for=pc.

三、表外业务的特点

表外业务的特点异常鲜明,主要表现在以下几个方面。

1. 主要利用非资金资源提供金融服务

传统的商业银行业务主要是负债业务和资产业务,商业银行通过负债业务取得资金,再通过资产业务运用资金,因而业务规模的大小直接取决于筹融资的数量。表外业务的经营依赖的主要不是资金本身,而是由银行资金实力所派生出的非资金资源来开展业务,如银行品牌和信誉、人力资源、金融技术、信息资源等。例如,在进行承诺和担保等表外业务时,商业银行并不需要消耗资金,而是以自身信誉承担一种潜在的义务;在进行代发工资、代理结算等金融服务类表外业务时,商业银行也不需要动用自身的资金资源,仅仅利用金融技术和信息资源提供服务收取一定的手续费,就可为自身带来经营收益。

2. 业务形式多样

商业银行表外业务与其传统的业务相比,种类繁多、形式多样、操作灵活。表外业务既可以提供没有风险的金融中介服务,也能够涉足具有较高风险的金融衍生工具业务;既可以进行场内交易,也可以进行柜台交易;商业银行既可以成为金融市场的交易者,也可以成为市场中的中介人;交易市场既可以是无形市场,也可以是有形市场。这种高度的灵活性,使商业银行表外业务具有广阔的发展空间,因而在各个国家发展迅猛。

3. 具有高度的杠杆性

在表外业务中,金融衍生工具类业务的金融杠杆性极高,高风险与高收益并存。金融衍生工具类业务中的期货交易采取保证金制度,进行交易只需要缴纳少量的保证金,就可以获得金额巨大的期货合约,以小博大,具有显著的杠杆效应。如果期货价格走势与预期相符,则可以获得巨额收益;反之,如果价格走势与预期相反,则面临巨额损失,高收益伴随着高风险。表外业务的杠杆效应要求商业银行在拓展表外业务的同时,必须密切关注其带来的风险,注重对金融风险的防范。

4. 透明度低,监管难度大

表外业务的信息不对称程度较高。因为表外业务不反映在商业银行的资产负债表中,会计信息使用者难以通过阅读和分析商业银行的财务报表来获得有关的、全面的、准确的信息,股东和债权人难以通过财务报表了解商业银行的整体经营水平和风险程度,监管机构也难以利用会计信息对表外业务进行有效的监管。

> **相关思考6-2**
>
> **表外业务和表内业务的异同**
>
> 银行业务可以划分为表外业务和表内业务,其都可以给商业银行带来收入和利润,那么这两大类业务有什么区别和联系?

四、商业银行大力发展表外业务的意义

表外业务目前已成为世界发达国家商业银行收入和利润的主要来源,成为商业银行越来越不可或缺的重要支柱。大力发展表外业务的重要意义体现在以下几个方面。

1. 为商业银行带来稳定的收入增长

商业银行的经营原则之一是盈利性,利润最大化是其主要的经营目标。随着利率市场化和资本市场直接融资的发展,商业银行依靠传统的存贷利差来获取利润的空间大大减少。

同时,宏观经济波动使商业银行面临的风险上升,商业银行需要寻求新的工具来规避风险并增加盈利。其中,表外业务的金融服务类业务既不直接占用银行自身资金,又能为银行带来无风险的手续费收入,大大促进了银行的利润增长,成为商业银行大力发展的业务类型。

2. 分散经营风险,提高商业银行经营的安全性

随着金融自由化、全球化趋势进一步加深,商业银行的业务也逐步国际化。国际化的发展给商业银行带来业务增长的同时,使商业银行更易受到来自国际金融市场波动的影响,银行经营风险也呈上升趋势。表外业务主要接受客户委托,以中介人身份进行代理业务,风险主要由委托人承担。另外,表外业务中的衍生金融品业务也可以通过远期、期货的交易进行套期保值,从而规避风险。

3. 优化商业银行业务结构,打破资本金限制的约束

随着《巴塞尔协议》的不断修改和完善,商业银行的资本充足率要求越来越高,资本金限制成为商业银行必须面对的问题。商业银行通过经营战略转型,大力发展表外业务,既优化了业务结构,又可以实现收入多元化。同时,因为表外业务不占用或较少占用银行的风险资产,在同样的资本金条件下,表外业务可为商业银行带来更高的收益。

4. 使商业银行服务更加综合化,有助于稳定客户群体

商业银行作为金融服务机构,需要向社会提供多样化的金融服务。表外业务的经营可以使商业银行的产品更加丰富多样,服务更加综合化。商业银行能够根据客户需求整合产品,使客户享有各种不同的金融服务,这样有助于商业银行在稳定已有客户群体的同时,吸引新的客户。

5. 有助于降低商业银行的综合经营成本

表外业务可以使商业银行利用已经建立的系统性资源和品牌价值,提供全方位的金融服务,充分挖掘客户的潜在价值,创造更多利润,提高银行经营效率。同时,通过为客户集中办理表外业务,商业银行可以更加全面地掌握客户信息,使商业银行监督和管理成本最小化,从而降低其综合经营成本。

6. 使商业银行保持和提升创新活力

表外业务作为一种新兴业务,形式多样,机动灵活,对经济发展、市场变化反应敏感,对客户多方面需求适应性强,由此需要商业银行具有较强的创新能力,积极参与市场竞争,并提高经营水平。

五、商业银行表外业务分类

(一) 担保类表外业务

担保类表外业务是银行根据交易中一方的申请,为申请人向交易的另一方出具履约保证,承诺当申请人不能履约时,由银行按照约定履行债务或承担责任的行为。担保类表外业务虽不占用银行的资金,但形成银行的或有负债,银行为此要收取一定费用。银行开办的担保类表外业务主要包括有商业信用证、备用信用证、银行保函及票据承兑等。

1. 商业信用证

商业信用证(letter of credit,LC)是在国际贸易中,银行应进口方的请求向出口方开立的在一定条件下保证付款的凭证。商业信用证是银行有条件保证付款的证书,是国际贸易活动中常见的结算方式。按这种结算方式的一般规定,买方先将货款交存银行(开证保证

金),由银行开立信用证,通知异地卖方开户银行转告卖方,卖方按合同和信用证规定的条款发货,在卖方所交单据(货运单、发票、汇票等)与信用证完全相符条件下,开证行代买方付款。

商业信用证是国际贸易时使用的很重要的结算工具,同时又是商业银行很重要的担保类业务,商业银行仅以自身的信誉为担保,不占用自有资金,但可以获取收益。商业信用证业务流程如图6-1所示。

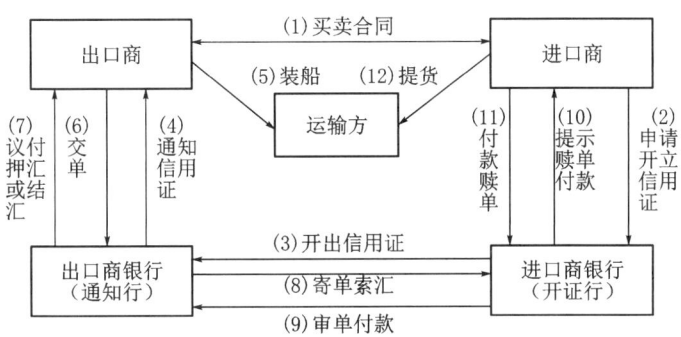

图6-1 商业信用证业务流程

2. 备用信用证

备用信用证(standby letters of credit,SBLC)又称担保信用证,是指不以清偿商品交易的价款为目的,而以贷款融资,或担保债务偿还为目的所开立的信用证。开证行保证在开证申请人未能履行其应履行的义务时,受益人只要凭备用信用证的规定向开证行开具汇票,并随附开证申请人未履行义务的声明或证明文件,即可得到开证行的偿付。

备用信用证可以让银行在不占用自有资金的情况下,仅依靠自身信誉获得收益,拓宽了商业银行的收益渠道,是商业银行一项重要的表外业务。

3. 银行保函

银行保函(letter of guarantee,LG)又称银行保证书,是指银行应申请人或委托人的要求向受益人开出的,担保申请人一定履行某种义务,并在申请人未能按规定履行其责任和义务时,由担保行代其支付一定金额,或作出一定经济赔偿的书面文件。银行保函不占用资金就可以给银行带来收益,但银行一旦开出,就产生一笔或有负债,在申请人未能及时完成其应尽的义务时,银行就无条件承担付款责任。

银行保函和备用信用证都是银行因申请人的违约向受益人承担赔付的责任,都是一种银行的信用,两者都充当着一种担保功能,而且都作为付款唯一依据的单据。备用信用证与银行保函之间的区别在于:

(1) 备用信用证是独立于交易合同的自足性契约;银行保函可以有从属性保函。

(2) 备用信用证的开证行负有第一性的付款责任;银行保函的担保行可能承担第一性的付款责任,也可能承担第二性的付款责任。

(3) 备用信用证常常要求受益人在索偿或索赔时出具即期汇票;银行保函不要求受益人索偿或索赔时出具汇票。

4. 票据承兑

票据承兑是汇票的承兑人在汇票上记载一定事项承诺到期支付票款的票据行为。汇票一经银行承兑,承兑银行则必须承担到期无条件付款的责任。因此,票据承兑属于银行的一项授信业务,也是一项银行担保业务。票据的兑付无须银行投入自己的资金,同时银行还可以向客户收取一定的手续费来获得收益。

票据承兑业务流程如图 6-2 所示。

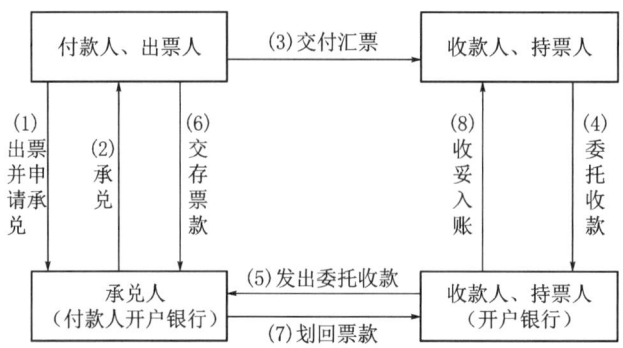

图 6-2 票据承兑业务流程

(二) 承诺类表外业务

承诺类表外业务是指商业银行承诺在未来某一日期按照事先约定的条件向客户提供约定的信用业务的一类新型表外业务。承诺类表外业务包括贷款承诺、回购协议、开立信贷证明、备用信用额度和票据发行便利等。下面主要介绍传统的贷款承诺和创新型的票据发行便利两种承诺类表外业务。

1. 贷款承诺

贷款承诺是指商业银行与客户达成的一种具有法律约束力的正式协议。即银行承诺在未来某一时期或某一时间,按照约定条件提供贷款给借款人并向借款人收取承诺费。

贷款承诺是商业银行传统的表外业务。客户一旦获得银行的贷款承诺,则未来获得可靠现金来源的可能性大大提高,竞争优势也随即增强。贷款承诺适用于符合国家有关规定的基本建设或技术改造项目,其存在资金缺口,按国家项目审批规定,须由银行对项目资金缺口出具贷款承诺的项目。银行一旦作出贷款承诺,就必须保证随时满足客户资金需求,同时收取承诺额度的 0.25%~0.75% 的承诺费,不借款也要收取承诺费,而客户一旦贷款,就成为银行的贷款资产,成为表内业务,也要收取利息。

假如某企业 2022 年周转所需信贷额为 1 000 万元,银行作出贷款承诺,承诺费率为 0.4%。1 月 1 日,该企业从银行借入 450 万元,8 月 1 日又借入 300 万元,年利率为 8%,则企业本年度末向银行支付的利息 $=450\times 8\%+300\times 8\%\times 5/12=46$(万元),承诺费 $=250\times 0.4\%+300\times 0.4\%\times 7/12=1.7$(万元)。

2. 票据发行便利

票据发行便利又称票据发行融资安排,是商业银行与客户之间签订的具有法律约束力的中期循环融资保证协议。在协议期限(一般在 5~7 年)内,银行保证客户以自己的名义发行系列短期票据(一般是 3~6 个月),负责包销或提供未售出部分的等额贷款,为这一承诺收取手续费。票据发行便利以短期融资的方式取得中长期的融资效果。承诺包销的银行利用自己发达的票据发行网络及丰富的客户资源,帮助借款人出售短期票据实现筹资的目的,对未能按期售出的票据,银行则承担提供备用信贷的责任,从而保障票据发行人获得资金的连续性。

(三) 金融衍生交易类表外业务

金融衍生交易类表外业务是指商业银行为满足客户保值或自身头寸管理等需要而进行的货币(包括外汇)和利率的远期、掉期、期货、期权、互换等衍生交易业务。金融衍生交易类表外业务是一种创新型表外业务,并且随着金融自由化、创新性和国家化的发展,商业银行的金融衍生类表外业务也发展得越来越快。但由于金融衍生品交易的风险较高,商业银行必须对此类业务作好监控和管理。

1. 金融远期

金融远期是指双方约定在未来的某一确定时间,按确定的价格买卖一定数量的某种金融资产的合约。在合约中规定在将来买入标的物的一方称为多方(多头),而在未来卖出标的物的一方称为空方(空头)。合约中规定的未来买卖标的物的价格称为执行价格。金融远期合约主要包括远期利率协议、远期外汇合约等。

在金融远期合约的有效期内,合约的价值随着相关资产市场价格的波动而变化。若合约到期时以现金结清,当市场价格高于执行价格(合约约定价格)时,应由卖方向买方按价差支付结算金额;当市场价格低于执行价格时,则由买方向卖方支付结算金额。按照这种支付方式,远期合约的买卖双方可能形成的收益或损失都是无限大的。远期合约买卖双方盈亏情况如图6-3所示。

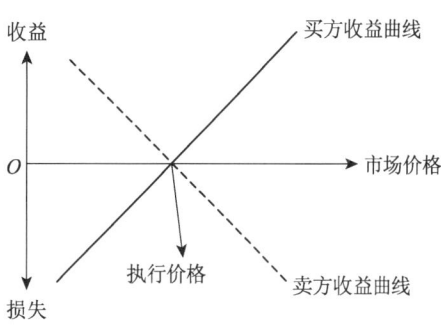

图6-3 远期合约买卖双方盈亏情况

远期合约是一种非标准化合约,因此它不在固定的交易所交易,而是在场外市场交易。在签署远期合约之前,买卖双方可以就交割地点、交割时间、交割价格、合约规模、标的物的品质等细节进行谈判,协商确定以便尽量满足双方的需要。因此远期合约的灵活性较高。

2. 金融期货

金融期货是指协议双方同意在约定的将来某个日期按约定的条件(包括价格、交割地点、交割方式)买入或卖出一定标准数量的某种金融工具的标准化合约。金融期货交易具有如下显著特征:

(1) 期货合约标准化。期货合约的合约规模、交割日期、交割地点等都是标准化的,即在合约上有明确的规定,无须买卖双方再商定。买卖双方所要做的唯一工作是选择适合自己的期货合约,并通过交易所竞价确定成交价格。

(2) 期货合约都在交易所进行,买卖双方不直接接触,而是各自跟交易所的清算部或专设的清算公司结算。

(3) 期货合约流动性强。期货合约的买者或卖者可在交割日之前采取对冲交易以结束其期货头寸(即平仓),而无须进行最后的实物交割,克服了远期交易流动性差的问题。

(4) 保证金制度。期货交易实行保证金交易。即期货交易中,买卖双方都必须在各自的经纪商开立保证金账户,存入一定比例的保证金。

(5) 每日清算制度。期货交易要在每个交易日结束时,根据当天的收盘价,将投资者的损益计入保证金账户。

金融期货可分为外汇期货、利率期货、股价指数期货和股票期货等。通过套期保值,金融期货可以为金融商品的持有者转移风险,同时,通过对金融期货市场价格变化的预测,投机者也可以获取高额利润。下面以外汇期货套期保值为例进行分析。

假设美国进口商3月5日从英国进口一批价值10 000英镑的货物,双方约定3个月后付款。即期汇率是GBP 1=USD 1.90,该进口商在签订合约的同时向银行购买了3个月期的英镑期货合约,银行在3个月后承诺将美元兑换成10 000英镑,银行将远期合约汇率定为GBP 1=USD 1.92。若3个月后英镑对美元升值,即期汇率为GBP 1=USD 2.00,则进口商仍可按GBP 1=USD 1.92的汇率,而无需按GBP 1=USD 2.00的即期汇率购买英镑,减少了汇率波动造成的损失。外汇期货套期保值交易结果如表6-1所示。

表6-1　　　　　　　　　　外汇期货套期保值交易结果

现汇市场	期货市场
3月5日: 英镑对美元的现汇汇率为GBP 1=USD 1.90	3月5日: 买入3个月到期的英镑期货合约,成交价为GBP 1=USD 1.92
6月5日: 英镑对美元的现汇汇率为GBP 1=USD 2.00	6月5日: 卖出英镑期货合约,成交价为GBP 1=USD 2.00
亏损: (2.00−1.90)×10 000=1 000(美元)	盈利: (2.00−1.92)×10 000=800(美元)
结论:通过套期保值,美国进口商通过期货市场的800美元盈利弥补了部分现货市场的损失1 000美元,将最终损失减少为200美元,达到保值的效果。	

3. 金融期权

金融期权又称为选择权,是指期权的买方有权在期权合约约定的时间内或某一时点,按事先约定的价格买入或卖出一定数量的某种金融资产,也可以根据需要放弃行使这一权利。为了取得这一权利,买方必须向卖方支付一定的期权费。在期权交易中,买方只有权利但不负有必须买进或卖出的义务,而期权卖方必须无条件服从买方的选择并履行成交时的允诺。

金融期权可按照以下标准分类。

1) 按买方拥有的权利划分,分为看涨期权和看跌期权

看涨期权也称买权,是指期权的买方有权在期权合约约定的时间内或某一时点,按事先约定的价格从期权卖方手中买入一定数量的某种金融资产的期权合约。投资者通常预期某种金融资产价格上涨时买入看涨期权。对于看涨期权的买方来说,当市场价格高于执行价格加期权费时,他会行权获利;当市场价格低于执行价格时,他会放弃行使权利,损失期权费。

看跌期权也称卖权,是指期权的买方有权在期权合约约定的时间内或某一时点,按事先约定的价格向期权卖方卖出手中一定数量的某种金融资产的期权合约。投资者通常预期某种金融资产价格下跌时买入看跌期权。对于看跌期权的买方来说,当市场价格低于执行价格减期权费时,他会行权获利;当市场价格高于执行价格时,他会放弃行使权利,损失期权费。

看跌期权和看涨期权买卖双方的盈亏分布如图 6-4 和图 6-5 所示。

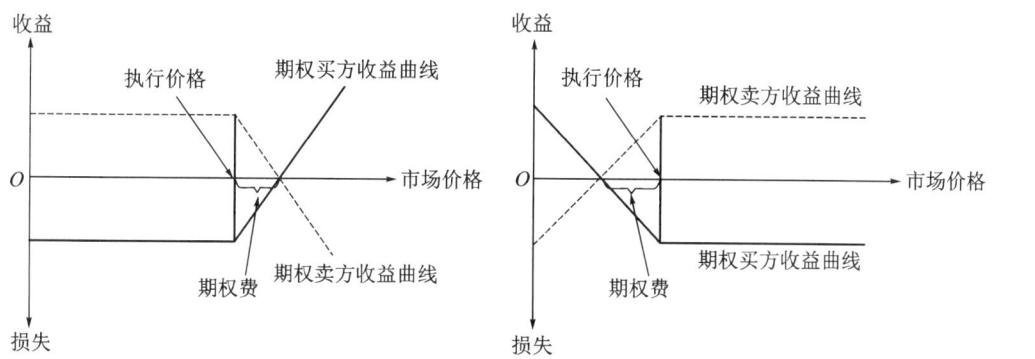

图 6-4　看跌期权盈亏分布　　　　图 6-5　看涨期权盈亏分布

下面以看涨期权为例进行分析：

投资者 A 和 B 分别是看涨期权的买方和卖方，他们就 X 股票达成看涨期权 1 000 股，期权执行价格为 50 元/股，期权费为 3 元/股。3 个月后 X 股票价格走势如下，买卖双方盈亏情况如表 6-2 所示。

表 6-2　　　　　　　　　　　X 股票看涨期权盈亏情况

X 股票价格走势	买卖双方盈亏情况
X 股票价格下跌或股价虽然上涨但低于 53 元/股	买方选择放弃执行期权，买方损失期权费 3 000 元，卖方获利 3 000 元
X 股票价格恰好上涨为 53 元/股	买方选择执行期权，买卖双方盈亏相抵
X 股票价格上涨高于 53 元/股	买方选择执行期权，买方获利。如股价涨为 57 元/股，则买方获利 4 000 元[(57−53)×1 000]，卖方亏损 4 000 元

2) 按期权的交割时间划分，分为美式期权和欧式期权

美式期权是指在期权合约规定的有效期内任何时候都可以行使权利。期权买方既可以在期权到期日这天行权，也可以在到期前任何一个营业日行权，比较灵活，但期权费相对要高。

欧式期权是指在期权合约规定的到期日方可行使权利。期权的买方在合约到期日之前不能行使权利，过了期限，则合约自动作废。

3) 按期权合约标的资产划分，分为股票期权、外汇期权和期货期权

股票期权是以单一的股票作为标的资产的期权合约，一般是美式期权。外汇期权是以各种外汇(可兑换货币)为标的资产的期权。期货期权的标的资产为各种期货合约，包括利率期货、外汇期货、股指期货等。期货期权是一种复合式的金融衍生工具。

4. 金融互换

金融互换是指交易双方(一般是两个或两个以上当事人)签订互换协议，在未来约定时期内交换不同内容或不同性质的现金流的合约。金融互换主要通过场外交易市场进行。

金融互换是指各个筹资者借助自身的比较优势来对市场之间存在的差异性进行套利，

二维码 6-2：
视频：看涨期权和看跌期权

并将所得利益在各互换方之间进行分配。互换包括利率互换、货币互换、商品互换和股权互换等。商业银行经常进行的互换交易主要包括利率互换和货币互换。

（四）金融服务类表外业务

金融服务类表外业务是指商业银行通过提供各类金融服务来收取手续费的业务，属于纯粹的收费性质业务，不会转化成表内的资产或负债业务。商业银行经营此类业务的风险很小，却可以给商业银行带来相当可观的收益。金融服务类表外业务主要包括支付结算类业务、代理类业务、咨询顾问类业务、银行卡类业务、资产管理业务和其他类业务。

1. 支付结算类业务

支付结算类业务是由指商业银行为客户办理因债权债务关系引起的与货币支付、资金划拨有关的收费业务。支付结算类业务是商业银行支付中介功能的具体体现。商业银行借助支票、本票、汇票等各种支付结算工具，通过汇款、委托收款、托收承付、信用证等结算方式进行现金支付结算，或利用现代化的支付清算系统进行非现金支付结算。

支付结算类业务具有风险低、收益高的特点，是商业银行的第一大金融服务类业务。支付结算类业务可以加速社会资金的周转，提高资金的运转效率，节约社会流通费用；可以加强社会资金管理，增强信用观念；可以通过支付结算信息检测国民经济活动，维持社会金融秩序的稳定。

延伸阅读 6-2

新型支付方式——数字人民币

微信、支付宝目前已成为国内数亿用户每天都使用的移动支付方式，不需要携带现金，只需要一部手机就能解决各种支付需求。但是，微信、支付宝也并不是最终的支付方式，还有一种新型支付方式已经崛起，在国内有超过1.4亿人使用，这种新型支付方式就是数字人民币。

"数字人民币是由中国人民银行发行的具有国家信用背书的法定货币，是数字形式的人民币。"中国社科院金融研究所支付清算研究中心副主任周莉萍说，数字人民币的定位是替代一部分现金。目前，现金主要以纸币和硬币等实物形态存在，而数字人民币可以理解为数字形态的现金。纸币、硬币装在有形的钱包里，携带较为不便，多用于线下交易；而数字人民币装在无形的数字钱包里，可用于线下和线上交易。

数字人民币目前正在国内各地进行推广，渐行渐近。2020年下半年以来，数字人民币在深圳、苏州等地面向不定向公众展开大规模试点测试。试点期间，不少消费者已经"尝鲜"了这种支付方式。数字人民币和移动支付工具的使用方式比较类似，都支持扫码支付、近场支付等多种支付方式。不过，相较于目前的移动支付工具，数字人民币支持"离线"支付功能，在飞机客舱中、快速行驶的高铁上、地下室里等无网或弱网场所，数字人民币仍然可以正常使用，这将大大提升用户的支付体验。

随着将来数字人民币的进一步完善，在国内肯定会迎来全新的数字人民币支付方式，并且和微信、支付宝一样，成为主流的支付方式之一。数字人民币的推广使用，意味着移动支付时代的变革再次到来。

资料来源：佚名. 支付方式"革新"：央行推出数字人民币，网络不稳定也能付款[EB/OL]. (2022-05-15)[2022-08-15]. https://new.qq.com/omn/20220515/20220515A00CJU00.html.

2. 代理类业务

代理类业务是指商业银行接受客户委托，以代理人的身份，代为办理客户指定的经济事务、提供金融服务并收取一定费用的业务。

商业银行代理类业务的种类繁多，范围广泛，并且随着经济和金融的发展，不断推出创新品种以适应市场和客户的需求。目前,商业银行代理类业务主要包括代理中央银行业务、代理政策性银行业务、代理融通业务、代理保险业务、代理证券业务、代理理财业务等。

3. 咨询顾问类业务

咨询顾问类业务是指商业银行依靠自身的信息、人才、信誉等优势,收集和整理有关信息,并通过对这些信息以及银行和客户资金运作的记录和分析,形成系统的档案和解决方案供客户选择,以满足其业务经营管理或发展需要的服务活动。

咨询顾问类业务主要包括企业信息咨询服务、资产管理服务、财务顾问服务、现金管理服务等。

4. 银行卡类业务

银行卡类业务是指商业银行向社会发行的具有消费信用、存取现金、转账结算等全部或部分功能的信用支付工具。银行卡主要有借记卡、贷记卡(信用卡)两大类。它们之间最主要的区别是借记卡不允许透支,而贷记卡(信用卡)可以透支消费,先消费后还款,申办条件较为严格。银行卡的使用和推广是现代金融业最重要的业务创新之一,标志着电子货币时代的到来。

我国银行卡业务发展迅速,根据中国人民银行发布的《2022年支付体系运行总体情况》,截至2022年年末,全国共开立银行卡94.78亿张,同比增长2.50%,其中,借记卡86.80亿张,同比增长2.76%;信用卡和借贷合一卡7.98亿张,同比下降0.28%。人均持有银行卡6.71张,其中,人均持有信用卡和借贷合一卡0.57张。2022年,全国共发生银行卡交易4 519.45亿笔,金额1 011.94万亿元,同比分别增长5.34%和0.98%。银行卡卡均消费金额1.37万元,银行卡笔均消费金额为517.80元。银行卡授信总额为22.14万亿元,同比增长5.34%。银行卡应偿信贷余额为8.69万亿元,同比增长0.85%。银行卡卡均授信额度2.78万元,授信使用率为39.25%。信用卡逾期半年未偿信贷总额10865.80亿元,占信用卡应偿信贷余额的1.00%。

5. 资产管理业务

资产管理业务是指商业银行接受投资者委托,对受托的投资者财产进行投资和管理的金融服务。资产管理业务是商业银行的表外业务,商业银行开展资产管理业务时不得承诺保本保收益。出现兑付困难时,商业银行不得以任何形式垫资兑付。商业银行不得在表内开展资产管理业务。

为规范金融机构资产管理业务,统一同类资产管理产品监管标准,有效防控金融风险,更好地服务实体经济,经国务院同意,中国人民银行、原中国银行保险监督管理委员会、中国证券监督管理委员会、国家外汇管理局联合印发了《关于规范金融机构资产管理业务的指导意见》(银发〔2018〕106号),其中规定:商业银行为委托人利益履行诚实信用、勤勉尽责义务并收取相应的管理费用,委托人自担投资风险并获得收益;商业银行可以与委托人在合同中事先约定收取合理的业绩报酬,业绩报酬计入管理费,须与产品一一对应并逐个结算,不同产品之间不得相互串用;金融机构应当加强对投资者的教育,不断提高投资者的金融知识水平和风险意识,向投资者传递"卖者尽责、买者自负"的理念,打破刚性兑付。

延伸阅读6-3

我国商业银行的资产托管业务

2019年3月,中国银行业协会发布的《商业银行资产托管业务指引》明确,商业银行资产托管业务是指商业银行作为独立的第三方当事人,根据法律法规规定,与委托人、管理人或受托人签订托管合同(包括但不限于明确托管权利义务关系的相关协议),依约保管委托资产,履行托管合同约定的权利义务,提供托管服务,并收取托管、保管费用的商业银行中间业务。

目前,发达国家的很多商业银行利息资产托管业务是商业银行较为重要的一类表外业务,其整个市场体量已经达到200万亿元左右,部分银行的托管规模也已远远超过其表内资产。我国目前有24家银行披露了托管相关数据,其在2020年与2021年年底的资产托管规模分别达到171.31万亿元和196.24万亿元,2021年同比增幅高达14.55%。其中,有10家银行托管规模超过10万亿元(合计达到150万亿元),13家银行的托管规模超过5万亿元(合计达到170万亿元),且均为全国性银行。托管规模从高到低的地方性银行依次为宁波银行(3.95万亿元)、江苏银行(3.47万亿元)、上海银行(2.48万亿元)、南京银行(2.00万亿元)、北京银行(1.18万亿元)、杭州银行(1.11万亿元)等。

从实践来看,托管业务对商业银行的重要性主要体现在以下方面:

(1) 托管资产是系统重要性银行的量化评估标准之一,根据2020年12月3日中国人民银行和中国银行保险监督管理委员会发布的《系统重要性银行评估办法》,托管资产被纳入系统重要性银行的可替代性维度,其权重占6.25%,可见托管规模的重要性。

(2) 托管业务是商业银行的表外业务与中间业务,是典型的轻资本业务。虽然托管业务前期投入较大,但前期投入在后续均是沉没成本,后续能够带来比较可观的中收,目前托管手续费对全部中收的贡献比例在6%~7%。

(3) 当托管规模大到一定程度时,还能够带来比较可观的沉淀资金。例如,中信银行超过10万亿元的托管资产,带动存款沉淀日均余额达4 134.24亿元,其中一般性企业存款日均余额达1 310.90亿元。

(4) 托管业务的对象包括各类资管产品以及职业年金、社保基金,能够打通托管银行与各类机构之间的合作渠道,有助于给托管银行带来大量优质客户。

(5) 商业银行在开展资金存管与监管等业务时,虽然对是否获得基金托管资质没有硬性要求,但若能获得基金托管牌照,则在开展存管与监管等业务时,无疑会具有较大的竞争优势。

(6) 目前托管品种在不断增加,内涵不断丰富,开展托管业务能够不断丰富商业银行的业务模式,有助于商业银行打开新型业务空间,避免错失大资管、跨境业务等带来的业务机会。

资料来源:佚名.商业银行资产托管业务手册(2022年版)[EB/OL].(2022-05-10)[2022-08-20]. https://new.qq.com/omn/20220510/20220510A02FKU00.html.

二维码资料6-3:全部59家上市银行两大表外业务非保本理财和资产托管的排名(2021年年末)

6. 其他类业务

除上述金融服务类表外业务外,商业银行还可以通过其他业务,如保管箱业务、租赁业务等来获取手续费收入。

第二节 商业银行理财业务

伴随着经济的发展,城乡居民收入大幅度增长,居民的理财意识、理财意愿日益增长,商业银行理财业务受到投资者的广泛关注。近年来,商业银行理财新产品层出不穷,理财市场空前繁荣,理财业务呈现快速增长态势,创新发展动力逐步增强,理财业务成为商业银行非常重要的表外业务。

一、商业银行理财业务的含义

理财业务是商业银行利用自身所处的经济枢纽地位、先进的科技设备和营销理念,为社会公众提供咨询、委托、保管组合最佳投资方案、存款结构方案和设计远期目标方案,帮助客户实现最佳投资回报率的综合性业务。理财业务属于商业银行的表外业务。

商业银行开展理财业务的优势在于：

（1）商业银行可利用其较为前卫的营销理念为客户提供前瞻性非常强的咨询和选择综合目标方案设计服务。

（2）商业银行可利用其先进的科技设备，为客户提供全面而适宜的组合存款方案和综合投资方案设计，为客户提供最佳投资渠道选择和融资渠道选择，帮助客户实现理想的投资回报。

（3）商业银行可利用其自身所处的经济枢纽地位，帮助客户参与新加入理念的宣传、交流工作，将商业银行现有的资产发挥出最大效益。

根据我国《商业银行理财业务监督管理办法》，商业银行理财业务是指商业银行接受投资者委托，按照与投资者事先约定的投资策略、风险承担和收益分配方式，对受托的投资者财产进行投资和管理的金融服务。商业银行开展理财业务，应当诚实守信、勤勉尽职地履行受人之托、代人理财职责，投资者自担投资风险并获得收益。商业银行开展理财业务，应当遵守成本可算、风险可控、信息充分披露的原则，严格遵守投资者适当性管理要求，保护投资者的合法权益。

二、商业银行理财产品

理财产品是商业银行在对潜在目标客户群分析研究的基础上，针对特定目标客户群开发设计并销售的资金投资和管理计划。在理财产品这种投资方式中，银行只是接受客户的授权管理资金，投资收益与风险由客户或客户与银行按照约定方式承担。

根据我国《商业银行理财业务监督管理办法》，银行理财产品是指商业银行按照约定条件和实际投资收益情况向投资者支付收益，不保证本金支付和收益水平的非保本理财产品。根据《关于规范金融机构资产管理业务的指导意见》（简称《资管新规》）的规定，商业银行理财产品属于资管产品的一部分，我国从2022年1月1日起，保本型理财产品不复存在，取而代之是净值型非保本理财产品，投资者将自负盈亏。据统计，截至2021年年底，保本理财产品规模已由《资管新规》发布时的4万亿元降至0元，基本完成银行理财产品全部向非保本理财产品的转型。

（一）商业银行理财产品的分类

1. 根据币种的不同分类

根据币种的不同，商业银行理财产品可以分为以下类型。

（1）人民币理财产品是指银行以高信用等级人民币债券（含国债、金融债、央行票据、其他债券等）的投资收益为保障，面向个人客户发行，到期向客户支付本金和收益的风险理财产品。人民币理财产品更像是"定期储蓄"的替代品。传统型产品主要包括基金、债券、金融证券等，以及产品收益与汇率挂钩的人民币结构性存款。

（2）外币理财产品是指个人购买理财产品时货币只针对自由兑换的外国货币，收益获取也以外币币值计算，分为固定收益的外汇理财产品和外汇结构性理财产品。

2. 根据客户获取收益方式的不同分类

根据客户获取收益方式的不同，商业银行理财产品可以分为以下类型。

（1）保证收益理财产品是指商业银行按照约定条件向客户承诺支付固定的收益，银行

二维码资料6-4："资管新规"过渡期结束满一年——新规则带来新变化

承担由此产生的投资风险或者银行按照约定条件向客户承诺支付最低收益并承担相关风险,其他投资收益由银行和客户按照合同约定分配,并共同承担相关投资风险的理财产品。

（2）非保证收益理财产品又可以分为保本浮动收益理财产品和非保本浮动收益理财产品。前者是指商业银行按照约定条件向客户保证本金支付,本金以外的投资风险由客户承担,并依据真实投资收益情况确定客户实际收益的理财产品。后者是指商业银行根据约定条件和实际投资收益情况向客户支付收益,并不保证客户本金安全的理财产品。

非保证收益理财产品的发行机构不承诺理财产品一定会取得正收益,有可能收益为零,不保本的产品甚至有可能产生负收益。我国《资管新规》发布后,商业银行不再承担理财产品的刚兑责任,商业银行的理财产品即为非保本理财产品。

3. 根据投资领域的不同分类

根据投资领域的不同,商业银行理财产品可以分为以下类型。

（1）债券型理财产品是指银行将资金主要投资于货币市场,主要对象包括短期国债、金融债、央行票据以及协议存款等期限短、风险低的金融工具。

（2）信托型理财产品是指信托公司与银行合作,由银行发行人民币理财产品,募集资金后由信托公司负责投资,主要是投资于商业银行或其他信用等级较高的金融机构担保或回购的信托产品,也有投资于商业银行优良信贷资产受益权信托的产品。

（3）挂钩型理财产品也称为结构型产品,其本金用于传统债券投资,而产品最终收益与相关市场或产品的表现挂钩。有的产品与利率区间挂钩,有的与美元或与其他可自由兑换货币汇率挂钩,有的与商品价格主要是与国际商品价格挂钩,还有的与股票指数挂钩。

（4）QDI型理财产品是投资人将手中的人民币资金委托给被监管部门认证的商业银行,由银行将人民币资金兑换成美元,直接在境外投资,到期后将美元收益及本金结汇成人民币后分配给投资人的理财产品。例如,光大银行发售的"同升三号"股票联结型理财产品,投资于全球著名的金融公司股票,如花旗集团、美国国际集团、高盛集团、汇丰控股、瑞士银行。

4. 根据投资性质的不同分类

根据投资性质的不同,商业银行理财产品可以分为以下类型。

（1）固定收益类理财产品。投资于存款、债券等债权类资产的比例不低于80%。

（2）权益类理财产品。投资于权益类资产的比例不低于80%。

（3）商品及金融衍生品类理财产品。投资于商品及金融衍生品的比例不低于80%。

（4）混合类理财产品。投资于债权类资产、权益类资产、商品及金融衍生品类资产且任一资产的投资比例未达到前三类理财产品标准。

5. 根据客户的不同分类

根据客户的不同,商业银行理财产品可以分为以下类型。

（1）个人理财产品包括针对普通理财客户,投资资金较低的一般个人类产品,针对个人可投资资产较高,资金相对富裕的高资产净值类产品,以及针对个人财富较多,投资金额较大的私人银行类产品。

（2）机构理财产品是指各类大型企业、私募基金等法人机构理财专用的产品,通常涉及金额较大,对投资回报要求较高。

（3）同业理财产品是指金融机构之间发行或购买的产品,如同业存款、同业存单等。

6. 根据募集方式的不同分类

根据募集方式的不同,商业银行理财产品分为以下类型。

(1) 公募理财产品是指商业银行面向不特定社会公众公开发行的理财产品。

(2) 私募理财产品是指商业银行面向合格投资者非公开发行的理财产品。合格投资者是指具备相应风险识别能力和风险承受能力,投资于单只理财产品不低于一定金额且符合一定条件的自然人、法人或者依法成立的其他组织。

7. 根据运作方式的不同分类

根据运作方式的不同,商业银行理财产品分为以下类型。

(1) 封闭式理财产品是指有确定到期日,且自产品成立日至终止日期间,投资者不得进行认购或者赎回的理财产品。

(2) 开放式理财产品是指自产品成立日至终止日期间,理财产品份额总额不固定,投资者可以按照协议约定,在开放日和相应场所进行认购或者赎回的理财产品。

延伸阅读 6-4

我国首批 7 只个人养老金理财产品发售

2023 年 2 月 10 日,中国理财网发布首批个人养老金理财产品名单,工银理财、农银理财和中邮理财的 7 只个人养老金理财产品正式发售,这标志着个人养老金投资者可正式通过个人养老金资金账户购买理财产品。

具体来看,首批个人养老金理财产品全部为公募类净值型开放式产品,其中新发产品 5 只、存续产品 2 只,除 1 只产品为混合类产品外,其余 6 只产品均为固定收益类产品。

工银理财此次共推出 4 只个人养老金理财产品。在产品形态上,4 只产品设置不同期限"锁定期",长期投资封闭运作,向投资者分享经济增长红利。在投资风格上,根据期限不同,产品的业绩比较基准在年化 3.7%~5.75%,投资风格稳健,采用分散化投资策略、注重投资组合安全边际。

农银理财首期个人养老金理财产品当日在中国农业银行开售,该只产品针对个人养老金账户购买设置了单独份额类别(L 份额)。L 份额与原理财份额延续相同投资策略,统一进行投资运作管理。产品业绩比较基准为 4.05%(年化)。据悉,农银理财此次发行的该只个人养老金理财产品有四方面亮点:一是运作安全,主要投资中高评级主体,维持中低信用风险偏好,坚持分散投资原则,严控风险。二是成熟稳定,产品已成立近 2 年时间,所采用的资产配置策略成熟有效、科学合理。三是侧重于长期保值,投资策略以追求产品长期稳健增值为目的,通过投资债券、股票等大类资产,兼顾稳健运作和收益弹性。四是广受客户青睐,产品运作至今存续规模超过百亿元。

中邮理财的 2 只个人养老金理财产品也于 2023 年 2 月 10 日正式对客发行,且均为长期限最短持有期开放式理财产品,延续了前期试点养老理财产品的长期、稳健、普惠属性,业绩比较基准分别为 3.65%~4.65%(年化)、3.85%~4.75%(年化)。具体来看,产品具有三大特色:一是专属份额,双重优惠;二是多资产投资,攻守兼备;三是锁期合理,兼顾流动性需求。

相比普通理财产品,个人养老金理财产品的定位更明确,更倡导长期投资,养老金融服务的特色更加明显。同时,投资个人养老金理财产品的每位投资者可以享受每年 12 000 元最高税优额度,在缴费及投资环节不征收个人所得税。

资料来源:证券日报.7 只个人养老金理财产品发售 业绩基准年化最高可达 5.75%[EB/OL].(2023-02-13)[2023-05-20].https://www.chinawealth.com.cn/zzlc/xwzx/xwgg/20230213/6402642.shtml.

(二) 商业银行理财产品的构成要素

作为金融产品,商业银行理财产品尽管纷繁复杂,但也具备一般金融产品的基本要素,其构成要素包括：

(1) 发行者。发行者也就是理财产品的卖家，一般就是开发理财产品的金融机构。

(2) 认购者。认购者也就是银行理财产品的投资人。有些理财产品并不是面向所有公众的，而是为有针对性的认购群体推出的。

(3) 期限。任何理财产品发行之时都会规定一个期限。银行发行的理财产品大部分期限都比较短。

(4) 价格和收益。对理财产品而言，其价格就是相关的认购、管理等费用以及该笔投资的机会成本。产品收益率表示该产品给投资人带来的收入占投资额的百分比。

(5) 风险。在有效的金融市场上，风险和收益永远是对等的，投资人应该详细了解自己的风险偏好和产品的风险结构状况。

(6) 流动性。流动性指的是资产的变现能力。在同等条件下，流动性越好，收益率反而越低。

(7) 理财产品中嵌套的其他权利。一些结构性理财产品常常嵌入了期权等金融衍生品。有些产品中有投资人可提前赎回条款，或者银行可提前终止的权力。

以光大银行发行的两款理财产品为例进行分析。2004年光大银行发行全市场第一支银行理财产品取名为"阳光理财"。2018年，光大银行创建了"七彩阳光"净值型理财产品体系，以阳光"红橙金碧青蓝紫"七原色为特征，七种色彩分别代表股票类、混合策略类、固定收益类、现金管理类、另类策略类、私募股权类、项目融资类等七类资产，具有品类齐全、属性明确、风险等级清晰等独特优势。表6-3列举了光大银行发行的"阳光红ESG行业精选"理财产品，该产品已于2020年10月15日成立，具体信息如下。

表6-3　　**光大银行开放式净值型理财产品示例——阳光红ESG行业精选**

产品名称	阳光红ESG行业精选
产品编号	EW0051
理财产品登记编码	Z7001420000042
管理人	光大理财有限责任公司
托管人	中国光大银行股份有限公司
产品风险星级	四星级（光大理财有限责任公司内部评级）
产品类型	权益类
产品收益类型	非保本浮动收益型
产品运作模式	开放式净值型产品
产品募集方式	公募
投资者范围	本产品面向不特定社会公众（个人和机构投资者）销售。其中个人投资者需为经代销机构评估风险承受能力为进取型及以上的个人投资者（法律、法规和有关规定禁止购买者除外）
募集币种	人民币

(续表)

业绩比较基准	中证800指数收益率×70%＋中债综合财富指数收益率×20%＋恒生指数收益率×10%[中证800指数：000906；中债综合财富(总值)指数：CBA00201；恒生指数：HSI]
起点金额/递增金额	个人投资者：100元/1元；机构投资者：10万元/1元
认/申购追加金额	个人投资者：1元的整数倍；机构投资者：1元的整数倍
产品募集期	2020年9月25日至2020年10月14日
产品成立日	2020年10月15日
募集规模	30 373 455.00元
产品开放日	首次开放日为2021年1月15日，之后每一个交易所工作日为本产品开放日，开放日可办理申购、赎回等交易(遇节假日顺延)
资金到账日	投资者赎回金额于产品开放日后5个交易所工作日内到账，产品开放日至投资者资金到账日期间不计利息
认购费	0(年化)
管理费	0.80%(年化)
销售服务费	0(年化)
申购费	0～10万元(不含)，0.30%；10万元(含)～100万元(不含)，0.20%；100万元(含)以上，0.00%
赎回费	持有期360天(含)以上免赎回费，持有期360天内0.30%
托管费	0.05%(年化)
分红方式	现金分红或红利再投，默认为现金分红
募集期间资金及利息的处理方式	投资者在募集期内的认购申请被受理后，代销机构有权冻结认购款项。冻结期间资金由代销机构按人民币活期存款利率计付利息，利息不计入认购本金。募集期最后一日全部募集资金将被划入资金募集账户，该日募集资金不计息
提前终止	为保护投资者利益，管理人可根据市场变化情况提前终止本产品，投资者不得提前终止本产品

资料来源：中国光大银行.阳光红ESG行业精选产品发行公告[EB/OL].(2020-10-20)[2023-05-21].http://www.cebbank.com/site/gryw/yglc/lccp8/63403935/63403937/63403939/145198523/index.html.

表6-4列举了光大银行发行的阳光金15M丰利(定制3期)理财产品，该产品已于2023年5月18日成立，具体信息如下。

表6-4　**光大银行封闭式净值型理财产品示例——阳光金15M丰利(定制3期)**

产品名称	阳光金15M丰利(定制3期)
产品代码	EW0650
登记编码	Z7001423000100

(续表)

托管机构	中国光大银行股份有限公司
托管账号	38250188000269839
募集方式	公募
运作模式	封闭式净值型产品
产品类型	固定收益类,非保本浮动收益型
光大理财内部风险评级	二星级
募集规模	371 547 292.00 元
期限类型	1～3 年(含)
募集起始日期	2023 年 5 月 12 日
募集结束日期	2023 年 5 月 17 日
产品起始日期	2023 年 5 月 18 日
计划终止日期	2024 年 8 月 19 日
业绩比较基准(年化)	A 类份额：3.45%～3.95% ;J 类份额：3.55%～4.05%

资料来源：光大银行.阳光金 15M 丰利(定制 3 期)理财产品发行公告[EB/OL].(2023-05-19)[2023-05-30]. http://static.cebbank.com/static/cebbank/wealthproduct/article/20230519/2023051912000056303.pdf.

(三) 商业银行理财产品的风险等级

根据产品风险特性,银行一般将理财产品风险由低到高分为 R1 级(谨慎型)、R2 级(稳健型)、R3 级(平衡型)、R4 级(进取型)、R5 级(激进型)五个级别。

1. R1 级(谨慎型)

该级别理财产品一般由银行保证本金的完全偿付,产品收益随投资表现变动,且较少受到市场波动和政策法规变化等风险因素的影响。产品主要投资于高信用等级债券、货币市场等低风险金融产品。

2. R2 级(稳健型)

该级别理财产品不保证本金的偿付,但本金风险相对较小,收益浮动相对可控。在信用风险维度上,产品主要承担高信用等级信用主体的风险,如 AA 级(含)以上评级债券的风险;在市场风险维度上,产品主要投资于债券、同业存放等低波动性金融产品,严格控制股票、商品和外汇等高波动性金融产品的投资比例。该级别还包括通过衍生交易、分层结构、外部担保等方式保障本金相对安全的理财产品。

3. R3 级(平衡型)

该级别理财产品不保证本金的偿付,有一定的本金风险,收益浮动且有一定波动。在信用风险维度上,其主要承担中等以上信用主体的风险,如 A 级(含)以上评级债券的风险;在市场风险维度上,产品除可投资于债券、同业存放等低波动性金融产品外,投资于股票、商品、外汇等高波动性金融产品的比例原则上不超过 30%,结构性产品的本金保障比例在 90%以上。

4. R4级(进取型)

该级别理财产品不保证本金的偿付,本金风险较大,收益浮动且波动较大,投资较易受到市场波动和政策法规变化等风险因素影响。在信用风险维度上,产品可承担较低等级信用主体的风险,包括BBB级及以下债券的风险;在市场风险维度上,投资于股票、商品、外汇等高波动性金融产品的比例可超过30%。

5. R5级(激进型)

该级别理财产品不保证本金的偿付,本金风险极大,同时收益浮动且波动极大,投资较易受到市场波动和政策法规变化等风险因素影响。在信用风险维度上,产品可承担各等级信用主体的风险;在市场风险维度上,产品可完全投资于股票、外汇、商品等各类高波动性的金融产品,并可采用衍生交易、分层等杠杆放大的方式进行投资运作。

三、我国商业银行的理财业务

党的二十大提出"稳经济、保增长、促发展"的目标,要求不断深化产品转型,围绕民生福祉推进结构优化与产品创新,大力支持实体经济发展,发挥理财资金配置优势,积极助力实体经济更高质量发展。我国商业银行的理财业务在深入贯彻党的二十大精神的过程中不断转型创新。

根据《中国银行业理财市场年度报告(2022年)》,2022年,全国共有260家银行机构和29家理财公司累计新发理财产品2.94万只,累计募集资金189.62万亿元。截至2022年年底,全国共有278家银行机构和29家理财公司有存续的理财产品,共存续产品3.47万只,存续规模达27.65万亿元。同时,理财产品净值化转型成效显著,截至2022年年底,净值型理财产品存续规模26.40万亿元,占比为95.47%。理财产品以中低风险产品为主,截至2022年年底,风险等级为二级(中低)及以下的理财产品存续规模24.54万亿元,占比88.73%;风险等级为四级(中高)和五级(高)的理财产品存续规模为0.10万亿元,占比0.38%。

从投资者角度来看,理财新规发布以来,银行理财产品投资门槛大幅降低,产品种类不断丰富,投资者数量持续增长。截至2022年年底,持有理财产品的投资者数量为9 671万个,较年初增长18.96%。整体结构上仍以个人投资者为主,截至2022年年底,个人理财投资者数量为9 575.32万人,占比99.01%;机构投资者数量为95.95万个,占比0.99%。

从投资者风险偏好分布情况来看,2022年,理财投资者整体风格更趋保守,其中风险偏好为一级(保守型)和二级(稳健型)的个人投资者数量占比较去年同期进一步增加,分别增加1.10个百分点和0.55个百分点;风险偏好为三级(平衡型)、四级(成长型)和五级(进取型)的个人投资者数量占比则相对减少。截至2022年年底,持有理财产品的个人投资者数量最多的是风险偏好为二级(稳健型)的投资者,占比35.44%。

从理财投资收益情况来看,在资管行业打破刚兑的背景下,银行理财借助其长期稳健的资金供给渠道、专业优质的资产管理能力、丰富多元的创新产品设计等优势,实现了较为平稳的产品收益。2022年,理财产品累计为投资者创造收益8 800亿元。其中,银行机构累计为投资者创造收益3 602亿元;理财公司累计为投资者创造收益5 198亿元,同比增长1.45倍。2022年各月度,理财产品平均收益率为2.09%。

总之,目前我国银行理财自身的专业化能力大幅度提升。在产品端,银行理财已经开始从单一的理财产品供给方,向为不同风险偏好的客户提供差异化、综合化理财方案的服务供应商逐步升级转变;在投资端,银行理财一方面传承了银行在风险管理方面的经验优势,另一方面,也结合银行理财业务特点进一步完善和提高了自身的信用风险识别能力。同时,银行理财也持续发挥自身在大类资产配置等方面的优势,保持了产品投资收益的整体稳健,积极发挥了为广大投资者保值增值的作用。

第三节 商业银行表外业务管理

二维码资料6-5:《商业银行理财业务监督管理办法》

由于表外业务具有种类繁杂、形式多样、杠杆率高、透明度低等特征,在表外业务经营过程中暴露出各种各样的问题和风险。为进一步加强商业银行表外业务管理,适应新形势下商业银行表外业务发展出现的新变化和新趋势,中国银行保险监督管理委员会于2022年11月28日出台了《商业银行表外业务风险管理办法》(以下简称《办法》)。该办法细化明确了表外业务风险管理要求,规定商业银行应将表外业务纳入全面风险管理体系,准确识别各类表外业务风险,并根据业务种类和风险特征实行差异化管理。

一、商业银行表外业务管理的原则

根据《办法》,商业银行开展表外业务应当遵循以下原则:

(1) 管理全覆盖原则。商业银行应当对表外业务实施全面统一管理,覆盖表外业务所包含的各类风险。

(2) 分类管理原则。商业银行应当区分自营业务与代理业务,根据不同表外业务的性质和承担的风险种类,实行分类管理。

(3) 风险为本原则。商业银行开展表外业务,应当坚持风险为本、审慎经营、合规优先的理念,并按照实质重于形式的原则对业务进行管理。

二、商业银行表外业务管理的方法

(一) 国际上对表外业务的管理

《巴塞尔协议》将表外业务按其风险程度分为五类,并对前四类表外业务赋予了不同的信用风险转换系数,以便将表外项目转为表内项目,同银行的资本金大小联系起来。其中,第一类是100%信用转换系数的表外业务,如直接信用替代工具(保证和承兑业务)、销售和回购协议、远期资产买卖等;第二类是50%信用转换系数的表外业务,如某些与交易相关的或有项目、票据发行融通和循环报销便利、其他初始期限在1年以上的承诺等;第三类是20%信用转换系数的表外业务,如有自行偿付能力的与贸易有关的或有项目;第四类是0信用转换系数的表外业务,如初始期限在1年以内的,或可以在任何时期无条件取消的承诺。

(二) 我国对表外业务的管理

按照中国人民银行的有关规定,我国把商业银行的表外业务分为十一类进行管理,分别为:

(1) 等同于直接信用形式。

(2) 特定交易项下的或有项目。

(3) 短期内可以自动清偿和与贸易有关的或有项目。

（4）回购协议。
（5）有追索权的资产销售。
（6）买入远期资产。
（7）票据发行和循环包销便利。
（8）初始期限为1年以下的、可随时无条件取消的承诺。
（9）初始期限为1年或1年以上的其他承诺。
（10）利率、汇率合约。
（11）部分缴付款项的股票。

三、商业银行表外业务风险管理

（一）表外业务风险的类型

按照不同的标准，可以把表外业务风险划分为不同的类型。虽然有多种分类标准，但世界各国最流行的是巴塞尔委员会所作的分类，这种分类把表外业务的风险划分为以下十种类型。

1. 信用风险

信用风险又称违约风险，是指债务人未能履行付款责任而使债权人遭受损失的风险。虽然表外业务不直接涉及债权债务关系，但由于狭义表外业务多是或有资产和或有负债，当潜在的债务人由于多种原因不能偿付给债权人时，商业银行就要为此而承担偿债责任，从而形成表外业务的信用风险。例如，在信用证业务中，一旦开证人不能按期偿付，银行就要承担赔偿责任。

2. 市场风险

市场风险是指由于市场价格波动而使债权人遭受相应损失的可能性，包括利率和汇率变动所引起的利率风险和汇率风险、商品价格变动所引起的商品风险，以及与股票投资有关的权益风险等。在表外业务活动中，银行会因为利率、汇率、商品及股票的价格的预测失误而遭受损失，也会因为利率、汇率等的突然变化使银行的操作不能达到避险的目的，从而暴露更多的风险敞口，承担更大的损失。

3. 流动性风险

流动性风险是指商业银行无力为负债的减少或资产的增加提供足够资金而造成损失的可能性。许多表外业务都不同程度地存在流动性风险。例如，银行如果提供了过多的贷款承诺，就必须把大量资金用于应付随时可能出现的贷款要求，从而降低了对储户大量提款的应付能力，如果无法满足储户的提款需求，就可能造成"挤兑"现象并引发流动性风险。再如，在金融衍生品交易中，如果交易一方想要进行对冲平仓，却找不到合适的对手，无法以合适的价格在短时间内进行抛补，就会产生流动性风险。

4. 国家风险

国家风险是指在国际经济活动中，由于国家的主权行为引起损失的可能性。具体来说，国家风险是指由于债务人所在国家的政治、经济、军事和社会环境等发生变化，债务人无法及时、足额偿还债务，从而使提供表外业务的银行遭受损失的可能性。国家风险发生的概率并不低，特别是小国家的债务人，往往会因为一个大的政治事件、经济事件或自然灾害等就无法正常履约，从而发生国家风险。

5. 筹资风险

筹资风险是指商业银行在自身资金不足的情况下，无法以合适的成本从他处融得资金，从而导致交易到期日无法履约的风险。如果商业银行过多涉足杠杆效应较强的表外业务，则在缺乏资金时无法履行到期的合约所带来的筹资风险会更大。筹资风险和流动性风险密切相关，在商业银行流动性不足时，筹资的需求会加大，筹资无法得到满足的风险也会加大。

6. 结算风险

结算风险是交易对手在表外业务发生后，无法在交割期到来时及时履约的风险。结算风险既可能由技术操作失误引发，也可能因债务人偿债能力不足引起。一般情况下，结算风险还可能导致信用风险、市场风险和流动性风险等发生。

7. 经营风险

经营风险是指商业银行在表外业务中发生经营决策失误所引起的各种风险。经营决策失误可以使经营成本增加，或未来收益下降，从而使商业银行面临风险。例如，在表外业务中，金融衍生品交易的品种搭配不当或资金流量的时间错配等都会导致在一定时间内商业银行风险头寸敞口的加大和面临风险的加大。经营风险的大小与银行管理体系是否健全密切相关，管理体系越健全，经营风险越小。

8. 操作风险

操作风险是指商业银行由于内部控制缺陷、管理不善、操作失误或不可控事件的发生所引起的风险。表外业务由于透明度差，其管理控制和操作方面存在的问题不容易被及时发现，因此，操作风险存在的可能性也比较大。例如，著名的巴林银行倒闭案就是由于表外业务的操作风险引起的；河南村镇银行事件也是借助商业银行表外理财业务对储户进行诈骗引起的。

 延伸阅读6-5

河南村镇银行事件

2022年4月，上千名储户合计超过12亿元的存款无法从银行取出，引起新闻媒体的广泛关注。这些储户有一个共同点：他们都在相同的5家河南村镇银行办理了储蓄业务。新闻曝出后，其他储户也都面临无法正常取款的问题，最后统计有397亿元存款不翼而飞。

该事件涉及范围较广，涉案金额较大，轰动全国。除5家河南村镇银行外，另有2家位于安徽的银行也牵涉其中。那么，这近400亿元存款是如何被掏空的呢？事件的起因是突然冒出来的理财产品。这项理财产品利息高，恰好这几家都经营了这个理财产品。理财是假，骗钱才是真。它们的背后是一家名叫新财富集团的空壳公司，是涉事的4家银行的共同股东。新财富集团的诈骗手段是：通过上百家影子空壳公司间接控制银行，银行股东之间相互勾结，弄出了一个假的系统，将本来应该存到银行里的钱偷偷转移到了自己的钱包里。简而言之，就是银行与第三方合作立项，成立一个金融平台并向储户推广，储户通过这个第三方平台办理银行业务，但实际的现金流并没有流入银行，而是被源源不断地吸纳进了新财富集团的账户里。

2022年7月13日下午，国务院新闻办举行新闻发布会。在发布会上，中国人民银行金融稳定局局长孙天琦就河南部分村镇银行"取款难"事件作出了回应：河南村镇银行风险事件发生以来，中国人民银行积极配合地方政府和监管部门稳妥应对，指导分支机构履行维护区域金融稳定的责任，作好流动性风险监测和应急保障，整体来看，我国金融风险收敛、总体可控。99%的银行业资产处在安全边界内。

孙天琦表示，2021年第四季度中国人民银行评级结果显示，参评的4 398家银行业机构中，316家属于高风险机构，占银行业参评机构的7%，但是资产规模仅占银行业参评机构的1%，也就是说绝大部分中小银行的央行评级均处于安全边界内。中国人民银行表示,金融管理部门必须对各类金融风险,保持高度警惕,对人民群众深恶痛绝的各类非法金融活动,发现要早、认定要准、下手要坚决。应继续通过地方政府专项债等方式,多渠道补充中小银行资本,持续压降高风险金融机构数量。

资料来源:

1. 佚名.五分钟弄懂河南村镇银行事件始末[EB/OL].(2021-07-28)[2022-08-15]. https://baijiahao.baidu.com/s?id=1739597551153872598&wfr=spider&for=pc.

2. 央视财经.央行回应河南村镇银行事件[EB/OL].(2021-07-14)[2022-08-15]. https://baijiahao.baidu.com/s?id=1738310317352780877&wfr=spider&for=pc.

9. 定价风险

定价风险是指由于表外业务的透明度低、市场信息披露不完全等原因,导致无法完全识别表外业务的风险状况,从而对产品定价错误,使得与部分或全部风险相关的损失无法得到弥补的风险。在表外业务中会发生各种各样的风险,表外业务的定价必须把这些风险考虑在内,其价格至少应当能够弥补各种风险所带来的各种损失。由于表外业务种类繁多、形式多样、创新性强且透明度低,所以其内在风险尚未被完全掌握,从而导致银行在定价中可能出现失误,带来定价风险。

10. 法律风险

法律风险是商业银行在表外业务中由于法律、法规和制度的不确定性而承担的风险。具体包括四个方面:一是各国法律对表外业务监管的宽严程度不同而给跨国表外业务带来的风险。二是由于法律意见和文件不完善或不正确所造成的风险。三是与表外业务有关的法律法规制度发生变化所带来的风险。四是一些新型表外业务尚存在法律空白、法律纠纷难以有效解决所带来的风险。

除上述风险外,商业银行的表外业务还面临着信息风险、道德风险等。表外业务中存在的各种风险要求商业银行注重防范、严加管理、加强监控,以防患于未然。

 延伸阅读6-6

商业银行表外业务的风险案例——中行原油宝事件

2020年,国际油价上演高台跳水,美原油期货主力合约跌至38美元/桶,这一历史性的事件不仅让很多直接参与的交易者损失惨重,且也让与原油期货挂钩的理财产品出现爆仓。中国银行(简称中行)推出的原油宝就是这其中的典型代表,其客户的账户在此次暴跌中被强平,引发巨大争议,最终中行主动承担大部分损失。

中行原油宝事件的风险主要来自以下三方面:

(1)市场风险。市场风险是指因金融工具市场价格(如汇率、利率、期货价格)向商业银行预测的相反方向变化而使商业银行遭受损失的风险。以原油宝为例,一般来说,原油宝并不是杠杆交易,不应该亏损幅度如此之大,但遇上负油价,其还是硬生生被拖进了泥潭。

(2)经营风险。中行经营决策出现失误,2020年4月20日中行原油宝22:00停止交易,但中行将投资者的仓单留到了最后结算时刻,未根据合约交割时间22:00进行移仓,没有能完成盘中换月。如果中行原油宝交易在4月14日将客户仓单强制平仓,就不会发生这样严重的后果。而工商银行、建设银行的纸原油业务,早在4月14日和4月15日就已经基本完成了换月工作,当时它们的平仓价格基本在21~20美元/桶。中国银行未提前展期,又遇到了重大的流动性问题,导致投资者出现巨亏。

(3)法律风险。无论是原油还是贵金属,银行的交易平台均独立于期货公司之外,且执行另一套销售和风控标准。中行原油宝违反了投资者适当性原则。内盘原油品种的交易门槛很高,自然人账户可用资金须满足50万元才能开户,原油、期权等品种还需要通过知识测试、模拟盘后才能开通。中国银行交易标的为境外品种,风险理应更高,却向境内自然人开放交易,且门槛还低于内盘原油期货。同时,中行原油宝每一手买卖单位更小,绕开了境内外原油期货较高的交易门槛限制,美国WTI原油期货的买卖单位为一手1 000桶,一手可能需要十几万资金,普通散户参与难度大,而原油宝的买卖单位为10桶,方便吸引散户入场。这在一定程度上体现了不同监管体系之间是存在空白的。证监会体系下的证券期货公司在投资者教育、投资者适当性以及风险识别等方面更为成熟,而银行业的风险识别更多体现在形式上,做得不到位。

资料来源:商业银行表外业务风险研究:以中行原油宝事件为例[EB/OL].(2021-05-19)[2022-08-15].https://baijiahao.baidu.com/s?id=1700155915595162345&wfr=spider&for=pc.

(二) 表外业务风险的特点

概括来讲,表外业务风险具有以下特点。

1. 风险隐蔽性强

表外业务经营具有一定的隐蔽性,表外业务的规模与质量不在财务报表上进行反映,表外业务产生的风险也难以通过财务分析发现,致使表外业务的风险隐蔽性极强,金融监管机构难以对商业银行表外业务涉及的风险活动进行全面监督与管理,难以及时发现风险并进行有效处置。

2. 风险分散、不确定性高

表外业务种类繁杂,形式多样、灵活度高、创新性强,一项表外业务常常涉及多种风险,且各种风险相互交织在一起,相伴而生、相互影响。因此,表外业务的风险不确定性高,且比较分散,防范风险的难度很大。同时,或有资产和或有负债的表外业务在金融市场动荡的情况下,随时都有可能转化为表内业务,这也增加了银行风险防范的难度和负担。

3. 潜在风险较大

目前,商业银行部分表外业务的开展还不受金融法律法规的严格限制,尤其是金融衍生工具类表外业务经营自由度较大且具有高杠杆性的特征,因此潜伏着巨大的风险,微小的失误往往也会给商业银行带来难以估量的打击。

4. 信用风险和操作风险突出

由于商业银行表外业务相应的内控机制还处于逐步完善的过程中,再加上部分企业的信用意识较为淡薄,表外业务面临的信用风险和操作风险较为突出。其中,担保类表外业务的信用风险较为突出。担保类表外业务虽然在担保出具之时银行不和客户产生债权与债务关系,但客户一旦违约,所产生的风险就由商业银行来承担。此外,金融衍生品类业务的操作风险也比较突出,一旦操作失误,由于业务的高杠杆性,其带来的风险损失就会非常大。

(三) 表外业务风险管理的方法

表外业务风险管理是商业银行对表外业务潜在的意外损失进行辨识、评估,并根据具体情况采取相应的措施进行处理。风险管理的目的是有备无患。即使风险无法避免,也可以通过风险管理求得切实可行的补偿措施,以尽可能降低风险所带来的意外损失。商业银行可以通过风险自留、风险预防、风险回避、风险抑制、风险转移、风险分散、风险保险和风险补偿等具体风险管理方法进行有效的风险管理和监控。强化表外业务风险管理不仅是维护商业银行自身安全的需要,也是实现科学决策、提高商业银行经济效益和保障宏观金融安全的需要。

1. 提高对表外业务风险管理工作的重视程度

表外业务的风险具有高度的分散性、不确定性和隐蔽性,需要多部门联合从整体上把握风险的水平。商业银行的决策层应提高对表外业务风险管理工作的重视程度,及时了解、决定、控制和监测业务部门所从事的每一项表外业务交易活动,并在风险防范工作中及时协调各部门的关系,有效实现对风险的监控和防范。

2. 建立和完善与表外业务有关的各项规章制度

健全的规章制度是防范和化解表外业务风险的重要基础。在制度建设方面,商业银行需要做好以下四个方面的工作:一是建立和完善信用评估制度。商业银行在进行表外业务操作时,要加强对交易对手的信用调查和信用评估,避免和信用等级较低的对手进行交易。同时,对一些期限较长的表外业务,商业银行应建立动态的评估机制,定期对交易对手进行信用评估,并根据评估结果调整交易合同的相关条款,避免发生信用风险和道德风险。二是建立和完善业务风险识别评估制度。能够对表外业务可能发生的风险进行准确识别和评估是商业银行对表外业务进行有效监管的前提。商业银行应对表外业务的风险建立一整套风险识别和评估机制和方法,将定性分析和定量分析相结合、整体宏观分析和局部重点分析相结合、个别风险分析和综合风险分析相结合,通过有效识别和评估,提前应对,防患于未然。三是建立和完善双重审核制度。双重审核制度是指前台交易员和后台管理人员严格分开来对交易进行监管。前台交易员根据市场变化及时调整风险敞口,后台管理人员做好跟踪结算、及时监控汇报等工作。四是根据表外业务的需要,对有关会计制度作出必要的调整。

3. 建立和完善表外业务风险控制机构

商业银行应建立专门的表外业务风险控制机构进行风险的综合分析和管理,并建立审慎授权管理制度。商业银行分支机构经营表外业务要得到上级银行的授权,银行董事会和高级管理层应对表外业务的风险承担最终责任。同时,商业银行应建立内部审计部门对表外业务的经营进行定期或不定期审计检查,对风险的计量、限额、报告等情况进行评估,还需聘请外部审计师进行表外业务的年度审计等。

延伸阅读6-7

"表外业务"哪家强

目前,发达国家的很多商业银行利息收入占比已经降至50%左右,表外业务收入占比逐渐迈向40%～50%的关口。相比于发达国家商业银行的表外业务占比水平,目前国内商业银行已经开始重视并将重心移向表外业务,国内商业银行的非利息收入占比从过去的较低水平一路升至2016年的23.80%,国内银行表外业务收入占比上升趋势明显,低风险、低资本耗用的表外业务成为国内银行的主要努力方向。但国内商业银行的实际水平依然较发达国家具有较大差距,但这恰恰也说明国内的商业银行还存有上升的空间。

从具体数据看,2019年国有六大行、九家股份行、上市城商行和农商行的表外业务收入/营业收入分别为16.36%、23.70%、9.96%和4.26%。国有银行中,表外业务规模最大的是工商银行,同比增速较快的是建设银行;股份行中,表外收入规模最大的是招商银行,同比增速较快的是建设银行;城商行中,表外收入规模最大、同比增速较快的均是宁波银行。国有大行中,表外业务收入占比从高到低的银行依次为建行(19.46%)、交行(18.77%)、工行(18.20%)、中行(16.32%)、农行(13.86%)、邮储银行(6.17%)。有7家股份行的表外业务收入占比在20%以上,其中民生银行为28.98%,兴业银行为27.40%,平安银行为26.63%,招商银行为26.51%,中信银行为24.73%,华夏银行为21.26%,浦发银行为21.21%。其他2家上市股份行中,光大银行为17.44%,浙商银行为9.88%。宁波银行的优势最为明显(也是表外业务收入占

二维码6-6:
商业银行表外业务风险管理办法

比超过15%的唯一一家城商行),表外业务收入占比超过12%的城商行主要有宁波银行(22.19%)、江苏银行(13.39%)、上海银行(13.19%)、青岛银行(12.65%)、南京银行(12.47%)。对于地方性银行来说,表外业务收入已经成为其营业收入结构中的一个明显短板,相较于股份行来说,地方性银行的表外业务收入整体提升空间应在10个百分点以上。

资料来源:李可."表外业务"哪家强?国有大行落后股份行,宁波银行领先城商行[EB/OL].(2020-11-25)[2022-08-01]. https://baijiahao.baidu.com/s? id=1684249234427824787&wfr=spider&for=pc.

本章小结

本章主要学习了商业银行表外业务的含义、产生与发展、分类、特点、风险及其管理,以及商业银行理财业务。

二维码资料6-7:练一练

本章重要概念

表外业务 担保类表外业务 承诺类表外业务 金融衍生交易类表外业务 金融服务类表外业务 信用证 备用信用证 银行保函 票据承兑 贷款承诺 票据发行便利 金融远期 金融期货 金融期权 金融互换 理财业务 理财产品 表外业务风险 表外业务风险管理

二维码资料6-8:练一练答案

第七章 商业银行风险管理

- ➢ 内容提要
- ➢ 重点难点
- ➢ 学习目标
- ➢ 知识框架
- ➢ 思政育人
- ➢ 第一节 商业银行风险管理概述
- ➢ 第二节 商业银行战略风险管理
- ➢ 第三节 商业银行信用风险管理
- ➢ 第四节 商业银行市场风险管理
- ➢ 第五节 商业银行操作风险管理
- ➢ 第六节 商业银行流动性风险管理
- ➢ 第七节 商业银行合规风险管理
- ➢ 本章小结
- ➢ 本章重要概念

内容提要

本章主要讲解了商业银行风险的种类、特征和产生的原因;商业银行风险管理的含义、方法、体系和组织结构;商业银行战略风险的度量和管理;商业银行信用风险的度量、产生的原因分析和管理;商业银行市场风险管理中的利率风险及管理、汇率风险及管理;商业银行操作风险的含义及分类、度量和管理;商业银行流动性风险产生的原因分析、度量和管理;商业银行合规风险管理。

重点难点

本章重点为商业银行战略风险、信用风险、市场风险、操作风险、流动性风险、合规风险的含义、种类、产生的原因分析及管理方法。本章难点为商业银行战略风险、信用风险、市场风险、操作风险、流动性风险的度量模型。

学习目标

通过本章的学习,学生应理解并掌握商业银行战略风险、信用风险、市场风险、操作风险、流动性风险、合规风险的含义、种类、成因、度量及管理的相关内容;了解我国商业银行风险及风险管理的现状及发展,以及商业银行进行风险管理的重要意义。同时,要求学生对商业银行的风险管理有一个全面的认识,深入思考商业银行应如何在风险管理上寻求突破、转型和创新,才能更好地防范和治理风险。

知识框架

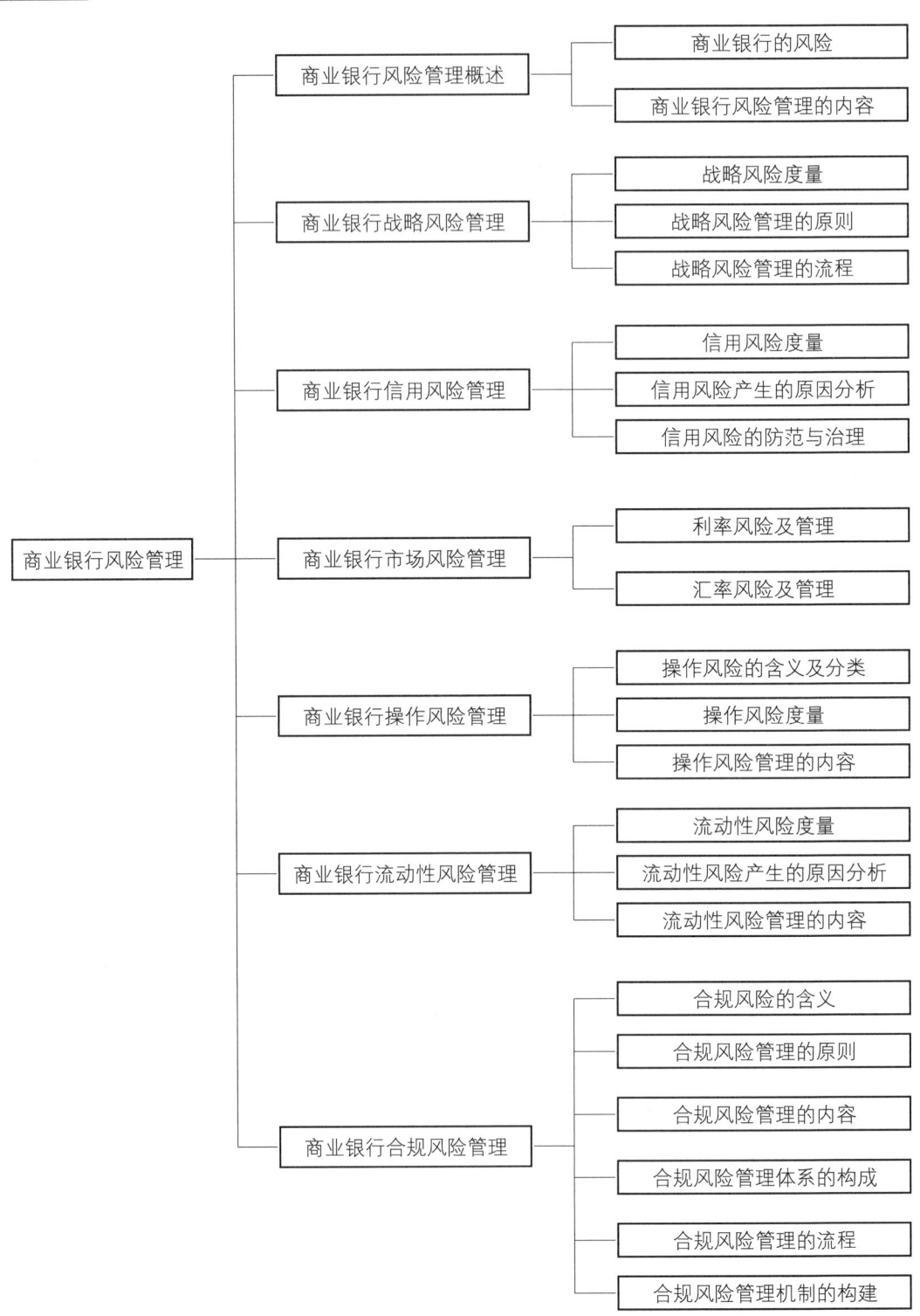

思政育人　　　树立风险意识,提升风险管理水平

防范化解金融风险,事关国家安全、发展全局、人民财产安全,是实现高质量发展必须跨越的重大关口。党的二十大报告指出,高质量发展是全面建设社会主义现代化国家的首要任务。这就要求金融系统按照党中央决策部署,把防控金融风险放在更加突出的位置,健全和完善金融风险的防范、预警和处置机制,持续强化金融风险防控能力。

2018年以来,按照党中央确立的"稳定大局、统筹协调、分类施策、精准拆弹"的基本方针,金融系统坚决打好防范化解重大金融风险攻坚战,取得了重要阶段性成果,金融风险整体收敛、总体可控,金融体系经受住了复杂环境的冲击考验。

当前,百年变局和世纪疫情交织叠加,国内外经济金融环境发生深刻变化,不稳定不确定不安全因素明显增多,金融风险诱因和形态更加复杂。党的二十大报告指出,我国发展进入战略机遇和风险挑战并存、不确定难预料因素增多的时期,各种"黑天鹅""灰犀牛"事件随时可能发生。就金融领域而言,我们必须要增强忧患意识,坚持底线思维,时刻绷紧"守住不发生系统性风险底线"这根弦,事实上,这也是多年来我国金融业成功抵御多次重大风险考验所积累的宝贵经验。

党的二十大报告要求,深化金融体制改革,建设现代中央银行制度,加强和完善现代金融监管,强化金融稳定保障体系,依法将各类金融活动全部纳入监管,守住不发生系统性风险底线。

加强和完善现代金融监管,是防范化解金融风险的重要保障。首先,要深化金融供给侧结构性改革。党的二十大报告强调"坚持把发展经济的着力点放在实体经济上"。金融行业要回归本源,把服务实体经济放在首要位置,提高金融服务实体经济质效;要引导金融资源更精准地流向先进制造业、战略性新兴产业、小微企业、"三农"等实体经济重点领域和薄弱环节;要完善多层次广覆盖差异化金融机构体系,引导督促中小银行深耕本地,服务当地经济发展;要健全资本市场功能,提高直接融资比重。其次,要强化审慎监管。近年来,我国宏观审慎监管框架更趋健全,金融控股公司、系统重要性金融机构监管等制度性文件相继出台;在微观审慎监管方面,严监管氛围基本形成,依法监管能力明显提高。强化审慎监管,要坚守监管主责主业,把好金融机构准入关,加强和完善公司治理,特别是加强对股东资质、股权关系的穿透检查和股东行为监管,坚决纠正违规关联交易,防止大股东操纵和内部人控制。依法将各类金融活动全部纳入监管,纠正"有照违章",打击"无证驾驶"。强化金融反垄断和反不正当竞争,依法规范和引导资本健康发展,防止资本在金融领域无序扩张。

银行业是一个高风险行业。花旗银行前总裁沃尔特·瑞斯顿曾说过:"事实上银行家们正陷入风险管理的事务之中。"风险管理是商业银行经营管理的重要内容,风险管理能力已经成为商业银行核心竞争力的重要组成部分。当然,风险不只存在于商业银行等金融机构中,同学们在平日的学习生活中也会面对各种风险,所以要树立风险意识,学习和掌握一些风险管理方法,正确有效地规避和防范风险,营造和谐良好的学习生活秩序。

资料来源:中国金融新闻网.学习宣传贯彻党的二十大精神系列评论:加强和完善现代金融监管 守住不发生系统性风险底线[EB/OL].(2022-11-10)[2023-2-11]. http://jrj. ly. gov. cn/MediaFocus/4121. html.

第一节 | 商业银行风险管理概述

当今,随着经济全球化的发展,商业银行面临着前所未有的发展机遇与挑战。商业银行作为经营货币资金的高风险行业,风险管理是其经营管理的重要内容,风险管理能力的高低也成为商业银行核心竞争力的重要标志。良好的风险管理有助于商业银行降低决策错误的概率,减少损失的可能性,从而提高其自身的价值。

一、商业银行的风险

商业银行风险是指商业银行在经营过程中,由于事前无法预料的不确定因素的影响,使商业银行的实际收益与预期收益产生背离,从而导致商业银行蒙受经济损失或获取经济收益的机会和可能性下降。对商业银行而言,风险多种多样,而且无处不在、无时不有,风险和商业银行相伴而生、如影相随。

(一) 商业银行风险的种类

按照风险来源的不同,商业银行的风险可分为以下类型。

1. 战略风险

战略风险是指商业银行在追求短期商业目标和长期发展目标的系统化管理过程中,不适当的发展规划和战略决策可能威胁商业银行未来发展的潜在风险。战略风险属于商业银行的内部风险,是由于战略导向不清晰甚至出现错误而使银行遭受损失的风险。

银行战略是商业银行经营管理极为重要的组成内容,指明了银行发展的使命、目标和基本途径。战略的好坏既依赖于战略制定者的主观经验、能力,也受制于银行所处的内外部客观条件,因此,战略在制定、实施、评价等过程中不可避免地存在一定的偏差,从而对银行经营管理产生重大影响。这类由于经营策略制定或实施不当而导致商业银行现在或未来的盈利、资本、信誉或市场地位受到负面影响的风险,就是战略风险。

2. 信用风险

信用风险又称违约风险,是指由于信用活动中存在的不确定性而导致商业银行遭受损失的可能性,确切地说,是因为借款人违约而引起的风险。例如,资产业务中借款人无法偿还债务引起的资产质量恶化,信用卡客户透支而无力偿还欠款等。

信用风险是商业银行最传统的风险形式,主要存在于商业银行的贷款业务中。信用风险即借款人不能履约偿还银行的贷款而导致银行产生不良贷款,造成银行的资产质量下降的风险。随着现代金融的发展,商业银行的资产业务越来越多元化,同时商业银行表外业务也发展迅速,信用风险也同样存在于商业银行的许多非贷款业务中。

延伸阅读 7-1

2022 年年末银行业金融机构不良贷款率为 1.71%

2022 年,中国银行保险监督管理委员会积极应对超预期因素冲击,深入推进金融供给侧结构性改革,持续提升服务实体经济质效,守住不发生系统性风险的底线,银行业保险业主要经营和风险指标均处于合理区间。数据显示,2022 年年末银行业金融机构不良贷款率1.71%,上年全年累计处置不良资产 3.1 万亿元。

具体来看,资产负债及业务稳步增长。2022 年年末,银行业金融机构总资产达 379.4 万亿元,同比增长 10.0%。保险公司总资产达 27.1 万亿元,同比增长 9.1%。保险资金运用余额达 25.1 万亿元,同比增长 9.1%。2022 年全年,人民币贷款新增 21.3 万亿元,同比多增 1.36 万亿元,增速为 11.1%,银行保险新增债券投资超过 11 万亿元。2022 年全年,保险公司原保险保费收入 4.7 万亿元,同比增长 4.6%,新增保单件数 554 亿件,同比增长 13.3%,赔款与给付支出 1.5 万亿元。

另外,服务实体经济质效持续提升。2022 年,制造业各项贷款新增 4.7 万亿元,增量为上年的 1.7 倍。普惠型小微企业贷款余额 23.6 万亿元,同比增长 23.6%。融资成本持续压降。2022 年,新发放企业类贷款平均利率较上年下降0.47个百分点。其中,制造业贷款平均利率较上年下降0.40个百分点;普惠型小微企业贷款平均利率较上年下降0.45个百分点;民营企业贷款平均利率较上年下降0.62个百分点。支持绿色低碳转型,加大对新能源、人工智能、生物制造等先进制造业和战略性新兴产业的资金支持,绿色信贷余额同比增长35.7%,战略性新兴产业贷款余额同比增速超过40%。

在支持保障和改善民生方面,持续加强对保障性住房金融支持,保障性安居工程贷款6.3万亿元。积极支持就业创业,创业担保贷款余额同比增长13.1%。引导信贷资金持续投入教育领域,教育行业贷款余额同比增长15.1%,个人助学贷款同比增长22.1%。养老年金保险和专属商业养老保险试点持续推进。商业养老年金原保险保费收入617亿元,专属商业养老保险累计保单件数33.9万件。巩固脱贫攻坚成果,已脱贫地区贷款余额同比增长12.3%。

我国银行业保险业主要风险指标处于合理区间。2022年年末,银行业金融机构不良贷款余额3.8万亿元,较年初增加1 699亿元。不良贷款率1.71%,同比下降0.09个百分点。商业银行逾期90天以上贷款与不良贷款的比例为78%,保持较低水平。2022年,银行业金融机构累计处置不良资产3.1万亿元,其中不良贷款处置2.7万亿元。"明天系"保险公司风险处置工作正在有序推进。银保监会已批准采取市场化重组和新设机构承接相关保险公司的资产负债等方式,稳妥风险化解,切实保护保险消费者合法权益。

风险抵御能力整体充足。2022年,商业银行累计实现净利润2.3万亿元,同比增长5.4%。2022年年末,商业银行资本充足率为15.17%,较年初上升0.04个百分点。拨备覆盖率为205.85%,持续保持合理水平。银行保险机构流动性总体保持平稳,商业银行流动性覆盖率为147%。目前,保险业综合偿付能力充足率212%,保持在合理区间。

资料来源:新华社.2022年年末银行业金融机构不良贷款率为1.71%[EB/OL].(2023-02-03)[2023-03-05]. https://baijiahao.baidu.com/s?id=1756810303104727153&wfr=spider&for=pc.

3. 市场风险

市场风险是指由基础金融变量如利率、汇率、股价、通胀等变动给商业银行带来的损失的可能性。随着我国利率市场化程度的加强以及商业银行业务的国际化,以及金融资产价格波动日趋频繁,市场风险对我国商业银行的安全经营带来越来越大的影响,也使我国商业银行经营面临更大的风险挑战。

4. 操作风险

操作风险是指不健全或失效的内部控制、人为错误、系统缺陷或是不利的外部事件给商业银行带来损失的可能性。操作风险主要来自商业银行治理机制和内部控制流程的失效而造成的工作人员操作失误、欺诈,商业银行监督机制未能及时作出反映,导致银行资产发生损失。银行案件频发就是操作风险的一种具体表现。随着金融技术的日趋复杂化和金融业务的多元化,操作风险更应引起商业银行的重视和关注。

延伸阅读7-2

为什么存在银行的钱都不安全了

对大多数公众来说,把钱稳定地存入银行,应是最稳赚不赔的理财方式了。然而随着银行存款"不翼而飞"事件的频发,人们在事实的面前也显得有些不知所措。为什么存在银行的钱都不安全了?那么又该如何保障储户的资产安全?

钱存在银行会丢吗?2022年3月曝出的"工行2.5亿元存款不翼而飞"事件引起人们的广泛关注。经多位受害者反映,他们在工商银行现场办理大额存单业务后,存款被工行南宁分行高管梁建红利用职权悄悄转走。梁建红对外许诺高额利息,伪造大额存单用于替换银行客户的真实存单,以代办取款方式窃取客户在工行的大额存款。2021年闹得沸沸扬扬的渤海银行"28亿元存款"事件,就是在企业储户不知情的情况下其大额存单被质押担保。从渤海银行的 28 亿元企业存款被偷偷质押担保,到工行南宁分行的 2.5 亿元存款不翼而飞,舆论全部指向了银行内部管理的问题。

储户在银行的存款失踪主要有以下几种情况:一是银行工作人员通过内部违规操作,将储户的存款转入他人的账户;二是银行工作人员与企业公司等人勾结,储户存款并没有进入银行系统而是直接被挪作他用;三是储户在银行工作人员的忽悠下,存款变成保险理财等产品,如果不能保本获利,有可能会亏本。这三种情况中,最后一种情况比较常见,不法分子通过攻击网银或者通过伪造银行票证甚至伪造银行卡等方式盗取储户存款。

银行在日常经营中,必须加强自身管理,强化安全服务意识和危险预警意识;储户对那些承诺高额回报的各种存款形式要提高戒备,不要把鸡蛋放在同一个篮子里,面对潜伏的金融风险要时刻注意防范。

资料来源:2.5 亿元存款玩"失踪",为什么存在银行的钱都不"安全"了?[EB/OL].(2022-03-19)[2022-08-20]. https://baijiahao.baidu.com/s?id=1727631269503615457&wfr=spider&for=pc.

5. 流动性风险

狭义的流动性风险是指商业银行没有足够的现金来弥补客户存款的提取而产生的支付风险。广义的流动性风险除包含狭义的内容外,还包括商业银行的资金来源不足而未能满足客户合理的信贷需求或其他即时的现金需求而引起的风险。流动性风险的最大危害在于其具有传导性。由于不同的金融机构的资产之间具有复杂的债权债务联系,这时一旦某个金融机构资产流动性出现问题,不能保持正常的头寸,则单个的金融机构的金融问题将会演变成全局性的金融动荡。2008 年金融危机就是由美国商业银行的流动性危机传导到美国金融各个领域,进而传导到世界各国的金融领域的危机。

6. 资本风险

资本风险是指商业银行资本量过小,不能抵补亏损,从而影响到商业银行正常经营的风险。资本风险对一家商业银行能否正常经营有着重要影响,这是因为资本金具有不必偿还和可以承担经营风险的职能。社会化大生产中商业银行的中介特点,使其不可能不向社会公众负债,因此资本金是否充足就显得尤其重要。资本金越充足,就越可以用资本金补偿发生的损失,帮助商业银行抵御意外的损失,从而保护存款人的利益。目前,我国许多商业银行的资产经营质量低下,不良债权过多,达不到资本充足率不得低于 8% 的要求,在一定程度上存在着较大的资本风险。

> **相关思考 7-1**
>
> **商业银行经营还面临哪些风险**
>
> 请同学们思考商业银行在经营过程中除上述风险外,还面临着哪些风险?这些风险形成的原因有哪些?给商业银行带来的影响如何?

(二)商业银行风险的特征

商业银行风险具有隐蔽性和扩散性,一旦银行经营风险转化成现实损失,对银行本身乃至整个国民经济都会产生巨大的影响。认清商业银行风险的特征,可以帮助我们更好地管理风险,减少风险损失,获得更多利润。一般说来,商业银行风险具有以下基本特征。

1. 客观性

商业银行风险是一种无处不在、无时不有的客观存在,也就是说,商业银行风险客观存在于商业银行的经营活动中,人们只能使风险损失最小化,而不能完全消除它。

2. 双重性

风险的存在既有损失的可能性,也有获得额外收益的可能性。这种正的效应是激励人们勇于承担风险、获取风险收益的动因。商业银行风险的双重性要求其建立科学的激励和约束机制,使资金的流动性、安全性和盈利性实现最佳状态。

3. 相关性

商业银行风险与银行的经营行为、经营环境和经营决策密切相关。商业银行风险的相关性要求我们在风险管理中要树立风险多元观,采取风险防控措施,从整体上推进金融改革。

4. 隐蔽性

商业银行风险具有很强的隐蔽性。由于商业银行具有信用创造能力,并且其经营活动不完全透明,在不爆发金融危机或存款支付危机时,商业银行可能会利用其信用特点,补救已经发生的损失。

5. 可控性

商业银行在经营实践中,可以针对不同风险从不同角度探索客观的管理和控制机制,如资产组合管理、资产负债管理、资产风险管理、金融监管、行业自律、市场约束等,以有效降低损失,增加风险收益。

6. 传导性

商业银行风险的发生很容易造成公众的信用危机,而在高度商业化的经济体系中,单一的信用机构不可能孤立于整个信用体系而单独存在。单一信用机构的信用危机很快就会直接或间接地传导至其他信用机构乃至整个信用体系。商业银行风险可同时影响多个层面,所以,除了要对单一风险的发生直接采取措施,还要考虑它的影响是否已渗透到其他层次和范围。

7. 周期性

商业银行风险的产生与经济周期具有密切关系。周期性是指金融风险受经济循环周期和货币政策变化的影响,呈现出规律性的、周期性的特点。一般而言,在经济发展上升期和繁荣期,货币政策宽松,社会资金流动规模较大,货币供需矛盾容易被掩盖,商业银行风险不易发生;当经济处于衰退期或低谷期时,货币政策紧缩,社会矛盾激化,货币供需缺口明显,则商业银行风险容易发生。

(三) 商业银行风险产生的原因

商业银行在经营过程中,一方面会受到外在宏观经济环境的影响,另一方面银行本身的内部经营策略和管理水平也会影响其抗风险能力。因此,商业银行风险主要产生于外部环境和内部环境两个方面。

1. 外部环境

外部环境的变化将会给商业银行经营带来很多的不确定性。从外在经济环境来看,国内经济发展状况、宏观经济政策、国际经济环境、金融监管力度、行业竞争等因素的变化都会影响商业银行的经营状况。

(1) 国内经济发展状况。当国民经济处于衰退期时,企业经营状况恶化会增加银行贷款违约的可能性,使得银行信用风险增大。反之,当国民经济处于繁荣期时,企业经营状况良好,银行贷款违约的可能性较小,银行信用风险也较小。

（2）宏观经济政策。国家宏观政策的调整、政策工具的变动会造成银行市场风险加剧,从而使商业银行面临较大的市场风险。

（3）国际经济环境。在全球经济一体化的趋势下,任何国家都不可能独善其身,难免会受到其他国家经济发展状况的影响,这时商业银行就处于一个更加变化多端的外部环境中,商业银行不仅要考虑国内经济形势的影响,同时也要考虑国外经济状况变化对经营带来的风险挑战。

（4）金融监管力度。金融监管的力度、方式和效果也会影响商业银行的经营策略,因为监管者更关注的是商业银行的安全性和稳定性。严格的监管方式势必会降低商业银行的盈利性,给商业银行带来利润下降的风险。

（5）行业竞争。行业竞争也是商业银行风险的另一来源。例如,金融脱媒现象发生后,商业银行面临来自非银行金融机构的竞争,经营压力增大也使得商业银行不得不努力进行金融创新、开发新的金融产品。而商业银行过于注重盈利会导致其忽视风险控制。很显然,行业竞争越激烈,商业银行的经营风险也相对越大。

2. 内部环境

从本质上来讲,商业银行的许多风险都是内部环境因素造成的。在同样的外部环境下,有的商业银行发生了严重损失,而有的商业银行却能较好地防范风险。商业银行的经营管理不善是形成商业银行风险的重要原因,具体体现在以下方面。

（1）经营策略失误。优秀的银行管理者会为银行制定合理的经营策略和发展方向,这将直接影响商业银行的安全性、流动性和盈利性。如果策略过于偏好盈利,不注重稳健性和安全性,势必会导致银行从事较多的高风险业务,从而增加银行经营风险;相反,如果策略过于保守,业务品种缺乏创新,经营理念落后于经济发展水平,银行在行业竞争中就会处于劣势,不利于其长期持续发展,而且盈利性过低也会导致破产风险增加。

（2）治理组织结构不完善。商业银行的治理组织结构是其完成具体工作流程的制度保障。治理组织结构越完善,商业银行的运行效率就越高,越容易创造更多的利润。良好的治理组织结构应该在内部控制、业务流程、监督机制、应变速度等方面均表现优秀。

（3）人员素质低下。正确的经营策略只有通过由水平高、技术过硬的工作人员才能发挥作用。人是所有业务决策和操作的制定者和实施者,人员素质的高低将直接影响银行经营风险的高低。在提高人员素质方面,商业银行要制定合理的激励约束机制,同时要定期进行员工素质培训,切实提升员工的管理能力、业务能力和道德素养。

二、商业银行风险管理的内容

（一）商业银行风险管理的含义

商业银行风险管理是指商业银行通过风险识别、风险估价、风险评估和风险处理等环节,预防、回避、分散或转移经营中的风险从而减少或避免经济损失,保证经营资金安全的行为。风险管理是商业银行管理的一项重要工作。

根据管理主体不同,商业银行风险管理可以分为内部管理和外部管理。内部管理是指作为风险直接承担者的商业银行对其自身面临的各种风险进行管理。外部管理主要包括行业自律管理和政府监管。行业自律管理是指金融业组织对其成员的风险进行管理;而政府监管是官方监管机构以国家权力为后盾,对金融机构乃至金融体系的风险进行监控和管理,具有全面性、强制性和权威性。

(二) 商业银行风险管理的方法

1. 风险分散

风险分散是指通过多样化的投资来分散和降低风险的方法。马科维茨的资产组合管理理论认为,只要两种资产收益率的相关系数不为1(即完全正相关),分散投资于两种资产就具有降低风险的作用。而对于由相互独立的多种资产组成的资产组合,只要组成资产的个数足够多,其非系统性风险就可以通过这种分散化的投资完全消除。

根据多样化投资分散风险的原理,商业银行在信贷管理中,可以利用风险分散策略减少信用风险。商业银行的信贷业务应是全面的,不应集中于同一业务、同一性质甚至同一国家的借款人。为此,银行都设立了对单一客户贷款的最高限额或限制性比率,若某客户贷款需求量十分巨大,多家银行将组成银团为其提供贷款,以分散信用风险。

2. 风险对冲

风险对冲是指通过投资或购买与标的资产收益波动负相关的某种资产或衍生产品,来冲销标的资产潜在的风险损失的一种风险管理策略。风险对冲是管理利率风险、汇率风险、股票风险和商品风险非常有效的办法。

商业银行的风险对冲可以分为自我对冲和市场对冲两种情况。自我对冲是指商业银行利用资产负债表或某些具有收益负相关性质的业务组合本身所具有的对冲特性进行风险对冲。市场对冲是指对于无法通过资产负债表和相关业务调整进行自我对冲的风险,通过衍生产品市场进行对冲。

3. 风险转移

风险转移是指通过购买某种金融产品或采取其他合法的经济措施将风险转移给其他经济主体的一种风险管理办法。风险分散只能降低非系统性风险,而对共同因素引起的系统性风险却无能为力,此时采用风险转移策略是最为直接、有效的。风险转移可分为保险转移和非保险转移。保险转移是指为商业银行投保,以缴纳保险费为代价,将风险转移给保险公司。非保险转移是指担保和备用信用证等为商业银行管理信用风险所提供的类似于期权合约的工具,从而将风险合法转移给第三方。

4. 风险规避

风险规避是指商业银行拒绝某一业务或退出某一市场,以避免承担该业务或市场具有的风险。风险规避使商业银行不承担风险。不做业务,就不承担风险,没有风险就没有收益。商业银行在规避风险的同时自然也会失去其在某一业务领域获得收益的机会和可能。风险规避策略的局限性在于它是一种消极的风险管理策略,不宜成为商业银行的主导风险管理策略。

5. 风险补偿

风险补偿主要是指损失发生以前对风险承担的价格补偿。对于那些无法通过风险分散、风险对冲或风险转移方式进行管理,而且又无法规避、不得不承担的风险,商业银行可以采取在交易价格上附加风险溢价,即通过提高风险回报的方式,获得承担风险的价格补偿。

(三) 商业银行风险管理体系

商业银行风险管理体系以资产风险管理为基础,由银行风险测评系统、银行风险控制系统和银行风险监管系统三个子系统构成。我国商业银行风险管理体系的框架如图7-1所示。

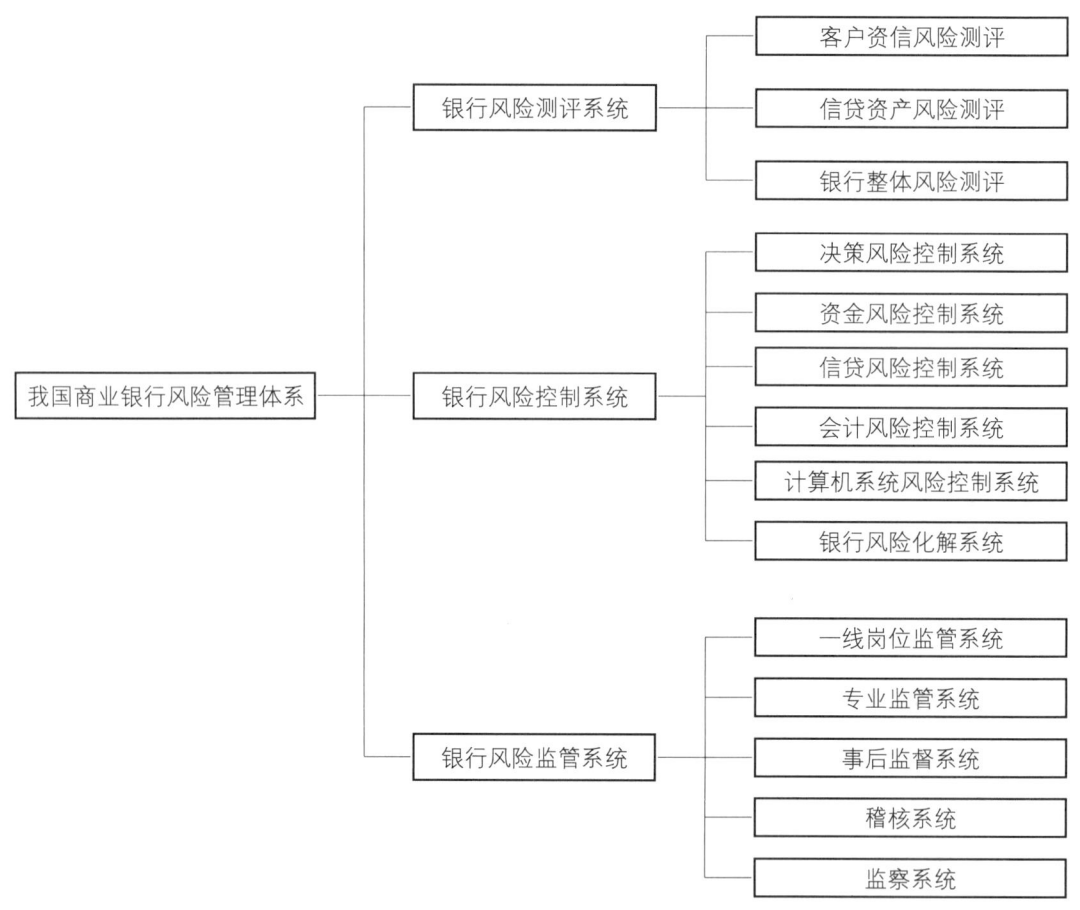

图7-1 我国商业银行风险管理体系的框架

1. 银行风险测评系统

银行风险异常复杂、变幻莫测，要对其进行防范和控制，首先就必须运用科学的方法，对银行风险进行定性定量的测算和评价，因此银行风险测评系统是商业银行风险管理体系的基础。银行风险测评系统由客户资信风险测评、信贷资产风险测评和银行整体风险测评等构成。该系统的主要职能是对银行风险，包括具体业务风险和银行整体营运风险，进行科学、准确的定性定量的测算；对银行风险的状态、程度作出客观的评价；给出风险控制合理状态的阈值，为风险防范、控制和监管提供基本的依据和科学的手段。

2. 银行风险控制系统

商业银行风险管理体系的目的是按照"预防为主"的原则，防范和控制银行风险。所以，银行风险控制系统是防范化解银行风险的关键组成部分，它由决策风险控制系统、资金风险控制系统、信贷风险控制系统、会计风险控制系统、计算机系统风险控制系统、银行风险化解系统等组成。该系统的主要职能是全面防范经营过程中的银行风险，规避风险过大的业务；全面防范因管理工作中的漏洞和缺陷而引起的银行风险；对经营管理中不可避免的银行风险进行全过程的控制,使风险的负面作用降低到最小程度;对已经出现并形成一定后果的银行风险进行转化,将银行损失降低到最小程度。

3. 银行风险监管系统

银行风险监管系统是商业银行风险管理体系中必要的约束系统,主要由一线岗位监管系统、专业监管系统、事后监督系统、稽核系统、监察系统等组成,形成对银行人、财、物及经营管理全过程、多方位的监管。该系统的主要职能是及时发现经营管理活动中的违规违法行为;及时发现经营过程中发生的风险事件;对违规行为、风险事件及时进行处理,强制整改;堵塞经营管理中的漏洞;确保银行合规合法、稳健审慎经营。

上述三个子系统既相互独立运作,又相互渗透、相互联系,共同组成商业银行风险管理体系的有机整体。其中,银行风险测评系统是基础,银行风险控制系统是主干,银行风险监管系统是必要的约束。

(四) 商业银行风险管理组织结构

商业银行应实行全面风险管理体制。全面风险管理是一种以先进的风险管理理念为指导,以全球风险管理体系、全面风险管理范围、全程风险管理过程、全员风险管理文化、全新风险管理方法为核心的新型管理模式。商业银行风险管理组织结构应包括以下内容。

1. 董事会对风险管理负最终责任

在商业银行的公司治理结构中,董事会是风险管理的最高决策机构,为风险管理负最终责任,确保商业银行有效地识别、度量、监测和控制各项业务所承担的各类风险。董事会下设风险管理(或风险控制、风险政策)委员会,其主要职责包括:审议通过本行的风险管理战略和策略,并对全行的风险管理战略和策略定期进行回顾和修改,确保总行各部门和国内外各级分支机构能够识别、度量、监测及控制风险;审议确定重大风险管理程序,确保风险管理政策与程序在本行内部能得到统一遵守;检查和监督风险管理战略、方针、政策的贯彻和执行情况。

2. 高级管理层的风险管理职责

商业银行的高级管理层负责制定、审查和监督执行风险管理的政策、程序以及具体的操作规程,及时了解各类风险水平及其管理状况,确保银行具备足够的人力、物力以及恰当的组织结构、管理信息系统和技术水平来有效地识别、度量、监测和控制各项业务所承担的各类风险。银行的执行层通常也设有风险管理委员会,负责讨论重大风险事项和协调各部门工作,制定风险管理战略,确保风险措施的有效性。

3. 风险管理部门负责日常风险管理工作

商业银行一般都会成立专门的风险管理部门来负责日常风险管理工作。风险管理部门的主要职责包括:拟定风险管理政策和程序,提交高级管理层和董事会审查;识别、计量和监测风险;监测相关业务经营部门和分支机构对风险限额的遵守情况,报告超限额情况;设计、实施事后检验和压力测试;识别、评估新产品业务中包含的风险,审核相应的操作和风险管理程序;及时向董事会和高级管理层提供独立的风险报告;其他有关职责。

4. 其他部门的风险管理职责

除了风险管理部门,商业银行其他部门,如审计、法律和IT等部门也需要履行相应的风险管理职责。以中国工商银行为例,其风险管理组织结构如图7-2所示。

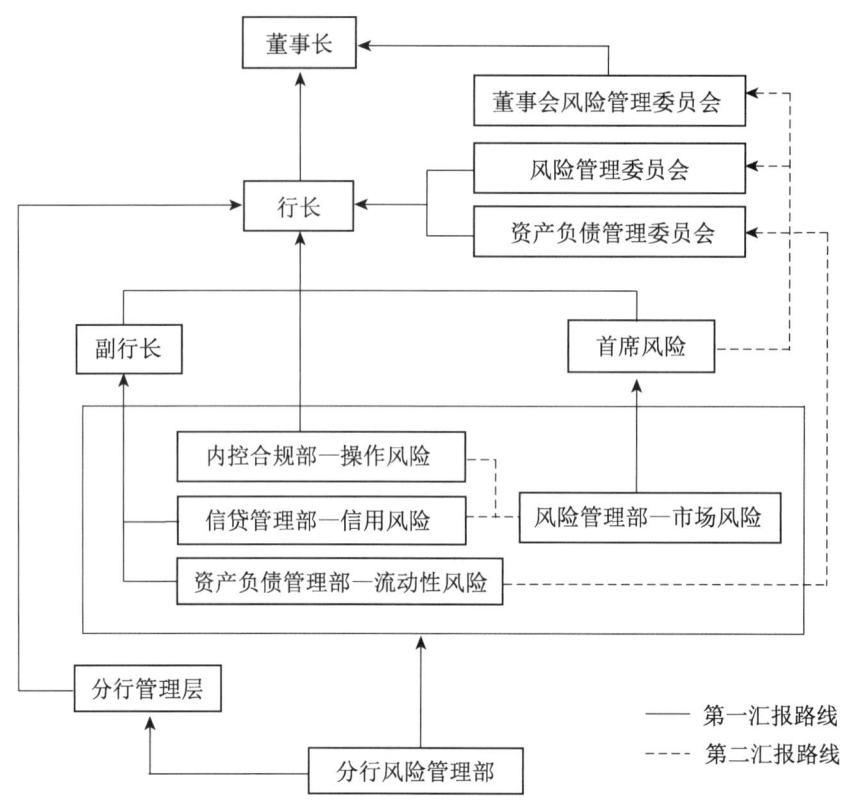

图 7-2 中国工商银行风险管理组织结构

第二节 商业银行战略风险管理

商业银行战略风险管理主要是指商业银行针对政治、经济、社会、科技等外部环境和内部可利用资源,系统识别和评估商业银行既定的战略目标、发展规划和实施方案中潜在的风险,并采取科学的决策方法和风险管理措施来避免或降低可能的风险损失。

一、战略风险度量

对于战略风险度量,国内外金融监管机构尚未发布针对战略风险量化分析的具体指南。《巴塞尔协议Ⅲ》提出"虽然战略风险等难以计量,但仍希望银行业进一步开发出管理这些风险的技术"。我国《商业银行资本管理办法》规定,商业银行应当充分评估战略风险可能给银行带来的损失及其对资本水平的影响,并根据情况对战略风险配置资本。从银行实践来看,目前仅有少数银行使用数学模型来衡量战略风险。

巴塞尔委员会虽然没有提供具体的量化银行战略风险的指导方针,但要求银行在评估经济资本时将战略风险纳入考量范围,这为战略风险的度量提供了方向和思路。根据巴塞尔委员会的定义,经济资本是银行进行风险评估、吸收损失的工具。因此,现有研究大都从战略风险所需的经济资本入手对其进行评估,具体方法包括统计分析法、可比公司法、情景分析法等。

(一) 统计分析法

施罗德(Schroeck, 2002)将战略风险定义为由非信用因素或市场因素的非预期变化所造成的营业收入或成本的波动,如价格战、新竞争者的进入、监管政策的变化等。因此,战略风险经济资本是用来弥补营业收入的波动性与相关"固定"成本之间差额所作的准备。在此基础上,施罗德提出了两种估计战略风险经济资本的方法,即历史会计数据法和蒙特卡罗模拟法。

1. 历史会计数据法

在历史会计数据法下,一个重要假设是银行的营业收入服从正态分布。该方法需要使用历史营业收入和成本的时间序列,并通过去掉与交易或信贷相关的盈亏来对其进行调整,从而获得剔除信用风险和市场风险影响后的收入数据以及具有固定性特征的成本数据,然后再根据这些数据计算收入的期望和方差以及预期"固定"成本(包括固定成本以及可变成本中难以降低的部分),得到战略风险经济资本的估计值。

具体而言,战略风险经济资本(economic capital for strategic risk, ECSR)的计算公式如下:

$$ECSR = \Phi^{-1}(1-\alpha) \cdot \sigma \cdot E(R) - E(FC)$$

其中,$\Phi(x)$ 为正态分布函数;α 为临界值概率;σ 为收入的标准差;$E(R)$ 为收入的期望值;$E(FC)$ 为"固定"成本的期望值。

2. 蒙特卡罗模拟法

蒙特卡罗模拟法也是依靠大量的历史数据来模拟未来的收入和成本水平,进而估计战略风险经济资本的方法。蒙特卡罗模拟法的关键是选择合适的宏观经济模型,并同收入、固定成本、可变成本等利润驱动因素联系起来。

相较于历史会计数据法,蒙特卡罗模拟法在收入以及成本相关指标的测算上更为精确,但两者的思路非常相似,都是将战略风险经济资本作为弥补收入(剔除信用风险和市场风险的影响)与"固定"成本之间差额的工具。

统计分析法虽然为计算战略风险经济资本提供了一种思路,但其在实际应用中还是存在一些问题。首先,确定调整成本和收入数据存在一定难度,因为很难厘清战略风险与其他风险之间的界限,从而保证调整后的数据不受其他风险因素的影响。其次,基于历史数据对未来经营情况进行预测,其可靠性本身值得商榷,特别是在外部环境不确定性较大的情况下。

(二) 可比公司法

根据所选的对比公司是否隶属于金融行业,可比公司法又可以进一步划分为同业分析法和模拟公司法。

在同业分析法下,银行先选择数家经营情况与自身相似的商业银行,然后通过参考其所分配的战略风险经济资本来确定自身用于吸收战略风险的经济资本。而且该方法一般假设其他银行已经针对战略风险进行了充分的资本计提,但现实中这一假设未必合理。

在模拟公司法下,银行的参考对象是非金融业企业的权益资本数量。该方法的一个重要假设是非金融业企业无须对包括信用风险、市场风险等在内的金融风险进行管理,因而其权益资本恰好覆盖了战略风险。

显而易见,可比公司法的主要优势在于简单便捷,可以快速地计算出战略风险经济资本。但相对而言,由于可比公司法的结果比较粗糙,因而其通常用于初步的估计或者作为其他计算结果的一种比较和参考。

(三) 情景分析法

在情景分析法下,计算战略风险经济资本一般包括三个步骤:一是情景开发,需要根据银行所面对的外部竞争环境以及潜在的战略措施,开发有限数量的情景。二是情景分析,即针对每个情景进行具体分析,并对相关数据(包括情景发生的概率以及带来的经济利益损失等)进行主观预测。三是战略风险经济资本计算,即基于上述预测数据,计算出覆盖战略风险所需的经济资本。

总体来看,情景分析法为估计战略风险经济资本提供了一种简单可行的思路,同时也有助于管理人员在情景分析的过程中加深对战略问题的考察分析,并制定出可能的应对措施,进而加强战略管理与控制。但相较于前两种方法,情景分析法在计算战略风险经济资本时存在比较明显的主观性。

延伸阅读 7-3

国内商业银行的战略风险度量

从全球来看,目前商业银行对于战略风险的计量方式和资本计提方式分为三大类:一是不单独计提资本,直接将其归入信用风险、市场风险和操作风险的资本计提,即针对上述风险的资本计提已经涵盖了战略风险;二是经济资本量化,比如美国银行通过收入波动法来计量其战略风险的经济资本占用;三是定性评估,如中国银行(香港)有限公司的打分板方式。目前,国内大部分商业银行的战略风险计量尚处于摸索阶段,由于公开信息有限,下面仅以中国银行定性定量结合的战略风险资本计量模型为例进行简要说明。

2009年,中国银监会正式颁布实施《商业银行资本充足率监督检查指引》并明确要求各商业银行应当充分评估战略风险可能给银行带来的损失以及对资本充足所造成的可能影响,由此各银行开始将战略风险纳入风险管理当中。2012年,中国银监会发布《商业银行资本管理办法(试行)》,再次要求将战略风险作为商业银行的重要风险类别,要求商业银行建立与自身业务规模和产品复杂程度相适应的战略风险管理体系。同时,根据《巴塞尔协议》,银行应当计提资本以应对可能的损失,全球绝大多数银行也对战略风险单独计量了资本。因此,中国银行立足于资本充足率,建立了定性和定量相结合的战略风险资本计量模型。

在定性方法中,银行基于历史上为战略风险所设定过的最大资本需求量,通过对当前战略风险的整体情况评估打分,并根据打分结果给出相应的折算系数,最后将这一折算系数与历史最大资本需求量相乘,从而得到当前所需的资本量。这一方法主要用于中国银行(香港)有限公司。

在定量方法中,银行根据计算出的一定置信水平下与战略风险相关的风险收益损失,通过计提资本来弥补这一损失,从而得到相应的风险资本计提额度。关于风险收益损失的度量,实践中主要有两种方法:一是直接将银行的年度预算与实际完成情况作为衡量标准,但缺点是年度预算往往在年中会发生较大调整,从而改变年初时的战略意图;二是直接使用银行的净利润,并认为整体战略能够显著影响净利润,这一方法的缺点在于,战略风险有时并不能完全体现在净利润的波动上,而净利润的波动也并不一定是由战略风险导致的。

基于上述考虑,中国银行使用了定性和定量相结合的方法,其基本原理是:仍以净利润作为计量风险收益损失的基础,运用时间序列方法计算出经调整后的季度实际净利润的波动率,并在一定置信水平下计算风险收益的波动额,从而量化战略风险,同时把这一波动水平确定为最大战略风险资本计提结果。在此基础上,运用定性方法,制定出中国银行整体的战略风险打分卡,用于后续对中国银行整体战略风险水平进行评估。最后,将当前银行整体情况与打分卡比较,得到相应的评估级别和资本计提比例。中国银行的战略风险评估与资本计提如表7-1所示。

表7-1　　　　　　　　中国银行的战略风险评估与资本计提

定性评分	战略风险评估级别	资本计提比例
(82, 100)	低	10%
(62, 82)	中	60%
(0, 62)	高	100%

资料来源：马勇.金融风险管理[M].北京：中国人民大学出版社,2023.

二、战略风险管理的原则

战略风险管理的原则如下：

(1) 合规性。即商业银行应严格遵循法律法规及金融监管部门的规定和指引。

(2) 一致性。即战略风险管理的框架、政策、目标、程序应与全行战略管理、风险管理保持协调一致。

(3) 前瞻性。即商业银行应把握内外部环境变化，采取主动措施预判并控制可能产生的战略风险。

(4) 独立性。应与战略管理工作保持相对独立，有独立的人员，以独立的视角对战略管理中存在的风险进行客观识别、计量和控制。

(5) 操作性。商业银行应建立严格的内部控制程序，明确相关部门、岗位权责划分，确保各项战略风险管理措施得到有效执行。

三、战略风险管理的流程

战略风险是无形的，因此其在管理上具有一定的难度。尽管如此，金融机构仍然应该遵循风险管理的一般流程，在有效识别、评估和监测战略风险的基础性上，采取相应的策略和方法进行有效控制。

通常情况下，进行战略风险管理需要明确董事会和高级管理层的责任。董事会和高级管理层通常负责制定商业银行的战略风险管理原则和操作流程，并设置战略管理部门来负责识别、评估、监测和控制战略风险。董事会和高级管理层对战略风险管理的结果负有最终责任。

在战略规划制定过程中，银行应充分考虑全行整体层面的各类战略风险因素，评估全行战略与宏观经济环境、行业及竞争环境的适应性，确保全行整体战略的科学性和前瞻性。银行应全面、深入地开展战略风险评估工作，确保各种战略风险因素得到及时识别和审慎应对。战略风险管理的流程具体包括以下几个步骤。

(一) 战略风险的识别

与声誉风险类似，战略风险也是一种存在于金融机构几乎所有经营层面和管理环节的风险，并与其他主要类型的风险（如信用风险、市场风险、操作风险、流动性风险等）普遍关联、交织在一起，而这也使得战略风险的识别存在一定的难度。

从实践角度来看，战略风险的识别通常可以从其三个主要的来源（宏观层面、中观层面和微观层面)入手。其中,宏观层面的战略风险来源涉及国际国内形势、政策变动和经济金融周期变化等;中观层面的战略风险来源涉及区域经济金融形势、行业变化、产业调整以及行业、产业和区域的政策影响等;微观层面的战略风险来源涉及项目定位、技术选择、财务战略、品牌战略、竞争战略和销售战略等。

(二) 战略风险的评估

战略风险往往与其他类型的风险交织在一起,因此,评估战略风险应首先由具有丰富经验的专家团队负责审核相关风险评估模型及其假设条件,对影响模型结果的关键假设、方法、变量和参数等进行深入分析和敏感性测试,确保模型和方法的稳健性。其次,应由相关战略风险管理部门对相关风险因素的影响可能性和发生概率作出评估,并据此制订相应的战略风险管理方案。

战略风险的评估包括但不限于以下相关风险因素:

(1) 战略目标的适当性。
(2) 与全行整体战略、企业文化、风险偏好等内部要素的一致性。
(3) 战略决策机制和治理架构的完备性。
(4) 与外部经营环境的契合性。
(5) 人力、财务、技术、知识、资本、管理等资源的匹配性。

(三) 战略风险的监测与报告

在战略风险的监测与报告方面,金融机构一般应定期(如按月或按季)开展自我评估,确定战略风险的管理是否有效。战略风险管理部门应对评估结果的可靠性和稳定性进行持续动态的分析和监测,确保战略风险的变化、发展趋势和相关影响始终能得到及时的分析和研判。

(四) 战略风险的控制

从制度上看,对战略风险进行有效控制,首先需要明确战略风险的领导、组织和操作流程。一般而言,在现代公司治理框架下,金融机构的董事会和高级管理层应负责制定战略风险的管理原则和操作流程,并领导相关战略风险管理职能部门在统一协调和有效分工的基础上,分别进行战略风险的识别、评估、监测和管控。同时,内部审计部门应定期审查金融机构的战略风险管理流程,通过有效的内部监督来提升战略风险管理的质量。

从方法上看,有效的战略风险控制应采用自上而下的方式,在对金融机构的愿景、规划和长期目标进行全面分析的基础上,制订以风险控制为导向的战略规划和实施方案,并将其细化贯彻到日常经营管理活动中。通常情况下,战略规划应该充分反映金融机构自身的经营特色,并清晰阐述实施方案中所涉及的风险因素、潜在收益以及能够接受的风险水平。在此基础上,金融机构应该基于自身的风险偏好和风险管理目标,进行合理的战略风险经济资本配置,为可能发生的战略风险提前作好准备。

延伸阅读 7-4

全球曼氏金融控股公司破产案例

2011年10月31日,拥有长达200年历史的世界最大的期货交易商——全球曼氏金融控股公司(以下简称全球曼氏金融)向纽约南区破产法院提交了破产保护申请。表面上使这家公司终结的原因是欧债危机发生,而深层次的原因却是全球曼氏金融的风险管理体系出现了问题。

2010年3月,原新泽西州州长和高盛掌门人乔恩·科尔津(Jon Corzine)被任命为全球曼氏金融新一任首席执行官。乔恩·科尔津上任后,一直致力于将全球曼氏金融打造成一家中型衍生品经纪公司,进而转型为投资银行。于是,他领导制定了从事高风险投资的非常激进的投机战略。

全球曼氏金融"看中"因信用评级下滑价格走低但收益率上升的欧洲国家主权债券,于是大量买入并将其抵押以获取贷款,希望能够赚取差价。2011年2月,乔恩·科尔津宣布了在5年内将全球曼氏金融转型为投资银行的计划。短短几个月内,该公司持有了高达63亿美元的欧债敞口,分别来自西班牙、意大利、比利时、爱尔兰和葡萄牙等深陷债务危机的国家的债券。全球曼氏金融错误地认为,欧债不会出现大规模的违约。

随着欧债危机的不断加深,2011年10月24日,穆迪将全球曼氏金融债务评级下调到略高于垃圾级。穆迪在声明中表示,降级的主要原因在于全球曼氏金融激进的风险策略和公司在欧元区政府债务的风险敞口。10月25日,全球曼氏金融提前公布了截至9月30日的第二财季的财务状况,披露损失高达1.91亿美元,创公司亏损的历史纪录,致使公司股价当天暴跌48%。随后,在不到1周的时间内,全球曼氏金融市值蒸发超过三分之二。10月31日,在寻求整体或至少部分出售公司资产以避免破产命运的多轮谈判失败后,全球曼氏金融只好提交了破产保护申请。

资料来源:银行业专业人员职业资格考试办公室.风险管理[M].北京:中国金融出版社,2016.

第三节 商业银行信用风险管理

商业银行信用风险管理是指商业银行通过分析、控制和处理,降低信用风险对银行自身的影响程度。一般意义上的信用风险管理包括三个步骤:信用风险度量,信用风险产生的原因分析,信用风险的防范与治理。

一、信用风险度量

在信用风险管理中,最重要的是信用风险的度量,这是信用风险管理的第一步,具体来说是用一定的模型来量化信用风险。传统信用风险度量方法包括:专家制度、Z评分模型、ZETA信贷风险模型和信用评级方法等。随着计算机技术的普及与相关学科研究的进步,现代信用风险度量模型相比于传统信用风险度量方法日渐专业化、模型化,其准确性更高,可操作性更强,其中以信贷矩阵模型、信用组合模型和KMV模型为代表。

(一)传统信用风险度量方法

1. 专家制度

专家制度是一种古老的信用风险度量方法,是商业银行在长期的信贷活动中所形成的一种有效的信用风险管理制度。商业银行对借款人进行信用分析,重点集中在借款人的"5C"上,即品德(character)、能力(capacity)、资金实力(capital)、担保(collateral)和经营条件(condition),后来又增加了事业的连续性(continuity),成为"6C"方法。借款人信用分析的"6C"方法,如表7-2所示。

专家制度的最大特征是依赖训练有素的专家的主观判断和评价、专业管理人员的专业知识和主观判断等作出信贷决策。该方法在商业银行对借款人进行信用分析时发挥着积极的作用,但该方法最大的问题在于,评定不同交易对象所选择的因素及各个权重的确定,都要依靠人为的主观判断,从而使信贷决策缺乏准确性和客观性。

表 7-2　　　　　　　　　　借款人信用分析的"6C"方法

6C	品德(character)	指借款人偿债的意愿及诚意,借款人的信用记录是银行判断借款人品德的主要依据
	能力(capacity)	指借款者归还贷款的能力,包括借款企业的经营状况、投资项目的前景等
	资金实力(capital)	指借款人资财的价值、性质、变现能力
	担保(collateral)	指借款人要提供一定的、合适的抵押品,或由第三者提供保证
	经营条件(condition)	指借款人所在行业在整个经济中的经营环境及趋势
	事业的连续性(continuity)	指借款企业持续经营的前景

2. Z 评分模型

Z 评分模型是美国纽约大学斯特恩商学院教授爱德华·阿尔特曼(Edward Altman)在 1968 年提出的信用风险度量方法。该模型是一种多变量分辨模型,根据数理统计中的辨别分析技术,对银行过去的贷款案例进行统计分析,选择部分最能反映借款人财务状况、对贷款质量影响最大、最具预测或分析价值的比率,设计出一个能最大程度地区分货款风险度的数学模型,对借款人进行信用风险及资信评估。该模型分析了美国破产企业和非破产企业的 22 个财务比率,经过数理统计筛选出 5 个关键指标。

阿尔特曼的 Z 评分模型的公式如下:

$$Z = 1.2X_1 + 1.4X_2 + 3.3X_3 + 0.6X_4 + 0.999X_5$$

其中,X_1=流动资本÷总资产;X_2=留存收益÷总资产;X_3=息税前收益÷总资产;X_4=股权市值÷总负债账面值;X_5=销售收入÷总资产。

阿尔特曼经过统计分析和计算后,确定了借款人违约的临界值 $Z_0=2.675$。如果 $Z<2.675$,借款人被划入违约组;反之,如果 $Z \geqslant 2.675$,则借款人被划为非违约组。当 $1.81<Z<2.99$ 时,判断失误较大,因此该区域称为"未知区"(zone of ignorance)或"灰色区域"(gray area)。

3. ZETA 信贷风险模型

1977 年,阿尔特曼(Altman)、赫尔德门(Haldeman)和纳内亚南(Narsyanan)对原始的 Z 评分模型进行了修正和提升,推出了第二代信用评分模型 ZETA 信贷风险模型。新模型的变量由原始模型的 5 个增加到了 7 个,适应范围更宽,对不良借款人的辨认精度也大大提高。

ZETA 信贷风险模型的公式如下:

$$ZETA = aX_1 + bX_2 + cX_3 + dX_4 + eX_5 + fX_6 + gX_7$$

其中,a、b、c、d、e、f、g 分别表示 ZETA 信贷风险模型中 7 个变量各自的系数;7 个变量 X_1、X_2、X_3、X_4、X_5、X_6、X_7 分别为资产收益率、收益稳定性指标、债务偿付能力指标、累计盈利能力指标、流动性指标、资本化程度的指标和规模指标。ZETA 信贷风险模型相比较原来的 Z 评分模型,无论是在变量的选择、变量的稳定性方面,还是在样本的开发和统计技术方面都有了很大的改进,所以 ZETA 信贷风险模型要比 Z 评分模型更加准确有效,特别是在破产前预测的年限越长,其预测的准确性相对也就越高。

4. 信用评级方法

信用评级概念的首次出现是在 1902 年穆迪公司创始人约翰·穆迪的《铁路投资分析》中。1916 年,标准普尔公司开发出传统的信用评级产品。目前世界著名的评级机构包括穆迪、标准普尔、惠誉国际等。商业银行可以利用专门的信用评级机构的评级结果或自行开发专门的信用评级信息系统进行信用评级,依据信用评级结果作出贷款和投资决策,并对已发放的贷款进行风险分类。

(二) 现代信用风险度量模型

1. 信用矩阵模型

1997 年 4 月,JP 摩根公司与美国银行、加拿大蒙特利尔银行、BZW 公司、德意志摩根建富、KMV 公司、瑞士银行、瑞士联合银行共同研究,推出了评估信用风险的信用矩阵模型。信用矩阵模型以信用评级为基础,运用借款人的信用评级、次年评级发生变化的概率、违约贷款的回收率、债券市场上的信用风险价差计算出贷款的市场价值及其波动性,进而计算出个别贷款和整个信用组合的风险价值(value at risk,VaR)。作为一种专门用于对非交易性金融资产(如贷款、私募债券等)的价值和风险进行度量的模型,信用矩阵模型的目的就是要向人们提供一种计量方法来估算出信贷资产质量变化而导致的信用组合价值的波动以及价值的分布状况,并最终计算出信贷资产组合的 VaR 值。

信用矩阵模型首次将 VaR 运用在信用风险的量化度量和管理上,拓宽了"违约"的概念。该模型借助一个统一的综合架构来考虑信贷资产的信用质量转换、违约概率、违约回收率以及相关性等问题,覆盖了几乎所有的信用产品,包括传统的商业贷款信用证和承付书、固定收入证券、商业合同如贸易信贷和应收账款,以及由市场驱动的信用产品如掉期合同、期货合同和其他衍生产品等,因而其适用范围非常广泛。

2. 信用组合模型

信用组合模型(credit portfolio view)是麦肯锡公司于 1998 年推出的用于分析信贷组合风险的离散型多时期模型。该模型充分考虑了宏观经济环境对信用等级转换的影响,将信用等级转换矩阵与经济增长率等宏观经济变量之间的关系模型化,通过模拟转换矩阵来获取损失分布。该模型可适用于测算单个债务人的 VaR 值和资产组合的 VaR 值。

信用组合模型的核心观点是:宏观经济状况会对企业的违约概率、信用等级转换概率产生影响,在经济周期低迷时降级和违约的概率将会变大,而在经济周期高涨时降级和违约的概率将会变小。它以历史的宏观经济变量数据及平均违约率时间序列数据,将违约概率及信用等级转换概率与诸如汇率、经济增长率、失业率、政府支出及总储蓄率等宏观因素联系起来,通过模拟宏观因素对模型的冲击来测定一个国家不同产业、不同信用等级的信贷资产违约的联合条件概率分布和转换概率,进而分析不同行业、不同信用等级的信贷资产的信用风险程度。

3. KMV 模型

KMV 模型是美国旧金山市 KMV 公司于 1997 年建立的用来估计借款企业违约概率的模型。该模型认为,贷款的信用风险是在给定负债的情况下由债务人的资产市场价值决定的。但资产并没有真实地在市场交易,资产的市场价值不能被直接观测到。为此,该模型将银行的贷款问题倒转一个角度,从借款企业所有者的角度考虑贷款归还的问题。

KMV模型的运用步骤是：首先，将企业股票当作其资产标的，以其债务价值为协议价格的看涨期权，利用布莱克—斯科尔斯期权定价公式，根据企业资产的市场价值、资产价值的波动性、到期时间、无风险借贷利率及负债的账面价值估计出企业股权的市场价值及其波动性。其次，根据公司的负债计算出公司的违约实施点，违约实施点为企业一年以下短期债务的价值加上未清偿长期债务账面价值的一半。再次，计算借款人的违约距离。最后，根据企业的违约距离与预期违约率之间的对应关系，求出企业的预期违约率。

KMV模型是一种动态模型，可以及时反映授信企业信用风险水平的变化，具有前瞻性，可以用于任何一家上市公司。但该模型假设条件比较苛刻，资产收益分布实际上存在厚尾(fat tail)现象，而且该模型对长期债券不作区分，对企业的杠杆比率捕捉钝化，不能处理非线性产品，不太适用于非上市公司。

二、信用风险产生的原因分析

商业银行信用风险产生的原因分析是商业银行信用风险管理的基础。商业银行借助计量方法度量信用风险，通过分析明确信用风险程度，针对信用风险管理过程中暴露出的问题进行分析，从而有针对性地提高信用风险管理水平。

对信用风险产生原因的分析，可以从宏观和微观两个层面进行。

（一）宏观因素

宏观因素主要是指整体经济状况或金融市场变化，具体包括以下几个方面。

1. 经济运行的周期性

当经济处于扩张期时，信用风险降低，因为较强的赢利能力会使总体违约率降低；当经济处于紧缩期时，信用风险增加，因为赢利情况总体恶化，借款人因各种原因不能及时足额还款的可能性增加。

2. 经济政策的调整变化

国家财政货币政策的调整变化可能会影响借款人的财务状况，从而导致信用风险的发生。当国家实行宽松的经济政策时，企业的经营会因为贷款利率的下降而减少投资成本，会因为市场流动性充足而更容易得到足额贷款，会因为税收下降而获得更高的利润等，这时信用风险会大大降低。反之，当国家实行紧缩的经济政策时，信用风险会增加。

3. 通货膨胀

通货膨胀是影响商业银行信用风险的重要因素，其对信用风险的影响通常是反方向的，即当一个经济体出现较高的通货膨胀率时，无论是对于个人消费信贷还是企业信贷都是相对有利的，可以一定程度地降低信用风险。因为现实中大部分贷款都是固定利率的，在贷款合同签署时就锁定了利率水平和还款额度，而如果在还款期内出现较高的通货膨胀率，借款方实际支付的还款数额并没有随着较高的通货膨胀率而有所增加，相当于实际还款利率下降，实际还款成本下降，从而降低了信用风险。

4. 金融市场的状况

信用风险是金融市场的内在组成部分，伴随金融市场而产生。金融市场参与者众多、难以管理，且市场交易量较大，成为导致信用风险存在的客观原因。同时，金融交易市场的信息不对称和市场内部的需求变化都会引发信用风险。

总之，宏观因素的改变会影响企业的经营状况和财务状况，而企业与商业银行之间的借贷关系在宏观因素的影响下受到冲击,从而引发商业银行的信用风险。

(二)微观因素

微观因素主要指商业银行自身的原因,具体包括以下几个方面。

1. 缺乏信用风险意识

目前商业银行普遍关注业务量的扩张和发展,对业务发展中存在的风险重视不够,风险意识淡薄,甚至很多银行员工认为风险控制会减少业务量,将对风险的控制和管理放在银行发展和自身业绩的对立面。由于商业银行的一些从业人员不能充分认识风险,缺乏对风险的重视,从而加大了信用风险发生的概率。

2. 信用风险的监管不到位

现阶段某些商业银行只重视银行运营效益,银行管理人员对信用管理保障机制没有给予重视,会引发银行信用风险。

3. 信贷业务审核不严格

金融借贷双方存在信息不对称性,借款人为了得到或低息得到银行贷款,申请贷款时会存在隐瞒不利信息,甚至造假骗贷的现象。如果商业银行审核发放贷款不严格,将会导致其将贷款发放给不具备还款能力的客户对象,从而增加信用风险。

4. 信用风险管理技术手段滞后

信用风险管理的总体实施效果主要决定于银行信用管理手段。商业银行目前面临非常复杂与多变的金融市场因素,如果无法做到运用信息化手段来监测金融市场风险,则会导致其面临各种信用风险时存在被动性与盲目性。

三、信用风险的防范与治理

信用风险管理是指商业银行采用各种方式,预防并化解信用风险问题,提升信用风险防范和治理的综合效能。信用风险管理是商业银行风险管理的出发点,也是落脚点。信用风险管理需要将防范与治理信用风险作为目标。

二维码7-1:视频 信用风险产生的微观原因分析

1. 提升适应宏观环境变化的能力

当前,商业银行面临的宏观经济环境千变万化。商业银行要提高经营管理水平,完善内部治理机制,改善公司治理结构,健全法律法规,提高监管水平,加强其风险监控能力,以适应外部环境变化带来的冲击和压力,一定程度上降低宏观因素影响带来的信用风险。

2. 树立成熟的信用风险管理理念

因为信用风险具有可控性的特点,所以商业银行应从经营理念入手,坚定稳健的经营理念,反对冒进的运作思想,从重视业务量的多少渐渐向重视信用风险高低转变,从追求数量向追求质量转变。

3. 强化风险管理团队建设

很多商业银行风险管理团队能力较弱,不能对银行信用风险防范发挥到有力的支撑作用。为此,商业银行可以通过引进业务能力更强的风险管理人才、加强对风险管理团队的教育和培训等方式,强化风险管理团队建设。

4. 建立完善信用风险管理体系

商业银行要完善信用风险管理体系,在信贷业务上加强管理,严格实行审贷分离、分级审批的制度,防止信贷权力的过分集中。此外,商业银行还要加强不同岗位、不同部门之间的互相监督,实行"防火墙"制度,以有效防范信用风险的发生。

延伸阅读 7-5

规范商业银行内控管理,夯实信用风险拨备管理基础

2022年5月18日,银保监会官网发布消息称,已于近日印发《商业银行预期信用损失法实施管理办法》(以下简称《办法》)。银保监会提出,《办法》是规范商业银行内控管理和风险管理的重要举措,对于夯实商业银行拨备管理基础,提高风险防范化解能力,促进银行稳健运行和有效服务实体经济具有重要意义。

《办法》明确了预期信用损失法实施治理机制。其中,《办法》规定了商业银行董事会及其专门委员会、监事会、高级管理层、牵头部门和其他相关部门在预期信用损失法实施管理中的职责,重点强化了董事会的管理审批责任和对预期信用损失法实施外部审计质量的监督责任。同时,《办法》夯实预期信用损失法实施基础,要求商业银行建立完备的预期信用损失法管理制度,组建预期信用损失法实施管理团队,开发预期信用损失法相关信息系统,加强信用风险历史数据积累和信息收集维护等。《办法》还规范预期信用损失法实施过程,要求商业银行提高信用风险敞口风险分组、阶段划分、模型搭建、前瞻性调整、管理层叠加、参数管理、模型验证等实施环节的规范性和审慎性水平。此外,为加强预期信用损失法监管,《办法》要求各级监管机构通过非现场监管、现场检查等方式对商业银行预期信用损失法管理情况进行监督,针对存在的问题采取相应监管措施,依法进行行政处罚。

《办法》并未采取一刀切的方式,其中提出,对于商业银行实施本《办法》存在较大困难的,可向银保监会或属地派出机构提出延期实施申请,但最迟不得晚于2023年1月1日起实施。银保监会表示,下一步将指导督促商业银行认真做好《办法》的贯彻落实,不断提升商业银行预期信用损失法实施水平,促进商业银行高质量发展。

资料来源:华夏时报.银保监会发文规范商业银行内控管理 夯实信用风险拨备管理基础[EB/OL].(2022-05-20)[2023-01-10]. https://baijiahao. baidu. com/s? id = 1733361109378617475&wfr = spider&for=pc.

第四节 商业银行市场风险管理

商业银行市场风险是指因市场价格的不利变动而使银行表内和表外业务发生损失的风险。市场风险存在于银行的交易和非交易业务中。市场风险可以分为利率风险、汇率风险、股票价格风险和商品价格风险,分别是指由于利率、汇率、股票价格和商品价格的不利变动所带来的风险。由于目前我国商业银行从事各种权益类资产和商品业务有限,其面临的市场风险主要表现为利率风险和汇率风险。本节主要介绍利率风险及管理、汇率风险及管理。

一、利率风险及管理

(一)利率风险的含义

利率风险是指市场利率变动的不确定性给商业银行造成损失的可能性。巴塞尔委员会在《利率风险管理原则》中将利率风险定义为:利率变化使商业银行的实际收益与预期收益或实际成本与预期成本发生背离,使其实际收益低于预期收益,或实际成本高于预期成本,从而使商业银行遭受损失的可能性。

利率的波动会给商业银行的经营管理带来巨大的风险,具体体现在:商业银行的传统业务收入来源于存贷的利差,当利率发生波动时,不可避免地影响商业银行的利润水平;市场利率变动后,银行的资产和负债的市场价值也必然发生变动,从而影响商业银行的资产净值的市场价值;难以预料的利率变动会严重影响商业银行的盈利水平、管理方式及创新发展能力。当前随着商业银行经营环境的变化及业务的多元化,商业银行面临利率风险的影响也越来越大。

(二) 利率风险的分类

巴塞尔委员会将利率风险分为重新定价风险、基准风险、收益率曲线风险和期权风险四类。

1. 重新定价风险

重新定价风险(repricing risk)又称期限错配风险,是最主要的利率风险形式。其是指银行资产、负债和表外项目头寸重新定价时间(对浮动利率而言)和到期日(对固定利率而言)的不匹配而产生的风险。

对于商业银行来说,如果资产负债期限错配,则随着市场利率的变动,就会产生重新定价风险。例如,某银行将期限为两年、利率为2.75%的存款,发放了期限三年、利率为5.45%的贷款。在前两年里,该行有2.7%(5.45%－2.75%)的利差,而第三年的利差则取决于两年期存款到期后的再融资利率的变动情况:如果存款利率不变,银行的利差不变;若市场利率上升,存款利率上升,则该行的利差会减少甚至会亏损,就会面临利率变动带来的风险。反之,如果该银行将期限为两年、利率为2.75%的存款用于期限为一年、利率为4.5%的贷款,在第一年时银行有1.75%(4.5%－2.75%)的利差,如一年贷款到期后,市场利率下降,银行的利差也会减少甚至亏损,同样会面临利率变动带来的风险。

2. 基准风险

基准风险又称基准利率风险,是指在当其他重新定价条件相同时,银行的资产和负债所依据的基准利率不同,即收益利率和成本利率的调节机制不能完全匹配,使净利息收入和现金流发生变动,产生利率风险。例如,一家银行可能用1年期存款作为1年期贷款的融资来源,贷款按照美国国库券利率每月重新定价一次,而存款则按照伦敦同业拆借市场利率每月重新定价一次。虽然用1年期的存款为来源发放1年期的贷款,负债与资产的重新定价期限完全相同而不存在重新定价风险,但因为其基准利率的变化可能不完全相关,变化不同步,仍然会使该银行面临因基准利率的利差发生变化而带来的基准风险。

同时,即使银行资产负债所依据的基准利率相同,但当基准利率水平的变化引起不同种类的金融工具的利率发生程度不等的变动时,银行也会面临基准风险。即银行资产和负债的重新定价时间相同,依据的基准利率也相同,但只要存款利率与贷款利率的调整幅度不完全一致,银行就会面临利率风险。例如,我国商业银行存贷款所依据的基准利率一般都是中国人民银行公布的利率,但每次基准利率调整后,存贷款利率跟随基准利率的调整幅度会有所差异,因此,会产生基准风险。

3. 收益率曲线风险

收益率曲线风险又称利率期限结构风险。收益曲线是将各种期限债券的收益率连接起来而得到的一条曲线,当银行的存贷款利率都以国库券收益率为基准来制定时,由于收益曲线的意外位移或斜率的突然变化而对银行净利差收入和资产内在价值造成的不利影响就是收益曲线风险。收益曲线的斜率会随着经济周期的不同阶段而发生变化,使收益曲线呈现出不同的形状。正收益曲线一般表示长期债券的收益率高于短期债券的收益

二维码7-2:后LIBOR时代启幕多元基准利率体系雏形初具

率,这时没有收益率曲线风险;而负收益率曲线则表示长期债券的收益率低于短期债券的收益率,这时就有收益率曲线风险。例如,一个10年期政府债券由一个短期5年期政府债券来相配,当人们预期未来市场利率会呈上升趋势时,则10年期固定利率的债券的价值会迅速下降,但5年期固定利率的债券所受影响比10年期要小很多,从而出现银行在买卖这两种债券时会因为债券市值的变化形成收益率曲线风险。典型的收益率曲线如图7-3所示。

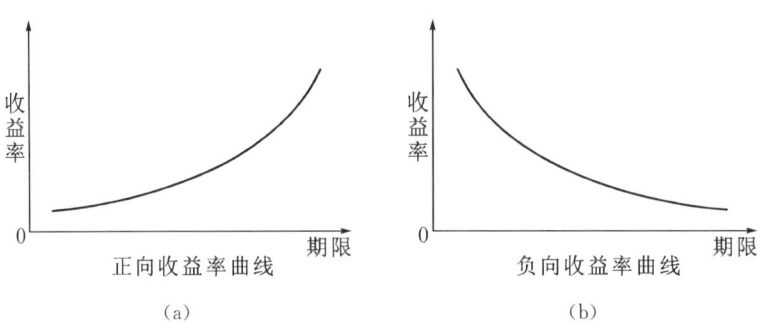

图7-3 典型的收益率曲线

4. 期权风险

期权风险又称选择权风险,是一种日益重要的利率风险,来源于银行资产、负债和表外业务中所隐含的期权。期权赋予其持有者买入、卖出或以某种方式改变某一金融工具或金融合同的现金流量的权利,而非义务。期权可以是单独的金融工具,如交易所交易的期权和场外期权合同,也可以隐含于其他的标准化金融工具之中,如债券或存款的提前兑付、贷款的提前偿还等选择性条款。期权和期权性条款都是在对买方有利而对卖方不利时执行,因此,此类期权性工具因具有不对称的支付特征而会给卖方带来风险。例如,若利率下调对存款人不利,存款人就可能选择重新安排存款,利率下调对固定期限固定利率的借款人不利,借款人也会选择重新安排贷款,从而对银行产生不利影响。例如,我国的存贷款基准利率在2021年和2022年连续三次下调,中长期存贷款利率明显下降。2022年,贷款市场报价利率(loan prime rate,LPR)一共出现三次下调、两次"双降"、一次"单降"。1年期LPR从2022年1月的3.80%下调至3.65%,5年期以上LPR从2022年1月的4.65%下调至4.3%。利率的下调使许多企业纷纷"借新还旧",提前偿还未到期贷款转借较低利率的贷款,以降低融资成本,尤其体现在房贷上,出现了提前"还贷潮",客户提前还款的违约行为给商业银行带来了较大的选择权风险。

 延伸阅读7-6

LPR一年三降,让4亿人减负

2022年,LPR三次下调,5年期以上LPR累计下调幅度达35个基点,不少人搭上了房贷政策松绑、银行降息的"顺风车"。2023年1月起,存量房贷户还款压力也将大幅降低。

2022年11月,全国首套房贷款平均利率为4.17%,比全国房贷利率下限高7BP(基点);二套房贷款平均利率为4.95%,比全国房贷利率下限高5BP。从降幅来看,首套房贷款利率2022年累计降幅140BP,二套房贷利率累计降幅90BP。一些城市的首套房贷利率甚至跌破4%,例如,大连首套房贷利率降至

3.95%，石家庄等地降至3.8%，清远等地最低触及3.7%。据统计，2022年我国背负房贷的家庭有2亿户，若以一户家庭由夫妻2人共同还房贷计算，我国的"房奴"群体达到4亿，约占我国总人口的28.3%。2022年，LPR一年三降，给4亿人减了负。

LPR下调让观望的"刚需党"跃跃欲试，对于"高位上车"的购房者则没那么友好，因此出现了罕见的"提前还贷潮"。例如，200万元住房按揭贷款，还款期限30年，按照等额本息还款方式，当利率为6.37%时，每月需还12 470.86元，总支付利息248.95万元；当利率降为4.1%时，每月需还9 663.97元，总支付利息147.9万元，总共可节省利息101.05万元。提前还贷，压力最大的是银行。银行当然并不希望客户提前还贷，这一方面是因为房贷客户都是优质客户，银行不希望流失，另一方面是因为银行各支行本身背负着贷款压力，提前还贷会影响贷款目标实现。

资料来源：市场资讯.这个数字一年三降,让4亿人减负! [EB/OL].(2022-12-22)[2023-01-10]. https://finance.sina.com.cn/wm/2022-12-22/doc-imxxqnkq1035062.shtml?cref=cj.

（三）利率风险管理

商业银行有多种衡量和管理利率风险的工具和方法，主要包括利率敏感性缺口管理、持续期缺口管理和利用利率衍生工具进行管理。

1. 利率敏感性缺口管理

1）利率敏感性缺口的含义

利率敏感性缺口（IRSG）指的是一定时期内利率敏感性资产与利率敏感性负债的差额。而利率敏感性资产（IRSA）和利率敏感性负债（IRSL）是指在某一时期内到期的或需要重新确定利率的资产和负债。利率敏感性资产主要包括浮动利率贷款、即将到期的或短期的贷款、短期投资、同业拆出以及买进的回购协议等。利率敏感性负债主要包括活期和短期存款、同业拆入、出售的回购协议等。利率敏感性缺口用公式可表示为：

$$利率敏感性缺口（IRSG）=利率敏感性资产（IRSA）-利率敏感性负债（IRSL）$$

利率敏感性缺口分为正缺口、负缺口和零缺口。当利率敏感性资产大于利率敏感性负债时，称为正缺口；当利率敏感性资产小于利率敏感性负债时，称为负缺口；当利率敏感性资产等于利率敏感性负债时，称为零缺口。存在正缺口的银行称为资产敏感型银行，存在负缺口的银行称为负债敏感型银行，存在零缺口的银行称为敏感平衡型银行。

2）利率敏感性缺口模型的运用

如果一家银行的利率敏感性缺口为正值，则说明它的利率敏感性资产大于利率敏感性负债。当市场利率上升时，该银行一方面需要对利率敏感性负债支付更高的利息，另一方面又可以从利率敏感性资产中获取更多的收益。但由于利率敏感性资产大于利率敏感性负债，当所有利率同时以等幅上升时，利息收入的增长快于利息支出的增长，净利差收入就会增加。同理，当利率下降时，银行的净利差收入就会下降，所以正缺口使银行面临利率下降的风险。如果银行的利率敏感性资产小于利率敏感性负债，利率敏感性缺口为负，那么当利率上升时，利息收入的增长慢于利息支出的增长，银行的净利差收入会下降，所以负缺口使银行面临利率上升的风险。当利率敏感性资产等于利率敏感性负债，即缺口为零时，利率变动不会影响银行的净利差收入。利率变动、利率敏感性缺口和银行净利息收入三者的关系如表7-3所示。

表 7-3　利率变动、利率敏感性缺口和银行净利息收入的关系

利率变动	利率敏感性缺口	银行净利息收入
上升	正缺口	增加
下降	正缺口	减少
上升	负缺口	减少
下降	负缺口	增加
上升	零缺口	不变
下降	零缺口	不变

对于商业银行而言，利率波动是由市场决定的外生变量，是银行的管理人员无法左右的，因此商业银行的管理人员进行利率敏感性缺口管理时，就是要力争预测利率的变动方向，及时调整利率敏感性缺口的大小。当预测利率处于上升通道时，银行要增加利率敏感资产，减少利率敏感负债，营造资金的正缺口，而且缺口应随着利率上升的幅度增大而增大。理论上，当利率上升到最高点时，缺口应当最大。当预测利率将要下降时，则应设法把利率敏感缺口调整为负值，利率下降至最低点时，负缺口应当最大。研究预测利率需要较大的成本，这是许多中小银行无力承受的，因此中小银行可以采取比较保守的零缺口策略，使利率敏感资产与利率敏感负债相等，以最大限度地减少风险，增加收入。

2. 持续期缺口管理

1) 持续期的含义

持续期也称为久期，是指固定收益金融工具的所有预期现金流量的加权平均时间，也可以理解为固定收益金融工具的各期现金流抵补最初投入的时间。久期是由美国经济学家弗雷得里·麦克莱于 1936 年提出的，最初是用来衡量固定收益的债券实际偿还期的概念，可以用来计算市场利率变化时债券价格的变化程度。20 世纪 70 年代以后，随着西方商业银行面临的利率风险加大，久期概念被逐渐应用于所有固定收入金融工具市场价格的计算上，也被应用于商业银行资产负债管理之中。久期的计算公式如下：

$$D = \frac{\sum_{t=1}^{n} \frac{tC_t}{(1+i)^t} + \frac{nF}{(1+i)^n}}{\sum_{t=1}^{n} \frac{C_t}{(1+i)^t} + \frac{F}{(1+i)^n}} = \frac{\sum_{t=1}^{n} \frac{tC_t}{(1+i)^t} + \frac{nF}{(1+i)^n}}{P}$$

其中，D 为久期；t 为各现金流发生期间；C_t 为金融工具第 t 期现金流；F 为金融工具的面值或到期价值；i 为市场利率；n 为现金流量发生的次数；P 为现值，即金融工具的市场价格。

【例 7-1】 一张面额为 100 元的附息债券，期限为 3 年，票面年利率为 6%，目前市场利率为 8%，计算该债券的久期。

$$D = \frac{\sum_{t=1}^{3} \frac{6t}{(1+8\%)^t} + \frac{3 \times 100}{(1+8\%)^3}}{\sum_{t=1}^{3} \frac{6}{(1+8\%)^t} + \frac{100}{(1+8\%)^3}} \approx 2.83(年)$$

2) 持续期缺口模型的运用

持续期缺口模型是资产负债管理中最主要的利率风险管理模型。这一模型是指银行通过对综合资产负债持续期缺口的调整,来控制和降低在利率波动的情况下由于总体资产负债配置不当而给银行带来的风险,以实现银行的绩效目标。持续期缺口计算公式如下:

$$D_{Gap} = D_A - \mu D_L$$

其中,D_{Gap} 为持续期缺口;D_A 为总资产持续期,且 $D_A = \sum_{i=1}^{n} \frac{A_i}{A} D_{Ai}$(其中,$n$ 为总期数;i 为第 i 期;A 为总资产;A_i 为第 i 期的资产;D_i 为第 i 期对应的资产持续期);D_L 为总负债持续期,且 $D_L = \sum_{i=1}^{n} \frac{L_i}{L} D_{Li}$(其中,$L$ 为总负债;L_i 为第 i 期的负债;D_i 为第 i 期对应的负债持续期);μ 为资产负债比率,即 $\mu = \frac{L}{A}$。

当市场利率发生变动时,商业银行的资产和负债的价值也随之发生变化,其中资产价值变动为 $\Delta A = -D_A \frac{\Delta i}{1+i} A$,负债价值变动为 $\Delta L = -D_L \frac{\Delta i}{1+i} L$,从而商业银行的净资产价值变动为 $\Delta NW = \Delta A - \Delta L = -\frac{\Delta i}{1+i}(D_A A - D_L L)$。

由上述公式可得,当持续期缺口为正时,资产价值变动幅度大于负债价值变动,虽然银行资产和负债净值均随着利率上升而下降,随利率下降而上升,但银行净资产价值变动受资产价值变动影响较大,最终银行净值变动随市场利率升降而反方向变动;反之,当持续期缺口为负时,负债价值变动幅度大于资产价值变动,虽然银行资产和负债净值依然是都随着利率上升而下降,随利率下降而上升,但银行净资产价值变动受负债价值变动影响较大,最终银行净值变动随市场利率升降而同方向变动;当持续期缺口为零时,银行净资产价值一般不受利率波动的影响。利率变动、久期缺口和银行净资产价值变动的关系如表 7-4 所示。

表 7-4　**利率变动、久期缺口和银行净资产价值变动的关系**

利率变动	久期缺口	资产价值变动	变动幅度	负债价值变动	净资产价值变动
上升	正缺口	减少	>	减少	减少
下降	正缺口	增加	>	增加	增加
上升	负缺口	减少	<	减少	增加
下降	负缺口	增加	<	增加	减少
上升	零缺口	减少	=	减少	不变
下降	零缺口	增加	=	增加	不变

【例 7-2】 假设 A 银行资产和负债项目的价值均为市场价值，其资产负债简表如表 7-5 所示。

表 7-5　　　　　　　　　　　**A 银行资产负债简表**　　　　　　　　金额单位：百万美元

资产	市值	利率	持续期（年）	负债、股本	市值	利率	持续期（年）
现金	100			1 年定期存款	520	9%	1
3 年期贷款	700	14%	2.65	4 年定期存单	400	10%	3.49
9 年期国债	200	12%	5.97	总负债	920		2.08
				股本	80		
总计	1 000		3.05	总计	1 000		

其中，3 年期贷款的持续期 $=\dfrac{\dfrac{700\times 14\%}{1+14\%}+\dfrac{700\times 14\%\times 2}{(1+14\%)^2}+\dfrac{(700\times 14\%+700)\times 3}{(1+14\%)^3}}{700}$

≈ 2.65（年）

9 年期国债的持续期 $=\dfrac{\dfrac{200\times 12\%}{1+12\%}+\dfrac{200\times 12\%\times 2}{(1+12\%)^2}+\cdots+\dfrac{(200\times 12\%+200)\times 9}{(1+12\%)^9}}{200}$

≈ 5.97（年）

资产的持续期 $=700\div 1\,000\times 2.65+200\div 1\,000\times 5.97\approx 3.05$（年）

4 年定期存单的持续期 $=\dfrac{\dfrac{400\times 10\%}{1+10\%}+\dfrac{400\times 10\%\times 2}{(1+10\%)^2}+\dfrac{400\times 10\%\times 3}{(1+10\%)^3}+\dfrac{(400\times 10\%+400)\times 4}{(1+10\%)^4}}{400}$

≈ 3.49（年）

负债的持续期 $=520\div 920\times 1+400\div 920\times 3.49\approx 2.08$（年）

持续期缺口 $=3.05-920\div 1\,000\times 2.08\approx 1.14$（年）

现假设 A 银行的所有资产负债项目的市场利率都上升了 1%，此时，根据资产负债的价值变动公式可以算出：3 年期贷款的价值变化 $=-2.65\times 1\%\div (1+14\%)\times 700\approx -16$（百万美元）；9 年期国债的价值变化 $=-5.97\times 1\%\div (1+12\%)\times 200\approx -11$（百万美元）；1 年定期存款的价值变化 $=-1\times 1\%\div (1+9\%)\times 520\approx -5$（百万美元）；4 年定期存款的价值变化 $=-3.49\times 1\%\div (1+10\%)\times 400\approx -13$（百万美元）。市场利率上升 1% 引起 A 银行资产负债价值和持续期变动后的资产负债简表如表 7-6 所示。

表 7-6　　　　　　　**市场利率上升 1% 后的 A 银行资产负债简表**　　　　　金额单位：百万美元

资产	市值	利率	持续期（年）	负债、股本	市值	利率	持续期（年）
现金	100			1 年定期存款	515	10%	1
3 年期贷款	684	15%	2.64	4 年定期存单	387	11%	3.48
9 年期国债	189	13%	5.89	总负债	902		2.06
				股本	71		
总计	973		3.00	总计	973		

由表 7-5 和表 7-6 可以看出，A 银行的总资产价值变动为 973－1 000＝－27(百万美元)；总负债价值变动为 902－920＝－18(百万美元)；所以银行净资产价值变动为(－27)－(－18)＝－9(百万美元)。此案例可以说明：当银行持续期缺口为正(本例为 1.14 年)时，市场利率上升(本例为上升 1%)会引起银行的资产和负债市场价值下降(本例为总资产下降 27，总负债下降 18)，但由于资产价值变动幅度大于负债价值变动幅度，所以最终银行的净资产价值下降(本例为下降 9)，银行净资产价值变动随市场利率升降呈反方向变动。

3. 利用利率衍生工具进行管理

1) 远期利率协议

远期利率协议(forward rate agreement)是一种远期合约，是交易双方在订立协议时商定，未来某一特定时间，按照规定的货币、金额、期限和利率进行交割的一种协议。远期利率协议在生效时，本质上是由一方向另一方支付协议利率与到期结算日时参照利率之间的利息差。

远期利率协议是防范将来利率波动的一种预先固定远期利率的金融工具。远期利率协议由银行提供，在场外交易，没有固定的份额标准，适用于一切可兑换货币，交易金额和交割日期不受限制，并且不需要保证金，交易者之间可以通过电话、计算机网络洽谈成交。

2) 利率期货

利率期货(interest rate futures)是指买卖双方按照事先约定的价格在期货交易所买进或卖出某种有息资产，并在未来某一时间进行交割的一种金融期货业务。利率期货是有利息的有价证券期货，进行利率期货交易是为了固定资本的价格，即得到预先确定的利率或收益。由于利率期货将利率事先通过期货协议确定下来，避免了因利率出现始料未及的变化而影响金融资产价格或投资收益，所以成为利率风险管理的一种重要方式。

3) 利率期权

利率期权(interest rate option)是指以各种利率相关产品或利率期货合约作为交易标的物的一种金融期权业务。利率期权的买方获得权利，在到期日或期满前按预先确定的利率(即执行价格)和一定的期限借入或贷出一定金额的货币。

利率期权是一项规避短期利率风险的有效工具。买方通过买入一项利率期权，可以在利率水平向不利方向变化时得到保护，而在利率水平向有利方向变化时得到收益。

4) 利率互换

利率互换(interest rate swap)是不同交易主体之间的一种协议，协议双方均同意在预先约定的一系列未来日期，按照事先约定的利率方式，交换一定的现金流量。在利率互换中，双方交换的现金流量是按某一金额计算的不同特征的利息，而计算利息的本金仅以一定数量的货币形式存在，它只是计算的基础并不发生实际交换。在典型的利率互换中，双方所付款项为同一货币。协议的一方为固定利率支付方，固定利率在互换开始时已确定；协议的另一方为浮动利率支付方，浮动利率在互换协议期间参照某一特定市场利率来确定，通常选用伦敦银行同业拆借利率(LIBOR)。虽然利率互换是为了降低筹资成本，但它也可以用于管理利率风险，借款机构可以通过利率互换锁住利差来避免利率波动风险。

5) 利率上限、利率下限和利率上下限

a. 利率上限

利率上限(interest rate cap)又称"利率帽子"或"封顶"，是指交易双方确定一项固定利率水平，在未来确定期限内每个设定的日期，将选定的参考利率与固定利率比较，如果参考利率超过固定利率,买方将获得两者之间的差额;反之,将不发生资金交割。买方需支付给卖方一笔费用以获得该项权利。利率上限可以看成是由一系列不同有效期限的借款人利率期权合成的,通过买入利率上限,投资者可以避免利率上升所带来的风险。

b. 利率下限

利率下限(interest rate floor)又称"利率地板"或"保底",是指交易双方确定一项固定利率水平,在未来确定期限内每个设定的日期,将选定的参考利率与固定利率比较,如果参考利率低于固定利率,买方将获得两者之间的差额;反之,将不发生资金交割。利率下限可以看成是由一系列不同有效期限的贷款人利率期权合成的,通过买入利率下限,投资者可以避免利率下跌所带来的风险。

c. 利率上下限

利率上下限(interest rate collar)又称"利率领子"或"双封",它由利率上限和利率下限合成。买入一项利率上下限可以通过买入一项利率上限,同时卖出一项利率下限合成,达到将未来一段时间的利率成本限定在一定幅度内的目的。借款人买入一项利率上限需支付期权费,出售一项利率下限可以收取期权费。同时需要做两笔交易,可以减少费用支出;通过特定的组合,也可能使期权费成本为零。成本的利率上下限对于有浮动利率债务的借款人来说,尤其具有吸引力。借款人买入一项利率上限,规避利率水平上升的风险;卖出一项利率下限,以期权费收入抵消支出。

二、汇率风险及管理

(一) 汇率风险的含义及分类

汇率风险又称外汇风险或外汇暴露,是指一定时期的国际经济交易当中,以外币计价的资产与负债,由于汇率的波动而引起其价值涨跌的可能性。商业银行是国际经济金融活动的重要主体,其面临的汇率风险非常突出。

商业银行面临的汇率风险包括以下几种。

1. 交易风险

交易风险(transaction risk)是指银行在计划中、进行中或已经完成的外币计价的业务交易中,汇率波动使银行蒙受损失的可能性。交易风险又可以进一步分为买卖风险和交易结算风险。银行外汇风险主要是买卖风险。一般地讲,持有风险的外币金额叫作"外汇持有量"或"头寸"。例如,银行在买进1 000万美元中,卖掉800万美元,还剩200万美元。通常将这200万美元称为"多头"。这种多头将来卖掉时会因汇率水平发生变化而产生盈亏。反之,卖出如果超过买进,就叫"空头"。这种空头也会产生风险。银行经常掌握这样的头寸,并通过在外汇市场上的资金买卖来避免外汇风险。交易结算风险是指银行以外币计价进行交易活动时,由于将来进行交易结算时所运用的汇率没有确定而产生的风险。

2. 会计风险

会计风险(accounting risk)亦称"折算风险"或"转换风险"(translation risk),是指经济主体在对资产负债表和损益表进行会计处理的过程中,在将功能货币(在具体经济业务中使用的货币)转换成记账货币(编制会计报表所使用的货币,通常为会计主体的本国货币)时,因汇率波动而呈现账面损失的风险。会计风险的内容在很大程度上取决于会计换算方法。虽然这种损益是会计性质的账面损益,是尚未实现的,不涉及实际的现金流量,但却会影响到银行向股东和社会公开营业报告的结果。

3. 经济风险

经济风险(economic risk)亦称"经营风险"(operating risk),是指意料之外的汇率变动可能引起银行未来一定期间盈余能力与现金流量变化的一种潜在风险。具体地说,汇率的变动通过影响银行经营成本,使银行的最终收益发生变化。经济风险对银行经营业绩的影响要比交易风险及会计风险要大,因为这种影响是长期的。因此,就本质而言,经济风险代表了银行未来竞争力可能的变化。

(二)汇率风险管理

1. 汇率风险管理原则

1)成本最低化原则

成本最低化就是银行在预防和管理汇率风险的过程中,通过成本—收益分析使汇率风险管理成本降低到最小,使银行获取的效益达到最大。

2)规避风险原则

商业银行在进行汇率风险管理时通过使用金融工具,可以达到规避汇率风险、资产保值甚至是增值的目的。商业银行汇率风险管理应秉持严谨的态度,预防或是杜绝一些激进的管理工具和管理措施的使用。

3)灵活变通原则

商业银行在做外汇业务时,应该平衡规避风险和达成交易两者之间的关系,不能只顾规避风险而不考虑业务是否能达成,也不能只考虑业务的达成而不顾为此要承担的风险,只有找到一个平衡点,灵活变通,才能获得较大的收益。

2. 汇率风险管理流程

1)风险识别

通过客观分析一些汇率风险来确定影响汇率风险的因素,并通过控制汇率风险影响因素,进而达到对汇率风险进行提前识别的目的。风险识别可以分成两个过程:一是对汇率风险进行了解;二是对汇率风险进行分析。

2)风险计量

商业银行对风险的计量是汇率风险管理中极其重要的一个环节。风险计量即应用一些数学方法,通过风险计量指标定量地对风险发生的概率以及风险发生后造成的损失进行计算。目前使用的汇率风险定量分析方法主要有 VaR 法和敞口分析法两种。

3)风险监测

风险监测是指根据风险识别和计量的结果,基于相关风险指标来对未来风险的发展趋势作出一个合理的判断,然后对未来风险可能给银行带来的损失作进一步估算。

4)控制风险

风险控制是商业银行使用适当的工具来对已经发生的风险进行抵消和转移,达到最大化控制风险的目的。风险控制是汇率风险管理中不可或缺的一个环节,发挥着极大的作用。

延伸阅读 7-7

2023 开年 6 个交易日,人民币汇率"六连涨"

2023 开年 6 个交易日,人民币对美元汇率中间价走出"六连涨",进入 6.7 元区间,折射出市场对今年中国经济增长预期向好,市场信心明显提升。

2023年1月9日,人民币对美元中间价报6.826 5,创下2022年8月22日以来新高,调升647个基点。当日离岸、在岸人民币盘中双双收复6.8元关口。1月10日,人民币对美元中间价报6.761 1,再次大幅上调654个基点。至此,在这轮自上年11月开启的反弹回升中,人民币对美元汇率中间价已累计上涨超6%。

综合来看,我国经济修复向好、外资流入增多、季节性结售汇意愿增强等,是此轮人民币汇率升值的主要原因。2022年,我国经济顶住压力,保持稳定走势。近期,得益于稳增长政策显效,经济活动快速恢复,给予我国资产乃至人民币汇率更多溢价,人民币汇率得以在一篮子货币中走势领先。

跨境资本流入增多,对人民币汇率形成有力支撑。我国对疫情防控的政策进行优化和调整,也使得各界对我国2023年的经济有了更加乐观和积极的预期,有助于进一步提升对市场和投资的吸引力。数据显示,2023年首周,股票市场北向资金累计净买入200.19亿元。与此同时,出口商季节性收汇与结汇行为在每年春节前也会使人民币汇率走强。

此外,受美联储加息预期减弱等因素影响,近期美元指数持续回落,也是人民币走强的推力之一。美国制造业和非制造业采购经理指数继续走低,经济硬着陆风险增加。数据显示,自2022年11月以来,美元指数已累计下跌逾6%。

2022年年底以来,人民币汇率大幅反弹,境外资本流入持续增长,充分反映了国际金融市场坚定看好我国经济发展,对物价等经济基本面充满信心。中长期看,人民币汇率会保持双向波动,但总体上将持续走强。对于市场主体和监管部门来说,其接下来要进一步强化风险中性意识,在加强国内外经济形势与跨境资本流动监测预警的基础上做好情景分析、压力测试,拟定应对预案,做到有备无患。

资料来源:中国经济网.人民币汇率"六连涨"!释放什么信号?[EB/OL].(2023-01-10)[2023-01-11].https://m.gmw.cn/baijia/2023-01/10/1303250819.html.

第五节 商业银行操作风险管理

操作风险是银行业最为古老的风险之一。随着现代金融业的发展,操作风险已给全球金融机构带来严重的经济损失。但是,对操作风险的理论研究和实际应用都远远落后于信用风险和市场风险。根据《巴塞尔协议Ⅱ》,操作风险被纳入了风险管理框架,同时,金融机构被要求为操作风险配置相应的资本金水平。这标志着操作风险日益引起国际金融界的密切关注,国际金融界对操作风险的监控和管理进入了一个新阶段。

一、操作风险的含义及分类

《巴塞尔协议Ⅱ》中,操作风险是指由不完善或有问题的内部程序及系统或外部事件所造成的风险。操作风险按损失类型可划分为以下七种:

(1) 内部欺诈(internal fraud),即故意骗取、盗用财产或违反监管规章、法律或公司政策导致的损失,此类事件至少涉及内部一方。例如,内部人员偷盗、员工通过自己的账户进行内部交易、内部人员故意误报头寸等。

(2) 外部欺诈(external fraud),即第三方故意骗取、盗用财产或逃避法律导致的损失。例如,抢劫、盗窃、伪造、开具多户头支票欺诈以及黑客对计算机系统的破坏等。

(3) 雇员行为和工作场所安全性(employment practices & workplace safety),即违反就业、健康或安全方面的法律或协议、个人工伤赔付或者因性别/种族歧视事件导致的损失。例如,工人补偿申诉、侵害雇员健康和安全条例、有组织的工会行动等。

(4) 客户、产品以及业务行为(clients, product & business practices),即因疏忽未对特定客户履行分内义务(如信托责任和适当性要求)或产品性质或设计缺陷导致的损失。例如,受托人违约、滥用客户的秘密信息、银行账户的不正当交易、洗钱、销售未授权产品等。

(5) 实体资产损坏(damage physical assets),即实体资产因自然灾害或其他外部事件丢失或毁坏导致的损失。例如,恐怖事件、火灾、洪水、地震等造成的物质资产损失。

(6) 业务中断和系统失败(business disruption & system failures),即业务的意外中断或系统出现错误。例如,计算机软件或硬件错误、通信问题、设备老化、供电中断等造成的损失。

(7) 交易的执行、交割及流程管理(execution, delivery & process management),即交易失败、过程管理出错、与合作伙伴或卖方的合作失败。例如,交易数据输入错误、间接的管理失误、不完备的法律文件、未经批准访问客户账户、合作伙伴的不当操作以及卖方纠纷等。

二、操作风险度量

在《巴塞尔协议Ⅱ》监管框架下,金融机构可以使用三种方法来度量操作风险,分别是基本指标法(BIA)、标准法(SA)与高级计量法(AMA)。

(一) 基本指标法

基本指标法是以单一的指标作为衡量银行整体操作风险的尺度,并以此为基础配置操作风险资本的方法。如果用总收入作为银行操作风险暴露的一项风险指标,并将操作风险的资本水平要求设定为银行前三年内平均正总收入的15%,则:

$$K_{BIA} = GI \cdot \alpha$$

其中:K_{BIA} 为监管操作风险的资本;GI 为总收入为正数的前面三年总收入的平均值;$\alpha = 15\%$。

基本指标法使用银行的年总收入作为银行的风险指标。这一方法假设银行的收入越高,规模就越大,其操作风险也就越大。基本指标法是巴塞尔委员会确定的在初始阶段度量操作风险的方法,该方法简单易行,但不能全面准确反映复杂的操作风险,因此,基本指标法不是度量操作风险的最有效的方法。

(二) 标准法

在标准法下,巴塞尔委员会将银行业务分为以下八个类别:公司金融(corporate finance)业务、交易和销售(trading and sales)业务、零售银行(retail banking)业务、商业银行(commercial banking)业务、支付和清算(payment and settlement)业务、代理服务(agency services)业务、资产管理(asset management)业务和零售经纪(retail brokerage)业务。计算每一业务类别资本要求的方法是:用银行的总收入乘以一个该业务类别适用的 β 系数。β 系数表示行业在每一特定业务上的操作风险损失经验值与该业务类别总收入之间的关系。操作风险监管的总资本要求是各类业务监管资本的简单加总,其计算公式如下:

$$K_{SA} = \sum_{i=1}^{8} GI_i \cdot \beta_i$$

其中,K_{SA} 为标准法计算的资本要求;$\sum_{i=1}^{8} GI_i$ 为各业务类别的总收入;β_i 为各业务类别的操作风险资本系数,其具体数值如表 7-7 所示。

表 7-7　　　　　　　　　　八个业务类别的 β 系数表

银行业务类别	β 系数
公司金融业务	18%
交易和销售业务	18%
零售银行业务	12%
商业银行业务	15%
支付和清算业务	18%
代理服务业务	15%
资产管理业务	12%
零售经纪业务	12%

与基本指标法相比,标准法能够更好地反映银行所面临的操作风险敞口,具有极强的可操作性,特别适合于规模小的银行。但是,该方法计算出的各产品类别的操作风险并不能与银行实际存在的操作风险相匹配。因为操作风险的暴露与收入指标之间的联系并不紧密,而且使用该方法的银行还必须达到一系列的资格标准。例如,银行的操作风险管理系统必须对操作风险管理功能进行明确的职责界定;作为银行内部操作风险评估系统的一部分,银行必须系统地跟踪与操作风险相关的数据;必须定期向业务管理层、高级管理层和董事会报告操作风险敞口情况;银行的操作风险管理系统必须具备完整的文件;银行操作风险评估系统必须接受验证和定期的独立审查等。

(三) 高级计量法

高级计量法主要由内部度量法(IMA)、损失分布法(LDA)和极值法(EVT)构成,这里简单介绍内部度量法和损失分布法两种方法。

1. 内部度量法

内部度量法比基本指标法和标准法更加复杂,是根据银行自身内部损失数据,通过建立适当的风险管理模型自己来估算操作风险资本配置的一种方法。其主要步骤为:

(1) 将业务划分为若干类别,对每个业务类别界定不同的损失类型。

(2) 在每个业务类别和损失类型的组合中,监管者固定一个风险暴露指标(EI)。

(3) 除风险暴露指标之外,对每个业务类别和损失类别组合,银行利用自己的内部数据计算出参数损失概率(PE)和给定事件发生率情况下的损失(LGE)。则:

$$预期损失(EL) = EI \times PE \times LGE$$

(4) 针对每个业务类型和损失类型的组合给出一个系数 γ,将预期损失通过这个系数转换为风险资本要求。则:

$$K_{IMA} = \sum_i \sum_j [\gamma(i,j) \times EI(i,j) \times PE(i,j) \times LGE(i,j)]$$
$$= \sum_i \sum_j \{\gamma[i,j \times EL(i,j)]\}$$

其中，i 表示业务类别；j 表示损失类型；K_{IMA} 为内部度量法计算的操作风险资本；$\gamma(i,j)$ 为 i 产品/j 风险类别组合的预期损失系数；$EL(i,j)$ 为 i 产品/j 风险类别组合的预期损失。

2．损失分布法

损失分布法是银行根据以往内部数据，估计每一业务种类/操作风险种类的以下两种可能性分布：单一事件影响、次年事件发生的频率。基于这两项估计数据，银行可以计算累计操作损失的分布概率，将所有业务种类/操作风险种类的风险值相加，即为银行总操作风险资本配置要求。

1）损失分布法的基本假定

按照《巴塞尔协议Ⅱ》的要求，银行首先要区分不同业务种类和操作风险损失种类，现以 i、j 分别表示业务种类和操作风险损失种类，$\varphi(i,j)$ 表示第 i 类业务线、第 j 类操作风险损失类型一个损风险的损失量。将 $\varphi(i,j)$ 的损失程度分布表示为 $F_{i,j}$。在损失分布法中，第 i 类业务线、第 j 类操作风险损失类型在时间 t 和时间 $t+1$ 之间的损失为：

$$\theta(i,j) = \sum_{n=0}^{N(i,j)} \varphi_n(i,j)$$

令 $G_{i,j}$ 是 $\theta(i,j)$ 的分布，$G_{i,j}$ 是一个复合分布。当 x 大于 0 时，$G_{i,j}(\chi) = \sum_{n=1}^{\infty} p_{i,j}(n) \cdot F_{i,j}^{n\forall}(\chi)$；其中，$F_{i,j}^{n\forall}(\chi)$ 表示自身的 N 重卷积。

当 x 等于 0 时，$G_{i,j}(0) = p_{i,j}(0)$。

2）计算单个业务线、单个损失种类的风险资本

根据损失分布法，资本要求或风险资本反映了操作风险的大小，可以作为操作风险的风险值指标。

给定置信水平 α，在此水平上操作风险的非预期损失 $UL(i,j)$ 为：

$$UL(i,j;\alpha) = G_{i,j}^{-1}(\alpha) - E[v(i,j)] = \inf[x/G_{i,j}(x \geq \alpha)] - \int_0^{\infty} x \mathrm{d}G_{i,j}(x)$$

巴塞尔委员会根据以上公式定义非预期损失，将风险资本直接定义为非预期损失，即：

$$CAR(i,j;\alpha) = UL(i,j;\alpha)$$

3）计算整个银行的操作风险资本

根据《巴塞尔协议Ⅱ》，建议将整个银行每一条业务线的风险资本加总，即：

$$CAR(\alpha) = \sum_i \sum_j CAR(i,j;\alpha)$$

操作风险各度量方法之间的关系如图 7-4 所示。

三、操作风险管理的内容

近年来，由于金融管制放松，业务全球化，金融创新步伐加快以及信息技术的迅猛发展，商业银行的操作风险有增加的趋势。操作风险已经引起商业银行和金融监管部门的高度重视，操作风险管理也成为商业银行全面风险管理的重要内容。

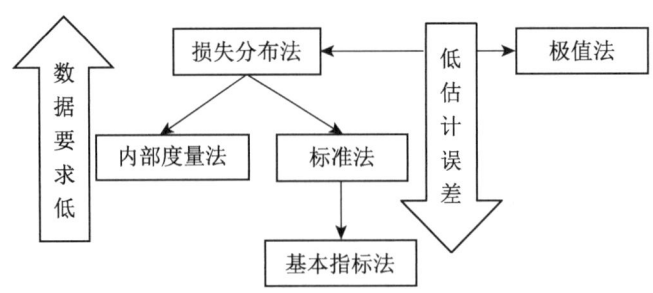

图 7-4 操作风险各度量方法之间的关系

(一) 操作风险环境和文化管理

文化决定了风险管理水平。当一家银行的文化以高标准的道德操守严格地要求各级管理者时,其操作风险管理才会最为有效。在构筑操作风险管理框架的同时,应建立良好的风险控制文化。董事会与高级管理层应通过各种活动、培训、激励等努力促进这种公司文化的建立,使全体员工在从事银行业务时遵守统一的行为规范。应加强银行全员对操作风险的认识,建立内部风险控制文化,营造出良好的操作风险管理和控制环境。

(二) 操作风险战略和政策管理

为了使操作风险管理框架有效运行,一家银行需要识别其利益相关人,并了解他们的要求和银行对他们的义务,这有助于银行在决定操作风险管理战略时识别关键业务的驱动者和相关目标。明确了这些目标后,银行应该考虑其在实现这些目标的过程中将面临的挑战,以及不去实现这些目标的后果,从而建立起一套操作风险管理战略。制定操作风险管理战略,以及确保其与银行的整体业务目标相统一的责任,应该由高级管理层承担。

操作风险政策管理是指为所有关键业务及其过程制定操作风险管理标准和目标。操作风险管理的具体方法包含在这些政策之中。这些政策应该有助于业务活动及其支持过程的监控、测量和管理,能够反映业务活动发生的内外部环境,并接受定期的检查和更新。这些政策还应该能够建立起一种机制,使得银行能识别、测量和监控所有重大的操作风险。为了达到这个目的,这些政策应该具有与风险和采取的行动相适应的范围和尺度,并定期被清楚地传达给所有人员,以维持银行工作人员的风险意识水平。

(三) 操作风险组织结构和人员管理

董事会必须建立清晰的组织结构、明确责任分工,并且保证操作风险管理框架能够覆盖所有的相关领域,还应当建立清晰的关于操作风险的管理和报告程序。所有业务部门和支持性部门都应当被整合在整个操作风险管理框架中。操作风险管理人员的配置应该从现代商业银行管理和银行内部风险控制的要求出发,形成有效的横向制约机制。有效的横向制约机制对控制由内部人员欺诈和操作疏忽所带来的操作风险非常重要。

银行员工的道德水平对操作风险的预防和控制具有很大的影响。提高员工的素质,是构建有效的操作风险管理和控制框架过程中不可忽视的一项工作。全体员工在开展业务活动时应遵守统一的行为规范,清晰了解本行的操作风险管理政策,并理解和掌握风险的敏感程度、承受水平、控制手段。

二维码 7-3:《商业银行操作风险管理指引》

第六节 商业银行流动性风险管理

商业银行流动性是指银行可以在任何时候以合理的价格得到足够的资金来满足其客户随时提取资金的要求。商业银行流动性包括以下两方面的含义：一是资产流动性；二是负债流动性。资产流动性是指银行资产在不发生损失的情况下迅速变现的能力；负债流动性是指银行以较低的成本适时获得其所需资金的能力。当流动性面临不确定性时，便产生了流动性风险，流动性风险是商业银行面临的重要风险之一。

一、流动性风险度量

对商业银行流动性风险的度量主要从以下两个方面进行：一是核算银行资产负债表内的项目以及各项目之间的联系（财务比率），来反映某个时点商业银行流动性风险状态，属于静态度量方法；二是评估银行潜在的流动性需求及银行满足这种需求的能力，属于动态度量方法。

（一）静态度量方法

1. 资产流动性风险的度量

商业银行资产流动性主要是指资产变现的难易程度。一般来说，流动性较高的资产在二级市场上表现出较低的违约风险。评估资产流动性风险通常使用的比率为：流动资产/总资产、贷款总额/总资产、贷款总额/存款总额、易变资产/总资产。

2. 负债流动性风险的度量

评估负债流动性风险通常使用的比率有：总股本/总资产、风险资产/总资产、总存款/总负债、核心存款/总负债、大额负债依赖度。

（二）动态度量方法

1. 流动性缺口分析法

流动性缺口分析法分为静态流动性缺口分析法和动态流动性缺口分析法。

1) 静态流动性缺口分析法

静态流动性缺口分析法认为流动性缺口产生于目前的资产与负债。当负债大于资产时，说明银行流动性过剩；当负债小于资产时，说明银行存在流动性风险，若要维持现有的资产规模，必须从外部去寻求新的资金来源。

2) 动态流动性缺口分析法

动态流动性缺口分析法又称边际流动性缺口分析法。因银行的资产与负债是不断变化的，故而动态流动性缺口分析法在商业银行流动性风险管理中更有应用价值。动态流动性缺口分析法认为，流动性缺口产生于银行资产与负债在未来一定时期的变化情况，是银行资产变动的数值与负债变动的数值之间的差额。其计算公式如下：

$$流动性缺口 = 总资产的变化 - 总负债的变化 = \Delta 总资产 - \Delta 总负债$$

当动态流动性缺口（边际流动性缺口）为正数时，表示流动性不足，存在流动性风险；当动态流动性缺口（边际流动性缺口）为负数时，表示存在流动性盈余。

对商业银行而言，存款增加以及贷款减少将导致流动性供给上升；相反，存款减少以及贷款增加将导致流动性需求增加。一旦流动性来源与使用不相匹配,就会产生流动性缺口。动态流动性缺口本质上是通过估计未来一定时期内预期的流动性运用与预测流动性来源之间的差额,来确定资金缺口(流动性缺口),从而预测未来一段时间内银行面临的流动性状况,并进一步进行融资计划安排。

【例 7-3】 假设某家商业银行在过去 10 年里,存款总量的年平均增长率约为 10%,贷款总量的年平均增长率为 9%。截至 2022 年年底,银行总存款为 100 亿元,总贷款为 80 亿元。案例考虑的季节性因素和周期性因素是根据该行以往的经验和预测方法所得,则预测的 2023 年前 6 周银行的总贷款和总存款情况如表 7-8 所示。

表 7-8　　　　　　　　　　　**总存款和总贷款预测表**　　　　　　　　　　单位:亿元

预测时间 2023 年	存款增长额	季节性因素	周期性因素	预测的存款总数	贷款增长额	季节性因素	周期性因素	预测的贷款总数
第 1 周	0.19	−0.4	0.2	99.99	0.14	0.5	−0.6	80.04
第 2 周	0.38	−5.2	−5.2	89.98	0.28	5.9	−1.1	85.08
第 3 周	0.57	−12.2	−9.4	78.97	0.42	17.4	−2.7	95.12
第 4 周	0.76	−16.6	−10.2	73.96	0.56	16.6	3.0	100.16
第 5 周	0.95	7.0	−4.0	103.95	0.70	2.7	−8.2	75.20
第 6 周	1.14	3.2	−5.4	98.94	0.84	9.8	−0.4	90.24

其中,存款的每周增长额=年增长额÷52 周=100×10%÷52≈0.19(亿元)。因此,第 1 周的存款总额为 100+0.19−0.4+0.2=99.99(亿元),第 2 周的存款总额为 100+0.38−5.2−5.2=89.98(亿元),其他周的存款总额依此类推;贷款的每周增长额=年增长额÷52 周=80×9%÷52≈0.14(亿元)。因此,第 1 周的贷款总额为 80+0.14+0.5−0.6=80.04(亿元),第 2 周的贷款总额为 80+0.28+5.9−1.1=85.08(亿元),其他周的贷款总额依此类推。

预测的 2023 年前 6 周银行的流动性缺口如表 7-9 所示。

表 7-9　　　　　　　　　　　**流动性缺口预测表**　　　　　　　　　　单位:亿元

预测时间 2023 年	预测的存款总数	预测的贷款总数	存款总数的变化	贷款总数的变化	流动性缺口
第 1 周	99.99	80.04	—	—	—
第 2 周	89.98	85.08	−10.01	5.04	15.05
第 3 周	78.97	95.12	−11.01	10.04	21.05
第 4 周	73.96	100.16	−4.91	5.04	9.95
第 5 周	103.95	75.20	29.99	−24.96	−54.95
第 6 周	98.94	90.24	−5.01	15.04	20.05

表 7-8 中,该银行在 2023 年第 2 周、第 3 周、第 4 周和第 6 周流动性缺口为正值,预期流动性不足,存在流动性风险,银行管理者应该作出相应的流动性决策,作好准备,以最便

宜、最稳妥的手段筹集新的资金；而在第 5 周流动性缺口为负值，预期流动性盈余，银行管理者应将预期的资金盈余用于投资以图获利。

2. 资金结构法

资金结构法是指对于银行负债按照其稳定性加以分类，根据各自的流动性需求大小预测应保留的流动性准备，对合格贷款的增长保留十足流动性准备的预测方法。资金结构法的预测步骤如下：

步骤一：负债的流动性需求预测。

资金结构法将负债按照预计提取的可能性大小分为三类。第一类是游资负债，是指那些利率敏感性强或者在近期将要被提取的存款，包括同业拆借的短期资金。第二类是易损资金，是指那些在近期内有可能被大比例提取的存款，提取比例一般占存款比例的 25% 或 30%，包括最大额存款和非存款负债。第三类是稳定负债。稳定负债是指那些最不可能被提取、稳定性最强的存款，即核心存款。银行可分别确定各类负债的流动性需求。

步骤二：新增贷款的流动性需求预测。

大多数银行认为，银行必须随时准备发放高质量的贷款来满足客户融资的要求，并为其保留十足的流动性准备。即使流动性短缺，银行也要依靠借款来满足找上门来的优质贷款需求，这是银行的客户关系准则。这样做的好处在于，贷款不仅可以带来利息收入，而且可以带来新的存款；一旦贷款发放，银行就可以向客户提供其他金融服务，并与客户建立多方面的联系，从而为银行带来额外的服务费收入。根据这种经营思想，银行要估算出优质贷款的最大值，并为此持有十足的流动性准备。

某银行运用资金结构法预测的流动性需求如表 7-10 所示。

表 7-10　　　　　　　　　资金结构法预测的流动性需求　　　　　　　　　单位：亿元

分类	账户余额	应缴存款准备金比率	扣除存款准备金后的账户余额	流动性需求比例	预期流动性需求
游资负债	25	10%	22.5	95%	21.38
易损资金	24	10%	21.6	30%	6.48
稳定负债	100	10%	90.0	15%	13.50
负债流动性需求合计	149	—	—	—	41.36
优质贷款（每年在以 10% 的速度增长）	135			10%	13.50
流动性需求总计	—	—	—	—	54.85

3. 流动性指数法

流动性指数法由美国联邦储备银行提出，主要用以度量银行在特定状况下所面临的风险损失，即与正常的市场状况相比，银行必须立即出售资产时所承担的价格损失。

在正常的市场状况下，银行可以经过较长时间的搜索和协商过程，以公平的市场价格出售资产，而在必须即时出售资产的情形下，银行可能不得不以低于公平的市场价格出售。假设即时出售资产的价格为 P_i，公平的市场价格为 P_i^*，流动性指数的计算公式可以表示为：

$$I = \sum w_i \cdot (P_i/P_i^*)$$

其中，w_i 是每项资产在金融机构资产总额中所占的比重。一般情况下有 $P_i \leqslant P_i^*$，所以流动性指数通常处于 0~1 之间。同时，流动性指数越小，表明即时出售资产的价格与公平的市场价格之间的差距越大，银行资产的流动性也就越缺乏，流动性风险也较大。

【例 7-4】 假定某银行有两种资产：占比 40% 的 1 月期国债和占比 60% 的房地产贷款。如果银行必须在今天出售国债，则只能以 90 元的价格售出，而如果在到期日出售，银行将能收回面值 100 元；如果银行必须在今天出售房地产贷款，则只能收回 85 元，而如果在一个月后出售该贷款，它将收回 95 元。于是，该银行资产组合一个月的流动性指数为：

$I = 40\% \times (90 \div 100) + 60\% \times (85 \div 95) \approx 0.9$

二、流动性风险产生的原因分析

(一) 资产负债期限不相匹配

商业银行资金的主要来源有存款、借款和债券发行等，其中具有短期性质的存款占了绝大部分比重；而商业银行的资金主要运用于贷款、表外业务等，其中贷款业务在商业银行资产构成中占了绝对比重，而这些贷款以长期盈利性较高的贷款为主。在这种资产负债结构下，当市场突然发生变动时，客户大量提取额度，如果其他要素不变，银行便很难在不受损失的情况下将其资产变现而满足其流动性需求，从而产生流动性风险。这是因为银行流动性的保持是一个连续的过程，现期的资产来源和运用会影响未来的流动性需求和供给，靠短期拆借来维持流动性只能导致恶性循环。

(二) 利率风险的影响

商业银行的流动性对利率变动非常敏感。利率变动将对企业和居民的融资和理财行为产生深刻影响，从而影响商业银行的流动性。例如，当居民和企业预期利率上升时，为了减少未来的融资成本，现时企业的贷款需求会突然放大；而居民的储蓄意愿会向后推迟，造成银行的预期资金来源减少，从而造成银行流动性供给不足，产生流动性风险。

(三) 经济周期和经济政策的影响

当经济周期处于繁荣期时，房地产、钢铁、水泥、电力等行业呈现出过度投资的迹象。除少部分资金外，绝大部分投资资金都来源于银行信贷，信贷资金大规模集中于几个行业中，孕育着很高的流动性风险，一旦市场需求发生变化，银行的呆坏账必将大量增加，资产将遭受严重损失，从而导致资产流动性下降，流动性风险增加。此外，在经济高涨时期，央行将会采取紧缩性的货币政策，货币供应规模缩小，银行筹集资金的成本上升，主动性负债的能力削弱，从而导致负债的流动性下降，也会产生流动性风险。

(四) 资本市场发展的影响

我国资本市场的迅速发展将对商业银行控制流动性风险产生影响。从总体上看，我国资本市场的发展还不成熟，经常大起大落，当熊市转为牛市时，大量的短期性银行存款便从居民的存款账户上转到居民的证券账户，使短期内银行的流动性需求激增，在流动性供给不能相应增加的情况下，便产生了流动性风险。同时，资本市场的发展改变了很多企业的融资方式，那些经营良好、效益突出的企业为了降低筹资成本，纷纷改制上市，从证券市场吸收资金以获得发展,而这些企业大多是银行的优质客户和贷款对象。当这些企业改变融资方式时,资金需求从长期性贷款需求转向短期性的周转性贷款,从总体上说,这会导致银行的贷款质量下降,流动性风险增加。

三、流动性风险管理的内容

流动性风险管理主要是指通过对商业银行的资产流动性和负债流动性进行管理,促进商业银行资产负债期限结构的合理匹配,保持资产负债期限结构的平衡,维持合理的流动性,从而降低和消除流动性风险。

(一) 流动性风险管理程序

依据原银保监会发布的《商业银行流动性风险管理办法》,商业银行流动性风险管理程序包括:

(1) 流动性风险识别、计量和监测,包括现金流测算和分析;
(2) 流动性风险限额管理;
(3) 融资管理;
(4) 日间流动性风险管理;
(5) 压力测试;
(6) 应急计划;
(7) 优质流动性资产管理;
(8) 跨机构、跨境以及重要币种的流动性风险管理;
(9) 对影响流动性风险的潜在因素以及其他类别风险对流动性风险的影响进行持续监测和分析。

(二) 流动性风险监管指标

《商业银行流动性风险管理办法》规定,商业银行流动性风险监管指标包括流动性覆盖率、净稳定资金比例、流动性比例、流动性匹配率和优质流动性资产充足率。其中,资产规模不小于2 000亿元人民币的商业银行应当持续达到流动性覆盖率、净稳定资金比例、流动性比例和流动性匹配率的最低监管标准。资产规模小于2 000亿元人民币的商业银行应当持续达到优质流动性资产充足率、流动性比例和流动性匹配率的最低监管标准。

1. *流动性覆盖率*

流动性覆盖率监管指标旨在确保商业银行具有充足的合格优质流动性资产,能够在规定的流动性压力情景下,通过变现这些资产满足未来至少30天的流动性需求。流动性覆盖率的计算公式及最低监管标准如下:

$$流动性覆盖率 = 合格优质流动性资产 \div 未来30天现金净流出量 \geqslant 100\%$$

2. *净稳定资金比例*

净稳定资金比例监管指标旨在确保商业银行具有充足的稳定资金来源,以满足各类资产和表外风险敞口对稳定资金的需求。净稳定资金比例的计算公式及最低监管标准如下:

$$净稳定资金比例 = 可用的稳定资金 \div 所需的稳定资金 \geqslant 100\%$$

3. 流动性比例

流动性比例的计算公式及最低监管标准如下：

$$流动性比例 = 流动性资产余额 \div 流动性负债余额 \geq 25\%$$

4. 流动性匹配率

流动性匹配率监管指标衡量商业银行主要资产与负债的期限配置结构，旨在引导商业银行合理配置长期稳定负债、高流动性或短期资产，避免过度依赖短期资金支持长期业务发展，从而提高流动性风险抵御能力。流动性匹配率的计算公式及最低监管标准如下：

$$流动性匹配率 = 加权资金来源 \div 加权资金运用 \geq 100\%$$

5. 优质流动性资产充足率

优质流动性资产充足率监管指标旨在确保商业银行保持充足的、无变现障碍的优质流动性资产，在压力情况下，银行可通过变现这些资产来满足未来30天内的流动性需求。优质流动性资产充足率的计算公式及最低监管标准如下：

$$优质流动性资产充足率 = 优质流动性资产 \div 短期现金净流出 \geq 100\%$$

 延伸阅读7-8

2022年第三季度，商业银行流动性指标边际改善

2022年9月末，商业银行整体流动性比例为61.66%，和上季度持平，同比上升3个BP，总体保持稳定态势。从不同银行类型来看，大型银行、股份行、城商行、农商行流动性比例同比分别上升2.1个、0.8个、7个、8.7个百分点，均存在一定的边际改善。主要银行类型流动性比例变化如图7-5所示。

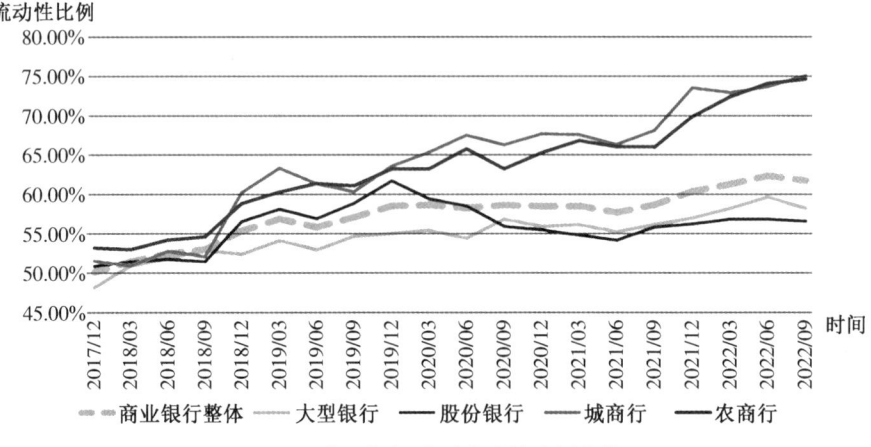

图7-5 主要银行类型流动性比例变化

2022年9月末，人民币超额备付金率1.56%，同比下降0.1个百分点；存贷款比例（人民币境内口径）为78.7%，同比下降0.5个百分点。存贷比呈现继续上升的态势，也意味着资本补充压力持续存在，需要进一步加强流动性风险管理，提升资产负债的期限与规模匹配度，谨防流动性风险事件的发生。商业银行整体超额备付金率与存贷比变化如图7-6所示。

2022年9月末，流动性覆盖率为142.7%，环比下降3个百分点，和去年同期基本持平，高于《商业银行流动性风险管理办法》中要求的100%监管指标。流动性覆盖率一般由银行持有的流动性较好的利率债来

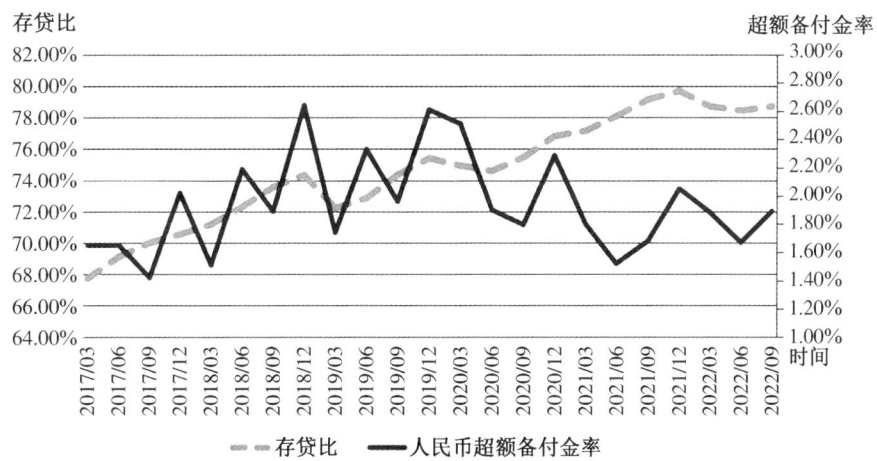

图 7-6　商业银行整体超额备付金率与贷存比变化

满足,这些资产的收益率相对较低,流动性覆盖率回调一定程度也体现了商业银行对于流动性成本的考虑。商业银行流动性覆盖率变化趋势如图 7-7 所示。

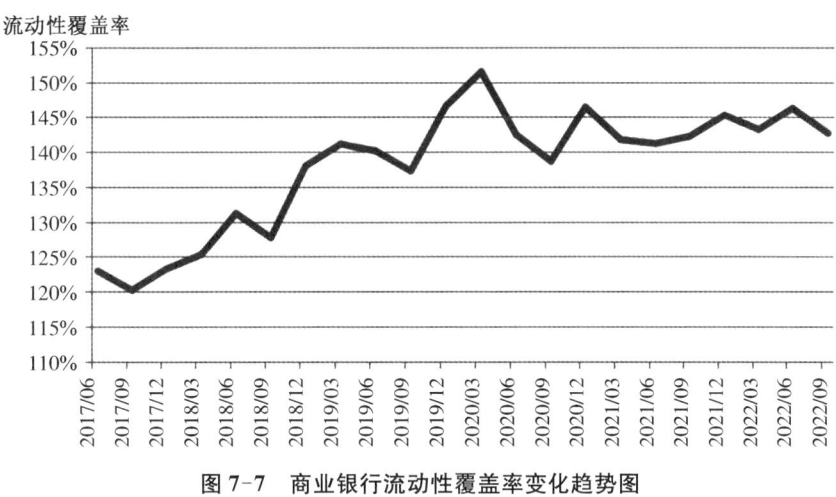

图 7-7　商业银行流动性覆盖率变化趋势图

从以上分析可以看出,商业银行的各项流动性指标数值均满足监管指标的下限。但需要注意的是,上述流动性监管指标主要还是静态指标,只能反映某一时点上银行的流动性情况,商业银行在此基础上还应该建立事前对流动性需求和供给进行计算的方法和技术,从而能更加准确掌握流动性的供给、需求以及缺口的变化。与此同时,不同银行需要采取差异化的流动性管理策略。大型银行流动性风险管理的要点仍然应该是不断提高额外流动性的运用效率,使资金利用价值最大化;股份制商业银行则需要重点保持流动性指标的稳定,并对市场流动性压力情景作好充分的准备;中小银行流动性风险面临较大挑战,其未来还是应该在加强核心负债、降低负债成本、增加资本金补充等方面多下功夫。

资料来源:北京立言金融与发展研究院.报告发布|银行业运行(2022 年 Q3)[EB/OL].(2022-12-29)[2023-01-12]. https://cj.sina.com.cn/articles/view/5367424460/13fec65cc0190129km.

(三) 流动性风险管理策略

1. 建立良好的流动性管理框架

董事会可通过政策程序来界定银行流动性管理理念,并负责对银行承担流动性风险的能力和意愿作出限定,并在全行范围内进行沟通,以便核准创建适当的流动性风险管理程序所必需的机制,包括流动性委员会、政策、步骤和技术基础等。此外,董事会和高管层必须明确指定流动性授权分级管理的政策程序,明确界定流动性管理者的权利和责任,并将流动性风险指令传达到银行所有利益相关人,包括投资人、债权人、监管者、员工和信用评级机构。

2. 建立有效运行的测量和报告机制

银行应制定和执行适合自身的健全的流动性衡量标准。动态与静态测量标准相结合,合理评估各项资产折扣和筹资可能性。

3. 实施有效的具体控制方法

商业银行流动性风险具体控制方法包括对市场风险实施限额管理,更多地依赖稳定的融资来源,地域和债务期限的分散化与多元化,通过压力测试和情景分析了解商业银行抵御风险的能力,及时针对对突发事件和异常市场状况制订流动性应急计划。

4. 对流动性风险管理政策和程序进行实时检查

银行内部和外部审计人员可对银行流动性风险程序进行彻底诊断,确保该程序能够满足必要的治理标准和监管标准。审计人员应该独立于产生、控制流动性风险的职位。流动性风险解决之后,应总结问题产生的原因和应变方法,以便确定是否对现有流动性风险管理程序进行修正和完善。应结合对流动性风险的监控,定期分析政策程序,以确定其有效性以及是否与流动性风险指令相一致。对估值模型要有一套完整的评价基准,并定期实施独立的评价,校验测量和监测流动性数据的完整性。

第七节 商业银行合规风险管理

二维码7-4:
《商业银行流动性风险管理办法》

一、合规风险的含义

根据巴塞尔委员会发布的《合规与银行内部合规部门》,合规风险是指银行因未能遵循法律法规、监管要求、规则、自律性组织制定的有关准则,以及适用于银行自身业务活动的行为准则,而可能遭受法律制裁或监管处罚、重大财务损失或声誉损失的风险。

(1) 法律制裁或监管处罚,主要是指监管当局对违规银行实施的各类监管处罚,包括行政处罚(如对商业银行或者个人的行政罚款、业务市场强制退出、从业资格取消等)和刑事处罚(主要是针对责任人的刑事处罚)等。

(2) 重大财务损失,主要是指商业银行违规经营造成的业务损失,如违规放款造成的呆坏账损失、违规投资造成的损失、违规进行金融衍生品交易造成的损失等。

(3) 声誉损失,主要是指市场对违规银行的负面评价、市场声誉贬损以及信用评级下降所导致的银行股票市值下跌、客户群退出以及行业协会对其采取自律性惩戒措施等。

合规风险是基于信用风险、市场风险、操作风险三大风险之上的更基本的风险。合规风险与银行三大风险既有不同之处,又有紧密联系。其不同之处在于:合规风险是银行做了不该做的事(违法、违规、违德等)而招致的风险或损失,银行自身行为的主导性比较明显;而三大风险主要是基于客户信用、市场变化、员工操作等内外环境而形成的风险或损失,外部环境因素的偶然性、刺激性较大。其紧密联系在于:合规风险是其他三大风险特别是操风险的重要诱因,而三大风险的存在使得合规风险更趋复杂多变而难以控制;且合规风险与银行三大风险的结果基本相同,即都会给银行带来经济或名誉的损失。

二、合规风险管理的原则

合规风险管理是指银行制定和执行合规风险管理制度,建立合规风险管理机制,培育合规文化,规避和控制合规风险的发生。同时,合规风险管理还包括对员工进行合规教育,在全行进行合规文化建设,提高全员合规意识。合规风险管理是构建银行有效的内部控制机制的基础和核心,是商业银行一项核心的风险管理活动。商业银行合规风险管理应遵循如下原则。

1. 合规从高层做起原则

在《合规与银行内部合规部门》中,巴塞尔委员会明确指出,合规应从高层做起,应成为银行文化的一部分。商业银行的高层应建立良好的公司治理机制作为支撑,使商业银行拥有一个良好的风险经营决策、执行和监督环境,建立起一套有效识别、监测和控制风险的制衡机制,树立良好的商业银行合规文化和正确的风险管理理念,只有这样,商业银行的合规风险管理才可能有效。

2. 责任到人原则

合规风险管理是风险管理的内容之一,应当位于商业银行内部管理的关键位置。合规风险管理涉及的范围广泛,要对商业银行的全部业务、产品、涉及的领域进行管理。合规风险管理不仅仅是合规风险管理部门和合规风险管理人员的职责,而是商业银行所有员工的共同责任。因为一位员工工作上的些许疏忽,就可能会导致银行严重的经济、声誉损失。因此,银行要将责任具体到个人,只有每一位员工都严格遵守商业银行内部的管理规定,才能确保合规风险管理工作得到切实执行。

3. 内部管理和外部监管有效互动原则

商业银行的内部管理和外部监管之间相互作用,商业银行应当认同这种相互作用,从被动接受外部监管,转变为主动根据外部监管的反馈有针对性地调整其内部管理,特别是应加强对内部行为的合法合规性的管理。商业银行可以根据外部机构的监督反馈对内部管理进行调整,同时可以借助外部机构的监督来测试内部管理调整的正确性和有效性,并根据最新的反馈再次进行调整,从而形成良性的互动。

4. 系统性原则

商业银行的合规风险往往表现出复杂的综合性特征。风险的产生可能受多方因素影响,所以对于合规风险的管理不能局限于某一点或者某一面。商业银行应当遵循系统性原则,对合规风险的产生原因进行系统性分析,对合规风险管理采取科学的规划设计,同时要形成相匹配的、有效的系统运行机制,从而做到对银行内部各个要素的合理约束与有效监督,确保商业银行合规管理效能的最大化。

三、合规风险管理的内容

合规风险管理是商业银行一项核心的风险管理活动。商业银行合规风险管理的目标是通过建立健全合规风险管理框架,实现对合规风险的有效识别和管理,促进全面风险管理体系建设,确保依法合规经营。合规风险管理具体包括以下内容。

1. 明确合规是银行公司治理的重要战略目标

要切实落实合规从高层做起原则。董事会要履行好"看管责任",审批银行的合规政策,评估合规风险管理效能,监督银行合规风险管理工作。高管层应负责制定、传达和及时修订合规政策,识别和评估合规风险,组建一个有效的合规管理部门,向董事会或下设委员会报告重大违规事件。

2. 制定统一的合规政策,提高合规管理透明度

合规风险管理是一项系统工程,没有固定模式,不能一劳永逸。商业银行需要适时根据外部环境、法律法规、银行改革等多种因素,持续改进合规政策。具体包括:合规文化;董事会和高管层的合规责任;合规部门的职责;识别和管理合规风险的主要程序、报告线路等。合规政策应提交董事会审议并批准,在全行广泛宣传和学习贯彻,成为银行依法合规经营的纲领性文件。

3. 培育良好的合规文化,建立主动合规的激励机制

合规文化重塑是评价合规管理绩效的重要标志。要研究建立先进的合规文化体系,通过加强全员合规培训,在银行内部树立诚信和正直的道德观念。应强化"合规人人有责""主动合规""开放及诚实面对监管部门"等合规文化。对主动报告合规风险问题或隐患的,银行可根据情况减轻违规处罚。

延伸阅读7-9

筑牢银行合规经营的基石

在深化金融体制改革、金融市场扩大开放、金融创新频现等背景下,提升银行业监管效率,规范银行业金融机构经营行为,是我国防范化解风险、引导经济金融稳定运行的关键内容。作为银行业的微观"因子",从业人员能否遵守法律法规,关系到银行业合规经营的基石是否牢固。

一段时间以来,监管部门重视引导银行业从业人员行为管理,陆续出台了一系列政策文件,以加强对银行从业人员的监管。2018年,银监会发布《银行业金融机构从业人员行为管理指引》,首次将从业人员行为管理作为一项专项工作全面部署,从规范从业人员行为管理的角度对治理架构、制度建设、体制机制等方面提出系统性要求。2020年2月,《中国银保监会办公厅关于预防银行业保险业从业人员金融违法犯罪的指导意见》发布,进一步完善从业人员金融违法犯罪预防工作机制,为员工行为管理体制机制建设提供重要支持,督促银行业金融机构健全覆盖各类员工的全员管理制度,加大员工行为的监测与监督力度,加强业务全流程管理,逐步丰富银行业金融机构员工行为管理内涵与重点领域。

总体来说,加强银行从业人员行为管理,主要抓手有以下几个方面:

(1) 清晰的管理架构与责任体系是银行从业人员行为管理体系有效运行的基础,银行应建立由党委统一领导,董事会、监事会、高管层和职能部门各司其职的从业人员行为管理架构与责任分工,促进良好管理环境的形成。

(2) 对违法违规违纪行为保持高压态势,加强对从业人员异常行为的干预管理,及时纠正不良行为倾向,及时处置既成风险事件或案件,有助于正风肃纪,为全行业敲响警钟。银行应对从业人员的监督问责执行严标准、高要求,应打造"揭示问题—落实整改—责任追究—警示问责—完善管理"的全闭环行为治理机制,完善强化监督与问责机制,提升问责治理的有效性和震慑力度。

(3) 银行应依托信息化优势,积极创新从业人员行为管理手段,构建从业人员行为管理信息系统,健全全流程信息化管理功能。同时,积极探索利用人工智能、大数据等信息技术手段,有效识别感知从业人员异常行为,实现风险早识别、早预警、早处置,提升从业人员行为管理的技防能力。

(4) 规范银行从业人员行为要抓早抓小、防微杜渐。各银行应重视开展多样化的职业操守教育、行为

规范教育和合规制度教育,提升从业人员的规矩意识和风险意识,引导形成"不想违、不愿违、不敢违"的风气。

资料来源:新浪财经. 筑牢银行合规经营的基石[EB/OL]. (2023-05-12)[2023-05-21]. https://finance.sina.com.cn/jjxw/2023-05-12/doc-imytnpuf0394193.shtml.

四、合规风险管理体系的构成

合规风险管理体系是指商业银行为有效实施合规风险管理而建立的体系,即根据银行的风险管理指导思想,将其合规政策、合规制度、合规组织、合规资源、合规流程等要素组合成一个有机整体。

合规风险管理体系应包括以下基本要素。

1. 合规政策

合规政策应明确所有员工和业务条线需要遵守的基本原则,以及识别和管理合规风险的主要程序,并对合规管理职能的有关事项作出规定,至少应包括:合规管理部门的功能和职责;合规管理部门的权限;合规负责人的合规管理职责;保证合规负责人和合规管理部门独立性的各项措施;合规管理部门与风险管理部门、内部审计部门等其他部门之间的协作关系;设立业务条线和分支机构合规管理部门的原则。

2. 合规管理部门的组织结构和资源

银行内部应设立专门负责合规管理的部门、团队或岗位,并为其配备有效履行合规管理职能的资源。合规管理人员应具备与履行职责相匹配的资质、经验、专业技能和个人素质。

3. 合规风险管理计划

银行应制订并执行以风险为本的合规管理计划,包括特定政策和程序的实施与评价、合规风险评估、合规性测试、合规培训与教育等。

4. 合规风险识别和管理流程

银行应积极主动地识别和评估与经营活动相关的合规风险,包括为新产品和新业务的开发提供必要的合规性审核和测试,识别和评估新业务方式的拓展、新客户关系的建立以及客户关系的性质发生重大变化等所引发的合规风险。

5. 合规培训与教育制度

银行应为合规管理人员提供系统的专业技能培训,尤其是正确把握法律规则和准则的最新发展及其对商业银行经营的影响等方面的技能培训;同时,应对员工进行合规培训,包括对新员工的合规培训,以及对所有员工的定期合规培训。

五、合规风险管理的流程

1. 合规风险监测

商业银行面临的合规风险状况是不断变化的,管理合规风险首先需要掌握合规风险。因此,有必要持续监测合规风险,以便及时采取恰当的风险控制措施。合规风险监测包括五项重点:一是已被识别的合规风险的变化情况;二是可能存在合规风险的情况;三是合规风险控制措施的效果;四是关键合规风险指标和环节;五是合规风险预警机制的效果。

2. 合规风险识别与评估

合规风险识别是在合规风险发生前的一种分析;合规风险评估是对潜在合规风险的发

生可能性、已发生合规风险的后果所作出的分析。合规风险识别与评估是合规风险管理的基础,贯穿于银行经营管理的各个环节。

3. 合规风险计量

合规风险计量是指在合规风险识别与评估的基础上,运用计量方法来评估和测定合规风险事件的概率以及合规风险事件发生以后损失程度的大小。精确的合规风险计量是合规风险管理走向科学化的重要标志。合规风险计量的方法还处于探索阶段,目前可以借鉴使用的方法主要包括风险与控制自评法、计分卡法、情景分析法。

4. 合规风险报告

合规风险报告是合规风险管理的媒介,高质量的合规风险报告可以为管理层提供全面、及时和准确的信息,不仅有助于作出管理决策,而且有利于为日常经营活动和合理绩效考评提供有效支持。

5. 合规风险处置/补偿

合规风险处置/补偿是在合规风险发生并造成损失后所进行的事后处置和补偿。其中,合规风险处置主要是处置由合规风险导致的剩余价值;合规风险补偿主要是通过资本补偿非预期损失。

6. 合规风险控制/缓释

合规风险控制/缓释是在上述各个环节的基础上,对合规风险采取控制、化解或转移等管理措施。合规风险控制/缓释的主要手段包括风险规避、风险整改、风险转移等。商业银行合规风险管理流程如图7-8所示。

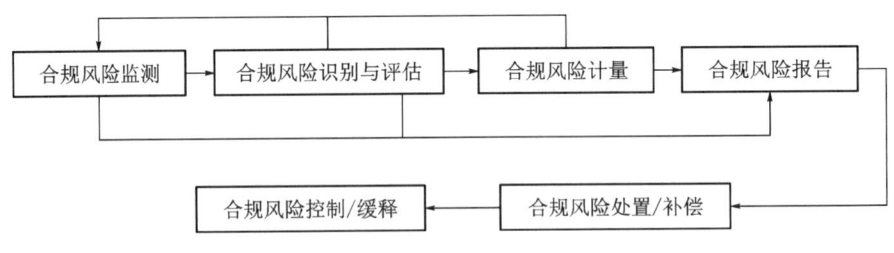

图7-8 商业银行合规风险管理流程

六、合规风险管理机制的构建

健全、有效的合规风险管理机制,是实施以风险为本监管的基础。商业银行可以从以下五方面构建合规风险管理机制。

1. 树立主动合规意识,克服被动合规心理

合规是银行业稳健运行的基本内在需求,也是银行文化的重要组成部分。

(1) 在银行员工中树立合规人人有责、主动合规意识、合规创造价值等理念,让员工接触到每一笔业务时,就要想到必须进行合规风险的审查。银行应倡导主动发现和暴露合规风险隐患或问题,以便及时进行整改。

(2) 合规文化是由一整套的制度、方法和工具支持的,这需要银行加强规章制度的后评价。针对发现的问题,银行应在业务政策、行为手册和操作程序方面进行适当的改进,以避免任何类似违规事件的发生,纠正已发生的违规事件,并对相关责任人作出必要的惩戒。如

果员工发现了合规风险而隐瞒不报,一旦被内审部门或外部监管者查实,隐瞒不报者一定要受到更加严厉的惩罚。而对于主动报告问题或隐患的员工,银行则可以视情况减轻处罚,免责,甚至给予奖励。

(3) 要将绩效考核机制作为培育合规文化的重要组成部分,以充分体现商业银行倡导合规经营和惩处违规的价值观念。

2. 制定合规政策,组建合规部门

合规部门是支持、协助银行高管层做好合规风险管理的独立职能部门。一线业务部门对合规负有直接的责任,高管层对银行合规经营负有最终的责任。构建商业银行合规风险管理机制,需要设立专职的合规部门,并且要确保合规部门能够不受干扰地发现、调查问题,让合规人员及时地参与银行组织架构和业务流程的再造过程,使依法合规经营原则真正落实到业务流程的每一个环节。同时,要制定和核准一个符合商业银行自身特点且行之有效的合规政策作为银行合规风险管理的纲领性文件。银行应通过实践积累经验,摸索出一条有效管理合规风险的运行机制和治理操作风险的良策。但必须明确:切忌将合规部门的工作到位与否作为银行各业务部门和高管层推卸责任的借口,合规部门绝不能成为高管层和其他部门责任追究的"替罪羊"。

3. 建立举报监督机制

银行要在员工中树立依法合规经营和控制合规风险的意识,必须建立举报监督机制,为员工举报违法、违规行为提供必要的渠道,并建立有效的举报保护和激励机制。

4. 建立风险评估机制

银行要尽快建立健全风险识别和评估体系,认真借鉴国际先进经验,积极运用现代科技手段,建立健全覆盖所有业务风险的监控、评估和预警系统,重视早期预警,认真执行重大违约情况登记和风险提示制度。

5. 将合规风险管理机制建立在"流程银行"基础之上

银行要彻底打破以往承传多年的在稳定和封闭的市场环境中、在金融产品单一的计划经济时期形成的"部门银行"体制,打破各部门条块分割、各管一段的部门风险管理模式,有效避免各自为政、相互扯皮现象,建立以客户需求为中心的统一封闭流程,以既服务好客户、又控制好包括合规风险在内的各种风险为原则,优化和精简业务流程。

本 章 小 结

本章主要学习了商业银行战略风险、信用风险、市场风险、操作风险、流动性风险和合规风险的含义、种类、成因、度量及管理,我国商业银行各类风险管理的相关规定及方法,以及我国商业银行风险管理的现状、存在的问题及发展状况等内容。

本章重要概念

战略风险　信用风险　市场风险　操作风险　流动性风险　合规风险　商业银行风险管理　风险分散　风险对冲　风险转移　风险规避　风险补偿　专家制度　重新定价风险

二维码 7-5:
练一练

基准风险　收益率曲线风险　期权风险　利率敏感性缺口　远期利率协议　利率期货　利率期权　利率互换　利率上限　利率下限　利率上下限　汇率风险　流动性缺口　流动性指数　流动性覆盖率　净稳定资金比例　流动性比例　优质流动性　资产充足率

二维码 7-6：
练一练答案

第八章 商业银行市场营销管理

- 内容提要
- 重点难点
- 学习目标
- 知识框架
- 思政育人
- 第一节 商业银行市场营销概述
- 第二节 商业银行市场营销策略
- 本章小结
- 本章重要概念

内容提要

本章主要讲解了商业银行市场营销的含义、环境分析以及商业银行市场营销战略;对4P组合中的产品策略、价格策略、分销策略、促销策略展开了叙述。

重点难点

本章重点为商业银行市场营销的含义,商业银行市场营销战略的选择;商业银行市场营销策略中的4P组合。本章难点为产品策略、价格策略、分销策略、促销策略的具体内容。

学习目标

通过本章的学习,学生应熟悉商业银行市场营销的含义,理解商业银行市场营销的特殊性及其战略选择;掌握商业银行在产品策略、价格策略、分销策略、促销策略中可采取的具体措施。同时,本章要求学生对我国商业银行的市场营销管理有一个全面的认识,深入思考商业银行应如何在市场营销管理上寻求突破、转型和创新,从而提升学生的职业素养,适应未来金融发展的要求。

知识框架

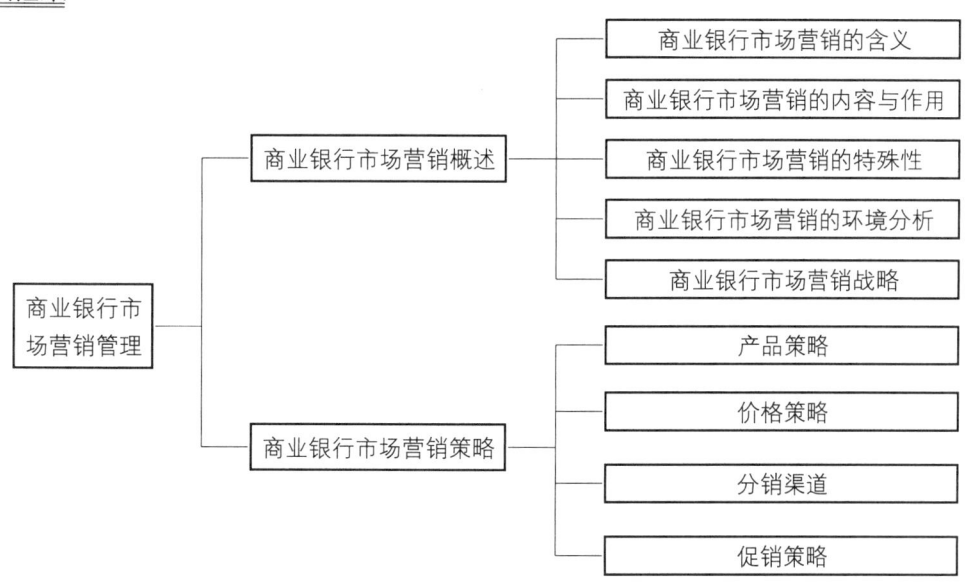

思政育人

打造特色、智慧、高质量银行——北京农商银行圈定 2023 年工作重点

2023 年是全面贯彻落实党的二十大精神的开局之年,是落实"十四五"规划承上启下的关键一年,做好今年的工作至关重要。要坚定信心、踔厉奋发,全面学习、全面把握、全面落实习近平新时代中国特色社会主义思想和党的二十大精神,结合落实北京市第十三次党代会精神 60 项任务清单、北京市政府工作报告重点任务清单,确保党中央、国务院及市委市政府决策部署落实到位,推动经营发展迈上新台阶。

要聚焦"首都发展"合力推动结构升级,全面落实稳经济各项政策要求,紧抓扩大内需等战略重点,抓实市区两级及"3 个 100"重点工程项目对接落地,深化"凤凰助飞"金融服务品牌建设,持续健全普惠小微敢贷愿贷能贷会贷长效机制,加大专精特新企业营销拓展力度,深化科创、文创、制造业、绿色等重点领域金融发展,在努力完成稳增长任务的同时,积极推动结构调整,构建与首都发展相契合的业务发展格局。

要聚焦"高效协同"深化流程再造和机制优化,快速响应业务发展和客户需求,推动产品、政策、流程、系统、管理升级,扎扎实实为基层减负,把"后台为前台、全行为一线"的服务理念落到实处。

商业银行市场营销的最终目的是给客户创造价值,更好地服务于客户。因此,客户的需求既是银行营销活动的起点,也是银行营销活动的终点。"以客户为中心"的服务理念要求银行的营销活动以客户的需求为出发点,银行提供的产品和服务能够给客户带来更高的价值。

商业银行市场营销的实践活动强调诚信经营和职业道德,产品研发、服务质量、广告宣传、品牌包装、产品定价、渠道开发、促销推广等环节都要杜绝假冒伪劣和欺诈行为。在生产经营过程强调工匠精神和诚信经营,在销售过程注重职业精神和营销道德,在售后环节信守承诺和完善服务。

资料来源:中国银行业协会.打造特色、智慧、高质量银行!北京农商银行圈定 2023 年工作重点[EB/OL].(2023-02-17)[2023-2-18].https://www.china-cba.net/Index/showw/catid/170/id/41731.

第一节 商业银行市场营销概述

当前我国金融市场,传统的市场格局和市场定位已被打破,新的市场格局和市场定位尚未形成,新兴商业银行不断建立,非银行金融机构异军突起,外资金融机构在开放的条件下纷纷在我国抢占市场。金融市场多元化的竞争格局迫使商业银行必须借助市场营销的手段,以适应市场竞争的需要,在竞争中求生存,在生存中求发展。此外,随着经济发展和居民可支配收入的提高,企业、法人和消费者个人的现金需求也日益多元化,商业银行要适应这种市场需求的变化,就需要转变经营观念,运用市场营销的手段,研究细分市场,及时发现和掌握市场需求,并为满足市场需求提供金融产品和优质服务,这样才能在激烈的金融竞争中处于优势地位,立于不败之地。因此,"市场营销"作为竞争新策略正在日益受到商业银行的青睐。市场营销的概念、策略也不断被商业银行采纳、运用,逐步渗透到其经营活动中去,从而形成新一轮竞争的特色。

一、商业银行市场营销的含义

阿瑟·迈丹在英国《银行界》杂志上将商业银行市场营销定义为:引导可盈利的银行服务流向经选定的用户的管理活动。现代市场营销理念指导下,市场营销的含义是以需求为导向,以交换为目的,以竞争为手段,通过为消费者提供价值来实现企业经营目标的活动。

二维码 8-1:
2023 年全球市场营销趋势

现代商业银行市场营销是指商业银行以金融市场为导向,利用自己的资源优势,通过运用各种营销策略,把银行产品和服务销售给客户,以满足客户的需求形成竞争优势并以实现银行盈利最大化为目标的一系列活动。其目的是在遵循安全性、流动性和盈利性三大原则之间协调统一的基础上,通过营销策略充分利用银行资源形成竞争优势从而获得更多、更高的收入。

 延伸阅读8-1

营销和销售有什么区别

营销和销售给人的感觉就像是一对孪生兄弟,均是进行企业产品的销售活动。两者虽然字面上相近,却也存在着很多不同之处。

一、目标不同

1. 营销工作的目标是"客户"

营销的目标是"客户",所以营销被视为"为什么"购买。也就是说,营销是为了追逐消费者的市场需求,弄清楚消费者"为什么"购买,而不是商品本身及其"价值"。

2. 销售工作的目标是"产品"

一般而言,销售被视为卖货的角色,这意味着其工作形式就是售卖产品和提供相关服务,所以销售工作的目标就是"产品"。换句话说,销售被视为"卖什么",销售的方式千篇一律,其最终目的是与客户签订订单合同。

二、周期不同

在市场营销活动中,营销策略的制定和执行通常需要相当长的周期,这是因为营销需要基于长远的目光和视角,在市场和客户之间搭建良好的关系。但是,销售的整个过程是能在短时间内完成的。

资料来源:公关之家公关总监——运营的小事.市场营销和销售有什么区别?[EB/OL].(2021-10-08)[2023-2-15].https://mp.weixin.qq.com/s/Pnek-_ImCW2qzMbeG2jhOg.

二、商业银行市场营销的内容与作用

商业银行市场营销是在变化的市场环境中,旨在满足客户需要、实现银行目标的商务活动过程。它主要包括三个方面的活动:

(1)售前活动,包括市场调研、选择目标市场、产品开发、产品定价、渠道选择等,其主要目的是确保所生产的产品满足客户的需要,从而为产品的成功销售奠定基础。

(2)售中活动,也称为销售活动,包括产品促销、产品储存和运输、产品销售、提供相关服务等,其主要目的是将产品提供给客户,使客户获得银行通过产品和服务为其提供的价值。

(3)售后活动,也称为售后服务,是指在客户购买银行的产品和服务以后,银行为其提供相关服务,解决其在使用银行产品过程中所存在的问题。

商业银行市场营销可用于解决银行产品与客户需求之间以下几方面的矛盾:

(1)空间上的矛盾,如客户离银行营业网点太远。

(2)时间上的矛盾,如银行无法满足客户"7×24"(即每周7天每天24小时)的服务。

(3)产品品种花色规格型号方面的矛盾,如银行标准化的产品往往无法满足客户独特的需求。

(4)产品价格上的矛盾,如银行希望提高价格以增加收入,而客户希望降低价格以降低成本。

(5) 产品数量上的矛盾,如市场可能出现供大于求或供不应求的情况。

(6) 信息上的矛盾,即银行不了解客户需要什么产品,以及客户在何地、何时需要,在什么价格水平上愿意购买多少数量;而客户则不知道哪家银行能提供自己所需要的产品,以及在何地、何时、何种价格水平上提供。

三、商业银行市场营销的特殊性

相对于一般企业的市场营销来说,商业银行市场营销的特殊性源于其产品的特殊性。相对于一般商品来说,银行产品具有如下主要特征:

(1) 无形性,是指银行产品并不具备有形的物质形态。在银行交易中,虽然存在客户能够看得见、摸得着的借款合同、存折、存单等,但是这些纸质文件所记载的客户无法直接感知的权利、义务才是交易的核心。离开了所代表的权利、义务,这些纸质文件将没有任何价值。随着银行业务电子化程度的提高,银行产品的这种无形性得到进一步加强。

(2) 回归性,也称偿还性、返还性,是指银行向客户销售的产品具有回流的特征,即存款要支取、贷款要收回。银行产品具有回归性的原因在于,银行所销售的不是资金的所有权,而只是资金的使用权。在一般商品的销售中,仅仅存在商品从企业到客户的单向流动,商品的所有权和使用权是混合在一起的。

(3) 同质性,即不同商业银行所提供的产品,在本质上非常类似,差别很小,即使是银行推出创新产品,也可能在很短时间内被其他银行模仿。银行产品具有同质性的根本原因在于,所有银行产品的核心是相同的,即都是安全性、流动性和盈利性的组合。

银行产品的无形性、回归性和同质性,使得其市场营销在如下两个方面更加突出:

(1) 抓住营销机会与有效防范风险的矛盾。银行产品的回归性,要求银行不仅要将产品销售出去,还需要确保资金能够回流。因此,银行营销其产品时,不仅要抓住机会,而且要控制风险。抓住机会,要求营销人员更多地动用右脑,诉诸感性,主动出击,从而特别强调个人的主观能动性;而控制风险则要求营销人员更多地动用左脑,诉诸理性,缜密思考,谨慎行事,慎重决策,从而特别强调团队合作。两者之间存在的矛盾,极大地提高了银行营销工作的难度,使银行经常陷入两难境地:风险控制得好往往又会丧失营销机会;抓住了营销机会,往往又会影响风险控制目标的实现。

(2) 银行信用声誉和形象更加重要。这是银行产品所具有的无形性和同质性特征决定的。由于银行的信用、声誉和形象具有整体性,因此,相对于一般企业的营销来说,银行营销更强调整体性。

二维码8-2:
全面梳理:
商业银行市场营销常见的十大问题

延伸阅读8-2

数智化营销对商业银行意味着什么

近年来商业银行竞争愈演愈烈,银行业面临多重压力和挑战。如何寻求生存之道?改革、创新、数字化转型成为商业银行发展的必由之路。

在政策层面,近年来,推动金融科技、数字化转型的相关政策相继出台。2022年1月,中国人民银行印发《金融科技发展规划(2022—2025年)》,提出提升数智化营销能力,合法合规运用大数据、跨媒体分析推理等技术盘活企业数据资产,洞察消费者行为偏好和真实金融需求,在尊重消费者意愿和保护消费者合法权益的基础上智能推送消费者所想所需的金融产品、理财知识和服务信息;2022年1月,银保监会印发《关于银行业保险业数字化转型的指导意见》,提出充分利用科技手段开展个人金融产品营销和服务,拓展线上渠道,丰富服务场景。中国银行业协会发布的《2022年度中国银行业发展报告》指出,银行业金融机构更加重视数字技术的应用,将大数据分析、人工智能、深度学习等技术手段运用到银行卡业务中;同时进一步提升客群管理的智能化水平,针对不同客群、不同偏好,提供差异化产品与服务。

数字化发展到一定程度后,应同步推动数字化和智能化发展,平衡用户价值和银行价值,达成双赢的局面。金融科技企业索信达发布的《银行业数智化营销体系建设思路与最佳实践》白皮书(以下简称《白皮书》)指出,数字化转型趋势下,金融机构经营逻辑正在向"深度客户经营"模式转变,真正从客户体验出发,重新梳理和定义核心客户旅程,并持续推动敏捷、快速、端到端的数字化流程再造和能力重塑。整体来看,金融机构有必要借助一套科学的方法体系来重新审视自身资源禀赋和客户结构,并基于此加速开展客户研究和体验管理,以指导自身的营销创新乃至战略制定,提升差异化服务水平。

新时代的营销,不仅需要对用户心理、需求拿捏准确,更要求在整个营销过程实现用户体验的闭环。通过整合营销的方式多渠道、多平台、多频次影响用户认知,需要打造对于金融机构和用户双赢的智能营销体系。对此,《白皮书》指出,要想对客户形成触达内心的吸引力,银行数字化营销体系可以立足以下五个关键词:个性化,即实现对用户的量身定制、实时互动与创新;洞见,即通过人工智能驱动对用户需求的深度洞察;体验设计,即以客户为中心,打造引人入胜的个性化内容和流畅的客户旅程;技术,即以数据及智能科技形成关键推动力;速度,即打破竖井效应,形成更快的运行节奏。

资料来源:苏洁.数智化营销对商业银行意味着什么[EB/OL].(2023-02-06)[2023-2-15]. http://www.cbimc.cn/content/2023-02/06/content_476460.html.

四、商业银行市场营销的环境分析

(一)商业银行营销环境的含义

根据与银行营销活动的紧密程度不同,银行营销环境可以分为具体环境和一般环境。具体环境,也称为直接营销环境或作业环境,是指与实现银行营销目标直接相关的环境,包括金融政策、法律、客户、竞争者、市场等。一般环境,也称为间接营销环境或宏观环境,是指对银行影响较间接的约束力量,包括政治、经济、人口、社会文化、科学技术等。

(二)商业银行营销环境的特征

1. 差异性

银行面临的营销环境各不相同,这不仅表现为不同银行会受到不同环境的影响,而且表现为同一银行在不同时期有不同的环境,甚至一种环境对不同银行也会产生不同的影响。这就需要银行要对自己面临的特定环境采取不同的营销策略。

2. 变化性

银行的营销环境是多变的,这主要是由于构成营销环境的内容是多方面的,而每一项内容都会随着社会、经济的发展而不断变化。当然,环境各因素的变化又是有差异的,有的变化大,有的变化小;有的变化影响是全局性的,有的变化影响则是局部性的;有些变化可以预料,而大多数变化则难以预料。环境的不确定性程度是由环境各因素的变化程度和复杂程度决定的。银行对环境变化程度的分析,可以知道自身是处于一个相对稳定还是处于一个动荡的环境中;对环境复杂程度的分析,则可以了解构成环境因素的数量和广度。银行营销的成败,取决于对环境变化的认识和适应程度,因此银行要根据环境的变化及时调整营销策略。

3. 相关性

银行营销环境不是由某个单一的因素决定的,而是受制于一系列因素。例如,银行产品的价格不但受客户需求及银行供给的影响,而且还受经济发展与国家货币财政政策的制约。营销环境因素相互影响的方式与作用程度也是不同的,有些可以通过调查、分析进行评估,而有些就难以估计了。因此,银行应尽量对影响营销环境的各因素进行全面分析与预测,以便尽可能地把握环境因素之间的相互作用。

4. 针对性

银行分析营销环境的目的是更好地适应环境,保证营销活动的顺利开展。当然,对这些环境因素,银行不仅要主动适应,更应采取积极措施,不断创造与开发对自己有利的环境,以更好地求得生存和发展。

(三) 商业银行营销环境的具体内容

商业银行营销环境包含微观环境和宏观环境两大部分。

1. 微观环境

1) 银行外部环境

银行外部环境的微观环境主要包括客户、竞争对手、合作伙伴、公众等。客户是指商业银行服务的个人和企业,是银行利润的来源;竞争对手是与商业银行存在竞争关系的其他金融机构;合作伙伴是与商业银行存在合作关系的其他组织或个人,如保险公司、证券公司等;公众是对商业银行有影响的公式舆论,如媒体、社区等,银行应和其保持良好的关系。

2) 银行内部环境

银行内部环境包括银行资本、人力资源、组织机构、企业文化、财务状况、信息技术、内部管理制度等。内部环境是商业银行发展的基础,对银行的竞争力提升和稳健发展至关重要。

2. 宏观环境

1) 政治环境

加入世界贸易组织后,我国商业银行越来越多地受到国际法律法规的限制和制约。因此,商业银行一方面要敢于利用法律保护自己,另一方面要充分了解世界各国的政治和法律,避免引起法律纠纷。

2) 经济环境

经济环境指构成商业银行生存和发展的社会经济状况和国家经济政策。社会经济状况包括经济要素的性质、水平、结构、变动趋势等多方面的内容,涉及国家、社会、市场等多个领域。国家经济政策是国家履行经济管理职能、调控宏观经济结构、实施国家经济发展战略的指导方针,对商业银行经济环境有着重要的影响。分析经济环境主要是指对社会购买力水平、消费者收入状况、消费者支出模式、消费者储蓄和信贷以及通货膨胀、税收、关税等情况进行调查。

3) 社会文化环境

社会文化是指一个社会的民族特征、价值观念、生活方式、风俗习惯、伦理道德、教育水平、语言文字、社会结构等。社会文化不仅引导人们建立日常行为的准则,也推动了国家市场或地区市场消费者态度、购买动机、购买行为模式的形成。国家和地区不同,社会与文化不同,使得消费者对同一产品持有的态度也不同。社会文化还会影响产品的设计、包装、信息的传递方法、产品被接受的程度、分销和推广措施等。商业银行在分析其市场营销环境时应重视社会文化环境分析,做到"入境问俗""适者生存"。

五、商业银行市场营销战略

营销战略是企业经营管理者在现代市场营销观念指导下,为适应不断变化的市场环境,满足顾客需求,实现企业长期生存、稳定发展的经营目标,根据企业资源条件,对较长时期内市场营销活动制订的总体构想、方针和方案。

STP理论是现代市场营销战略的核心,该理论由市场细分(market segmentation)、目标市场(market targeting)、市场定位(market position)三个部分组成,通过市场细分选择目标客户,进而以此为依据确定目标市场,最后进行市场定位。

(一) 市场细分

市场细分(market segmentation)是指企业按照某种标准将市场上的客户划分成若干个客户群,每一个客户群构成一个子市场。不同子市场的需求存在着明显的差别。

在复杂的市场上,商业银行不可能获得整个市场,也不可能用一种产品和销售模式应对所有的客户,更不可能为所有客户提供其需要的所有产品。一方面,商业银行的资源都是有限的;另一方面,客户不但数目巨大、分布广泛,而且各自的金融服务需要又是迥然不同的。因此,只有通过市场细分,各家商业银行才有可能发现能充分发挥其资源优势的细分市场,并在该细分市场中取得竞争优势,达到扬长避短的目的。

市场细分包括个人客户的市场细分和企业客户的市场细分。

1. 个人客户的市场细分

一般而言,个人客户市场的细分标准通常包括地理标准、人口标准及心理标准等。

(1) 地理标准。世界各地区或国家行政区划、地理位置、气候、城市大小、密度等,都可以成为划分依据。

(2) 人口标准。人口标准指的是根据人口的特征如年龄、性别、收入、职业和地位来对服务对象进行划分。例如,根据职业上的差别,商业银行可以把律师、会计师、医生或其他白领阶层选择作为特定的服务对象。

(3) 心理标准。人群的心理特征与其所属的社会阶层、生活方式和个性有关,商业银行通过客户个性或生活方式等变量对其进行细分,有利于商业银行发掘和开拓新的市场机会。

2. 企业客户的市场细分

商业银行对其企业客户,通常按照机构营业额、机构种类和行业属性、信用等级等进行细分。

(1) 机构营业额。根据机构营业额的不同,企业可分为以下几类:①小型企业。年产值或年营业额在500万元以下的称为小型企业,其主要需求为存款及存款组合、担保贷款、抵押贷款、国内结算、保管箱、信托、单位信用卡、公司理财、代理企业财务等业务。②中型企业。年产值或年营业额在500万元~1亿元的企业为中型企业,其主要需求比小型企业多了国际结算、租赁,以及代理外汇买卖等业务。③大型企业。年产值或年营业额在1亿元以上的企业为大型企业,其和前两者相比,其主要需求多了代理股票上市业务、银行担保业务、银行表外业务等。

(2) 机构种类和行业属性。对于机构种类和行业属性可以从产业分工的角度考虑,即第一产业——农业、第二产业——制造业、第三产业——服务业。其中,各个产业又可以进一步划分成分工更细、经营更具体的行业。例如,制造业具体可细分为钢铁、电力、交通、机械、化工、汽车制造、电器设备等行业;服务业可细分为贸易、房地产、通信、餐饮、娱乐、航空、物流、教育、金融和法律、财务咨询等。许多商业银行会针对自己关注的细分市场设立业务部门,并设有研究部门对业务发展予以对策支持。

(3) 信用等级。信用等级是国际通用的传统划分方法。例如,将企业作为授信对象,划分成 AAA 级、AA 级、A 级、BBB 级、BB 级、B 级等,商业银行可以根据企业的不同信用等级来确定对其的授信方式和授信额度并提供相应服务。

二维码8-3:星巴克在中国的市场细分设计

(二) 目标市场

商业银行的目标市场是指在市场细分的基础上,被商业银行选定的、准备以相应的金融产品或金融服务去满足其需要的一个或若干个细分市场。

目标市场的选择因不同商业银行、不同环境而异。例如,有的商业银行把中高层收入者作为目标市场,有的把老年人作为目标市场,而有的把房地产企业作为目标市场等。能否选择合适的目标市场,会对商业银行的经营活动产生很大的影响。

选择目标市场的三种模式如下。

1. 无差异性目标市场选择

无差异性目标市场选择是指商业银行将产品的整个市场视为一个目标市场,用单一的营销战略开拓市场。采取这种目标市场选择模式时,银行只需推出单一的产品和标准化服务,设计一种营销组合战略即可;推销功能单一的借记卡,只需设计密码系统、进行 ATM 布置、发展广泛的特约商户,以单一产品、单一价格、单一促销方式和单一分销渠道就可以满足客户需要。

无差异性目标市场选择模式的优缺点如下。

1) 优点

这种营销战略经营品种少、批量大、市场调研费用低,可降低管理成本和营销支出,有利于用低价格争取客户,具有规模优势。

2) 缺点

这种营销战略忽略了同一客户群不同层次的需求差异,提供的产品与营销手段过于单一,不能适应复杂多变的市场需要,不能满足市场上另一些规模较小的客户群的需求。同时,这种营销战略缺乏弹性,难以适应市场的频繁变化。

2. 差异性目标市场选择

差异性目标市场选择是将整体市场划分为若干细分市场,针对每一细分市场制订一套独立的营销方案。例如,服装生产企业针对不同性别、不同收入水平的消费者推出不同品牌、不同价格的产品,并采用不同的广告主题来宣传这些产品。

商业银行采取差异性目标市场选择模式时,会针对客户投资理财的不同需求,设计名目繁多的金融产品和服务。例如,按客户收入高低、风险偏好、交易总量和频率等,商业银行将客户分为 VIP、中档、普通等不同级别,不同级别的客户分别享受不同的交易渠道、设备、信息内容和咨询建议,少数高级客户甚至可以享受专家的特别服务。

差异性目标市场选择模式的优缺点如下。

1) 优点

差异性目标市场选择模式下,银行面对多个细分市场能较好地满足客户的不同需求,可增强银行对目标市场的渗透能力,赢得更大的客户群,从而扩大市场份额。另外,由于商业银行是在多个细分市场上经营,这一模式一定程度上可以降低其经营风险。一旦商业银行在几个细分市场上都获得成功,则该模式有助于提高商业银行的整体形象及市场占有率。

2) 缺点

差异性目标市场选择模式的不足之处主要体现在两个方面:一是增加营销成本。由于商业银行必须针对不同的细分市场发展独立的营销计划,会增加商业银行在市场调研、促销和渠道管理等方面的营销成本。因此,采用此模式的银行应加强对收益成本比的分析研究,一旦发现得不偿失的现象,应减少经营品种,将资源集中于优势市场。二是这种模式可能使银行的资源配置不能有效集中,甚至导致商业银行内部出现彼此争夺资源的现象。

3. 集中性目标市场选择

当商业银行的资源有限时,可考虑采取集中性目标市场选择模式。集中性目标市场战略也称密集型市场战略,与将整体市场作为营销目标的差异性营销战略和无差异营销战略不同,这种战略既不面向整个市场,也不把力量散布到若干个细分市场,而是集中力量进入一个或少数几个细分市场,提供高度专业化的产品和服务。这种战略特别适合那些资源有限、实力不强的中小银行采用。它可集中有限的人力、物力和财力资源,有助于商业银行实现专业化服务经营,以节约成本和支出,进而在目标市场上占据优势地位。

集中性目标市场选择模式的优缺点如下。

1) 优点

集中性目标市场选择模式通过对少数几个甚至是一个细分市场进行"精耕细作",可对目标细分市场形成较为深入的认识,更能建立特殊的声誉。由于设计、销售和推广的专业化,商业银行能享受经营上的规模经济性,往往能获得较高的投资回报率。

2) 缺点

集中性目标市场选择模式的风险相对较大。一是市场区域相对较小,商业银行发展容易受到限制。二是因为选择的产品和市场较为集中,一旦该市场发生不利变化,或者突然进入一家新的竞争者,商业银行将会因缺少回旋余地而遭受重创。因此,这也是一些商业银行宁愿退而求其次,采取差异性目标市场选择模式的原因。

(三) 市场定位

1. 市场定位的含义

目标市场范围确定后,商业银行就要在目标市场上进行定位了。定位就是找位置,就是为自己的产品树立特定的形象,使产品与众不同,在目标市场客户群中留下良好印象。

2. 市场定位的方法

商业银行应根据客户的需要和客户对金融产品某种属性的重视程度,设计出区别于竞争对手的、具有鲜明个性的产品,让客户将产品置于心目中一个"恰当"的位置。恰当的市场定位不仅可使商业银行或金融产品为更多的客户所接受和认同,而且能使商业银行充分利用本身的优势和资源,保持持久的竞争优势。

1) 金融产品定位

金融产品定位的第一步是确定具体的产品差异。为实现这一点,商业银行要对目标市场竞争者和企业自身情况进行分析。对于自身设计的金融产品,商业银行要考虑产品差异对目标客户的重要性和竞争者的模仿能力等。进行了这些分析以后,商业银行就能作出相应的对策,选择那些能增加自身竞争优势的金融产品。

二维码8-4:
视频-目标
市场的选择

2) 金融服务定位

鉴于商业银行的特殊性,其在价格和产品的竞争中要实行差异化定位,与金融产品定位有所不同,客户更容易对商业银行的服务水平进行评价和比较,因此商业银行提供差异性强的服务比用金融产品来征服客户更为有效。

具体来说就是,商业银行提供金融产品的方式、方法要与同行业其他银行不同。而这些差别具体地要落实在商业银行销售渠道和服务渠道的设计、组织机构设置、企业品牌形象、员工服务态度、产品及服务价格策略以及公关活动的开展等方面。商业银行可提供"真情服务""贴身服务""身边的银行"等,表达人性化服务态度。

3) 金融机构定位

金融机构定位是指商业银行在综合了金融产品定位和金融服务定位之后,确定自身在其行业、个人和企业客户心目中的位置。金融产品定位和金融服务定位可以与金融机构定位有所区别。这是因为对于一些品牌效应过于庞大的金融产品,客户们似乎已经忘记了它所属的金融机构。但是金融机构定位确实需要从两者中提炼出来,并根据机构的整体经营战略确立。

金融机构定位可以是行业的领导者,也可以是一个分割市场的领导者,甚至还可以是行业的领先者。商业银行可以采取拾遗补缺的定位,分析金融市场中现有产品的定位状况,从中找出尚未被占有但又为许多客户所重视的空缺位置。此外,商业银行还可以根据自身的实力与竞争对手展开竞争性的定位,争夺同一个市场。

第二节 商业银行市场营销策略

市场营销是一系列活动的组合,由许多要素构成。对市场营销的构成要素,有多种不同的概括,包括 4P 组合(以及后来不断扩展而形成的 12P 组合)、4C 组合和 4R 组合,又称为"P 字游戏""C 字游戏"和"R 字游戏"。

在概括市场营销构成要素的"P 字游戏""C 字游戏"和"R 字游戏"中,"P 字游戏"出现时间最早、概括得最全、影响最大。它源于美国密歇根大学教授杰罗姆·麦卡锡在 1960 年提出的 4P 组合,即产品(product)、价格(price)、渠道(place)和促销(promotion)。20 世纪 70 年代服务业的迅速发展使得传统的 4P 组合已经不能很好地适应市场营销的需要,有学者又增加了第五个"P",即"人"(people);后来,因为包装在包装消费品营销中的重要意义而使"包装"(packaging)成为又一个"P"。随后,著名营销学大师菲利普·科特勒在强调"大营销"(mega-marketing)时候提出了两个"P",即公共关系(public relations)和政治(politics);菲利普·科特勒在论述营销战略计划时,又增加了四个"P"即市场调查(probing)、市场细分(partitioning)、市场择优(prioritizing)和市场定位(positioning)。这样一来 4P 组合已发展成为 12P 组合。从商业银行市场营销的逻辑结构来看,12P 可以按照顺序概括为:市场调查、市场细分、市场择优、市场定位、产品、包装、价格、渠道、促销、公共关系、政治、人。

20 世纪 90 年代,随着消费者个性化的日益突出以及信息技术和互联网的发展,消费者所能获得的信息大幅度增加,出现了"C 字游戏",即市场营销的 4C 组合。4C 组合概括了市场营销的四个要素,即消费者欲望和需求(consumer wants and needs)、成本(cost)、便利

(convenience)和沟通(communication)。4C组合针对的是传统4P组合,其核心特点是更加强调从消费者的角度出发来考虑市场营销。

在4C组合出现不久,又出现了4R组合,包括关系(relationship)、反应(response)、节省(retrenchment)和回报(reward)四个要素。4R组合的最大特点是以竞争为导向,在市场不断成熟和竞争日趋激烈的背景下,着眼于企业与客户的互动和双赢。

以上三种市场营销的构成要素组合的侧重点各有区别,下面主要针对经典的4P组合展开叙述。

一、产品策略

银行为客户传递价值是通过产品(或服务)来实现的。虽然总价值是客户的一种主观估计,但其估计的客观基础是银行所提供的产品。在商业银行市场营销的各个要素中,产品处于核心地位。金融产品是金融机构开展营销的重要抓手,商业银行在市场竞争中生存和发展的基础是提供优质的产品和服务。和其他企业一样,银行的经营活动是为了满足客户需求并从中获利。

(一)对于同质性金融产品需要建设金融品牌

1. 品牌的含义

品牌是指一种名称、标记、符号及设计,或是它们的组合运用。设立品牌的目的是使客户能够准确辨认商业银行及其金融产品和服务。

2. 品牌策略

商业银行实施品牌策略,可以从创立明星金融产品和创建明星金融品牌两方面来进行。

(1)创立明星金融产品。明星金融产品在其数量、质量、规模、效益方面保持领先地位。金融产品要充分发挥集结资金和融通资金的功能,使自身占有的市场份额相对稳定并逐步扩大。

(2)创建明星金融品牌。具有明星金融品牌的商业银行应具备以下基本条件:拥有至少1~2个明星金融产品,在同行业中保持领先地位;拥有可以与世界上主要的金融市场及先进金融企业进行对接的业务;拥有比较稳定且逐步扩大的市场份额;拥有明显的人才优势;拥有明显的特色优势。

延伸阅读8-3

市场营销中品牌定位的重要性

品牌定位能够为市场营销战略提供有利条件,能够凸显企业在行业发展中的价值,是现阶段市场营销战略的重要组成部分。在制定市场营销战略的过程中,企业应对品牌定位进行明确,进而对企业市场营销战略机制进行完善,以此保障市场营销战略能够达到预期标准,从而促进企业的不断发展。

1. 市场营销战略内容取决于品牌定位

市场营销战略能够增加企业产品的市场销售份额,促进企业经济效益的增长,品牌定位与企业产品具有相关性。因此,在制订市场营销战略的过程中,企业市场营销战略内容取决于品牌定位。由于品牌定位彰显着企业文化与产品特点,市场营销战略的制定要根据品牌定位来开展,以此保障市场营销方向与品牌定位的一致性,进而增加消费者对企业产品的了解程度,促进企业的不断发展。

2. 品牌定位影响品牌战略

品牌战略是基于品牌定位形成的。在市场营销工作中要以品牌定位为基础,确保市场营销战略得到有力推广。

3. 品牌定位影响消费群体构成

品牌定位影响企业产品消费群体的构成,这也就导致市场营销战略具有人群指向性。营销工作的开展需要根据消费者群体进行划分,不同消费者群体对企业产品的接收程度具有差异性,为保障市场营销的精准性,企业要根据产品功能与性质对消费群体进行判定。

4. 品牌定位影响企业经济效益

品牌定位能够帮助企业提高市场知名度与影响力,对企业发展的促进作用较为明显。但在品牌定位无法形成品牌效应的前提下,品牌定位优势难以体现。

资料来源:话谈财料.企业经营分析:市场营销中品牌定位的重要性,从四个角度分析[EB/OL].(2023-02-12)[2023-02-16]. https://baijiahao.baidu.com/s?id=17547345499601126 20&wfr=spider&for=pc.

(二)对于无形的金融产品需要提升服务技能

服务是一方提供给另一方的活动或利益,它是无形的,是产品功能的延长。可提供服务的产品才能充分满足消费者的需要,不能提供良好服务的产品不过是半成品,因此,服务的竞争也可称为二次竞争。商业银行作为经营特殊商品(即金融服务)的企业,应在业务的推出、产品的设计及实施服务等方面将客户的利益放在第一位,以市场为导向,以客户为中心。

1. 从客户需求触发金融产品销售

有形产品从客户接触,引发客户兴趣,处置客户反对意见到最后的成交,都需要随时围绕客户的需求。金融产品不同于通常的有形产品,其营销过程更侧重于营销人员能否在引导客户时说出:因为我知道你是"这样"的,所以我认为这个产品适合你。

为了有能力说出和客户需求相关的"那句话",营销人员应该花更多的时间去了解客户,发掘客户的需求。客户为了未来的理想去作理财规划可以称为"明确性需求",而因为担心利率太低导致自己的财富缩水,无法对抗通货膨胀可以称为"隐藏性需求"。营销人员可以与客户谈话和沟通,以问问题的方式引导客户说出自己的需求。如果忽略客户需求,在还没有认识和了解客户前就进行产品销售,客户就会觉得营销人员只是想卖产品,而非满足自己的需要。

2. 有效的产品说明是成交的一大关键

在产品的说明上,营销人员必须把握以下三个重点:

(1)产品的特色(features):简单来说,就是这个产品的条件,包含时间、收益率、风险属性、投资标的、流动性等。

(2)产品的好处(advantages):是指产品可以带给客户的好处,例如,可以对抗通货膨胀,可以降低投资组合的风险,可以增加报酬,可以让资产配置更完整、更有效率等。

(3)产品的利益(benefits):是指产品本身和客户需求可以联结的优势,亦即透过产品本身可以满足客户的特定需求。

3. 不逃避客户的反对意见

营销人员应把客户的拒绝和反对意见当成销售流程的一环,而不应回避客户的拒绝。处理客户的反对意见的第一步是克服心理障碍。例如,可通过每周业务会议,针对特定的产品进行分组演练,将练习时处理问题的方式记录下来,再与销售人员分享。

延伸阅读 8-4

银行"花式"营销,个人养老金账户您开通了吗

一、个人养老金制度加速落地实施,金融机构也"行动"了起来

近期,首批开办业务的商业银行纷纷开启"花式"揽客,抢占个人养老金市场。由于资金账户具有唯一性,参加者只能选择一家符合条件的商业银行确定一个资金账户,商业银行只能为同一参加人开立一个资金账户。此前已有专家预计,个人养老金制度正式启动实施后,商业银行之间将展开一场激烈的资金账户争夺战。

而在打响开立账户"第一枪"的同时,各家银行个人养老金账户中的可选产品也在持续"上新"。其中,基金、保险率先上架,亦有股份制银行推出利率高于普通存款的养老专属存款,但理财产品暂未上线。

在个人养老金发展的起步阶段,积极抢占个人养老金资金账户,有助于银行积累先发优势。但要想在个人养老金市场拥有较大且可持续的市场竞争力,银行还有较多的工作要做。例如,银行要进一步通过线上渠道有效触达客户,提供差异化金融服务;针对个人养老金客户提供相关咨询服务;加强产品研发和代销,完善风险管理保障。

二、抽奖、礼品多样,银行"花式"揽客

在工商银行开通个人养老金账户和充值,有机会领取微信立减金;在建设银行开通账户并体验充值,可得 50 元微信立减金;在北京银行开户可参与抽奖,赢 288 元微信立减金、100 元京东 E 卡……近一段时间,首批入选开办个人养老金业务的商业银行纷纷加大了营销推广力度。

三、养老专属存款上线,利率高达 3.30%

除了在营销宣传方面开足马力,各家商业银行个人养老金账户中的养老金融产品也在不断"上新"。某商业银行养老专属存款包括定存 1 年期、2 年期、3 年期和 5 年期四款产品,利率分别为 2.15%、2.65%、3.25%、3.30%,起存额均为 1 000 元。养老专属存款利率高于普通定期存款利率,低于特定养老储蓄存款,期限相比特定养老储蓄也更短。

资料来源:徐贝贝.最高抽 288 元红包、开户就得微信立减金……银行"花式"营销,个人养老金账户您开通了吗?[EB/OL].(2022-12-07)[2023-02-13]. https://www.financialnews.com.cn/yh/sd/202212/t20221207_261095.html.

二、价格策略

银行产品的定价问题,关系到银行产品是否受到消费者青睐,也关系到商业银行在推销金融产品后,能否获得相关利益和一定的市场,是决定商业银行盈利和发展的重要问题。

不同的客户风险不同,对银行的利润贡献不同。如果不同信用等级和不同抵质押担保方式的客户定价差异不明显,在价格中没有充分体现风险因素;优质客户与劣质客户之间、老客户与新客户之间没有明显的价格倾斜,产品价格不具有扶持优质客户、淘汰劣质客户、挽留老客户、培养客户忠诚度的功效,那么银行必然在竞争中处于被动的处境,并逐渐流失优质客户。

(一)银行产品定价的自由度与目标

银行产品定价的自由度与目标是银行产品定价的基础,决定了银行产品定价的空间和方向。

1. 银行产品定价的自由度

银行产品定价的自由度主要受政府管制和市场竞争状况两方面因素的影响。

二维码 8-5:邮储银行数字金融产品"上新",行长透露数字化转型战略布局细节

1) 政府管制的影响

由于银行经营管理的特殊性,政府往往会对银行产品的价格进行严格的管制。政府管制形式包括:规定绝对价格水平,所有商业银行必须严格遵照执行;规定基准价格及其上下波动幅度,商业银行可以在波动幅度内对产品价格进行调整;规定价格下限,商业银行可以在不低于规定下限的情况下自由确定产品价格;规定价格上限,商业银行可以在不高于规定上限的情况下自由确定产品价格。

显然,政府的价格管制越严格,银行产品定价的自由度越小。相比较而言,在政府规定绝对价格水平时银行没有任何定价的自由,银行因此也不必关心定价;在政府规定基准价格和价格波动幅度时,银行定价的自由度就要大一些,而且波动幅度越大,银行产品定价的自由度就越大。从总体上来看,我国商业银行产品定价的自由度正在不断增大。

2) 市场竞争状况的影响

在没有任何政府干预的自由市场竞争条件下,由于市场状况的不同,银行产品定价的自由度也各不相同。在经济学中,市场被分为完全竞争、垄断竞争、寡头垄断和完全垄断四大类。在完全竞争条件下,银行是价格接受者,没有任何定价自由;在垄断竞争条件下,银行对价格有着很大的决定权,价格战略是银行的重要竞争手段,但其定价受到市场竞争的约束;在寡头垄断条件下,少数几家大银行呈现出相互依存、相互影响的局面,一家银行的定价策略往往受制于其他银行的定价策略;在完全垄断条件下,银行是随意定价者,可以完全根据自身情况来定价。

2. 银行产品定价的目标

商业银行在自己的定价自由度内具体确定银行产品的价格时,需要首先确定定价目标。银行的定价目标包括很多种,但并不是每一种产品、在每一个时点上都要达到同样的目标,而是有不同的侧重。一般来说,银行产品的定价目标包括以下几个方面:

(1) 追求利润最大化。在银行成本一定的情况下,追求利润最大化的定价目标要求银行保持总收入的最大化。但无论是提高价格(销售数量一般会下降)还是降低价格(销售数量一般会上升),银行的销售收入既可能上升,也可能下降。因此,追求利润最大化要求银行保持销售数量和销售价格的平衡。

(2) 提高市场占有率。市场占有率是银行经营状况和产品竞争力的综合反映,主要取决于银行产品的销售数量。由于降低价格一般能够增加销售数量,从而降低价格成为提高银行产品市场占有率的有效方法之一。

(3) 实现预期利润。银行如果将定价目标确定为实现预期利润,银行产品的价格就等于银行产品的全部成本加上一定比例(或金额)的预期利润。因此,银行成本是这一目标下定价的基础和核心。

(4) 实现销售增长。这一目标往往是银行新产品进入市场之后最初一段时期内的主要目标,其背后的目的是提高产品的知名度,吸引更多的客户。降低价格是实现这一目标的主要手段之一。

(5) 适应价格竞争。在不同竞争环境下,银行的定价目标各不相同。价格领导者希望通过价格竞争排挤竞争对手,而价格追随者则只能接受价格领导者所确定的价格。

(6) 维持生存。银行在受到内外部冲击而面临巨大危机时,往往可以通过大幅度提高存款和借入款利率融入资金,以维持生存、避免倒闭。

(7) 维护形象。作为经营信用业务的企业，良好的社会形象是商业银行生存和发展的重要基础。例如，在产品成本上升时，银行可选择维持原来的产品价格，帮助银行树立良好的社会形象。

（二）银行产品定价的一般方法

商业银行产品定价一般有五种基本方法，即法律导向定价法、成本导向定价法、需求导向定价法、竞争导向定价法和关系导向定价法。

1. 法律导向定价法

法律导向定价法是指银行产品的价格主要依据国家的法律规定来确定的方法。如果政府规定了产品价格的绝对水平，就必须完全按照国家规定来确定，一般不用再考虑另外四种方法；如果政府在规定基准价格的同时，允许有一定的浮动幅度，那么，银行就需要在法律规定的框架内具体考虑价格水平（即浮动幅度）。

2. 成本导向定价法

成本导向定价法是指银行通过确定一个产品的成本，然后在此成本的基础上加上银行的要求利润率，即形成某一产品的价格的方法。例如，在贷款定价时，在贷款的资金成本基础上加一个百分比即为贷款的价格。因此，成本导向定价法也被称为"成本加成法"。

3. 需求导向定价法

需求导向定价法是指银行主要以客户的承受能力和需求变化趋势为依据来确定银行产品的价格的方法。客户对银行产品需求的价格弹性是银行考虑的主要因素。例如，对于价格弹性较低的存款（核心存款），银行可以降低存款的利率，以降低自己的资金成本；而对于价格弹性较高的存款（如大额的波动存款），银行往往不得不提高存款的利率，以吸引更多的资金。对于价格弹性较低的贷款（如消费者贷款），银行可以提高贷款的利率，从而获得较高的收益；而对于价格弹性较高的贷款（如大型企业的短期流动资金贷款），银行往往不得不降低贷款的利率，以吸引或留住客户。

4. 竞争导向定价法

竞争导向定价法是指银行主要参照在同一市场上的竞争对手的价格来为其产品定价的方法。这是一种以追求市场份额为目标的定价方法。银行在进入一个新的市场时，往往会以低于成本的价格争取客户，以求扩大规模，抢占市场份额。

5. 关系导向定价法

关系导向定价法是指银行在确定一个产品的价格时，会综合考虑客户在未来可能与银行发生的各种业务往来关系，以及间接带来的其他客户，然后综合确定产品的价格的方法。

在具体实践中，商业银行会同时运用多种产品定价方法。首先，银行需要在法律的框架之内行事，因此，法律导向定价法是银行产品定价的基础和核心。其次，银行要能够弥补成本并且获得适当的利润，这是成本导向定价法的体现。在此基础上，银行还需要根据以下三个因素对产品价格进行微调：市场竞争状况（首先要赢得客户）、客户的需求（其次考虑客户的这一笔交易）、客户的综合利润贡献度（最后考虑客户的其他交易）。

但是，银行在对其产品进行定价时，并不总是能够同时考虑这些因素。例如，在贷款利率管制、人为降低利率的情况下，贷款的法律导向价格就会低于成本导向价格；如果银行在某一时期的主要目标是占领市场、扩大规模或者是与客户建立一种长期的合作关系，银行可能就不会受到其产品成本的限制。

三、分销渠道

分销渠道指商业银行把金融产品和服务推向客户的手段和途径。在初期的金融服务营销中,分支机构是主要的甚至是唯一的分销渠道。随着金融业中诸如政策、信息技术、竞争、产品创新等各种因素的变化,金融服务的分销渠道也越来越复杂化和多元化。总的来说,银行分销渠道主要包括直接分销渠道和间接分销渠道。

(一) 直接分销渠道

直接分销渠道是指银行将服务直接售给最终需求者,不通过任何中间商。直接分销渠道有助于银行及时地从与客户的接触中了解客户的需要以及其变化,从而作出调整,更有针对性地向客户提供个性化的服务。

1. 柜台渠道

柜台渠道是银行直接销售产品和服务的主要场所,分为高柜和低柜。现阶段传统柜台仍是一个重要渠道,同时柜台人员可以为一些客户提供他们所需要了解的讯息。

一般来说,高柜主要办理现金业务,主要针对个人客户,如办理存取款、同行汇款、办卡、开网银、挂失等业务;低柜主要是办理非现金业务,主要针对对公客户,一般不与现金打交道,如办理开立对公结算账户、办理对公转账业务、投资理财等业务。

2. 上门服务

银行一般对高端客户提供专职的客户经理服务,或者对有困难的客户提供上门服务。

(二) 间接分销渠道

间接分销渠道是指银行通过中间商(或中间设备)来为客户提供产品与金融服务。

1. 自助银行

随着银行卡业务的发展,自助银行已成为衡量商业银行现代化水平的重要标志之一,也成为商业银行展示形象、服务社会的重要窗口。自助银行一般都配有自动提款机、自动存款机、多媒体查询机、存折补登机、外币兑换机等多种机器。

自助银行不仅能节省银行营业网点开设的成本,还能以其特殊的服务功能和服务效果迅速扩大商业银行的影响和服务范围。

2. 网上银行

随着电子商务的不断发展,人们对网上银行和网上支付产生了强烈需求。网上银行可以提供转账、外汇买卖、证券业务、在线支付、账户管理、代缴费用、个人理财等一系列功能。首先,网上银行不受时间和空间的限制,能够使银行全天候地与全球任意一个营销对象联系。其次,银行可以在网上向全球宣传本银行以提高知名度。最后,网上银行可以简化交易过程。

3. 销售终端

销售终端(point of sale,POS)作为 ATM 的延续,是直接装在商店等消费场所里,与银行连接,供客户购买产品或服务时自动支付的设备。

POS 机可提升商户品位和形象,帮助商户在激烈的市场竞争中树立优势;银行可以节省人力和物力,减少商户清算现金、交存银行等环节,增加资金周转速度;可方便消费者进行购物消费结算,方便快捷,并增加商户营业额。

4. 手机银行

手机银行结合了货币电子化与移动通信的功能,具有手机理财、手机支付及手机电子商务等功能。手机银行不仅能使人们在任何时间、任何地点处理多种金融业务,而且丰富了银行服务的内涵,使银行以便利、高效又较为安全的方式为客户提供服务。

手机银行须同时经过客户识别模块卡(subscriber identification module,SIM)和账户双重密码确认之后,方可操作,安全性较好。另外,手机银行实时性较好,折返时间几乎可以忽略不计。

5. 电话银行

电话银行通过电话将用户与银行紧密相连,使用户只要通过拨通电话号码,就能够得到电话银行提供的服务(如往来交易查询、申请技术、利率查询等)。

四、促销策略

促销策略是指商业银行为开拓资金融通渠道,扩大资金融通范围,鼓励购买或销售产品和服务所采取的各种刺激手段和方法,主要包括人员促销、广告促销、营业推广、公共关系促销等。

(一) 人员促销

人员促销是指商业银行营销人员以促成销售为目的,通过与客户进行言语交谈,来说服其购买金融产品和服务的过程。由于金融产品和服务具有复杂性和专业性,新产品和服务也在不断涌现,人员促销已经成为金融产品和服务销售成功的关键因素之一。

商业银行的促销人员可以是固定人员、流动人员,也可以是投资顾问或经纪人。人员促销可以采取坐席销售、电话、拜访、研讨会、路演、讲座和社区咨询活动等各种形式进行。

1. 柜台服务

银行的产品和服务与一般产品相比更为专业和复杂,促销人员要熟悉银行业务范围、产品和服务特色及交易程序等以推动促销工作的进行。"微笑+站台"是银行传统的促销模式,服装整洁是最好的"名片"。银行也要加强对服务人员的素质和技能的培训,一以贯之地践行"客户至上"理念。

2. 客户经理团队

银行客户经理包括零售客户经理、信贷客户经理、理财经理、对公客户经理、产品经理和大堂经理等。银行的客户经理主要是做银行业务的营销工作,包括到银行柜台外进行个人客户的储蓄存款营销;对企业、事业法人单位的对公存款进行营销;对个人贷款,企业、事业法人客户的贷款进行营销;对票据贴现业务进行营销;营销记账式国债、凭证式国债、基金、代理保险等理财业务。

商业银行要选择和培训客户经理,加强其对金融信息的掌握和积累。客户经理团队要各司其职,做好以下工作:与客户进行联络与沟通,及时理解客户需求及其变化,为客户提供个性化的金融服务方案,开拓新客户。对于高端客户,客户经理可以为其"量身定制"各种金融服务,提供丰富的外汇、基金、证券专业投资资讯,及中长期专业理财规划等。

(二) 广告促销

广告即广而告之。广告是为了某种特定的需要,通过一定形式的媒体,公开而广泛地向公众传递信息的宣传手段。商业银行广告促销的实施步骤与策略如下。

1. 明确主题

1) 以宣传银行产品为目的

银行广告可以以宣传产品作为广告宣传的主题,从而起到促销作用。

2) 以宣传银行形象为目的

银行形象广告是为了在广大客户心目中树立有利于银行长期发展的良好声誉。

商业银行产品广告和形象广告应互相补充。当银行形象广告引发客户的兴趣后,银行应趁热打铁,运用金融产品广告及时向客户介绍各种金融服务。

2. 明确对象

为了达到广告效果,商业银行在设计广告内容时,必须了解、分析有兴趣购买产品的个人、家庭或组织的类型,判定谁能作出购买决策。如果银行不区分客户对象,在选择广告媒体时缺乏针对性,不进行内容设计,将很难引起目标客户注意。

3. 提出构思

商业银行金融产品广告的构思应具有以下特征:

(1) 要具有说服力。广告应直接指向宣传对象的切身利益,表明金融产品和服务将使宣传对象获得实际利益。商业银行应通过扼要地阐明其所提供的产品和服务,来使客户有明确的选择。例如,银行可将本地区办理某一金融业务的营业网点地址刊登在广告内,方便客户进行选择。

(2) 要富有创意。广告效果在很大程度上取决于广告创意。以前金融界不太愿意采用有新意的广告内容,认为金融机构必须树立传统稳重的形象。然而,随着公众兴趣和认识态度的转变,创意性广告已成为塑造金融机构形象的有效手段。

(3) 要设计好广告语。广告用语是广告的灵魂,应具有较深的内涵,令人耳目一新。寓意深刻的广告语让人意犹未尽、回味无穷。

4. 选择媒体

广告媒体是指广告信息传播的载体。其主要分为印刷媒体,如报纸、杂志、书籍等;电子媒体,如电视、广播等;邮寄媒体,如产品说明书、宣传手册、产品目录、服务指南等;户外媒体和其他媒体。

5. 评估预算

广告促销活动除传播信息、吸引客户外,还必须关注广告宣传的成本和收益。

 延伸阅读 8-5

银行理财营销借势"双 11"

伴随着"双 11"预售活动的日益火爆,资管机构也纷纷借这波"买买买"的东风展开营销。《中国银行保险报》记者注意到,平安理财、光大理财、招银理财等均在今年"双 11"预售期间推介精选理财产品,方便投资者配置选购。

与此同时,在直播大行其道的当下,资管机构也积极开展直播互动,在强化投资者教育的同时起到引流的效果。

一、多家机构推"种草"清单

"双 11"预售开启当天,平安理财推出"双 11 理财精选",包括"新安鑫 64 号触盈封闭混合类"等 1 年期及以上产品、部分定开类理财产品以及多款灵活持有类产品,主打起购门槛低、"理财入门必备"等卖点。

光大理财则强调做好"双 11"期间财富积累的重要性,并介绍"阳光金 15M 创利稳进 7 期(封闭式)"产品,主打"配置稳健""资产优质""封闭运筹"等特征。

招银理财配合"双 11"预售活动发布的理财产品购买清单中涵盖 4 款 1 年期及以上产品。

二、直播益处多更要重合规

直播形式的走红,一定程度上改变了"双 11"的玩法。2022 年 10 月 24 日预售开启当晚,头部直播间的观看人数一度高达4.5亿人次,火爆程度可见一斑。资管行业也不甘"落伍",近年来,越来越多机构通过线上渠道尤其是直播形式,服务客户并开展投资者教育。

陆金所和艾瑞咨询的研究表明,在中国市场,新中产阶层尤其是以"80后"和"90后"为主的群体,在互联网环境中长大、学历较高,更愿意接受互联网等新事物。而且,随着中国经济的发展,这个阶层具有一定的经济实力,投资理财意识较强。同时,传统的投资理财方式往往受限于时间和物理网点分布等因素,这使得上述群体更愿意接受线上投资理财服务。

资料来源:胡杨.银行理财营销借势"双11"[EB/OL].(2022-11-02)[2023-01-13].http://www.cbimc.cn/content/2022-11/02/content_470647.html.

(三)营业推广

1. 营业推广的含义

营业推广是指企业为了刺激需求而采取的促销措施,即利用各种刺激性促销手段吸引新客户,回报老客户。

2. 营业推广的主要方法

1)赠送礼品

赠送礼品是商业银行运用较多的促销方法之一。例如,在吸收存款、办理信用卡以及新设分支机构开业典礼时赠送礼品,或是为了鼓励长期合作而向老客户赠送礼品等。

2)有奖销售

有奖销售主要用于储蓄、信用卡购物等方面。

3)免费服务

当金融市场竞争加剧时,为了推广业务、招揽客户,金融机构往往会采取免费服务的促销方法,如信用卡持有者免付会员费等。

4)陈列展示

陈列展示是指金融机构通过实物展示、展板解说等形式来吸引客户购买。

(四)公共关系促销

1. 公共关系促销的含义

公共关系促销是指通过一系列活动,向客户传递理念性和情感性的银行形象以及金融产品和服务的信息,从而改善银行与客户的业务往来关系,增进公众对银行的认识与理解,树立良好的企业形象。

2. 商业银行开展公共关系促销的方法

1)通过新闻媒体宣传机构形象

商业银行通过与新闻界建立良好关系,将有新闻价值的相关信息通过新闻媒体传播出去,以引起社会公众对金融产品与服务的关注。报纸、杂志、广播、电视等新闻媒体是金融机构与社会公众进行沟通、扩大影响的重要渠道。新闻报道在说服力、影响力、可信度等方面要比商业广告所起的作用大得多,也更容易被社会公众接受和认同。当然,只有商业银行不失时机地策划出价值高、可予报道的新闻,才能引起新闻媒体的关注,成为新闻媒体追逐的热点。

2)积极参与和支持社会公益活动

社会公益活动是一种深入承担社会责任的活动。商业银行对公益事业的热情能赢得社会公众的普遍关注和高度赞誉,可以最大限度地增加营销机会。

3) 与客户保持联系,相互增进了解

商业银行应主动与客户保持沟通联系,通过诸如个别访谈、讲演、信息发布会、座谈会、通信、邮寄宣传品与贺卡等方法,增进客户对银行的了解。这种公共关系促销活动对维系老客户、吸引新客户具有良好的作用,尤其是对于稳定老客户作用更大。

延伸阅读8-6

中信银行做了一场不像银行的营销

一元复始,万象更新。随着2023年的到来,人们看到了希望的曙光,生活也在慢慢恢复。2023年注定是极不平凡的一年,元旦跨年和春节成为品牌营销中的超级节点,也是品牌发声的关键一环。

在备受关注的新春营销中,中信银行提前感知到消费者的情绪变化,将品牌力量注入营销,用品牌温度坚定大众信心,用品牌信念鼓舞所有无惧艰难、穿越寒冬的人,借一句句"我信",将人们心底的信念与对未来的期许勾勒成更为具象的画面。

中信银行洞察到大众的信念以及人们对新年的期待,在元旦进行了一波有"温度"的品牌发声。中信银行打造了一支跨年视频,通过生活中很平常的一个词:"我信",将品牌融进了寻常生活的每一个部分。每一句"我信",都代表了人们在不同时刻的信念。

"让财富有温度,让价值有传承"。近年来,中信银行始终强调"温度"。对中信银行品牌自身来讲,"温度"是一种目标,而最关键的是用产品和服务将"温度"落地。

2023年,中信银行进行了品牌升级,结合当下的时代环境与客户群洞察,面对客户不同阶段的不同需求,其想要成为"有温度的银行",而这并不是一句空口白话。中信银行用全方位服务,让用户在人生的各个阶段都能感受到品牌温度。

中信银行与电音琵琶音乐制作人、艺术家刘家良开启了一场传统与电音的跨界营销。两者通过两种截然不同的音乐形式相互碰撞,打破了大众对银行的常规印象,将前卫的视听观感深深印在消费者心中。

2023年1月5日,中信银行开启了一场24小时的新春音乐会。其在线下设置了快闪活动,通过将24小时自助银行的外立面与内部整体装饰进行改造,打造出了一个沉浸式音乐会体验空间。

"我信"两个字虽然简单,但正是通过这平常的两个字,中信银行看见了用户生活中的点滴,融进了平凡大众的日常生活;品牌不再是冷冰冰的符号,而是与用户建立了情感连接。

资料来源:数英 DIGITALING. 今年开年,中信银行做了一场不像银行的营销[EB/OL]. (2023-01-18)[2023-02-03]. https://mp.weixin.qq.com/s/BMWwYWXhHOeF5LzENUsxHw.

二维码8-6:
练一练

二维码8-7:
练一练答案

本章小结

本章主要学习了商业银行市场营销的含义,商业银行市场营销的特殊性及环境分析,商业银行市场营销战略中的市场细分、目标市场及市场定位,4P组合中的产品策略、价格策略、分销策略和促销策略。

本章重要概念

市场营销　产品策略　价格策略　分销策略　促销策略　市场细分　目标市场　市场定位　人员促销　广告促销　营业推广　公共关系促销

第九章 商业银行人力资源管理

- 内容提要
- 重点难点
- 学习目标
- 知识框架
- 思政育人
- 第一节 商业银行人力资源管理概述
- 第二节 商业银行人力资源规划
- 第三节 商业银行员工招聘与培训
- 第四节 商业银行员工绩效考评与薪酬管理
- 本章小结
- 本章重要概念

内容提要

本章主要讲解了商业银行人力资源管理的含义、内容、功能、发展趋势；商业银行人力资源规划；商业银行员工招聘与培训；商业银行绩效考评和薪酬管理。

重点难点

本章重点为商业银行人力资源规划的含义、内容；商业银行员工招聘的原则、程序、渠道；商业银行员工培训的类型和方法；商业银行绩效考评的程序和方法；商业银行员工薪酬的构成，以及商业银行员工薪酬体系的设计。本章难点为商业银行人力资源规划的内容、绩效考评的方法以及员工薪酬体系的设计。

学习目标

通过本章的学习，学生应理解并掌握商业银行人力资源管理、商业银行人力资源规划、员工招聘与培训、绩效考评和薪酬管理的相关知识。要求学生对我国商业银行人力资源管理有一个全面的认识，能结合商业银行对人才的需求、管理的思路和方法来深入思考自己在大学学习生活中应如何提升自己的能力和素质，以适应未来社会和经济的发展需求。

知识框架

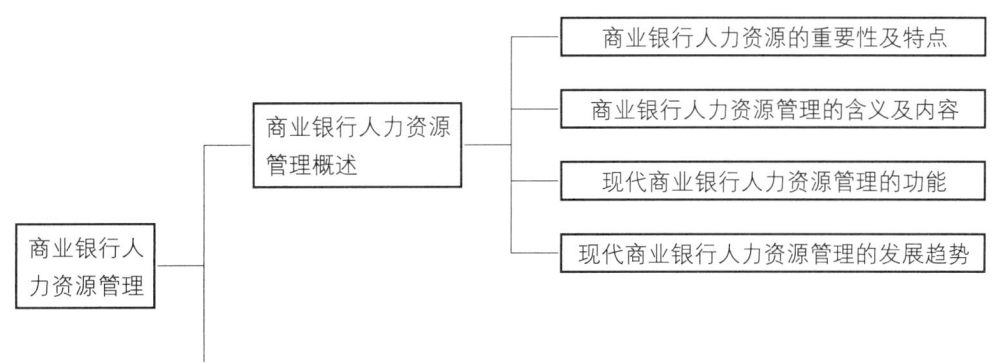

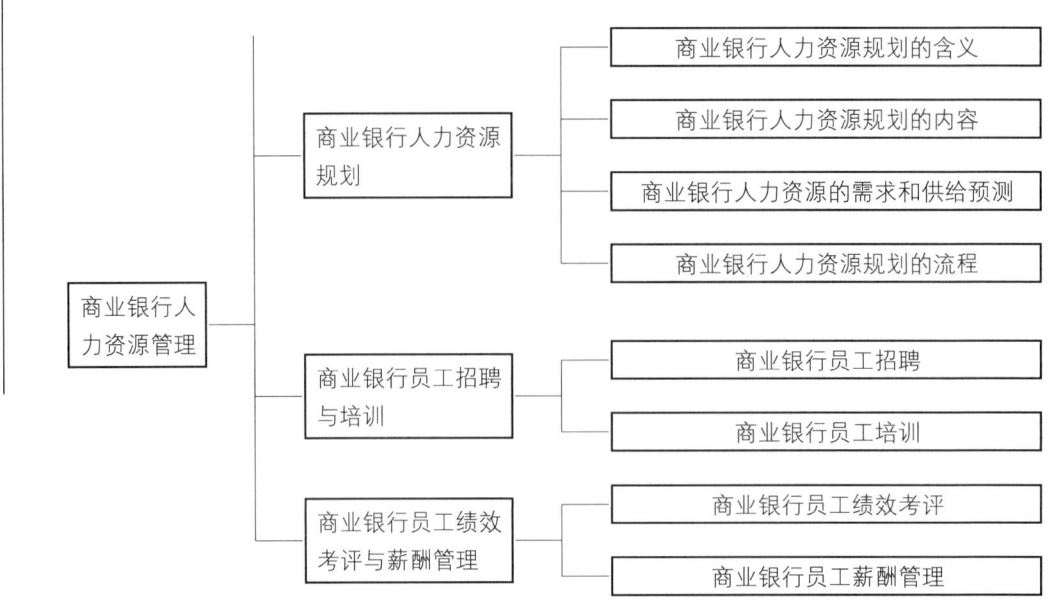

 思政育人　提升自身素质，适应未来发展对人才的需求

党的二十大报告指出："教育、科技、人才是全面建设社会主义现代化国家的基础性、战略性支撑。必须坚持科技是第一生产力、人才是第一资源、创新是第一动力，深入实施科教兴国战略、人才强国战略、创新驱动发展战略，开辟发展新领域新赛道，不断塑造发展新动能新优势。"报告要求"完善科技创新体系，深入实施人才强国战略"。

2023年新春伊始，各大商业银行纷纷"招兵买马"。整体来看，金融科技人才吃香，成为银行的"心头好"。例如，浦发银行有16个部门共计66个岗位参与招聘，其中，与金融科技紧相关的信息科技部和网络金融部共招聘23个岗位，占比超3成。业内人士指出，目前，全面加速金融科技转型已成为商业银行着力打造建设数字化新型银行的重要抓手，金融科技人才队伍建设作为商业银行数字化转型的核心与关键，肩负着助推商业银行未来高质量发展的使命。因此银行日益重视金融科技人才建设，高学历、年轻化、复合型人才群体逐渐成为银行金融科技队伍的中坚力量，也成为数字化转型成功的重要保障。同时，资质成敲门砖，金融类从业资质成为部分银行招聘的必要条件，"含金量"较高的资格证书可以成为应聘者的"敲门砖"。

面对竞争日益激烈的求职市场及越来越高的应聘要求和条件，大学生在大学学习期间要好好学习理论知识，多考取专业证书，多接触专业和科技前沿，多从事社会实践，多参加各种社团活动，锻炼自己的能力，提升自身素质，适应未来社会和经济发展对人才的需求，为自身事业发展打下坚实的基础。

资料来源：中证网.银行纷纷"招兵买马"金融科技人才吃香[EB/OL].(2023-01-17)[2023-02-01].https://www.cs.com.cn/yh/04/202301/t20230117_6319364.html.

第一节　商业银行人力资源管理概述

现代商业银行处在竞争越来越激烈的金融服务行业中。现代商业银行经营和发展的关键在于人。员工的才智、积极性和创造性是商业银行的第一财产，应充分发挥员工的积极性和创造性。商业银行只有重视人力资源管理，才能迅速提升自己的核心竞争能力，在未来的竞争中立于不败之地。人力资源已经越来越成为商业银行的核心竞争优势。

一、商业银行人力资源的重要性及特点

诺贝尔经济学奖获得者西奥多·W. 舒尔茨曾说过:"人力资源是蕴藏在人类机体中的知识和技能在形成与作用的过程中能力资本化的结果。在经济起飞的时代,人力资源绝对是经济增长的主体力量",以及"最有价值的投资是对人的投资"。金融领域同业竞争中,人力资源的开发与培养是最重要的,只有吸引并善于使用和留住最优秀的人才,才能在未来的金融竞争中赢得优势、抢占先机。人力资源的开发是商业银行现代经营的关键。商业银行人力资源的特点表现在以下几个方面。

1. 能动性

人有思想、有感情,具有主观能动性,能有意识、有目的地开展活动。在商业银行经营中,人是最能动的因素。商业银行对人力资源开发得好,就能创造出较好的效益。

2. 动态性

商业银行人力资源如果不被及时利用,其就会随着时间的流逝而丧失作用。人才培养开发若不及时,或开发培养出来后被长期闲置,损失将无法弥补。

3. 智力性

智力性又称可投资性。智力性表明人力资源具有巨大潜力,只要花力气挖掘,就可以变成企业的财富。商业银行对人力资源投资越多,人才开发越充分,就越能促进银行发展。

4. 可积累性

商业银行人力资源的积累一般是通过劳动积累而形成的,是无形的、连续的,是对人力资源不断开发、长期培训所产生的结果。

5. 社会性

银行是国民经济的重要组成部分,银行的发展要满足社会发展的要求,商业银行人力资源也具有明显的时代特征。

二、商业银行人力资源管理的含义及内容

商业银行人力资源管理是指商业银行对人力资源的招聘、使用、培训和考核等方面进行引导、控制和协调,以最有效地发挥人的主观能动性,提高工作效率,从而实现商业银行的经营目标。

商业银行人力资源管理包括:一是"质"的管理,通过采用现代的科学方法,对人的思想、心理和行为进行协调、控制和管理,充分发挥人的主观能动性,以达到组织管理的目标。二是"量"的管理,对人力进行恰当的组织协调,使人力和物力有机结合,发挥最佳效应。

商业银行人力资源管理的内容如下:

(1) 职务分析与设计。对商业银行各个工作职位的性质、结构、责任、流程,以及胜任该职位工作人员的素质、知识、技能等,在调查分析所获取的相关信息的基础上,编写出职务说明书和岗位规范等。

(2) 人力资源规划。对商业银行人力资源现状及未来人员的供需进行预测分析,确保商业银行在需要时能获得其所需要的人力资源。

(3) 员工招聘与选拔。根据人力资源规划和工作分析的要求,商业银行招聘、选拔其所

需要人力资源并将人力资源安排到一定岗位上。

（4）绩效考评。商业银行对员工在一定时间内的贡献和工作中取得的绩效进行考核和评价，及时做出反馈，以便提高员工的工作绩效，并为员工培训、晋升、计酬等人事决策提供依据。

（5）薪酬管理。薪酬管理包括对基本薪酬、绩效薪酬、奖金、津贴以及福利等薪酬结构的设计与管理，以激励员工更加努力地工作。

（6）员工激励。商业银行采用激励理论和方法，对员工的各种需要予以不同程度的满足或限制，激发员工向商业银行所期望的目标而努力。

（7）培训与开发。商业银行通过培训提高员工的能力和工作绩效，进一步开发员工的智力潜能，以增强人力资源的贡献率。

（8）职业生涯规划。鼓励和关心员工的个人发展，帮助员工制订个人发展规划，进一步激发员工的积极性、创造性。

（9）人力资源会计。与财务部门合作，建立人力资源会计体系，开展人力资源投资成本与产出效益的核算工作，为人力资源管理与决策提供依据。

（10）劳动关系管理。协调和改善商业银行与员工之间的劳动关系，进行银行文化建设，营造和谐的劳动关系和良好的工作氛围，保障银行经营活动的正常开展。

人力资源管理的各项内容之间相互联系、相互影响，共同形成了一个有机的系统。人力资源管理活动关系如图9-1所示。

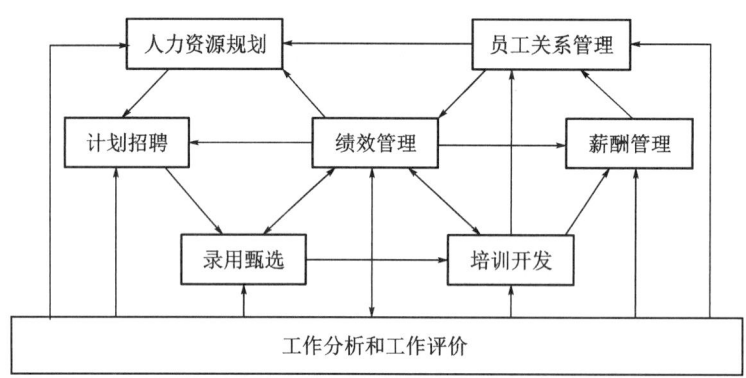

图9-1 人力资源管理活动关系

延伸阅读9-1

上市银行员工数量、学历和结构"大比拼"

2021年，上市银行整体员工人数呈稳中有升态势。50家上市银行2021年共有员工257.11万人，同比增长0.62%。商业银行积极助力"六稳""六保"工作。一方面，通过助力实体经济稳就业，另一方面，银行自身也积极履行稳就业职责，不断加大校园招聘力度，员工人数稳中有升。从近五年趋势看，国有大型银行员工人数最多，但员工人数有所下滑，2021年，六大国有银行中仅建设银行员工数量有所增加。究其原因：一方面，随着金融科技的发展，以前的很多柜台业务现在可以通过线上渠道便捷办理，银行网点有所减少并带动员工人数下降；另一方面，国有大行持续向全国性股份制商业银行、城商行等输出人才，也在一定程度上减少了国有大行的员工总数。和国有大型银行相比，全国性股份制商业银行、城商行员工人数则稳步增长,尤其是全国性股份制商业银行2021年员工人数同比增长达4.7%。其中,招商银行员工数量增长最多,2021年该行在职人员增长12 802人至103 669人;兴业银行、平安银行员工增加人数也均超过2 000人,分别达到62 537人和40 651人。

从员工智慧能力上看,银行高学历人员占比逐年提高。截至2021年,全国性股份制商业银行硕士及以上员工共25.44万人,占比为11.48%;本科及以上员工占比达65.14%。全国性股份制商业银行的员工受教育水平普遍高于六大国有银行,2021年,全国性股份制商业银行的硕士及以上员工占比为20.79%,高于六大国有银行11.27%。

从员工结构上看,银行营销人员和科技人员不断增长,柜员、低学历员工群体则继续优化减员。截至2021年年末,中国农业银行柜面人员减少8 693人,技能人员和财务人员数量分别减少1 916人和1 416人;科技人员和营销人员分别增加了1 003人和6 117人。招商银行零售金融和研发人员则分别增加8 780人和1 161人。人员结构的调整体现了商业银行持续深化数字化转型、强化线上金融业务的战略布局。尤其是2020年,疫情催生了更多的线上需求,为更好地满足客户足不出户的金融需求,上市银行在金融科技资金投入和人才引进方面持续发力。2021年,六大国有银行对金融科技的资金投入合计超1 000亿元,同比增长超12%。目前来看,国有大型银行和全国性股份制商业银行科技投入占营收的比重普遍在3%左右,科技投入比例进入相对稳定状态。同时,金融科技员工人数和占比还在逐年提高。2021年,全国性股份制商业银行金融科技人员达11.39万人,同比增长10.37%,而同期上述银行的员工增速仅为1.19%。

未来,随着商业银行更多金融业务的线上化和物理场景的智能化,银行部分员工数量需求或将下降,而从更好地满足客户需求的角度看,研发人员会逐步提升,以更好地提升产品服务质量和效率,打造核心竞争力。

资料来源:新浪财经.上市银行人力资源管理现状、趋势及发展建议[EB/OL].(2022-08-19)[2023-01-08]. http://finance.sina.com.cn/money/bank/yhpl/2022-08-19/doc-imizmscv6928965.shtml.

三、现代商业银行人力资源管理的功能

现代商业银行人力资源管理的功能包括:

(1) 获取。根据商业银行确定的所需员工条件,通过规划、招聘、考试、测评、选拔、获取银行所需人员。

(2) 整合。通过对商业银行金融文化、信息沟通、人际关系和谐、矛盾冲突的化解等的有效整合,员工的行为、态度与银行的要求和理念趋向一致,从而形成高度的合作与协调机制,提高银行的经营效益。

(3) 保持。通过薪酬、考核,晋升等一系列管理活动,保持员工的积极性、主动性、创造性,维护其合法权益;保证员工在工作场所的安全、健康、舒适,以增进员工满意度,使之安心满意地工作。

(4) 评价。对员工工作成果、劳动态度、技能水平以及其他方面作出全面考核、鉴定和评价,为作出相应的奖惩、升降、去留等决策提供依据。

(5) 发展。通过员工培训、工作丰富化、职业生涯规划与开发,促进员工知识、技巧和其他方面素质的提高,使其劳动能力得到增强和发挥,从而最大限度地实现其个人价值和对企业的贡献率,达到员工个人和商业银行共同发展的目的。

现代商业银行人力资源管理与传统人事管理的区别,如表9-1所示。

表 9-1　　　　现代商业银行人力资源管理与传统人事管理的区别

项目	现代商业银行人力资源管理	传统人事管理
管理理念	视员工为有价值的重要资源	视员工为成本负担
管理目的	满足员工自我发展的需要，保障组织的长远利益实现	保障组织短期目标的实现
管理模式	以人为中心	以事为中心
管理视野	广阔、远程性	狭隘、短期性
管理性质	战略、策略性	战术、业务性
管理深度	主动、注重开发	被动、注重管好
管理功能	系统、整合	单一、分散
管理内容	丰富	简单
管理地位	决策层	执行层
工作方式	参与、透明	控制
与其他部门的关系	和谐、合作	对立、抵触
与员工的关系	帮助、服务	管理、控制
对待员工的态度	尊重、民主	命令式、独裁式
角色	挑战、变化	例行、记载

四、现代商业银行人力资源管理的发展趋势

随着经济全球化趋势日渐加强，银行与客户的关系更为紧密。产业结构的调整升级，也对商业银行员工素质提出了更高要求。商业银行人力资源管理必须顺应经济大形势并作出变革。

1. 人力资源需求结构的变化

金融电子化的发展加快了科技对人力的替代，使商业银行对从事简单劳动的人员的需求减少，对掌握现代科技的人员的需求增加。全球金融发展更趋向于混业经营，导致对复合型人才的需求急剧增加。

2. 人才分配格局的转化

（1）专业对口分配有条件地向相关专业分配转变。在实践中，如果仅限定人才的专业对口，则可能限制行外人才的引进，制约行内人员的培养与发展，不利于人才结构调整和优化组合，更不利于复合型人才的培养。

（2）单向分配向多向分配转变。应采用轮岗、交叉岗位工作、横向参与的制度，丰富员工的工作内容，拓宽员工的业务面，提高员工的业务能力，调动员工的积极性与创造性。

除此之外，商业银行应当建立一个良性循环、合理竞争、择优发展的环境，为人才提供广阔的发展空间。

3. 人力资源国际化趋势明显

人力资源管理面临着政治、法律环境的变化，技术的发展与变革，及人口环境的变化。

商业银行员工知识结构应当国际化,应与国际接轨,把握全球行业动态。此外,人力资源全球化流动的趋势将更为明显,全球范围内的知识和人才流动,对商业银行形成长期挑战与机遇。

总之,人力资源管理的核心是"以人为本"。商业银行应进行人力资本投资,建立学习型银行,充分挖掘员工的潜力,提高员工的主人翁意识,从而为银行提供更好的服务。

第二节 商业银行人力资源规划

一、商业银行人力资源规划的含义

商业银行人力资源规划是指商业银行科学地预测、分析自身人力资源的供需状况,制定必要的政策和措施,以确保自身获得各种人才。

商业银行人力资源规划有三层含义:

(1) 人力资源规划是对组织环境的变化进行科学的预测和分析,保证商业银行在近期、中期和远期都能获得必要的人力资源。

(2) 商业银行应制定必要的人力资源政策以满足人力资源需求。

(3) 商业银行在实现组织目标的同时,要满足员工的个人利益。

二维码9-1:RPA"数字员工"将成为银行人力资源管理新风口

二、商业银行人力资源规划的内容

商业银行人力资源规划分为总体规划和具体业务规划。总体规划是以商业银行的战略目标为依据进行总体安排,具体业务规划则围绕总体规划展开。商业银行人力资源规划的具体内容如表9-2所示。

表9-2　　商业银行人力资源规划的具体内容

项目	主要内容	预算内容
总体规划	总体目标和配套政策	预算总额
人员配备	不同职务、部门的人员分布状况	人员规模变化引起的费用变化
人员使用	人力资源结构优化、绩效改善、职务轮换	人员使用过程中产生的工资、福利费用及变化
人员补充	需要补充人员的岗位、数量和任职资格、获取人员的途径	招聘、选拔费用
教育培训	培训对象、时间、目标、类型、数量、内容等	教育培训的总投入、脱产损失
人员退休和解聘	离职人员情况及所在岗位情况	安置费、人员重置费用
劳动关系	减少非期望离职、雇佣关系改善、减少员工投诉和不满	法律诉讼费及可能的赔偿

此外,商业银行人力资源规划还可以按时限分为长期规划、中期规划和短期规划。长期规划编制的时间长度一般为5～10年,主要是确定商业银行的人力资源战略;中期规划编制的时间长度一般为2～5年,主要是根据战略来制定战术;短期规划编制的时间长度时间一

般为 0.5～1 年，主要是制定作业性的行动方案。

三、商业银行人力资源的需求和供给预测

商业银行人力资源需求与供给预测是进行人员规划的基础。进行预测前，规划人员应当对银行内外部整体情况进行全面、深入的了解，作出具体分析。

(一) 商业银行人力资源需求预测

(1) 人力资源需求调查。调查项目包括：商业银行结构设置、职位设置及其必要性；现有员工的工作情况、定额及劳动负荷情况；未来的经营任务计划等。

(2) 人力资源需求预测。人力资源需求受内外部因素的影响。内部因素包括银行的经营状况、技术条件、组织结构、员工的工作时间、教育和培训等；外部因素包括市场需求、宏观经营环境、国家政策等。人力资源需求预测要综合考虑各因素及其相互关系，进行定量和定性分析。

(二) 商业银行人力资源供给预测

商业银行人力资源供给预测分为银行外部人力资源的供给预测和银行内部人力资源的供给预测。

1. 银行外部人力资源的供给预测

外部劳动力的供给受整个社会经济及人口结构因素的影响，在预测外部人力供给时应考虑以下因素：主要竞争对手提供的薪酬水平、工作条件、职业发展情况；公司地理位置；教育水平；法律规定等。

2. 银行内部人力资源的供给预测

银行内部人力资源的供给预测可分为主观判断法和定量分析法。常用的主观判断法有人员替代法和人员继承法。常用的定量分析法有马尔可夫矩阵转移法。

(1) 人员替代法。人员替代法是通过一张人员替代图来预测组织内的人力资源供给。在人员替代图中给出部门、职位名称、在职员工姓名、每位员工的职位（层次）、每位员工的绩效与潜力。人员替代法将每个工作职位均视为潜在的工作空缺，而该职位下的每个人均是潜在的供给者。人员替代法以员工的绩效作为预测的依据，当某位员工的绩效过低时，组织将采取辞退或调离的方法；而当员工的绩效很高时，他将被提升，替代他上级的工作。这两种情况均会产生职位空缺，其工作则由其下属替代。通过人员替代图，银行可以清楚地看到组织内人力资源的供给与需求情况，为人力资源规划提供了依据。

(2) 人员继承法。人员继承法是指对现有员工的状况进行调查、评价后，列出未来可能的继任者。职位候选人不一定来自本部门，其工作业绩不一定是最佳的，但他却应该最具备胜任该工作的能力或潜力。

(3) 马尔可夫矩阵转移法。其基本思路是找出过去人事变动的规律，以此来推测未来的人事变动趋势。马尔可夫矩阵转移法的第一步是做一个人员变动矩阵表，表中的每一个元素表示一个时期到另一个时期（如从今年到明年）在两个工作之间（如从中层管理岗位到高层管理岗位）调动的雇员数量的历年平均百分比。一般以 5～10 年为周期来估计年平均百分比，周期越长，根据过去人员变动所推测的未来人员变动就越准确。随后将下一期各岗位在职人员的数据与本期相比找出变动数量，将变动数量与正常的人员扩大、缩减或维持不变的计划相结合，从而使预计的劳动力供给与现实需求相匹配。

四、商业银行人力资源规划的流程

商业银行人力资源规划实施的具体步骤包括:

(1) 进行环境评价。根据商业银行的发展战略、策略目标体系,分析商业银行的业务状况,进行人力资源盘点,确定人力资源问题。

(2) 搜集、分析及预测人力资源的供给与需求。主要是根据商业银行的目标与发展计划决定各相关部门的人力需求,其中包含各部门所需的专业人力素质与数量需求。

(3) 制定人力资源的目标与政策,并取得高阶主管的支持与承诺。商业银行人力资源的目标与政策应与银行整体目标与政策相配合。

(4) 拟订人力资源规划的行动方案。完整的行动方案应包括:招聘计划、培训计划、人事考核(升迁)计划、生涯发展计划、组织结构调整、薪酬计划等范围,以及帮助商业银行达成其人力资源目标的各种可行方案。例如,如何改善组织的社会形象;透过何种方式缩减组织的规模。

(5) 控制与评估人力资源规划。

商业银行人力资源规划流程如图 9-2 所示。

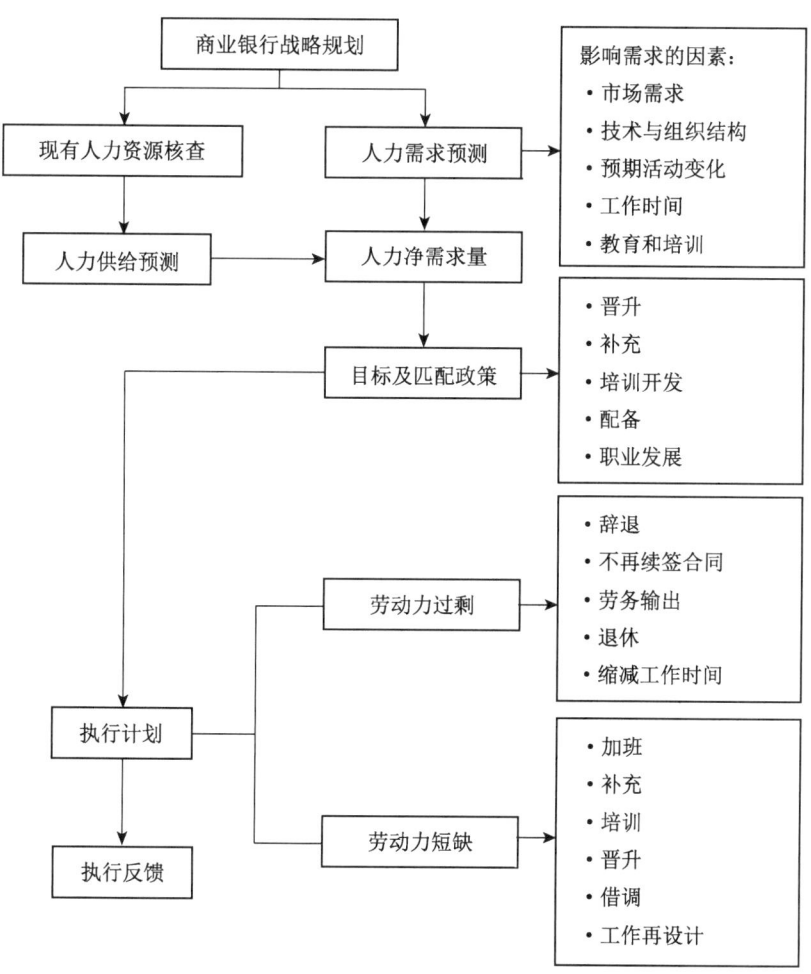

图 9-2 商业银行人力资源规划流程

第三节 商业银行员工招聘与培训

一、商业银行员工招聘

商业银行员工招聘是指银行为了发展的需要,根据人力资源规划和工作分析中的数量与要求,从组织内、外部吸收人力资源的过程。招聘包括招募、筛选、录用、评估等环节,最后根据职位的需求、应聘者的素质、企业人力资源规划开展人员选拔工作。

(一) 商业银行员工招聘的原则

为保证工作有序、经济、高效地开展,商业银行员工招聘应遵循以下原则:

(1) 公开透明原则。招聘过程和结果都应该公开、透明,避免暗箱操作。

(2) 任人唯贤、德才兼备原则。对员工从个人品格、素质、经验、潜能和学历等方面进行全方位的综合性考察,按照先德后才、德才兼备的标准选拔人才。

(3) 平等竞争、择优录取原则。员工招聘应遵循平等竞争的原则,根据既定的用人标准对人才择优录取。

(二) 商业银行员工招聘的程序

商业银行员工招聘的程序是指从分析和确定商业银行内部岗位空缺和需求情况到正式录用新员工的全过程,可分为招募、选拔、录用、评估等主要环节,如图9-3所示。

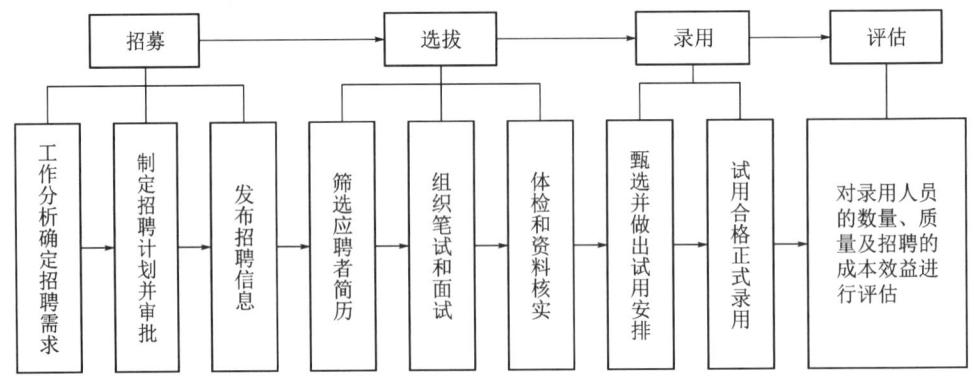

图 9-3 商业银行招聘流程

(三) 商业银行员工招聘的渠道

商业银行员工招聘的渠道包括内部招聘和外部招聘。

1. 内部招聘

商业银行内部招聘的主要来源包括工作提升、工作调换、工作轮换等。内部招聘的主要方法有推荐法、布告法和档案法。

(1) 推荐法。在进行外部招聘之前,很多商业银行要求现有员工鼓励他们的亲戚朋友申请。由于引荐人对被引荐人的情况熟悉,这种方式能节约大量时间、金钱和精力。

(2) 布告法。银行可以通过内部媒体,如内部网络、公告栏、墙报等,公开空缺职位,吸引内部员工应聘。这种方法可以使员工感觉到银行在人员招聘上的透明度与公开性,认为自身通过努力就可以获得发展机遇,有利于提高员工士气。

(3) 档案法。商业银行可以通过员工档案来了解员工在成长经历、教育水平、经验技能等方面的信息,寻找最合适的人员来补充职位。

内部招聘的优点包括:①提升员工的积极性;②内部员工能更快地适应岗位;③选聘内部员工可以提高所有员工的忠诚度,降低离职率;④上级主管对内部员工的能力较为熟悉,可以更好地开展合作。

2. 外部招聘

外部招聘是指银行从人才市场上根据应聘者的经历、经验、能力、业绩等来挑选员工。外部招聘包括校园招聘、社会招聘、中介机构招聘、媒体招聘等。

(1) 校园招聘。校园招聘是指商业银行在学校里,针对即将毕业的大学生进行招聘。应聘者需要通过网申、笔试、面试、体检等一系列过程的筛选,才能入职银行。银行校园招聘主要分为两个周期:一个是秋季招聘,另一个是春季招聘。秋季招聘的人数相对较多,是每年各大银行大量储备人才的关键机会。

相关思考9-1

校园招聘,大学生如何准备

校园招聘是应届大学毕业生寻找工作的重要途径。在校大学生想在激烈的求职竞争环境中脱颖而出,找到心仪的工作,就要在四年的学习生活过程中作好充足的准备。请思考:面对校园招聘,大学生应如何准备呢?

(2) 社会招聘。社会招聘是商业银行针对社会上有经验的人士进行的招聘。一般通过社会招聘进入银行工作的难度会比较大。首先,需求少。各大银行一般不是每年都举行社会招聘,只有在人才需求特别大的时候才会进行社会招聘。其次,社会招聘的门槛较高,一般都要求有3~5年的相关工作经验。最后,转正较难。只有个人表现非常好、业绩非常出色的员工才有可能转为正式员工。

(3) 中介机构招聘。中介机构招聘是指商业银行通过中介机构如猎头公司、职业介绍所、劳动就业服务中心等招聘所需的人员。一般来说,银行会通过猎头公司招聘高素质人才,如银行中高层管理人员或特殊专业人才,会通过职业介绍所或劳动就业服务中心招聘一些基层岗位员工。

(4) 媒体招聘。媒体招聘是指商业银行通过在广播电视、报纸杂志、互联网等媒体上投放招聘广告来招聘人员。媒体招聘具有招聘周期短、信息传播速度快、吸引力强等优势,因此逐渐成为商业银行招聘中越来越重要的招聘形式。

延伸阅读9-2

银行招聘——金融科技人才受追捧

业内人士表示,作为商业银行数字化转型的重要支撑,金融科技人才队伍的建设及优化日益受到银行重视。银行业金融科技投入持续加大,金融科技人才建设发力明显。

2023年春招开启,从招聘岗位分布来看,除了常规的管理培训生、市场营销岗、运营支持岗,金融科技岗依然是银行招聘的热门岗位。本轮春招中,多家银行将金融科技岗摆在岗位需求列表的首位。兴业银行招聘公告显示,总行管理培训生分为FinTech(金融科技)方向业务类及FinTech方向科技类,要求具备较为扎实的计算机或数据分析、建模相关基础知识,熟悉主流开发语言或主流数据分析工具等。新员工录用后将安排2年培养期,第一年在金融科技子公司或分行科技部门跟岗锻炼。招商银行南通分行招聘公告中的金融科技岗分为IT方向和业务方向,招聘从事软件开发、系统设计以及数据分析、产品设计、产品运营等岗位工作人员。为了吸引科技型人才,唐山银行在招聘启事中特意强调,对于数字化转型发展紧缺的大数据、人工智能、产业数字化等相关专业方向的人才,可适当放宽毕业年限限制。

招聘趋势一定程度上反映了银行业发展和转型的趋势。业内人士指出,银行业的"人才军备竞赛"不断升级,金融科技岗的人才招聘已成为各家银行的必争之地。中国银行业协会党委书记、专职副会长邢炜此前表示:"近年来,金融科技的快速发展为商业银行提供了持续不断的创新动力。数字技术和数据要素正在改变中国银行业发展轨迹,金融与科技的深度融合持续推动银行业提质增效,数字化转型成为商业银行高质量发展、更好服务实体经济的关键。"

资料来源:中证网.银行春招大幕拉开 金融科技人才受追捧[EB/OL].(2023-01-31)[2023-02-01].
https://www.cs.com.cn/yh/04/202301/t20230131_6320738.html.

(四)商业银行员工招聘考试

一般来说,商业银行员工招聘考试包括笔试、面试两个环节。

(1)笔试。笔试主要是通过考试的形式对应聘者的知识、能力、智力、个性特征、心理素质等方面作出客观的评价,主要包括素质能力测试、综合能力测试、专业能力测试、英语、认知能力测试、性格测试等。事先设计好的标准评分是应聘者能否进入下一轮测试的参考。笔试要保证能测试出应聘者与要承担的工作有直接联系的技能、专业知识、心理素质等。

(2)面试。商业银行面试通常分为结构化面试、非结构化面试和半结构化面试。结构化面试是指银行招聘部门事先准备好所有的问题与答案,面试官根据设计好的问题和细节逐一发问。非结构化面试是漫谈式的,意在观察应试者的知识面、价值观、谈吐和风度等,了解其表达能力、思维能力、判断能力和组织能力等。非结构化面试包括情景模拟、无领导小组讨论、辩论赛等。情景模拟是模拟实际工作情境,让应聘者参与,并对其表现作出评价的一类测试方法。无领导小组讨论是指对一组人同时进行面试,主持者给一组应试者(一般8~10人)一个与工作有关的题目,由他们就此题目自行开展讨论。无领导小组讨论对应聘者从多方面进行评价,得出综合评分,是目前商业银行招聘常用的招聘方法。辩论赛要求应聘者根据给定的辩题和观点分组进行对抗辩论,从而考察应聘者的思辨能力、逻辑思维、语言组织和表达能力、心理抗压能力等。半结构化面试是结构化和非结构化面试的结合,全程有既定的题目,同时考官还会根据应聘者的自身情况随机提问。目前很多商业银行员工招聘面试都采用半结构化或非结构化面试的方式,考察求职者的应变能力。

二、商业银行员工培训

商业银行员工培训是由组织实施的,有计划的、连续的、系统丰富员工知识的行为过程。其目的是使员工的知识、技能、态度乃至行为发生定向改进,保证员工能够按照预期的标准或水平完成其所承担的或将要承担的工作任务。培训的终极目标就是实现个人发展与商业银行发展的和谐统一。

(一)商业银行员工培训的类型

(1)保持性培训。保持性培训是为了保证员工的技术、知识与所从事的职务要求相符而进行的工作性培训,如上岗或任职前培训等。

二维码9-2:
视频 商业银行员工招聘考试案例

(2)适应性培训。适应性培训是为了保证员工的知识、技能能够跟上并适应市场、科技的发展变化而进行的培训,如新知识、新技术培训等。

(3)补充性培训。补充性培训是指针对员工实际工作需要所欠缺的知识、技能进行培训,即缺什么就补什么。

(4)更新性培训。更新性培训是指针对员工现有的部分知识或技能的过时、陈旧的情况,通过培训加以更新。

(5)发展性培训。发展性培训是为了满足未来需要所进行的超前性培训,或是为使人才能够胜任更高级、更重要的职位所进行的培训。

(二)商业银行员工培训的方法

培训员工的方式多种多样,商业银行应当根据培训目标来选择合适的培训方法。

(1)课堂讲解。课堂讲解是指培训者向全体受训者进行传统课堂讲授。在多数情况下,讲授过程中还常常辅以回答、讨论或者案例研究等形式。课堂讲解是最为常用的培训方法,能以最低的成本、最少的时间对大量受训者进行培训。

(2)合作培训。合作培训是课堂培训与在职培训的结合。例如,银行可以与大学合作,委托大学培训人才,还可以为在校生提供实习机会。银行也可以"请进来",征聘一些高校、科研机构的专家、教授或其他商业银行的高层管理人员来银行讲学。

(3)工作指导。培训人首先讲解并演示任务,由受训人一步步执行,必要时培训人给予纠正和反馈。银行在指导受训人应如何工作的同时,为受训人提供有针对性的实践平台。

(4)工作轮换。工作轮换即银行员工在银行内部同一层次上先后承担不同工作的一种培训方式。工作轮换要有缜密的计划,各接受部门应对从其他部门到本部门工作的员工进行热心指导。工作轮换可以拓展员工的知识和技能,激发员工的工作兴趣,增进员工之间的相互交流。

除此之外,员工培训方式还包括交互式视频法、模拟训练法等,银行人力资源人员在设计培训时,应当根据应训者的实际情况与培训目标选择合适的培训方法。

(三)商业银行员工培训工作流程

商业银行员工培训工作流程主要包括五个阶段:分析培训需求、确定培训目标、设计培训方案、具体实施培训和培训评估和反馈,如图9-4所示。

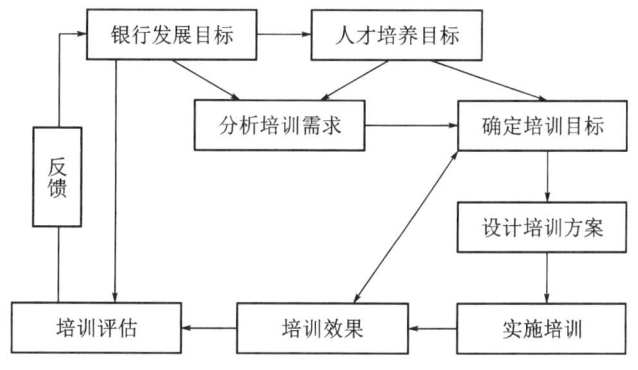

图 9-4 商业银行员工培训工作流程

二维码9-3：大通曼哈顿的智力投资

第四节 商业银行员工绩效考评与薪酬管理

一、商业银行员工绩效考评

商业银行员工绩效考评是指应用各种科学的定性和定量方法，对银行员工行为的实际效果及其对银行的贡献、价值进行有组织的尽可能客观的考核和评价的过程。绩效考评的核心是引导员工产生商业银行领导者所期望的行为，进而达到理想的结果。绩效考评的重点在于评价员工的工作表现和行为结果。

（一）商业银行员工绩效考评的目的

商业银行员工绩效考评的目的包括如下几个方面：

（1）绩效考评可以为员工薪酬管理提供依据。做好员工绩效评价是正确体现报酬与贡献匹配的前提。只有这样，员工才能感到公平合理，并鼓励他们作出更多贡献。

（2）绩效考评可以为员工的晋升、调动和解聘决策提供依据。科学、有说服力的员工绩效考评结论可以成为员工晋升的重要参考标准。同样，在银行作出调动或解雇员工的决定时，绩效考核的结果也可以作为重要参考。

（3）绩效考评可以为员工培训提供依据。通过绩效考核，银行可以发现员工的优势和劣势，从而制定出具体的员工培训计划。

（4）绩效考评可以为奖惩员工提供依据。根据绩效考评，银行可对忠于职守、努力工作、成绩突出的员工给予物质和精神奖励，对不负责任、表现差的员工进行惩罚。

（5）绩效考评可以帮助和促进员工的自我成长。如员工的绩效考核得到银行领导和同事的认可和肯定，可以更好地激励员工发挥潜力。

（二）商业银行员工绩效考评的程序

商业银行员工绩效考评分为四个环节，分别是制定绩效考评标准、绩效考评、绩效考评反馈和绩效考评结果的综合运用，如图9-5所示。

（1）制定绩效考评标准。商业银行进行绩效考评前，首先要有合理的绩效考评标准。这种标准必须得到考评者和被考评者的共同认可，标准的内容必须准确化、具体化、定量化和有针对性。制定标准时，应当以工作分析中的职位说明书为依据，同时管理者应与被考评者充分沟通，以使标准能够得到认可。

（2）绩效考评。即将商业银行员工的实际工作绩效与制定的标准相比较，然后依照对比的结果来考评员工的工作绩效。绩效考评指标可以分为多个种类，通常是以员工的工作特征、工作行为与工作结果为导向进行考评。

（3）绩效考评反馈。即将考评的意见反馈给被考评者。这是绩效考核系统中重要的环节，通过反馈可以让被考评者了解自己的长处与不足。绩效考评反馈包括绩效考评意见认可与绩效反馈面谈。绩效考评意见认可是指人力资源人员负责将书面的考评意见反馈给被考评者，由被考评者予以认可，并签名盖章。绩效反馈面谈是指通过谈话将考评意见反馈给被考评者，征求被考评者的看法，与其一起回顾和讨论工作绩效考评结果，共同探讨出最佳的改进方案。

（4）绩效考核结果的综合运用。这是绩效考核系统的最后一步，是指结合考评结果进

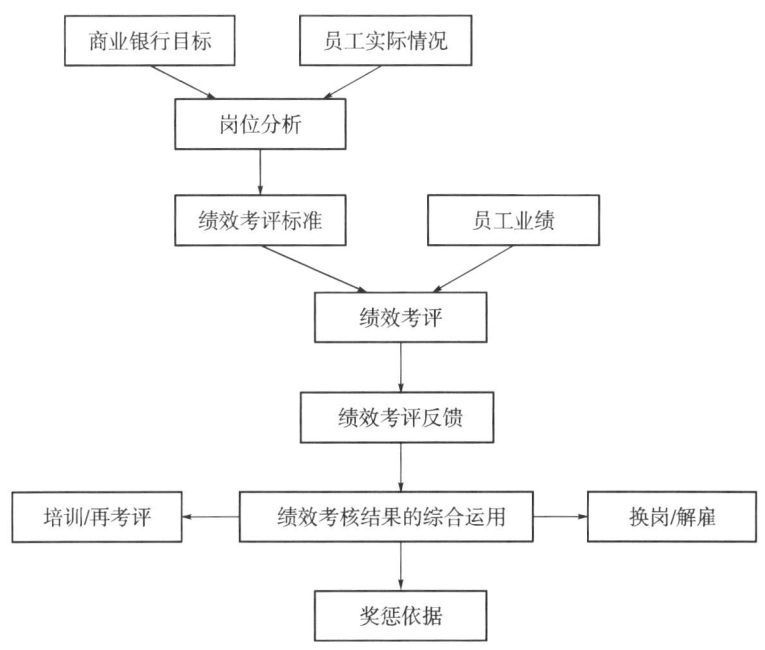

图 9-5　商业银行员工绩效考评具体程序

行处置。对于绩效不佳但尚能改进的员工,可通过培训提高其绩效;对于绩效好的员工可以给予其奖励,对其他员工起到激励作用。

(三) 商业银行员工绩效考评的方法

目前商业银行员工绩效考核的方法多种多样,不同银行的员工绩效考核方法也不尽相同。以下介绍几种常见的员工绩效考核方法。

1. 目标管理法

目标管理法(management by objectives,MBO)是一种综合性的绩效管理方法,是一种领导者与下属之间的双向互动过程。目标管理法的提出者、现代管理学之父彼得·德鲁克认为,并不是有了工作才有目标,恰恰相反,是有了目标才能确定具体工作。当组织最高层确定了组织目标后,必须对其进行有效合理的分解,转变为各部门以及每位员工的分目标,管理则根据分目标完成情况对下级进行考核、评价、奖惩。目标管理要符合 SMART 的原则,其具体实施步骤为:确定工作职责范围;确定具体的目标值;审阅确定目标;实施目标;对目标达成情况进行总结;考核及后续措施。

 延伸阅读9-3

SMART 原则

SMART 原则是为了帮助员工更加明确高效地工作,更是为了管理者将来对员工实施绩效考核提供考核目标和考核标准,使考核更加科学化、规范化,保证考核的公正、公开与公平。

其中,S 代表具体的(specific),指绩效考核要切中特定的工作指标,不能笼统。M 代表可度量的(measurable),指绩效指标是数量化或者行为化的,验证这些绩效指标的数据或者信息是可以获得的。A 代表可实现的(attainable),指绩效指标在付出努力的情况下可以实现,应避免设立过高或过低的目标。R

代表相关的(relevant),指绩效指标是与工作的其他目标相关联的,绩效指标是与本职工作相关联的。T代表有时限的(time-bound),应注重完成绩效指标的特定期限。

SMART原则强调无论是制定团队的工作目标还是员工的绩效目标都必须符合上述原则,五个原则缺一不可。同时,绩效目标制定的过程也是自身能力不断增长的过程,经理必须和员工一起在不断制定高绩效目标的过程中提高绩效能力。

资料来源:百度百科. SMART 原则[EB/OL]. (2020-01-31)[2023-02-02]. https://baike.baidu.com/item/SMART%E5%8E%9F%E5%88%99/8575850? fr=aladdin.

2. 关键绩效指标法

关键绩效指标(key performance indicator, KPI)是指通过对组织内部流程的输入端、输出端的关键参数进行设置、取样、计算、分析,衡量流程绩效的一种目标式量化管理指标,是把商业银行的战略目标分解为可操作的工作目标的一种工具。KPI法符合一个重要的管理原理——"二八原理",即80%的工作任务是由20%的关键行为完成的。必须抓住20%的关键行为,对之进行分析和衡量,这样就能抓住业绩评价的重心。

3. 平衡计分卡法

平衡计分卡(balanced score card, BSC)法是常见的绩效考核方式之一,是从财务、客户、内部运营、学习与成长四个角度,将组织的战略落实为可操作的衡量指标和目标值的一种新型绩效管理体系。

4. 360度考评法

360度考评法是从多角度进行全面绩效考评的方法,也称为全方位考评法或全面评价法。该方法是由被考评者的上级、同事、下级、客户以及被考核者本人从多个角度对被考核者进行全方位的考评,其通过反馈程序,达到改变行为、提高绩效的目的。360度绩效考评模型如图9-6所示。

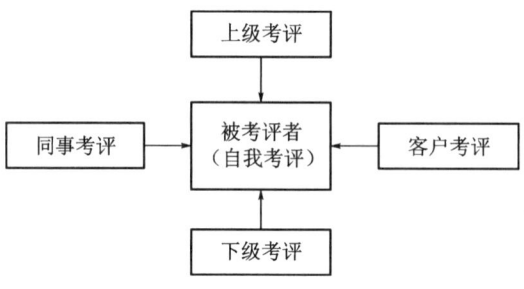

图9-6 360度绩效考评模型

延伸阅读9-4

商业银行员工绩效考核案例介绍——江苏银行

江苏银行员工绩效考核体系具有以下特色。

1. 强化客户经理的全员营销考核,贯彻多劳多得原则

江苏银行员工绩效考核体系以量化考核业绩为核心,目的在于通过对各条线客户经理(公司客户经理、小微企业客户经理、零售客户经理)进行各项指标全面考核,帮助银行完善管理制度和激励机制,提高员工积极性,秉持"全员营销,多劳多得"原则,提升银行企业的竞争力。

2. 实行条线考核与管理,绩效工资与费用分开计算

(1) 对于公司客户经理的考核,体系主要计算客户经理的各项考核业绩(公司客户经理所推荐、营销、维护的对公存款、贷款、中间业务、国际业务、投资银行业务的业绩,包含跨网点营销或跨机构营销的业绩),并以产品营销计算的方式计算客户经理业绩绩效、营销费用。

(2) 对于小微企业客户经理的考核,体系主要计算客户经理的各项考核业绩(小微企业客户经理的业绩,具体指该客户经理所推荐、营销、维护小微企业和个体工商户的存款、贷款、中间业务业绩,包含跨网点营销或跨机构营销的业绩),并以产品营销计算的方式计算客户经理业绩绩效、营销费用。

(3) 对于零售客户经理的考核,体系主要计算客户经理的各项业绩(零售客户经理以住房贷款、五级不良贷款、对私中间业务收入、消费金融贷款等),并以产品营销计算的方式计算客户经理业绩绩效、营销费用。零售客户经理包括理财客户经理、零售客户经理、大堂客户经理,且不同客户经理考核方式不一样。

(4) 对于理财客户经理考核,体系主要对理财客户推荐人角色(客户推荐人、营销拓展人、交易推荐人、有权销售人)进行业绩分配,通过计算理财客户经理的(储蓄存款、理财各项客户数、保险业务、贵金属业务、基金业务、代理国债业务、理财业务等)各项业绩,并以产品营销计算的方式计算客户经理业绩绩效、营销费用。对于大堂经理考核,体系主要以柜员各项业绩(柜员业务量笔数、柜员现金业务量笔数、柜员非现金业务量笔数等)计算客户经理业绩绩效。

3. 突出对国际业务、银行卡与电子银行业务的考核

对于国际业务,根据各项业绩(国际结算、紫金交易大户室、国际业务结算量、国际业务中间业务收入、跨境人民币、E网通等)计算营销费用。对于银行卡业务,根据各项业绩(信用卡的客户数、信用卡的各项收入、分期交易、不良客户数等)计算营销费用。对于电子银行业务,主要根据(企业有效网银新增户数、个人网银专业版新增有效客户数、手机银行专业版新增有效客户数)各项业绩计算营销费用。

资料来源:360文档中心. 银行绩效考核案例介绍:江苏银行[EB/OL]. (2022-01-31)[2023-02-02]. https://www.360docs.net/doc/042659380.html.

二、商业银行员工薪酬管理

薪酬体系是企业人力资源管理体系中的重要组成部分,也是企业高层管理以及所有员工最为关注的内容,它直接关系到企业人力资源管理的成效,对企业的整体绩效产生影响。科学的薪酬体系会对员工产生激励作用,同时影响到企业的经营成败。对于商业银行来说,其薪酬体系的设计执行尤为重要,薪酬体系在商业银行的公司治理与风险管理中发挥着关键性的导向作用。科学稳健的薪酬体系可对商业银行高管的经营决策起到适当的制约和引导作用,有利于银行吸引、保留和激励人才。

(一) 商业银行员工薪酬管理的目标

(1) 吸引和留住优秀人才。人力资源是银行的第一资源,因此银行提供的薪酬一定要具有竞争力、吸引力,能够吸引到优秀人才。同时,银行应为留在银行的员工提供公平合理的薪酬,留住优秀人才。

(2) 运用薪酬激励员工。薪酬是一种激励手段,可使员工安于本职工作,保持较好的工作业绩。

(3) 合理控制银行的人力成本。在薪酬调查的基础上科学合理地确定薪酬水平,可以严格控制银行的人力成本。

(4) 支持企业的变革。银行可以通过薪酬作用于员工个人、团队及整个组织,为组织营造适合变革所需的内部和外部环境。

(二)商业银行员工薪酬的构成

(1) 基本工资。基本工资是指员工较为稳定的那部分基本收入。大多数情况下,银行采取职位薪资制。

(2) 激励薪酬。激励薪酬是薪酬系统中直接与绩效挂钩的部分,也称为可变薪酬或浮动薪酬。设置激励薪酬的目的是在绩效和薪酬之间建立起一种直接的联系,这种绩效既可以是员工个人的绩效,也可以是组织绩效。

(3) 间接薪酬。间接薪酬是指企业给员工提供的各种福利和服务,一般包括带薪非工作时间、员工个人及家庭服务、健康及医疗保健等。

(三)商业银行员工薪酬体系的设计

1. 设计的原则

(1) 公平性。公平性是设计薪酬体系与进行薪酬管理时首要考虑的要素。薪酬设计要保证公平对待每一位员工。

(2) 竞争性。竞争性是指商业银行的薪酬应在人才市场上具备足够的吸引力,以吸引人才、留住人才。

(3) 激励性。薪酬体系应当将个人收益与银行效益挂钩,激发员工的积极性与创造性,同时提高银行效益。

(4) 经济性。商业银行设计薪酬体系时,应当与自身情况相结合:既不能超越自身的承受能力而支付高薪酬,也不能为压缩人力成本开支降低薪酬而导致人才流失。

(5) 合法性。商业银行设计薪酬体系时,合法性是最根本的原则。

(6) 安定性。安定性是指要求银行在设计薪酬时做到保障生活、对应职务、反映能力、考虑资历。

2. 设计的步骤

(1) 职位分析。职位分析是确定薪酬的基础。通过职位分析可形成职位描述与职位规范,可使制定薪酬体系的人员能够明确各职位的职责、所需技能、知识等信息,为公平合理的薪酬体系设计提供可靠保证。

(2) 职位评估。职位评估是指找出银行内各种工作的共同付酬因素,并依据一定的评价方法,按每项工作对银行绩效贡献的大小,确定工作职位的具体价值。职位评估重在解决薪酬的内部公平问题。

(3) 薪酬调查。薪酬调查能够解决外部公平问题。银行可通过统计部门、劳动部门、专业机构分析,并根据竞争对手发布的招聘信息等,了解市场薪酬情况。

(4) 职位薪酬结构的设计。职位薪酬结构的设计是指确定各职位薪酬的过程,即银行划分职位类型,将难度或重要性大致相当的职位划为一类;确定薪酬范围,对每个职位确定一个最高标准与最低标准;解决"过高"或"过低"薪酬问题,对薪酬进行调整。

(5) 薪酬调整政策。薪酬调整有加薪和减薪两种情况。加薪可以定期逐步加薪,也可以基于工作业绩加薪。减薪则可以使用以下方法:等到全面加薪时再作调整;继续保持目前的薪酬待遇半年,其间若职位没有变动,就把薪酬待遇调整到给付等级的下限。

商业银行员工薪酬体系应当根据其战略、价值观和目标的变化而不断调整和完善,确保其适用性。

延伸阅读9-5

财政部关于进一步加强国有金融企业财务管理的通知(节选)

一、金融企业要积极优化内部收入分配结构,科学设计薪酬体系,合理控制岗位分配级差

金融企业应当主动优化内部收入分配结构,充分发挥工资薪酬的正向激励作用,有效落实总部职工平均工资增幅原则上应低于本企业在岗职工平均工资增幅,中高级管理岗位人员平均工资增幅原则上不高于本企业在岗职工平均工资增幅的政策要求。金融企业要有效履行对控股子公司、分支机构、直管企业以及其他实际控制企业薪酬管理的主体责任。

金融企业应当合理控制岗位分配级差,充分调动一线员工、基层员工的积极性,有效平衡好领导班子、中层干部和基层员工的收入分配关系,对于总部职工平均工资明显高于本企业在岗职工平均工资的,其年度工资总额要进一步加大向一线员工、基层员工倾斜力度。

金融企业应当严肃分配纪律,严格清理规范工资外收入,将所有工资性收入一律纳入工资总额管理,不得在工资总额之外以其他形式列支任何津贴、补贴等工资性支出,实现收入工资化、工资货币化、发放透明化。

二、金融企业要建立健全薪酬分配递延支付和追责追薪机制

金融企业应当综合考虑市场条件、业绩情况、承担风险、薪酬战略等因素,科学设定不同岗位薪酬标准,并合理确定一定比例的绩效薪酬。对于金融企业高级管理人员及对风险有直接或重要影响岗位的员工,其基本薪酬一般不高于薪酬总额的35%,根据其所负责业务收益和风险分期考核情况进行绩效薪酬延期支付,绩效薪酬的40%以上应当采取延期支付方式,延期支付期限一般不少于3年,确保绩效薪酬支付期限与相应业务的风险持续期限相匹配,国家另有规定的从其规定。

金融企业应当制定绩效薪酬追索扣回制度,对于高级管理人员及对风险有直接或重要影响岗位的员工在自身职责内未能勤勉尽责,使得金融企业发生重大违法违规行为或者给金融企业造成重大风险损失的,金融企业应当依法依规并履行公司治理程序后将相应期限内已发放的部分或全部绩效薪酬追回,并止付未支付部分或全部薪酬。绩效薪酬追回期限原则上与相关责任人的行为发生期限一致。绩效薪酬追索扣回规定适用于已离职或退休人员。

资料来源:中华人民共和国财政部.财政部关于进一步加强国有金融企业财务管理的通知[EB/OL].(2022-12-27)[2023-02-02]. http://www.mof.gov.cn/gkml/caizhengwengao/wg2022/wg202210/202212/t20221227_3860449.htm.

本章小结

本章主要学习了商业银行人力资源的重要性及特点;商业银行人力资源管理的含义、内容、功能、发展趋势;商业银行人力资源规划;商业银行员工招聘与培训;商业银行绩效考评与薪酬管理。

本章重要概念

商业银行人力资源管理　商业银行人力资源规划　商业银行员工招聘　校园招聘　社会招聘　结构化面试　非结构化面试　半结构化面试　商业银行员工培训　商业银行员工绩效考评　目标管理法　KPI法　平衡计分卡法　360度考评法

二维码9-4:
八家股份制银行薪酬比拼

二维码9-5:
练一练

二维码9-6:
练一练答案

第十章　商业银行绩效管理

➤ 内容提要
➤ 重点难点
➤ 学习目标
➤ 知识框架
➤ 思政育人
➤ 第一节　商业银行绩效管理概述
➤ 第二节　商业银行绩效评价相关财务指标
➤ 第三节　商业银行绩效评价体系
➤ 本章小结
➤ 本章重要概念

内容提要

本章主要讲解了商业银行绩效管理的含义、目标、原则、功能；绩效评价的相关财务指标，主要包括盈利性指标、资本充足指标、资产质量指标；骆驼评价体系、中国人民银行的宏观审慎评估体系以及我国财政部门对部分商业银行的绩效评价体系。

重点难点

本章重点为商业银行绩效评价的三类财务指标、我国主要的绩效评价体系。本章难点为对商业银行绩效评估体系的理解。

学习目标

通过本章的学习，学生应掌握商业银行绩效评价的主要财务指标，理解骆驼评价体系、中国人民银行的宏观审慎评估体系以及我国财政部门对部分商业银行的绩效评价体系。同时，要求学生对我国商业银行绩效管理有一个全面的认识，深入思考商业银行应如何在提高自身绩效上寻求突破、转型和创新才能更加适应未来金融发展的要求。

知识框架

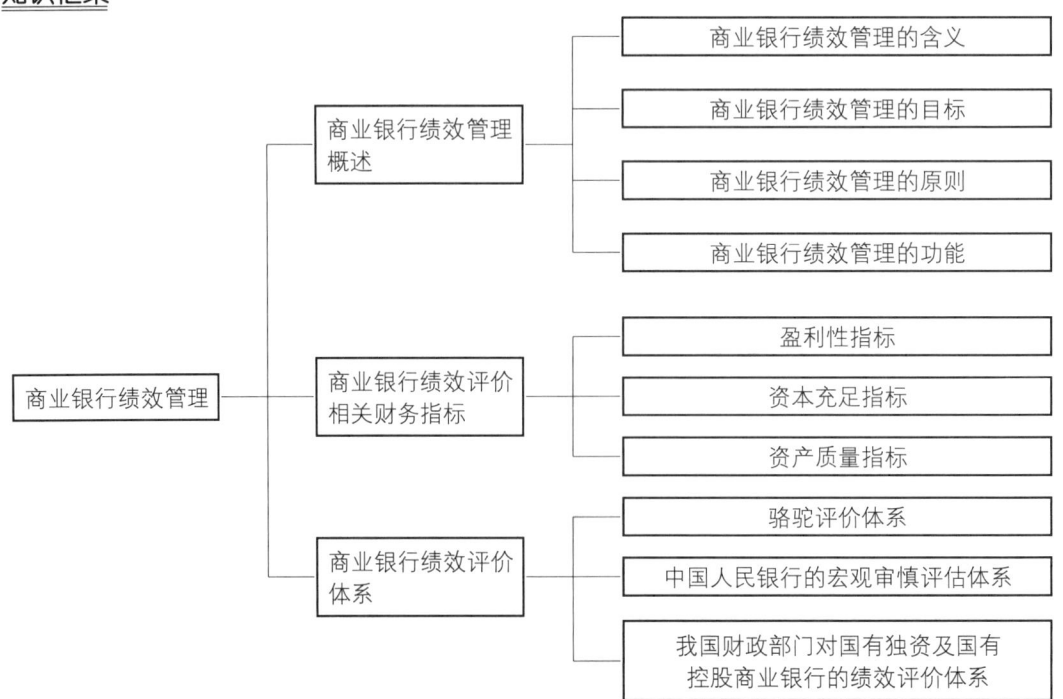

思政育人　改进绩效评价办法,引导银行服务实体经济

为深入贯彻落实党中央、国务院决策部署,进一步发挥市场机制的决定性作用,激励商业银行更加有效响应国家宏观政策,增强商业银行服务实体经济、服务微观经济的能力,引导和促进商业银行高质量发展,2021年1月4日,财政部印发《商业银行绩效评价办法》(以下简称《办法》)。《办法》共7章35条,自2021年1月1日起施行。

财政部有关负责人表示,《办法》一是适应当前党中央、国务院对金融工作的总体要求的需要;二是适应当前我国经济发展阶段的需要;三是保障银行信贷投放能力的需要。《办法》在评价导向上更加突出服务国家宏观战略、服务实体经济、服务微观经济等综合经济效益,新增服务国家发展目标和实体经济评价维度。

国家金融与发展实验室副主任曾刚在接受《金融时报》记者采访时表示,在此之前,商业银行绩效评价可能更多关注经营效益,将利润考核放在首要位置。而《办法》新增两类考核维度,同时仍然保留了风险防控、经营效益等指标,综合考虑了短期回报与长期风险防控、银行自身可持续发展以及经济社会目标的平衡,有助于避免商业银行因过度追求短期利润而导致的风险积聚、资金空转乱象。

2022年,党的二十大报告中指出:"坚持把发展经济的着力点放在实体经济上,支持中小微企业发展。普惠金融既是服务实体经济的有效路径,也是实现共同富裕的重要内容。"所有金融机构都应该将自身的发展与国家经济发展相结合,利用自身的业务优势协助国家实体经济的发展,实体经济的发展也能带动商业银行业在业务领域盈利能力的提高。

资料来源:徐贝贝.财政部发布《商业银行绩效评价办法》,引导商业银行更有效服务实体经济[EB/OL].(2021-01-05)[2022-08-14]. https://www.financialnews.com.cn/cj/zc/202101/t20210105_209057.html.

第一节 商业银行绩效管理概述

一、商业银行绩效管理的含义

绩效管理作为一种自律手段,是现代商业银行经营管理的重要延伸。作为一种导向与调节工具,绩效管理是现代商业银行运行机制的重要特征。不管是银行的内部人员,还是银行外部的利益相关者,包括监管机构,都关心银行的绩效。国内与国际的监管机构需要评估银行的流动性、支付能力以及整体绩效情况,通过监测来降低潜在问题爆发的可能性。

商业银行绩效管理体系具体如图10-1所示。

在商业银行绩效管理体系中,绩效评价是绩效管理的核心环节,也是开展绩效管理工作的前提和基础。绩效评价有效与否直接影响到绩效管理工作开展的效果。因此,本章第二节和第三节将重点分析绩效评价的相关知识。

二、商业银行绩效管理的目标

商业银行绩效管理的目标主要包括指标和价值两个维度。

(1)指标维度的目标,即达到管理层和股东选定的目标。在激烈的市场竞争环境中,每家银行都有自己的经营管理特色,银行的绩效管理需要符合其自身特色与定位。例如,有些银行希望发展得更快一些,以尽早实现战略性发展目标;而有些银行则表现出稳健经营的风格,愿意以较小的风险承担来取得稳定回报。商业银行绩效管理则通过促进管理层的领导

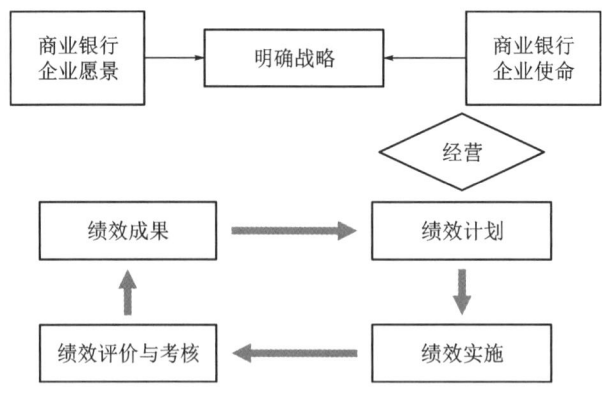

图 10-1 商业银行绩效管理体系

能力和管理水平的提升来实现其长期目标。

(2) 价值维度的目标,即实现公司价值最大化。在不同时期,由于经营的环境和条件不同,银行的经营目标可能会出现明显的差异,但其长期经营目标是基本一致的,即公司价值最大化,这也是优先于其他目标的最重要的经营目标。对于众多股份制商业银行而言,公司价值主要通过股票价值表现出来。从财务管理的角度来看,基本原则是要求在一个可接受的风险水平之上实现银行股票价值最大化。

三、商业银行绩效管理的原则

商业银行绩效管理应当坚持以下原则:

(1) 稳健经营。银行应当树立稳健绩效观,确定稳健的发展战略和经营计划,制定稳健的绩效考评目标和具体指标。

(2) 合规引领。绩效评价应当体现监管要求,促进合规经营和有序竞争,培养合规文化,维护良好市场秩序。

(3) 战略导向。绩效评价应当以发展战略为导向,以经营计划为目标,通过科学合理的绩效考评,坚持既定市场定位,执行既定发展战略,实现差异化发展、均衡性发展,提高服务实体经济的能力。

(4) 综合平衡。银行应当统筹业务发展与风险防控,建立兼顾效益与风险、财务因素与非财务因素、当期成果与可持续发展的绩效评价指标体系,全面客观地进行绩效评价。

(5) 统一执行。银行应当建立有效的评价管理机制,注重绩效评价的过程管理,强化绩效评价政策和制度的执行力和约束力,确保经营管理要求逐级传导的一致性。

四、商业银行绩效管理的功能

现代商业银行规模庞大,经营管理体系复杂,又需要面对瞬息万变的外部市场,因而对银行整体的有序运转提出了极高要求。

商业银行绩效管理发挥着以合理的激励约束机制保障银行有序运转的重要作用。从功能角度看,绩效管理属于财务管理和人力资源管理的范畴,发挥着激发积极性和控制风险作用。现代商业银行的财务管理和人力资源管理已演变为战略性管理的组成部分,因此赋予了绩效管理更多元、更高层次的使命。对于商业银行来说,良好的绩效管理能够形成适度激励,既可发挥短期的积极作用,也具有长期的战略性价值,并形成对公司治理的有效补充。

第二节 | 商业银行绩效评价相关财务指标

绩效评价即经营业绩的评价,是指银行为实现自身发展战略和落实监管要求,通过建立评价指标、设定评价标准,对商业银行在特定期间的经营成果、风险状况及内控管理进行综合评价,并据此改进经营管理的过程。

商业银行在年报中披露的财务和业务指标有助于监管机构进行绩效评价。这些指标包括平均资产回报率、加权平均资产回报率、净利差、净利息收益率、成本收入比、存贷比、资本充足率、不良贷款率等。通过观察我国商业银行年报发现,商业银行披露的财务指标主要包括盈利性指标、资本充足指标、资产质量指标三类。本节主要分析以上三类绩效评价的财务指标。中国建设银行2021年年报中披露的三类财务指标,如表10-1所示。

表10-1 中国建设银行2021年年报中披露的三类财务指标

财务指标类型	2021年	2020年
盈利性指标		
平均资产回报率	1.04%	1.02%
加权平均净资产收益率	12.55%	12.12%
净利差	1.94%	2.04%
净利息收益率	2.13%	2.19%
手续费及佣金净收入对营业收入比率	14.74%	15.16%
成本收入比	27.43%	25.12%
资本充足指标		
核心一级资本充足率	13.59%	13.62%
一级资本充足率	14.14%	14.22%
资本充足率	17.85%	17.06%
总权益对资产总额比率	8.64%	8.49%
资产质量指标		
不良贷款率	1.42%	1.56%
拨备覆盖率	239.96%	213.59%
损失准备对贷款总额比率	3.40%	3.33%

一、盈利性指标

盈利性指标衡量商业银行运用资金赚取收益的同时控制成本费用支出的能力,主要包括资产收益率、净资产收益率、净息差、净利差、存贷利差、成本收入比等。其中,核心指标是资产收益率和净资产收益率,利用这两个财务指标及其他派生财务比率指标可较准确地衡量银行的盈利能力。

(一) 资产收益率

资产收益率(ROA)又称投资报酬率,是银行净利润与全部资产总额的比率,其计算公式为:

$$资产收益率 = \frac{净利润}{资产总额} \times 100\%$$

资产收益率反映银行资产的获利能力,也就是每1元资产可以产生多少净收益,即银行资产利用的综合效果。因为银行利润主要来自资产运用所带来的收入,所以经营者要努力提高资产利用率,并且要同时考虑成本和管理费用的支出。

资产收益率是应用最为广泛的衡量银行盈利能力的指标之一。该比率越高,表明商业银行资产利用效果越好,说明商业银行在增加收入和节约资金使用等方面取得了良好的效果;反之,则资产利用效果越差。银行管理层出于战略管理的目的,通常非常关注这一指标。银行监管人员在作盈利性分析的时候,也会关注这一指标,主要是将该指标与其他银行进行横向比较,或者与该银行的历史状况进行纵向比较。

但是资产收益率也有其局限性,主要表现为它不能反映银行的资金成本,而净资产收益率则弥补了资产收益率的不足。

(二) 净资产收益率

净资产收益率(ROE)又称权益报酬率、资本收益率,是银行税后净利除以资本总额的比率。其计算公式为:

$$净资产收益率 = \frac{税后净利}{资本总额} \times 100\%$$

净资产收益率也是非常重要的衡量银行盈利能力的指标。该比率反映银行所有者投入资本的获利能力,是银行资金运用效率和财务管理能力的综合体现,与股东财富直接相关,受到银行股东和潜在投资者的重视。该比率越高,说明银行的盈利能力越强。

净资产收益率公式还可以进行分解,写成如下形式:

$$ROE = \frac{净利润}{资本} = \frac{净利润}{总资产}(ROA) \times \frac{总资产}{资本}(财务杠杆比率)$$

该分解公式就可以反映出 ROA 与 ROE 之间的关系,其中"$\frac{总资产}{资本}$"叫作财务杠杆比率。

财务杠杆比率能够反映银行资本的使用效率,即一定的资本量可以推动多少倍的资产。该比率越高意味着同量资本可以"撬动"更多的资产。财务杠杆比率是评价银行经营效率和盈利潜力、预期风险程度的重要指标。

在 ROA 和资产规模一定情况下,资本越少,ROE 越高;或者在 ROA 和资本一定情况下,资产规模越大,ROE 越高。因此,不断扩大资产规模就成为商业银行追求更高 ROE 的自然选择。但是,资产规模不断扩张必然会给商业银行带来风险,所以银行在扩张资产规模时要衡量好盈利性和安全性。

(三) 净息差

净息差(NIM)又称净利息收益率,指的是净利息收入的收益率,即净利息收入与总生息资产平均余额的比值。其计算公式如下:

$$净利息收入 = 利息收入 - 利息支出$$

$$净息差(净利息收益率) = \frac{净利息收入}{总生息资产平均余额} \times 100\%$$

利息收入来自生息资产,利息支出来自计息负债。银行的生息资产包括贷款、债券投资、同业资产、存放央行资产。其中,贷款是最主要的。银行的计息负债包括存款、同业负债、应付债券、向央行借款,存款在负债中占比最大。

净息差能够反映银行的生息资产赚取净利息收入的能力。一般而言,净息差越大,说明商业银行运用生息资产的效率越高。与之相似的指标还有净利差,以及存贷利差。

延伸阅读 10-1

调降!净息差空间压缩,部分中小银行下调存款利率求解

岁末年初,多家中小银行调整存款利率。乌鲁木齐银行发布公告称,下调部分期限的存款利率,并表示此举是为顺应存款利率市场化改革。市场观点认为,目前存款成本率降幅明显低于贷款收益率,净息差压力持续加大,加之今年年初按揭贷款重新定价。这在一定程度上压降净息差,对银行经营形成压力,长期来看同步调整存款利率应该是大势所趋。

2022 年 12 月 27 日,乌鲁木齐银行发布公告称,自当日起,个人存款方面,活期存款利率由 0.3% 调整为 0.25%;一天、七天通知存款利率由 1.04%、1.755% 调整为 1%、1.65%;定期整存整取二年、三年、五年利率由 2.73%、3.5%、3.85% 调整为 2.7%、3.35%、3.7%。

此外,黑龙江五大连池农商银行也自 2023 年 1 月 1 日对定期存款利率进行调整,三个月至五年期整存整取利率较此前下调 5 个至 25 个基点。

其实这已经不是银行第一次下调存款利率。去年 4 月央行就指导利率自律机制建立了存款利率市场化调整机制,自律机制成员银行参考以 10 年期国债收益率为代表的债券市场利率和以 1 年期 LPR 为代表的贷款市场利率,合理调整存款利率水平。此后工农中建交邮储等国有银行和大部分股份制银行均已于 4 月下旬下调了其 1 年期以上期限定期存款和大额存单利率。8 月贷款报价利率(LPR)非对称性下调后,存款利率也迎来调整。9 月 15 日工农中建交及邮储银行 6 家银行率先下调定期存款利率,随后中信银行、光大银行、民生银行、平安银行、浦发银行、广发银行等多家股份制银行 9 月 16 日发布公告,宣布下调定期存款利率。根据公告调整后的存款挂牌利率基本保持一致。其中活期存款年利率为 0.25%,一年期定期存款利率为 1.85%,三年期定期存款年利率为 2.65%,五年期定期存款年利率为 2.7%。

上海金融与发展实验室主任曾刚表示,"存款利率下调一方面会缓解银行净息差下行的压力,促进银行稳健经营,更好地服务实体经济;另一方面,存款利率下调会降低银行的资金成本,为进一步下调贷款利率、降低实体经济综合融资成本、更好地服务稳增长大局提供更大的空间。"

对于未来的存款利率调整,多家头部农商行在调研会议中表示,将继续主动加强负债结构和成本管控。上海农商银行表示,随着该行存量中长期定期存款陆续进入重定价周期,存款重定价对整体付息成本影响将逐渐体现。该行将继续主动加强负债结构和成本管控,预计明年存量存款重定价和负债主动管理将支撑存款付息率进一步下降。

华福证券的研报也表示,存款利率下调有助于稳定银行息差水平,居民端消费意愿有望被刺激增强。去年至今的多次调整整体符合市场预期,亦是存款利率市场化传导表现,有利于银行负债端成本降低,同时,利率水平比较贴近利率市场的资金宽松程度,对于居民端消费亦有一定刺激作用。

资料来源:21世纪经济报道.调降!净息差空间压缩 部分中小银行下调存款利率求解[EB/OL].(2023-01-05)[2023-01-29]. https://www.360kuai.com/pc/9fc5ef4ff46570327?cota=3&kuai_so=1&sign=360_57c3bbd1&refer_scene=so_1.

(四)净利差

净利差是指平均生息资产收益率与平均计息负债成本率之差。

$$净利差 = 平均生息资产收益率 - 平均计息负债成本率$$

$$生息资产平均收益率 = \frac{利息收入}{平均生息资产} \times 100\%$$

$$计息负债平均成本率 = \frac{利息支出}{平均生息负债} \times 100\%$$

在利率市场化环境中,净利差不仅可以传递银行系统效率的重要信息,而且反映了银行在资金交易过程中的价格行为,体现了商业银行自身的效率。

(五)存贷利差

存贷利差的计算公式如下:

$$存贷利差 = 贷款利率 - 存款利率$$

存贷利差代表存款与贷款利率水平的差距,进而反映存贷业务的盈利能力,计算较为简便。但是存贷利差与净利差是不同的,净利差覆盖的业务范围更广泛,涉及多种生息资产和计息负债,与银行的资产结构和负债结构有直接关系,而存贷利差仅仅涉及贷款业务和存款业务。

(六)成本收入比

成本收入比是营业成本与营业收入的比率。计算公式如下:

$$成本收入比 = \frac{营业支出 - 营业税金及附加}{营业收入} \times 100\%$$

商业银行成本收入比是衡量银行盈利能力的重要指标,是银行经营效率的直接体现。该指标反映了银行每一单位的收入需要支出的成本,成本收入比越低,银行单位收入的成本支出越低,表明银行获取收入的能力越强。当然,从银行长期稳健经营的角度来看,成本收入比并非越低越好,较高的成本也可能是银行提升风险管理水平的必要投入,对于基础设施、科技系统和人力资本的较高投入也是银行做好经营的必要条件。

二、资本充足指标

资本充足指标反映银行资本总量和结构是否满足监管部门对银行资本的最低要求,包括资本充足率、一级资本充足率、核心一级资本充足率等。

(一)核心一级资本充足率

核心一级资本充足率的计算公式如下:

$$核心一级资本充足率 = \frac{核心一级资本 - 对应资本扣减项}{风险加权资产} \times 100\%$$

二维码10-1:视频:盈利性指标

核心一级资本主要是指普通股,普通股在资本构成中风险抵御能力最强。核心一级资本主要衡量核心一级资本在风险加权资产中所占的比率,反映一单位风险加权资产有多少核心一级资本来保障资产安全性。我国规定商业银行核心一级资本充足率不得低于5%。

(二) 一级资本充足率

一级资本充足率的计算公式如下:

$$一级资本充足率 = \frac{一级资本 - 对应资本扣减项}{风险加权资产} \times 100\%$$

一级资本的范围要大于核心一级资本,一级资本主要衡量一级资本在风险加权资产中所占的比率,反映一单位风险加权资产有多少一级资本来保障资产安全性。我国规定商业银行一级资本充足率不得低于6%。

(三) 资本充足率

资本充足率的计算公式如下:

$$资本充足率 = \frac{总资本 - 对应资本扣减项}{风险加权资产} \times 100\%$$

资本充足率是指总资本充足率,该指标主要衡量总资本在风险加权资产中所占的比率,反映一单位风险加权资产有多少总资本来保障资产安全性。我国规定商业银行总资本充足率不得低于8%。

三、资产质量指标

资产质量类指标主要有不良贷款率、拨备覆盖率、贷款拨备率。这类指标主要反映银行信用风险状况。

(一) 不良贷款率

在正常贷款、关注贷款、次级贷款、可疑贷款、损失贷款五级分类框架下,不良贷款是指次级贷款、可疑贷款、损失贷款的总和。

不良贷款率是指银行不良贷款占总贷款余额的比重。由于每个银行的信贷规模不同,对银行的资产质量难以直接用不良贷款余额进行衡量。不良贷款率排除了规模因素,还可以在不同银行之间进行对比,是测度银行信贷资产质量的重要指标。不良贷款率的计算公式如下:

$$不良贷款率 = \frac{次级贷款 + 可疑贷款 + 损失贷款}{总贷款余额} \times 100\%$$

不良贷款率是评价银行信贷资产安全的重要指标。不良贷款率高说明收回贷款的风险越大,贷款质量越差;反之则说明收回贷款的风险越小,贷款质量越好。

(二) 拨备覆盖率和贷款拨备率

拨备,又称准备金,是指商业银行对承担风险和损失的金融资产计提的准备金,包括资产减值准备和一般准备。贷款损失准备是商业银行按照规定提取的贷款损失减值准备,是商业银行在成本中列支、用于抵御贷款风险的准备金,银行不承担风险的受托贷款等不计提贷款损失准备。《商业银行贷款损失准备管理办法》设置了拨备覆盖率与贷款拨备率指标来考核商业银行贷款损失准备的充足性。

1. 拨备覆盖率

拨备覆盖率,也称为拨备充足率,是实际计提的贷款损失准备对不良贷款的比率,主要反映商业银行对贷款损失的弥补能力和对贷款风险的防控能力。其计算公式为:

$$拨备覆盖率 = \frac{实际计提的贷款损失准备}{不良贷款} \times 100\%$$

拨备覆盖率是衡量商业银行贷款损失准备金计提是否充足的一个重要指标,可以考察银行财务是否稳健,风险是否可控。该项指标从宏观上反映了银行贷款的风险程度及社会经济环境、诚信等方面的情况。该比率最佳状态为100%,说明银行计提的准备金刚好覆盖不良贷款。该比率不应低于100%,若低于100%,则说明贷款损失准备计提不足,存在准备金缺口。

2018年2月,原银监会下发了《关于调整商业银行贷款损失准备监管要求的通知》,拨备覆盖率的监管标准调整为120%~150%,并要求各级监管部门在上述调整区间范围内,按照"同质同类"(指各机构监管部门原则上应制定相应类别机构的差异化实施细则)、"一行一策"(指各机构监管部门和各地原银监局进一步明确单家银行的贷款损失准备监管要求)原则,明确银行贷款损失准备监管要求。2020年4月21日的国务院常务会议确定将中小银行拨备覆盖率监管要求阶段性下调20个百分点。

我国商业银行一般将风控作为银行建设的第一目标,而衡量风险最直观的指标是拨备覆盖率,简单来说,就是为坏账准备了多少钱。拨备覆盖率越高越好。截至2021年年末,我国41家A股上市商业银行拨备覆盖率均超100%,其中浦发银行、郑州银行、民生银行、华夏银行的拨备覆盖率较低,其他银行的拨备覆盖率均在200%左右,最低为143.96%,最高为567.71%。

延伸阅读 10-2

辽东农商行2022年上半年不良贷款率高达18.51%,遭遇了什么

2022年以来首现银行主体评级被下调。

2022年7月联合资信发布评级报告称,将辽阳辽东农村商业银行股份有限公司(以下简称"辽东农商行")的主体信用评级由A+调低至A,评级展望为负面,同时将"16辽东农商二级"的债项信用等级由A调低至A−。辽东农商银行成立于2013年8月,是在原辽阳县农村信用合作联社基础上组建而成的股份制商业银行。该行资产规模较小,截至2021年年末资产仅为252亿元。

对于评级下调的原因,联合资信提到,在疫情和区域经济下行背景下,辽东农商银行主营业务规模有所下降、信贷资产质量明显恶化、拨备水平不足、盈利大幅下降且转为亏损状态、资本已显不足等因素对其经营发展及信用水平可能带来不利影响。

具体来看,去年该行营收、净利润均大幅下滑。2021年,辽东农商银行的营收为1.5亿元,而2020年该行营收为7.62亿元;2021年该行净利润亏损1.06亿元,2020年该行实现净利润2.17亿元。营收下滑、大幅亏损与该行净息差大幅下降有密切关系。2019年、2020年、2021年,辽东农商银行的净息差分别为2.79%、2.66%、0.45%。这意味着该行净息差在2021年出现"断崖式"下滑。这与该行的资产质量严重下滑息息相关。数据显示,截至2019年年末、2020年年末,该行的不良贷款率分别为1.45%、2.82%。到了2021年年末,辽东农商银行的不良贷款率大幅攀升至11.52%。

评级报告提到,2021年辽东农商银行信贷资产质量明显恶化,且贷款以无还本续贷为主。考虑到此类贷款受新冠肺炎疫情和宏观经济下行影响较大,信贷资产质量下行压力大,拨备水平随之大幅下降,且已不满足监管要求,拨备面临较大计提压力,需对其信贷资产质量和拨备水平的变化保持关注。

从拨备覆盖率来看,截至2021年年末,辽东农商银行的拨备覆盖率低至54.28%,已不满足监管要求,拨备水平明显不足,贷款减值准备面临较大计提压力。

截至2022年6月末,辽东农商行不良贷款率为18.51%。该行合并后的资本充足率为0.87%,核心一级资本充足率为-0.83%,一级资本充足率为-0.83%,出现负数。

资料来源:曾令俊 ZLJ. 今年首家银行评级遭下调!辽东农商行上半年不良贷款率高达18.51%,遭遇了什么?[EB/OL].(2022-08-01)[2022-08-13]. https://www.jiemian.com/article/7841362.html.

2. 贷款拨备率

贷款拨备率是指贷款损失准备计提余额与贷款余额的比率,是反映商业银行拨备计提水平的重要监管指标之一。其计算公式如下:

$$贷款拨备率 = \frac{贷款损失准备计提余额}{贷款余额} \times 100\%$$

2018年2月原银监会下发了《关于调整商业银行贷款损失准备监管要求的通知》(以下简称《通知》),将贷款拨备率监管标准调整为1.5%~2.5%。《通知》要求,逾期90天以上贷款在贷款五级分类中至少计入次级贷款,而在之前部分银行将该类划为关注贷款。那么按照新的要求划入次级贷款后,贷款损失准备计提比例也将大幅提高。根据监管要求,银行可以参照以下比例按季计提专项准备:对于关注贷款,计提比例为2%;对于次级贷款,计提比例为25%。

按照《通知》要求,监管部门综合考虑商业银行贷款分类准确性、处置不良贷款主动性、资本充足性三方面因素,按照就高原则,确定贷款损失准备最低监管要求。贷款损失准备最低监管要求如表10-2所示。

表10-2　　　　贷款损失准备最低监管要求

逾期90天以上贷款纳入不良贷款的比例	拨备覆盖率最低监管要求	贷款拨备率最低监管要求
100%	120%	1.5%
85%~100%	130%	1.8%
70%~85%	140%	2.1%

资料来源:张桥云. 商业银行经营管理[M]. 北京:机械工业出版社,2021.

第三节 商业银行绩效评价体系

商业银行的绩效评价体系有很多种,各个国家也不尽相同,如美国有骆驼(CAMEL)评级体系,我国有中国人民银行的宏观审慎评估体系(MPA),以及财政部门对国有独资及国有控股商业银行的绩效体系等。本节主要介绍以上三种绩效评价体系。

一、骆驼评价体系

骆驼评价体系是美国金融管理当局对商业银行及其他金融机构的业务经营、信用状况等进行的一整套规范化、制度化和指标化的综合等级评定制度,产生于1979年。该评级体

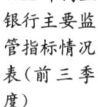

二维码10-2:
2022年商业银行主要监管指标情况表(前三季度)

系的五项考核指标为：资本充足性(capital adequacy)、资产质量(asset quality)、管理水平(management)、盈利状况(earnings)、流动性(liquidity)。骆驼评价方法因其具备有效性，目前已被国外主要金融监管机构广泛采用。

我国加入WTO后，国内金融业也面临国际化趋势，骆驼评价体系的五项指标对我国商业银行分析自身整体经营水平，以国际化、现代化标准规范资产运营机制，加强风险管理，具有重要的借鉴意义。

(一) 资本充足性

资本充足性分析主要包括资本构成分析、资本水平和趋势分析、贷款损失账户补贴的充足性分析、股东背景及经济环境分析，主要考察资本充足率，即总资本与总资产之比。总资本包括基础资本和长期附属债务；基础资本包括股本金、盈余、未分配利润和呆账准备金。

《巴塞尔协议》以及各国的资本监管规定，都对商业银行资本充足率进行了详细规定。在资本充足率达到监管要求后，商业银行要保证资本金的持续、稳定增长，需要考虑以下三个方面的内容：一是资本的增长速度能够维持银行整体业务的发展速度。要维持银行业务的发展，资本也必须相应增长。如果业务发展速度快于资本金的增长速度，则会出现资本不足的问题，危害银行的安全性。二是通过发行资本债券增加资本金是维持资本金持续增长的一个重要方面。三是如果银行上市，则要考虑股息派发政策，以维持资本金的充足程度。资本充足性的评价级别划分如表10-3所示。

表10-3　　　　　　　　　　资本充足性的评价级别划分

级别	评价
一	资本十分充足，高出平均水平，经营管理水平高，资产质量高，盈利好，不存在潜在风险
二	资本充足率高，高出平均水平，没有风险问题，业务发展稳健
三	资本充足率不高，低于平均水平，不良贷款多，或近期大幅度扩展业务
四	资本明显不足，贷款问题多或业务发展过快，盈利性不强
五	资本充足率在3.5%以下，风险资产比重过大

资料来源：佚名.骆驼信用评级评价指标[EB/OL].[2022-08-10].https://baike.so.com/doc/1464910-1548889.html.

(二) 资产质量

资产质量的优劣可以反映一家商业银行对安全性、流动性和盈利性三大经营方针的执行情况。资产质量主要考察风险资产的数量、预期贷款的数量、呆账准备金的充足状况、管理人员的素质、贷款的集中程度以及贷款出现问题的可能性。

全部贷款可按风险程度分为四类，即正常贷款、不合标准贷款、有疑问贷款以及难以收回贷款。然后按如下公式计算资产质量比率：

资产质量比率＝加权计算后的有问题贷款/基础资本

加权计算后的有问题贷款＝不合标准贷款×20%＋有问题贷款×50%＋难以收回贷款×100%

资本质量的评价级别划分如表10-4所示。

表 10-4　　　　　　　　　　　　　资产质量评价级别划分

级别	资产质量比率	评价
一	5%以下	资产质量很高,风险很小
二	5%~15%	资产质量较令人满意,管理水平较高
三	15%~30%	资产质量不太令人满意,存在着相当程度的问题
四	30%~50%	贷款存在严重问题,过分集中,管理水平较差
五	50%以上	资产质量极差,很可能在近期倒闭

资料来源：佚名. 骆驼信用评级评价指标. [EB/OL]. [2022-08-10]. https://baike.so.com/doc/1464910-1548889.html.

(三) 管理水平

金融机构管理水平主要通过分析管理层对银行经营活动进行参与及监管的水平和程度、内部控制制度及手段的有效性和合理性、管理层对经营环境转变或新业务引致风险的反应能力及速度、管理信息及风险监控系统的准确性和及时性等来评价。

管理评价较难,因为没有量化指标和比率,一般以定性分析为标准。管理水平的评价级别划分如表 10-5 所示。

表 10-5　　　　　　　　　　　　　管理水平评价级别划分

级别	评价
一	管理水平很高,人员素质很好,有能力解决问题,有预防性措施,不存在问题
二	管理上略有问题,但管理者可以解决,整体管理状况令人满意
三	管理潜伏着事实程度上的危机,管理水平不能解决现存的问题
四	管理水平差,管理者没有解决问题的能力
五	管理者素质较差,完全没有能力,应更换高层管理者

资料来源：佚名. 骆驼信用评级评价指标[EB/OL]. [2022-08-10]. https://baike.so.com/doc/1464910-1548889.html.

(四) 盈利状况

可通过分析银行的利润变化趋势和稳定性、盈利来源是否合法、盈利质量和结构等方面来评价盈利状况。盈利状况主要考察银行在过去一两年里的净收益情况。其中,收益状况评级标准以资产收益率1%为标准。资产收益率为净收益占平均资产之比。此外,市场因素不断增加(同业竞争加强、利差缩窄),收入获取途径狭窄,及经营有关的费用支出水平较高,都是影响商业银行盈利水平的不利因素。

盈利状况的评价级别划分如表 10-6 所示。

表 10-6　　　　　　　　　　　　　盈利状况的评价级别划分

级别	评价
一	资产收益率在1%以上
二	资产收益率在1%左右

(续表)

级别	评价
三	资产收益率在 0~1%
四	资产收益率在 0~1%,其他指标较弱
五	资产收益率为负数,出现经营性亏损

资料来源:佚名.骆驼信用评级评价指标[EB/OL].[2022-08-10]. https://baike.so.com/doc/1464910-1548889.html.

(五) 流动性

流动性是商业银行随时满足存款客户的取款需要和贷款客户的贷款要求的能力。通过对资产负债结构、利率风险敏感性等方面的分析,可以评价银行的流动性,判断银行是否具有充足的变现能力和偿付能力。

流动性的评价级别划分如表 10-7 所示。

表 10-7　　　　　　　　　　流动性的评价级别划分

级别	评价
一	流动性充足,而且还拥有随时筹资的渠道
二	流动性比较充足,但略低于第一级
三	流动性资金不足以完全满足该行的资金需要
四	流动性方面存在着相当大的问题
五	完全没有流动性,随时面临倒闭的危险

资料来源:佚名.骆驼信用评级评价指标[EB/OL].[2022-08-10]. https://baike.so.com/doc/1464910-1548889.html.

(六) 综合评价

骆驼评价体系综合评价,即对上述五个方面进行综合评价。综合评价的方法有两种:一种是简单认定,即将上述五个方面简单平均,得出最后级别;另一种是加权认定,即对上述五个方面分别给予不同的权数,加权平均,得出最后级别。通常采用五级评分制来评价商业银行的经营及管理水平(一级最高、五级最低)。

CAMEL 综合评级如表 10-8 所示。

表 10-8　　　　　　　　　　CAMEL 综合评级表

级别	评价
一	一流银行,能应付市场的任何变化,监管部门可以对其放心
二	稳健安全的银行,监管部门不需要特别关注
三	有问题的银行,监管部门应予以较多关注
四	有严重财务问题的银行,有倒闭危险,监管部门应尽快采取措施
五	近期内可能倒闭的银行,急需充实资本,并更换高层管理者

资料来源:佚名.骆驼信用评级评价指标[EB/OL].[2022-08-10]. https://baike.so.com/doc/1464910-1548889.html.

（七）骆驼评级体系的修订

从 1991 年开始，美国联邦储备委员会及其他监管部门对骆驼评价体系进行了重新修订，增加了第六项评估内容，即市场风险敏感度，主要考察利率、汇率、商品价格及股票价格的变化，对金融机构的收益或资本可能产生不良影响的程度。

二、中国人民银行的宏观审慎评估体系

（一）宏观审慎评估体系的背景

国内外经济金融风险日趋严峻。从外部形势来看，美国利率政策引致全球资本快速流动，大宗商品、货币、风险资产的波动性都在加大。从内部环境来看，一方面国内金融市场对外部冲击越来越敏感，汇率风险的冲击链条拉长；另一方面，资产荒继续蔓延，实体经济创造有效资产的能力明显不足，大量的货币囤积在金融市场进行杠杆配置，货币市场、资本市场和房地产市场的泡沫隐患又在加大，宏观风险愈加复杂。

宏观经济金融结构的变化，导致商业银行的资产负债也呈现多元化特征，从过去单一的表内存贷款向表内表外多元化资产负债配置转变，自营投资、资金交易、资产管理、投资银行、跨境结算等经营行为已经将信贷市场、货币市场、资本市场和外汇市场打通，银行已经实现了事实上的混业经营，需要更加综合化的金融监管框架。

（二）宏观审慎评估体系的内容

2015 年 12 月 29 日，央行宣布为进一步完善宏观审慎政策框架，更加有效地防范系统性风险，发挥逆周期调节作用，从 2016 年起将现有的差别准备金动态调整和合意贷款管理机制升级为宏观审慎评估（MPA）体系。

MPA 体系既保持了宏观审慎政策框架的连续性、稳定性，又作出了以下改进：

（1）MPA 体系更为全面、系统，重点考虑资本和杠杆情况、资产负债情况、流动性、定价行为、资产质量、跨境融资风险、信贷政策执行等七大方面，通过综合评估加强逆周期调节和系统性金融风险防范。

（2）宏观审慎资本充足率是评估体系的核心，资本水平是金融机构增强损失吸收能力的重要途径，资产扩张受资本约束的要求必须坚持，这是对原有合意贷款管理模式的继承。

（3）从以往关注狭义贷款转向关注广义信贷，将债券投资、股权及其他投资、买入返售资产等纳入其中，有利于引导金融机构减少各类腾挪资产、规避信贷调控的做法。

（4）利率定价行为是重要考察方面，以促进金融机构提高自主定价能力和风险管理水平，约束非理性定价行为，避免恶性竞争，维护良好的市场竞争环境，有利于降低融资成本。

（5）MPA 体系更加灵活、有弹性，按每季度的数据进行事后评估，同时按月进行事中事后监测和引导，在操作上更好地发挥了金融机构自身和自律机制的自我约束作用。

（6）MPA 体系既借鉴国际经验，又考虑了我国利率市场化进程、结构调整任务重等现实情况，有利于促进金融改革和结构调整。

MPA 用于评估银行业存款类金融机构（包括政策性银行、大型商业银行、股份制银行、城商行、农村金融机构、财务公司、村镇银行和外资银行）和银行业非存款类金融机构（包括金融租赁公司、信托公司、消费金融公司、资产管理公司、汽车金融公司、贷款公司）。其中，开业不满 3 年的存款类金融机构暂不参与评估；对非存款类金融机构不适用的指标也不纳入非存款金融机构的评估。考虑到商业银行的地位和发展水平的不同，央行将宏观审慎评

估体系(MPA)的评估对象分为三类：全国性系统重要性机构(N-SIFIs)、区域性系统重要性机构(R-SIFIs)、普通机构(CFIs)。

宏观审慎评估体系的考核指标如表 10-9 所示。

表 10-9　　　　　　　　　宏观审慎评估体系的考核指标

7 个方面	15 个指标
资本和杠杆情况	资本充足率、杠杆率
资产负债情况	广义信贷、委托信贷、同业负债
流动性	流动性覆盖率、净稳定资金比例、遵守准备金制度情况
定价行为	利率定价
资产质量	不良贷款率、拨备覆盖率
跨境融资风险	跨境融资风险加权资产余额
信贷政策执行	信贷政策评估结果、信贷政策执行情况、央行资金运用情况

资料来源：佚名.宏观审慎评估体系[EB/OL].[2022-08-10].https://baike.so.com/doc/25750701-26884323.html.

延伸阅读 10-3

央行有关负责人就表外理财纳入宏观审慎评估接受采访

2016 年部分银行的表外理财业务增长很快。所以，中国人民银行有关负责人就表外理财纳入宏观审慎评估问题接受了《金融时报》记者采访。

记者：央行此前曾透露正在研究将表外理财纳入宏观审慎评估(MPA)广义信贷指标，目前进展如何？

答：前期人民银行就表外理财纳入 MPA 广义信贷指标开展了模拟测算，金融机构和相关工作人员对此已有了逐步熟悉、调整和适应的过程，相关工作进展总体顺利，目前看实施条件已经具备。

在总结前期经验的基础上，人民银行将于 2017 年一季度评估时开始正式将表外理财纳入广义信贷范围，以合理引导金融机构加强对表外业务风险的管理。具体为：表外理财资产扣除现金和存款等之后纳入广义信贷范围，纳入后广义信贷指标仍主要以余额同比增速考核。

需要注意的是，2016 年年底若金融机构表外理财业务冲时点，会大幅拉高 2017 年一季度乃至二、三季度广义信贷余额和同比增速，直接对 2017 年前三季度 MPA 评估结果造成负面影响。如果有银行因为 MPA 而冲时点，可能是由于对上述同比考核的机制理解还不够准确。避免冲时点行为，保持广义信贷平稳适度增长，才符合宏观审慎评估的要求。

记者：央行将表外理财纳入广义信贷范围有何考虑？

答：MPA 实施近一年来成效较好，广义信贷增长较为平稳有序，资本约束资产扩张理念进一步贯彻体现，金融机构经营总体稳健。同时，人民银行也一直在根据形势发展变化和实施情况对 MPA 进行完善。我们注意到，当前未纳入 MPA 的表外理财业务增长较快，部分银行的业务还潜藏着一些风险。一是表外理财底层资产的投向主要包括类信贷、债券等资产，与表内广义信贷无太大差异，同样发挥着信用扩张作用，如果增长过快则会积累宏观风险，不利于"去杠杆"要求的体现与落实。二是目前表外理财虽名为"表外"，但资金来源一定程度上存在刚性兑付，出现风险时银行往往不得不表内化解决，未真正实现风险隔离。因此，为了更加全面准确地衡量风险，引导金融机构更为审慎经营，需要加强对表外理财业务的宏观审慎评估。

中国人民银行将继续加强与金融机构的沟通、引导和风险提示，推动相关工作平稳有序地过渡，不断健全完善宏观审慎评估体系。

资料来源：佚名.央行有关负责人就表外理财纳入宏观审慎评估接受采访[EB/OL].(2016-12-20)[2022-08-10].http://www.pbc.gov.cn/goutongjiaoliu/113456/113469/3215090/index.html.

（三）宏观审慎评估体系的优势

宏观审慎评估体系的优势可以主要概括为以下三个方面：

1. 综合评估

宏观审慎评估体系从过去"差别准备金＋合意贷款"的局部管理机制，升级为包括资本、流动性、资产质量、定价行为、外债风险、信贷政策等在内的综合评估框架，反映了对宏观风险的全面管理。例如，流动性指标管理的是流动性风险，资产质量指标管理的是信用风险，定价行为管理的是利率风险，跨境融资风险指标部分反映了外汇风险等。

二维码10-3：表外理财纳入 MPA 限制了什么？

2. 逆周期调控

逆周期调控是一种宏观审慎政策。央行等相关部门在客观准确判断宏观形势的基础上，利用政策工具进行灵活的逆方向调控，建立健全与新增贷款超常变化相联系的动态拨备要求和额外资本要求，通过逆周期的资本缓冲，平滑信贷投放、引导货币信贷适度增长，实现总量调节和防范金融风险的有机结合，大大提高了金融监管的弹性和有效性。

经济周期的存在会导致商业银行在经济上行时期大量放贷积聚风险，助推经济泡沫，在经济下行时期引发信贷紧缩，从而扩大宏观经济在经济周期不同阶段的波动幅度，并最终加剧金融体制风险。而逆周期调控的作用是对经济周期中的这些风险在一定程度上进行对冲和缓释，降低金融体系整体风险。

比如，资本充足率的监管要求就可以进行逆周期调控。在经济过热期，信贷规模往往会飞速扩张，商业银行风险增大，但是相对于信贷资产，资本增加速度往往是平稳的，所以商业银行为了达到资本充足率要求，就不会盲目扩张资产规模。因此资本充足率指标就会对商业银行资产规模的扩张形成牵制作用，形成逆周期调控效果；而另外一些指标，包含债券投资、买入返售等在内的广义信贷，央行可以根据宏观形势状况对其进行外生调节。宏观审慎框架下的逆周期调节将更加平滑和精准。

3. 评估激励

评分高、指标稳健的银行可以被认为对宏观稳定作出了贡献，具有正的外部性，需要进行正向激励。而相反，那些评分较低且达不到某个标准的银行，则可以认为是引起宏观不稳定隐患的银行，具有负的外部性，需要进行负向激励。激励的方式可以是监管评估分级和实施差别化的准备金利率。需要注意的是，在利率市场化、打破刚兑和银行信用差异的背景下，监管评级对商业银行将越来越重要，评级高的银行在获取负债和重组并购中占据优势。

延伸阅读 10-4

看懂银行系列报告之一：央行宏观审慎评估体系（MPA）全解析（节选）

央行从2016年起将对银行业的监管体系由差别准备金动态调整和合意贷款管理机制"升级"为"宏观审慎评估体系"（macro prudential assessment，MPA）。

MPA按季度进行评估。每家被评估机构在季后10日内向当地央行分支机构报送自评报告等材料，并由央行分支机构进行复评、复核。在此基础上，结合当地自律机制出具的定价行为意见，评估委员会表决形成综合考量评估结果并予以通报。

MPA将指标按类进行评估、加总。单类指标的总分设为100分。每类得分90分以上为优秀,60分至90分为达标,60分以下不达标。根据各类指标的得分,参评机构被MPA分为A、B、C三档。A档机构的七大类指标均须优秀。B档机构的不达标指标不超过两类,且不包含"资本和杠杆情况""定价行为"这两类指标中的任一类。剩余机构均为C档。

目前,MPA的结果影响各参评机构的法定存款准备金利率。央行对A档机构的准备金利率上浮10%~30%(目前为10%),对B档机构维持不变,对C档机构下浮10%~30%(目前为10%)。同时,对于不符合MPA的银行,央行会将其SLF的利率提高100BP。鉴于MPA是央行的核心评估体系,未来央行可能会针对该体系出台更多的差异化监管措施。

资料来源:高健.看懂银行系列报告之一:央行宏观审慎评估体系(MPA)全解析[EB/OL].(2017-03-22)[2022-08-10]. http://stock.stockstar.com/JC2017032200001817.shtml.

三、我国财政部门对国有独资及国有控股商业银行的绩效评价体系

2020年12月,财政部印发《商业银行绩效评价办法》,商业银行绩效评价维度包括服务国家发展目标和实体经济、发展质量、风险防控、经营效益等四个方面,评价重点是服务实体经济、服务经济重点领域和薄弱环节情况,以及经济效益、股东回报、资产质量等。

(一)《商业银行绩效评价办法》出台背景及意义

随着我国经济发展进入新常态,2016年修订过的商业银行绩效评价办法局限性逐渐凸显,因此需要根据新形势对商业银行绩效评价办法在以下几方面再次进行修改完善。

(1) 适应当前党中央、国务院对金融工作的总体要求的需要,深化金融体制改革,增强金融服务实体经济的能力,这就要求进一步完善现行评价体系,突出金融服务实体经济、金融服务创新发展的新理念。

(2) 适应当前我国经济发展阶段的需要。我国已转向高质量发展阶段,要推动质量变革和效率变革。这就要求在追求规模增长的同时,更加注重发展质量与效益。

(3) 保障银行信贷投放能力的需要。现阶段我国金融体系以间接融资为主,信贷融资占比较高,资本耗用较大,2016年修订的商业银行绩效评价办法中,偿付能力状况考核三项资本充足率指标,权重过高,降低了资本对信贷的撬动效率,不利于金融服务实体经济质效。

2020年这次修订,旨在进一步发挥市场机制作用,激励商业银行更好服务微观经济、实体经济,为商业银行稳健运行、高质量发展和服务实体经济提供保障支撑。

(二)《商业银行绩效评价办法》适用对象

《商业银行绩效评价办法》适用于国有独资及国有控股商业银行(含国有实际控制商业银行)、国有独资及国有控股金融企业实质性管理的商业银行。其他类型的商业银行可参照执行。

(三)商业银行绩效评价指标体系

指标体系相较于之前的绩效评估办法有所调整。之前的指标体系包括盈利能力、经营增长、资产质量、偿付能力四类指标。现在的指标体系包括服务国家发展目标和实体经济、发展质量、风险防控、经营效益四类,每类权重均为25%。

1. 服务国家发展目标和实体经济

该指标类型包括服务生态文明战略情况、服务战略性新兴产业情况、普惠型小微企业贷款"两增"完成情况、普惠型小微企业贷款"两控"完成情况4个指标,主要反映商业银行服务国家宏观战略、服务实体经济、服务微观经济情况。

2. 发展质量

该指标类型包括经济增加值、人工成本利润率、人均净利润、人均上缴利税4个指标,主要反映商业银行高质量发展状况和人均贡献水平。

3. 风险防控

该指标类型包括不良贷款率、不良贷款增速(还原核销耗用拨备)、拨备覆盖水平、流动性比例、资本充足率5个指标,主要反映商业银行资产管理和风险防控水平。

4. 经营效益

该指标类型包括(国有)资本保值增值率、净资产收益率、分红上缴比例3个指标,主要反映商业银行资本增值状况和经营效益水平。

商业银行绩效评价指标体系简介如表10-10所示。

表10-10　　　　　　　　商业银行绩效评价指标体系简介

考核方面	具体指标	权重	指标定义/计算公式
服务国家发展目标和实体经济(25%)	服务生态文明战略情况	6	绿色信贷占比:年末绿色信贷贷款余额/年末各项贷款余额×100%
	服务战略性新兴产业情况	6	战略性新兴产业贷款占比:年末战略性新兴产业贷款余额/年末各项贷款余额×100%
	普惠型小微企业贷款"两增"完成情况	7	普惠型小微企业贷款增速情况:全年完成普惠型小微企业贷款较年初增速不低于各项贷款较年初增速;普惠型小微企业贷款有余额户数:有贷款余额户数不低于年初水平
	普惠型小微企业贷款"两控"完成情况	6	合理控制小微企业贷款资产质量水平情况:普惠型小微企业贷款不良率控制在不高于自身各项贷款不良率3个百分点;普惠型小微企业贷款综合成本(包括利率和贷款相关的银行服务收费)水平:小微企业贷款综合成本符合年度监管要求
发展质量(25%)	经济增加值	7	经济增加值=利润总额－平均权益回报率×归属于母公司所有者权益
	人工成本利润率	6	利润总额/人员费用×100%
	人均净利润	6	净利润/平均在岗职工人数
	人均上缴利税	6	年度分红及缴税/平均在岗职工人数
风险防控(25%)	不良贷款率	5	(次级类贷款＋可疑类贷款＋损失类贷款)/年末各项贷款余额×100%
	不良贷款增速(还原核销耗用拨备)	5	(当年新增不良贷款额＋当年冲销或卖出资产耗用的减值准备)/上年年末不良贷款余额×100%
	拨备覆盖水平	5	实际计提损失准备/应计提损失准备×100%
	流动性比例	5	流动性资产余额/流动性负债余额×100%
	资本充足率	5	总资本净额/应用资本底线之后的风险加权资产合计×100%

(续表)

考核方面	具体指标	权重	指标定义/计算公式
经营效益 (25%)	(国有)资本保值增值率	10	(年末国有资本土客观增减因素影响额)/年初国有资本×100%
	净资产收益率	8	净利润/净资产平均余额×100%
	分红上缴比例	7	分红金额/归属于母公司所有者净利润×100%

资料来源：财政部.商业银行绩效评价指标体系[EB/OL].(2020-12-15)[2022-08-13].http://jrs.mof.gov.cn/gongzuotongzhi/202101/P020210104389633044160.pdf.

延伸阅读10-5

新版商业银行绩效评价"打分表"落地

我国商业银行绩效评价制度体系迎来全新优化，2020年12月15日，财政部发布关于印发《商业银行绩效评价办法》的通知(以下简称《通知》)，对商业银行绩效评价办法做出完善和修订，《通知》将改革前的盈利能力、经营增长、资产质量、偿付能力四类指标，调整为服务国家发展目标和实体经济、发展质量、风险防控、经营效益四类，同时进一步扩大负面清单，新增发生风险事件评价降级指标，突出了防范风险的目标要求。

一、风控、经营等四类重点指标迎调整

现行商业银行绩效评价办法是金融企业绩效评价制度中四类(银行、保险、证券、其他)评价类别之一，建立于2009年，2016年曾进行修订。修订后的《通知》将改革前的盈利能力、经营增长、资产质量、偿付能力四类指标，调整为服务国家发展目标和实体经济、发展质量、风险防控、经营效益四类，且每一类权重均为25%。

谈及监管部门此次调整四类重点指标的考量，光大银行金融市场部分析师周茂华在接受《北京商报》记者采访时表示，监管此举意在增强商业银行绩效评价制度体系的科学性与导向性，针对国内经济产业结构和金融体系变化，国内需要对具有导向作用的绩效考核体系进行调整。

周茂华进一步指出，从导向看，《通知》引导商业银行转向高质量发展，注重金融服务质量和竞争力提升；引导商业银行有效防范化解金融风险，夯实发展基础。引导商业银行围绕服务实体经济进行创新，尤其是加大实体经济薄弱环节与战略新兴制造业等环节支持；引导银行加快发展模式转型，增强创新能力，提升经营效率。

二、负面清单扩大、新增风险事件评价降级

据了解，绩效评价是指财政部门根据商业银行功能特点建立评价指标体系，运用适当评价方法和评价标准，对商业银行一个会计年度响应国家宏观政策、服务实体经济、防控金融风险情况，以及发展质量、经营效益情况进行的综合评价。

为了有效防控风险，《通知》进一步扩大负面清单，新增发生风险事件评价降级。在《商业银行绩效评价办法有关说明》一文第五项"绩效评价加减分事项"中将发生风险事件降级表述为：商业银行及其负责人发生属于当期责任的重大违法违纪案件、重大资产损失事项，造成重大不利社会影响的，根据影响程度下调评价级别；正常的资产减值准备计提不在此列。

除此之外，《通知》还设立了违规受罚、无序设立子公司等扣分事项。例如，商业银行违反有关监管规定或工资管理规定的，根据相关部门的处理处罚情况扣1~5分；违反有关监管规定盲目无序设立具有投资决策权的三级以上(计算层级时不含SPV)子公司的，根据设立情况扣1~5分。

新版绩效评价机制的"出炉"，无疑为商业银行稳健运行、实现高质量发展提供了重要的屏障和支撑。在周茂华看来，《通知》强化监管，引导银行健全内部管理制度，完善和细化考核机制、合规经营，具有"指挥棒"作用。可以预见，未来商业银行绩效评价体系将随之调整，商业银行内部业务规范、流程，以及业务员的考核机制调整将迎来统一规范。

资料来源：北京商报.新版商业银行绩效评价"打分表"落地 事关高管薪酬、企业工资总额[EB/OL].(2021-01-04)[2022-08-13]. https://www.360kuai.com/pc/99b0865e9e837e3b8?cota=3&kuai_so=1&tj_url=so_vip&sign=360_57c3bbd1&refer_scene=so_1.

（四）商业银行绩效评价方法

财政部门根据商业银行绩效评价指标特性，可以采用适当的单一或综合评价方式。其中，单一评价方式包括行业对标、历史对标、监管标准对标、定性打分等。行业标准值由财政部统一测算并公布；其他标准值按照分级管理原则，由财政部和省级财政部门分别组织测算和确定。

（五）商业银行绩效评价结果

绩效评价结果以评价得分、评价类型和评价级别表示。评价得分用百分制表示，最高为100分。评价类型是根据评价分数对企业综合绩效所划分的水平档次，用文字和字母表示，分为优（A）、良（B）、中（C）、低（D）、差（E）五种类型。对于年度绩效评价结果为中档及以下（不含）的，商业银行要对照绩效评价结果计分表，及时总结原因、分析差距、加强管理、改进考核。

二维码10-4：商业银行绩效评价体系中各指标具体的评价方法说明

延伸阅读 10-6

金融企业类型判定标准

金融企业绩效评价结果以80、65、50、40分作为类型判定的分数线。

评价得分达到80分以上（含80分）的评价类型为优（A），在此基础上划分为3个级别，分别为：AAA≥95分；95分＞AA≥85分；85分＞A≥80分。

评价得分达到65分以上（含65分）不足80分的评价类型为良（B），在此基础上划分为3个级别，分别为：80分＞BBB≥75分；75分＞BB≥70分；70分＞B≥65分。

评价得分达到50分以上（含50分）不足65分的评价类型为中（C），在此基础上划分为2个级别，分别为：65分＞CC≥60分；60分＞C≥50分。

评价得分在40分以上（含40分）不足50分的评价类型为低（D）。

评价得分在40分以下的评价类型为差（E）。

资料来源：财政部.商业银行绩效评价办法有关说明[EB/OL].(2020-12-15)[2022-08-13]. http://jrs.mof.gov.cn/gongzuotongzhi/202101/P020210104389633826223.pdf.

本章小结

本章主要学习了商业银行绩效评价的含义、原则和基本要素，商业银行绩效评价的三类主要的财务指标，商业银行绩效评价的三种体系。

本章重要概念

绩效评价 资产收益率 净资产收益率 净息差 成本收入比 资本充足率 不良贷款率 拨备覆盖率 贷款拨备率 CAMEL 宏观审慎

二维码10-5：练一练

二维码10-6：练一练答案

主要参考文献

[1] 巴塞尔银行监管委员会.巴塞尔银行监管委员会文献汇编[M].北京:中国金融出版社,2002.
[2] 陈英,范亦萍.商业银行经营管理概论[M].杭州:浙江大学出版社,2020.
[3] 程皓.商业银行经营管理[M].北京:科学出版社,2021.
[4] 高顺芝,丁宁.商业银行经营管理学[M].大连:东北财经大学出版社,2019.
[5] 黄达,张杰.金融学[M].北京:中国人民大学出版社,2020.
[6] 何铁林.商业银行业务经营与管理[M].北京:中国金融出版社,2020.
[7] 李健.金融学[M].北京:高等教育出版社,2022.
[8] 李春.商业银行经营管理事务[M].大连:东北财经大学出版社,2021.
[9] 彭建刚.商业银行管理学[M].北京:中国金融出版社,2019.
[10] 秦桂兰.金融学[M].上海:立信会计出版社,2021.
[11] 宋清华.商业银行经营管理[M].北京:中国金融出版社,2021.
[12] 王向荣.商业银行经营管理[M].上海:格致出版社,2019.
[13] 王良,薛斐.商业银行资产负债管理实践[M].北京:中信出版社,2021.
[14] 王勇,隋鹏达,关晶奇.金融风险管理[M].北京:机械工业出版社,2020.
[15] 温红梅,庄岩,王沫.商业银行经营管理[M].大连:东北财经大学出版社,2022.
[16] 于东智.现代商业银行资产负债管理手册[M].北京:中国金融出版社,2020.
[17] 殷平生.商业银行经营管理理论与实务[M].西安:西安电子科技大学出版社,2021.
[18] 朱明儒,高晓光.商业银行经营管理学[M].大连:东北财经大学出版社,2022.
[19] 中国银行业协会银行业专业人员职业资格考试办公室.银行管理(2021年版)[M].北京:中国金融出版社,2021.
[20] 庄毓敏.商业银行业务与经营[M].北京:中国人民大学出版社,2022.
[21] 庄士奇.商业银行经营管理原理与实务[M].北京:中国人民大学出版社,2022.
[22] 张亦春,郑振龙,林海.金融市场学[M].北京:高等教育出版社,2020.
[23] 张晓明.商业银行经营管理[M].北京:北京交通大学出版社,2021.
[24] 张桥云.商业银行经营管理[M].北京:机械工业出版社,2021.
[25] 张素勤.商业银行业务与经营[M].上海:立信会计出版社,2020.
[26] 张丽华,张茜.金融市场学[M].大连:东北财经大学出版社,2022.
[27] 张薇薇,王娟.金融市场学[M].北京:清华大学出版社,2022.